第21卷 | 第2辑

主编

侯猛
&
胡凌

法律和社会科学

法 律 与 科 技

·21·
02

北京大学出版社
PEKING UNIVERSITY PRESS

图书在版编目（CIP）数据

法律和社会科学. 第 21 卷. 第 2 辑，法律与科技／侯猛，胡凌主编. -- 北京：北京大学出版社，2025. 9.
ISBN 978-7-301-36453-6

Ⅰ. D9-53
中国国家版本馆 CIP 数据核字第 2025CY4019 号

书　　　名	法律和社会科学（第 21 卷第 2 辑）：法律与科技 FALÜ HE SHEHUI KEXUE（DI-ERSHIYI JUAN DI-ER JI）：FALÜ YU KEJI
著作责任者	侯　猛　胡　凌　主编
责 任 编 辑	闫　淯　方尔埼
标 准 书 号	ISBN 978-7-301-36453-6
出 版 发 行	北京大学出版社
地　　　址	北京市海淀区成府路 205 号　100871
网　　　址	http://www.pup.cn　http://www.yandayuanzhao.com
电 子 邮 箱	编辑部 yandayuanzhao@pup.cn　总编室 zpup@pup.cn
新 浪 微 博	@北京大学出版社 @北大出版社燕大元照法律图书
电　　　话	邮购部 010-62752015　发行部 010-62750672 编辑部 010-62117788
印 刷 者	大厂回族自治县彩虹印刷有限公司
经 销 者	新华书店
	880 毫米×1230 毫米　A5　15.875 印张　546 千字 2025 年 9 月第 1 版　2025 年 9 月第 1 次印刷
定　　　价	79.00 元

未经许可，不得以任何方式复制或抄袭本书之部分或全部内容。
版权所有，侵权必究
举报电话：010-62752024　电子邮箱：fd@pup.cn
图书如有印装质量问题，请与出版部联系，电话：010-62756370

法律和社会科学　第21卷第2辑

本辑主编　侯　猛(中国人民大学)　胡　凌(北京大学)
创始主编　苏　力(北京大学)

编辑委员会
(标*为常务编委)

白中林(商务印书馆)
陈柏峰(中南财经政法大学)
陈杭平(清华大学)
陈　颀(中山大学)
陈若英(澳大利亚国立大学)
程金华(上海交通大学)
戴　昕(北京大学)
方　乐(南京师范大学)
高　山(商务印书馆)
贺　欣(香港大学)*
侯　猛(中国人民大学)*
侯学宾(吉林大学)
胡　凌(北京大学)
黄家亮(中国人民大学)
李婉琳(昆明理工大学)
李学尧(上海交通大学)
廖　奕(武汉大学)
刘顺峰(湖南师范大学)

刘思达(香港大学)
刘　庄(香港大学)
缪因知(南京大学)
彭小龙(中国人民大学)
强世功(中央民族大学)
桑本谦(中国海洋大学)
唐应茂(复旦大学)
王启梁(云南民族大学)*
王伟臣(上海外国语大学)
杨玉洁(北京大学出版社)
尤陈俊(中国人民大学)*
于　明(华东政法大学)
张剑源(云南大学)
张芝梅(中国社会科学院)
赵旭东(中国人民大学)
周尚君(西南政法大学)
朱晓阳(云南民族大学)

学生编辑

李浩源　邓森月

主办单位

中国人民大学法学院法律与社会跨学科研究中心
中南财经政法大学基层法治研究所
北京大学比较法与法社会学研究所

投稿系统：https://flsk.cbpt.cnki.net/
微信公号：LSS_2014

本卷各篇文章中的观点均属于作者个人，并不必然反映主办单位或其他机构、个人的观点。

"法律与科技"专号

目 录

科技的法律治理

数据津关:海底光缆及其法律治理 / 杨安卓　苏士龙 / 003

气候治理中的司法角色
　　　——从德国气候裁定案切入 / 陶鹏远 / 029

证券市场去中心化技术环境的法律影响 / 缪若冰 / 054

个体情境认知对规范落实的影响
　　　——以高校实验室安全监管为中心 / 洪登光 / 084

嵌入法律过程的技术

科学还是科幻
　　　——反思当下的司法科技应用 / 蔡　欣 / 107

在线庭审率为什么偏低?
　　　——以需求满足为视角的实证研究 / 荀舒靖 / 133

大数据证据质证的困境与出路 / 洪　刚 / 156

能动性的多重观念:以智慧法院建设为例 / 谢可晟 / 186

人工智能是有思维的智能吗?
　　　——基于游戏 AI 实验的反思 / 李子硕 / 216

信息技术应用的法律

信息技术如何缓解合同的不完备性? / 陈　楚 / 243

自发声誉系统下个人信息的合理使用 / 马欣佚 / 269

大模型技术如何影响著作权？
　　——一个生产方式的分析视角 / 郝煜东 / 297
信息科技领域的国际法规范变迁
　　——从"国际"电信联盟到"区域"数字合作 / 许新冉 / 325

法律与科技研究中的知识生产

法律与科技怎样教？
　　——基于"区块链与治理"课程的一些思考 / 张　巍 / 357
"法律与科技"研究在中国
　　——兴起与泛化 / 谭　萱 / 367
中国"法律与科技"研究的方法反思 / 金上钧 / 399

《数字架构与法律：互联网的控制与生产机制》书评

互联网 3.0 时代的转折与出路 / 贾　开 / 425
如何认识数字架构的生产机制？ / 陈天昊 / 433
中国数字法学研究的学术自觉 / 陈　颀 / 439
数字法学的底层逻辑 / 邱遥堃 / 447
从生产到控制：理解中国互联网法律的两条理论动线 / 徐　斌 / 455
生产性架构的内在意蕴及当代展开 / 王淑瑶 / 467

编辑手记 / 495

Contents

Legal Governance on Science and Technology

Dataford: Submarine Fibre Optic Cables and Their Legal Governance
.... Anzhuo Yang and Shilong Su 003

Judicial Role in Climate Governance: Cutting through the German
Climate Ruling .... Pengyuan Tao 029

Legal Implications of a Decentralised Technological Environment in
Securities Markets: An Organisational Sociological Analysis
.... Ruobing Miao 054

Individual Contextual Compliance and Its Significance: Centred on
Safety Regulation in University Laboratories .... Dengguang Hong 084

Technology Embedded in Legal Processes

Science or Science Fiction?: Rethinking the Current Application of
Judicial Science and Technology .... Xin Cai 107

Why is the Rate of Online Court Hearings Low?: An Empirical Study
from the Perspective of Need Satisfaction .... Shujing Xun 133

The Dilemma and Way Out of Big Data Evidence Examination
.... Gang Hong 156

Multiple Concepts of Activity: Taking the Construction of Intelligent
Courts as an Example .... Kesheng Xie 186

Is Artificial Intelligence Intelligent with Thinking?: A Reflection
Based on Game AI Xxperiments .... Zishuo Li 216

Legal Issues in the Application of Information Technology

How Can Information Technology Alleviate the Incompleteness of
 Contracts? Chu Chen 243

Fair Use of Personal Information Under the Voluntary Reputation
 System Xinyi Ma 269

How Large Model Technology Affect Copyright?: An Analytical
 Perspective on Models of Production Yudong Hao 297

Norms of International Law in the Field of Information Technology:
 From the "International" ITU to the "Regional" Digital Cooperation
  Xinran Xu 325

Knowledge Production in Law and Scientific Research

How Can Law and Technology be Taught?: Some Reflections Based
 on the Blockchain and Governance Course Wei Zhang 357

"Law and Technology" Studies in China: Emergence and Generalisation
  Xuan Tan 367

Reflection on the Research Methods of "Law and Technology" in
 China Shangjun Jin 399

Book Review

Turning Points and Way Forward in the Age of Internet 3.0 Kai Jia 425

How to Understand the Production Mechanism of Digital Architecture?
  Tianhao Chen 433

Academic Self-consciousness of Chinese Digital Jurisprudence
  Qi Chen 439

The Fundamental Logic of Digital Jurisprudence Yaokun Qiu 447

From Production to Control: Two Theoretical Moving Lines of Internet
 Law Bin Xu 455

The Intrinsic Meaning of Productive Architecture and Its Contemporary
 Evolution Shuyao Wang 467

Editor's Note 495

科技的法律治理

数据津关：
海底光缆及其法律治理

杨安卓　苏士龙[*]

　　铺设在海底的海底通信光缆，是当今世界国际通信网络的基础。从早期的同轴电缆时代，到今天的光纤时代，尽管技术早已迭代更新多轮，但 submarine cable 依然是从未改变的统摄概念，连接起了 19 世纪与 21 世纪的通信技术演进历程，而与之相关的法律亦未曾更易概念，这就使 150 余年以来海底光缆技术及其与法律治理的关系呈现出连续的系谱。在后冷战时期，高歌猛进的全球化时代，人们常常想象当今与未来全球通信网络带来的自由联通、畅通交流、价值中立的美好数字世界[❶]，但随着逆全球化势力的兴起，平静的海底秩序被打破，海底光纤被攻击、割裂、破解、监听、黑客等事件开始层出不穷。学者开始反思海底电缆的起源，它原本就是一个工业化进程中帝国主义殖民与征服背景下的宏伟的基础设施建设运动。1893 年，诗人吉普林写下了描绘跨大西洋即时通信电缆的名作《深海电缆》：

　　　走向黑暗，走向彻底的黑暗，那里有盲目的白色海蛇

---

[*] 杨安卓，江西财经大学法学院副教授；苏士龙，湖南大学法学院硕士研究生，江西财经大学数据法律研究院助理研究员。本文系国家社科基金重大项目"数字社会的法律治理体系与立法变革研究"（项目批准号：20&ZD178）的阶段性成果。

[❶] See John Perry Barlow, *A Declaration of the Independence of Cyberspace*, Electronic Frontier Foundation (8 February 1996), https://www.eff.org/cyberspace-independence.

在深邃的沙漠里，没有声音，没有回声

或者是一大片灰色的淤泥平原，在那里龟裂的电缆在蠕动

这里是世界的子宫，这里是地球的肋骨

语言，还有人类的语言，闪烁着，飘动着，跳动着

警告，悲伤和收获，敬礼和欢乐

因为一种力量困扰着没有声音也没有脚的静止

他们唤醒了永恒的事物；他们杀死了父辈们时间❶

吉普林将这首诗收入诗集《七海》，意谓通过电缆，四海归一，形成统一的世界通信网络，赞颂作为英帝国各属地团结力量的海底电缆与新兴的电报事业。但作为帝国诗人的吉普林所赞颂的，是工业化的技术力量及服务其扩张的帝国主义秩序。若取被殖民被侵略民族国家视角，则观感必然大相径庭。1904 年日俄在中国领土上交战，美国法学家伍尔西发现，在旅顺港外三海里，停泊着俄国人的电缆登陆船，俄国人试图通过接驳电缆水线至西伯利亚电缆，以与欧洲通信，传递战报，这无疑引发了日本人的反对。然而在 1904 年 8 月废止俄国电信服务，禁止海上水线登陆接驳的中国，却被指责违反了中立原则。❷

时移世易，100 多年后，世界又一次进入了动荡的年代，在技术发展中，趋向统一的人类通信网络，又开始产生裂变与分途的迹象。不同的是，这一次中国在国际通信网络秩序中扮演着技术基础设施的提供者与法律、政策、治理创新模式的阐释者、守护者与输出者的角色。

本文从国际视角出发，以海底电缆为切入点，明晰海底电缆的切断在物理层面对传统国家主权的影响以及海底电缆作为信息载体在互联网层面对国家信息赛博主权的延伸，为海底电缆的保护问题提供规制路径，在强调其价值的基础上，还原海底光缆的"大世界观"。

---

❶ Rudyard Kipling, *The Seven Seas*, DOUBLEDAY, PAGE & COMPANY, 1907, p. 243.

❷ See T. S. Woolsey, *Wireless Telegraphy in War*, 14 Yale Law Journal 5 (1905).

[一] 从电缆到光缆：技术与法律的协同演化

正如胡凌指出的那样，为数不多的研究专注于探讨互联网主权的理论、修辞或中国政府对互联网内容的管理，没能看到控制信息基础设施在其中扮演的重要角色。❶ 随着《堆栈主权论》❷等著作的出版❸，关于云计算、数据中心等基础设施的研究已渐渐进入研究者的视野。唯海底光缆由于物理上的低可见性与法律管辖上的模糊性，迄今为止尚少有学者关注。由于欧陆局势紧张，2023年6月大西洋光缆被割断、2024年3月胡塞武装割断红海电缆等重大安全事件的产生，使学者将目光聚焦到海底光纤的法律治理。尽管100多年来"海底电缆"的术语未变，但由于技术形态和产业目标发生了重大的变迁，相应的法律规制亦在不断创制、演进与变迁，实际上构成了技术与法律的协同进化。

（一）海底电缆与电报时代的通信网络

海底电缆的起源可以追溯到19世纪，1850年，第一条海底电报电缆，由铜线和古塔胶组成，铺设在英吉利海峡对岸，从英国的多佛尔到法国的加来。❹ 虽然这条电缆的持续时间不超过几年，但它的创建标志着海底电缆行业的开始。❺ 敷设技术、设计和材料的进步意味着海底电报电缆变得越来越

---

❶ 参见胡凌：《信息基础权力：中国对互联网主权的追寻》，载《文化纵横》2015年第6期。

❷ See Benjamin H. Bratton, *The Stack: On Software and Sovereignty*, The MIT Press, 2016.

❸ 参见蓝江：《云法、堆栈与行星计算——解读布拉顿的肯定性生命政治学》，载《黑龙江社会科学》2022年第1期。

❹ See Douglas R. Burnett et al., *Submarine Cables: The Handbook of Law and Policy*, Martinus Nijhofvf, 2013.

❺ See Lionel Carter et al., *Submarine Cables and the Oceans: Connecting the World*, UNEP-WCMC Biodiversity Series No. 31. ICPC/UNEP/UNEP-WCMC.

耐用，至20世纪初，世界大部分地区都通过网络连接起来，该网络能够为政府、商业和公众提供快速通信和信息传播。然而，海底电报电缆很快面临来自无线电报技术的日益激烈的竞争，无线电报技术在第一次世界大战期间得到了普及应用。到1955年和1956年，苏格兰和纽芬兰之间铺设了两条电缆，称为TAT-1，从而开启了海底同轴电缆的时代。随后几年，海底电缆在设计和敷设技术方面取得了一系列技术进展，使得更长的电缆能够在海洋更深的地方铺设。在1970年代和1980年代，卫星成为主要的电信手段。但随着互联网的兴起和数字信息传播的新需求的增加，海底电缆再次成为数据传输的核心工具。

1880年，英国法学家特拉弗斯·特维斯爵士（Sir Travers Twiss）提出：值得考虑的初步问题是，维护具有国际重要性的海上电报电缆应当被视为最高级别的国家利益❶。特维斯认为，电报的大动脉对于保持我们现代国际国家体系活力所必需的政治生命血液的流通已经变得不可或缺。他的这一主张，在《1884年保护海底电缆国际公约》中得到了确认❷。

《1884年保护海底电缆国际公约》与数字时代的网络安全、利益分配及成本承担之间存在隐喻性联系。该公约旨在确保海底电缆免受损害，保障全球通信的连续性和安全性，其核心原则可类比当今维护网络空间安全的必要性。在数字时代，网络安全成为国家安全的关键领域，类似海底电缆的物理保护，网络空间的安全需要通过法律、技术和国际合作来共同维护。随着数字经济的发展，数据成为核心资产，其安全直接关系到经济利益和社会稳定。

利益分配方面，公约中关于电缆损害赔偿的规定，启示我们在数字时代需建立公正的数据利益分配机制。数据作为新型生产要素，其价值创造和收益分配需平衡市场效率与社会公平，确保各参与方的贡献得到合理回报。成

---

❶ See Travers Twiss, *Submarine Telegraph Cables*, 49 THE NAUTICAL MAGAZINE 879, 883-84 (1880).

❷ See 1884 Convention for the Protection of Submarine Telegraph Cables (Adopted in Paris, France on 14 March 1884).

本承担上,公约强调了保护海底电缆的共同责任,这与数字时代网络安全投资的分摊原则相呼应。国家、企业和个人均需投入资源以加强网络安全防护,这些投资成为数字经济时代的必然成本。

尽管《1884年保护海底电缆国际公约》产生于工业化时代,但其关于基础设施保护、利益分配和成本承担的原则,在数字化、全球化的今天仍具有指导意义,特别是在构建网络空间命运共同体的过程中。《1884年保护海底电缆公约》构成了世界上第一个海洋法公约,这是1882年和1884年在巴黎举行的两个夏天的谈判的产物,谈判旨在设计一个法律制度,借鉴世界上大约二十年革命性的新国际海底电报电缆的经验,构成了现代海底电缆国际法的基石,正如《联合国海洋法公约》第29条和《1972年国际海上避碰规则公约》(COLREGs)所反映的那样。而战争法方面,《关于陆战法的海牙公约》(IV)附件第1907条在战时保护国际电缆方面规定:"除非绝对必要,否则不得扣押或摧毁连接被占领土与中立领土的海底电缆。"❶

(二)数字时代的海底光缆

自1850年以来海底电缆一直被用于通信,但从1960年代中期开始,卫星成为通信的主要推动者。1966年,高锟博士和乔治·霍克汉姆博士发现在包层结构中构造的玻璃状材料的纤维具有作为新型通信媒介的重要潜力,与现有的同轴和无线电系统相比,由于其信息容量大,在基本材料成本方面可能具有优势。❷ 这一里程碑式的发现促进了1970年代后期地面光纤系统的发展。19世纪80年代,光纤技术的发展使得在海底可靠和高质量传输大量信息成为可能。19世纪90年代,随着互联网的发展,海底光纤电缆给电信带来了变革。今天世界上超过99%的国际通信由海底光缆传输。海底

---

❶ *Convention on the International Regulations for Preventing Collisions at Sea, 1972 (COLREGs)*, International Maritime Organization, https://www.imo.org/en/About/Conventions/Pages/COLREG.aspx,最后访问日期:2024年5月2日。

❷ See K. C. Kao and G. A. Hockham, *Dielectric-fibre Surface Waveguides for Optical Frequencies*, 113 Proceedings of the Institution of Electrical Engineers 1151 (1966).

光缆的总长度超过 100 万公里。此外,光纤电缆还被军方用于通过声音传感器收集情报和海洋科学研究。毫无疑问,海底光纤电缆已经成为全球经济和所有国家的国家安全关键通信基础设施。❶ 全球 95% 以上的国际数据都通过海底光缆进行传输,由它编织的海底网络每天都在默默地影响着全球的信息流动、信息基础设施的建构以及国家的数字主权边界。

美国学者约翰·罗布在论述关键基础设施与安全的关系时说:"基础设施是大国的阿喀琉斯之踵,他们构成了我们的财富,以及日常功能的基础,却又十分脆弱。"近几年,世界各国日益关注海底电缆在数据领土主权与海洋战略中的作用。美国在 2020 年提出"净网计划",以国家安全名义强调美国需要限制中国介入世界海底电缆网络。

从海底电缆的外在物质作用上看,海底电缆虽然是数字时代的关键基础设施,但是地缘政治冲突中一个易被忽视的元素。作为关键基础设施,海底电缆实际上与全球数据传输、互联网服务和通信安全密切相关。作为国家的信息基础设施,海底电缆可能会受到网络攻击或物理破坏,成为被他国控制的命脉,进而动摇国家的数据主权。具体表现为切断海底电缆系统和攻击电缆着陆站。❷ 此类安全威胁凸显了国家的脆弱领域。也表明国家之间缺乏应对此类威胁的一致规则。

从海底电缆的数据主权作用上看,大数据时代下,数据日益成为国家重要战略资源,围绕网络空间展开的数据资源争夺愈演愈烈,传统主权概念由此延伸至赛博空间,而海底电缆作为数据的传输中介,其地位与价值亦愈发重要,俄罗斯联邦安全会议副主席梅德韦杰夫曾在接受媒体采访时公开表示,他们已经确定"北溪"管道被炸是美西方串通的结果。作为回应,他发出俄罗斯军队将实施报复行动,炸毁连接美国和欧洲的海底电缆的警告。海底

---

❶ Resolution adopted by the General Assembly on 7 December 2010 [without reference to a Main Committee (A/65/L.20 and Add.1)] 65/37. Oceans and the law of the sea.

❷ See Colin Turner, *The Infrastructured State: Territoriality and the National Infrastructure System*, Edward Elgar Publishing Ltd., 2020.

电缆在俄乌战争的背景下出现在国际舞台上,成为关注焦点。

[二] 作为生产性动力的"断裂": 海底电缆断裂事件中的破坏与影响

当机器流畅运行时,人类很难察觉到机器如何影响日常生活,相反,若机器突然失灵,人类将马上意识到机器所扮演的重要角色。❶ 基于近年来的海底电缆断裂事件,本研究探讨海底电缆作为关键的信息基础设施,在运作失灵时究竟会给数据主权带来哪些影响。

根据外媒报道,美国时间 2023 年 6 月 19 日凌晨 5 时 47 分,一条位于大西洋、连接美国东海岸与英伦三岛的海底电缆,在美国东海岸外海被切断。这条电缆是连接美国与欧洲的主要通信线路之一,传输了大量的数据和通信信号。

无独有偶,自 2008 年 1 月份起,波斯湾地区多条海底电缆接连断裂,其中 FALON 与 SEA-ME-WE4 备受关注。

在此次事件中,FALON 最早发生断裂(1 月 23 日),SEA-ME-WE4 随后于同年 1 月 30 日发生断裂,影响该地区的国际信息通信。据 BBC 报道,埃及与印度的国际信息通信受阻,欧美公司在该地区的业务受到不同程度的影响,甚至英国到该地区的国际航班也受到影响(地面通信台受影响)。

随后,FALON 与 SEA-ME-WE4 在当年 12 月再次被切断,断裂处皆集中在波斯湾地区,此地区的国际企业不得不寻求解决办法。事实上,相关公司在事故发生不久后便派遣维修船,但由于断裂原因未明,维修队伍无法定位断裂处,维修进展缓慢。❷ 而且,由于海底电缆往往涉及多国海域,维修需

---

❶ See Bruno Latour, *We Have Never been Modern*, translated by Catherine Porter, Harvard University Press, 1993, p. 448.

❷ See Ryan Twomey, 'Dante's Hell': The Wire and the Authentic Representation of Baltimore, in Ryan Twomey, *Examining The Wire: Authenticity and Curated Realism*, Palgrave Pivot Cham, 2020, pp. 95-127.

要获取多方允许,这也导致断裂事故持续产生影响。❶

(一) 切断海底电缆产生的负面影响

1. 基础互联网链接被迫关停

海底电缆作为互联网数据信息的流通载体,海底电缆被切断将直接导致基础互联网链接被迫关停。以红海地区为例,2024年,红海地区发生了一起严重的海底电缆中断事件,至少四条连接亚洲、欧洲和中东的海底通信电缆遭到破坏。此次电缆被切断,直接影响亚洲和欧洲之间25%的数据流量,造成了亚洲、欧洲和中东大部分地区的互联网服务中断。目前,确切原因仍未披露,但包括也门政府和胡塞武装在内的冲突各方都否认参与其中。这一事件凸显了全球通信网络在关键节点上的脆弱性,并引发了对中东地区的持续冲突可能威胁全球互联网的担忧。

而互联网信息在生活中的方方面面均发挥着重要的作用。以印度为例,2019年年初,印度政府关闭了查谟和克什米尔邦的互联网和电话服务至少两周,在克什米尔人无法接触新闻媒体的情况下,印度议会两院通过了《查谟和克什米尔邦重组法》,将克什米尔从完全的邦地位降格为两个纯粹的"联邦领土"(查谟和克什米尔邦以及拉达克)。虽然这种剥夺公民政治权利的行为与国家安全不同,但它表明,在人们无法交流的情况下,权利的行使将寸步难行。

类似情况并不少见,津巴布韦政府于2019年关闭了互联网六天❷,而苏丹政府在政变后关闭了互联网整整一个月,上述事件对平民的日常生活、国家经济发展产生严重影响。

---

❶ See Alexander McLeod, SEA-ME-WE 4 Fibre Optic Submarine Cable Project, 1 PROTO-TYPE13 Coastal and Ocean Engineering Alexander-13-1 (2013).

❷ See Patrick Kingsley, *Life in an Internet Shutdown: Crossing Borders for Email and Contraband SIM Cards*, The New York Times (2 September 2019), https://www.nytimes.com/2019/09/02/world/africa/internet-shutdown-economy.html.

可以想见,作为网络通信的载体,海底电缆一旦被切断,将对互联网产生毁灭性打击,进而影响整个国家的生计。

2. 国际通信被迫瘫痪

海底电缆的故障可能会使大部分国际通信系统瘫痪。而国际通信系统的瘫痪,对国际金融、军事后勤、医药、商业和农业的影响将是深远的,石油和粮食供应的国际流动将受到阻碍,航运业和航空业将出现混乱,电子邮件,传输 Word 和 Excel 文件的系统将消失,电子资金转账、信用卡交易和国际银行对账将放缓。❶ 伦敦《经济学人》的一位高级官员表示,由海底电缆的故障造成的国际通信系统瘫痪将导致全球经济萧条。

(二) 切断海底电缆的手段

破坏海底电缆可以采取两种可能的形式。第一种类型是故意破坏海底电缆系统的物理基础设施。第二种类型涉及海底电缆系统的网络方面的攻击,即利用漏洞破坏用于操作电缆的电缆网络管理系统。

1. 隐藏式攻击

海底是不透明的,如果没有专门的设备,很难探测到海底系统。与清晰的三维视觉、精确的雷达图像和光速不受约束的视线通信相比,水下数据的可用性和传输速率存在限制,它提供了躲避侦查的"避难所"。❷ 与高度复杂和昂贵的飞机的航空隐身不同,在海底作业的车辆几乎很难被找到。虽然雷达可以扫描数千平方英里的空域并连续扫描,但水下没有同等的系统,没有人正在观察海底或检查大陆架沿岸的海底是否有破坏性活动,在海底也没有类似旨在保护关键空域的禁飞区。

基于此,以潜艇为首的海底隐藏式攻击成为破坏者们的武器。破坏者们

---

❶ See Robert Fonow, *Cybersecurity Demands Physical Security*, AFCEA (1 Feburary 2006), https://www.afcea.org/signal-media/cybersecurity-demands-physical-security.

❷ See Karl M. Hasslinger, *Undersea Warfare: The Hidden Threat*, Armed Forces Journal (1 March 2008), http://armedforcesjournal.com/undersea-warfare-the-hidden-threat/.

可以轻松找到想要攻击的海底电缆,且保卫者的监视系统在技术和操作上仍然具有挑战性。作为保卫者的武器,高频声呐系统或激光只能在短距离内看到,这使得大面积监视极其困难。

类比观察,因为"9·11"事件的恶劣影响,美国运输安全管理局(TSA)制定了航空旅行安全措施,该措施在某种程度上剥夺了数百万旅客的时间,增加了航空旅行的成本,降低了整体生产力。因此,一次"成功"的海底电缆攻击可能会灌输巨大的焦虑并带来难以估量的安全成本。

2. 无人潜航器(UUV)

在传统意义上,进入深海区域的壁垒很高,只有海军或国家资助的研究组织才能在如此恶劣的环境中派遣所需的潜航器。然而,敌人如今可以使用廉价改装的商业或用于科研的潜航器,结合现有的传感器和炸药来攻击海底管道和电缆。❶

最大的威胁来自无人潜航器。❷ 无人潜航器被定义为"自动推进的潜水器",其操作要么是完全自主的(预编程的或实时自适应任务控制),要么是在最低限度的监督控制下。除了可能用于光纤电缆等数据链路,近几十年来,资源开采到更深水域,刺激了无人潜航器的商业化。❸

防御此类无人潜航器需要运行海底防御系统,该系统可以检测入侵车辆并及时做出反应,使人们了解进入"光缆区"的情况,同时建立禁区,防止他

---

❶ See James Carafano, *PPort Security and Foreign-Owned Maritime Infrastructure*, The Heritage Foundation (9 March 2006), https://www.heritage.org/testimony/port-security-and-foreign-owned-maritime-infrastructure.

❷ UUV(unmanned underwater vehicle,无人潜航器)是海军使用的术语。在其他地方,这些潜水器还有其他名字,包括自动水下航行器(AUV, autonomous underwater vehicle)、自动海洋航行器(AMV, autonomous marine vehicles)和遥控潜水器(ROV, remotely operated vehicle)。See Andrew H. Henderson, *Murky Waters: The Legal Status of Unmanned Undersea Vehicles*, 53 Naval Law Review 55 (2006).

❸ See Laurence R. Wrathall, *The Vulnerability of Subsea Infrastructure to Underwater Attack: Legal Shortcomings and the Way Forward*, 12 San Diego International Law Jouranl 223 (2010).

国航船误入。但海底防御系统以及禁区的建立需要大量投资,可能会给国家带来高昂的成本负担。

对于无人潜航器是否被视为船只,《海底电缆管道保护规定》以及相关法律法规未做出相关规定,而美国法律规定无人潜航器实际上是船只,因此受所有航船的操作和航行规则的约束。但无论如何,对于无人潜航器的性质界定为国际冲突埋下了隐患。❶

国际舞台上可用的监管或法定规则少之又少。无人潜航器如被视为船只,则可作为军舰或辅助舰艇享有主权豁免。❷ 因此,鉴于无人潜航器的具体性质未定,制定明确的规则,对于拥有海底电缆的国家至关重要。

(三) 攻击海底电缆的具体路径

1. 故意损坏海底电缆和电缆着陆站

由于费用高和规模大,电缆着陆点集中在沿海一带的区域。目前,全球至少存在数十个主要的电缆着陆点,连接海底电缆的高容量电路聚合到单体或小规模建筑中。这些建筑物通常直接连接国际海底电缆系统,安全往往难以得到保障,具体包括迪拜、苏黎世、法兰克福、伦敦、纽约、旧金山、洛杉矶、

---

❶ "如果像最大的无人潜航器一样被解释为潜艇,它们将被视为潜艇,并被视为船只。如果不是这样,那么根据'组件'标准,无人潜航机将从发射和/或控制船只获得'替代'船只地位,因为无人潜航车既从事海事服务,又与导航有一定关系,或者至少与船只有一定联系。最后,事实上,'自由游泳'无人潜航器的建造目的不是为了运送人员或物品,这并不排除其完全的船只地位。因此,即使是最自主的无人潜航器也可以被视为具有自身权利的船只。"然而,可以想象,从岸上发射和操作的无人潜航器将没有支援船,从技术上讲也不会成为一种运输工具。

❷ 国际法中的一个公认原则是,军舰是各自国家的延伸,享有"不受船旗国以外国家当局干涉的主权豁免"。参见 U.S. Dep't. of Navy, *NWP 1-14M, The Commander's Handbook on the Law of Naval Operations--Annot.* Supp. P 2.1.2 (1997);同时,"辅助船是指除军舰外,由武装部队所有或独家控制的船只。由于它们是国有的或暂时仅用于政府非商业服务,所以辅助船享有主权豁免"。Laurence R. Wrathall, *The Vulnerability of Subsea Infrastructure to Underwater Attack: Legal Shortcomings and the Way Forward*, 12 San Diego International Law Journal 223 (2010).

东京、中国香港和新加坡的海底电缆着陆点。

除了电缆着陆点,另一个漏洞是新电缆带来的"大容量危机"。电信公司将大部分数据集中在几个主要的电缆系统中,因为这些电缆具备巨大的容量。❶ 电缆倾向捆绑在一起,为大规模破坏埋下了巨大的隐患。如果一束电缆同时被切断,则可能导致响应者几乎没有时间和成本去重新连接来减轻切断的影响。在全球经济中,电缆的断裂对国际金融、军事后勤、医药、商业和农业的影响将是深远的。退化的军事后勤系统将无法服务战场上的部队,石油和粮食供应的国际交易将受到阻碍,航运业和航空业将出现混乱,电子资金转账、信用卡交易和国际银行对账将被迫中止。

2. 对网络管理系统的干扰

根据目前的国际普遍情况,为了降低成本并高效运行海底电缆系统,电缆行业已采用网络管理系统(NMS)来远程连接电缆系统、着陆站、备用仓库和其他电缆系统组件。虽然用软件管理电缆站点可以提高效率,并为运营商提供更大的操作空间,但它带来了潜在的新风险,尤其是网络攻击。最糟糕的情况是,如果黑客入侵NMS,则其可以控制多个电缆管理系统,破坏和转移数据流量。2010年发生了类似事件,当时Stuxnet蠕虫(一种据称针对伊朗核设施的网络武器)扰乱了由西门子制造的工业控制系统。

[三] 跨越地理国界的管辖冲突带来主权"重叠"

中国信通院发布的《全球海底光缆产业发展研究报告(2023年)》指出,截至2022年年底,全球已投产海缆条数达469条,总长度超过139万公里。一根海底电缆由六到二十四根头发状的玻璃光纤线组成,容量最高为60Tb/s(100Gb/s×100波长×6对纤芯)。海底电缆传输了大约97%的国际通

---

❶ See Laurence R. Wrathall, *The Vulnerability of Subsea Infrastructure to Underwater Attack: Legal Shortcomings and the Way Forward*, 12 San Diego International Law Jouranl 223 (2010).

信数据,是"全球经济的支柱",为超过 10 万亿美元的日常交易兑换提供了渠道,为多家银行和证券机构运载了数百万条金融信息。❶ 因此,鉴于全球市场对海底电缆的严重依赖,电缆一旦被切断,将会产生灾难性影响。

(一) 国家主权安全:数字领土的物理边界及其安全问题

各国对自己的领土拥有专属权力。领土包括"陆地领土、内水、领海(包括海床和底土)、群岛水域或国家领空"。根据帕尔马斯岛仲裁案的裁决,独立,就是国家行使排他的权力。国际法院进一步确认了这一排他性概念,该法院指出,主权是"一国在其领土上拥有的、排除所有其他国家的权利和属性的集合体"。

国家对在其领土上的人与物拥有排他性权力。因此,在一国领土内但所有权不归国家所有的物体仍受国家的法律约束。国家对其领土上的网络基础设施和与该基础设施有关的任何活动行使主权,国家还对不属于其领土但享有主权豁免的物行使专属管辖权。此外,每个国家都有权控制进出其领土的有形的与无形的物质,包括一切形式的通信。

然而,国家对其领土的排他性权力是有限的。限制可能来自安理会的决议、《海洋法公约》、《武装冲突法》以及国家同意受约束的任何条约。

《海洋法公约》第 79 条第 4 款规定:"本部分的任何规定不影响沿海国对进入其领土或领海的电缆或管道订立条件的权利,也不影响沿海国对因勘探其大陆架或开发其资源或经营在其管辖下的人工岛屿、设施和结构而建造或使用的电缆和管道的管辖权。"这反映了在一国领海和陆地领土内,沿海国对海底电缆拥有主权。这项规定调和了国家间的主权冲突,解决了沿海国对其领土范围内电缆的管辖问题。

---

❶ See Christian Bueger, Tobias Liebetrau and Jonas Franken, *Security threats to undersea communications cables and infrastructure-consequences for the EU*, European Parliament (9 September 2022), https://www.europarl.europa.eu/RegData/etudes/IDAN/2022/702557/EXPO_IDA (2022)702557_EN.pdf.

除了沿海国在管理海底电缆方面享有的上述实质性权利,《海洋法公约》还对沿海国在行使管理海底电缆的权利时规定了某些程序性义务。首先,这些措施必须是第 79 条第 2 款所要求的"合理",因为不可能预见在适用本条的过程中出现的所有情况。❶ 其次,在专属经济区(以及在与专属经济区重叠的大陆架)中,沿海国必须适当顾及其他国家的权利和义务,并应以符合《海洋法公约》规定的方式行事。最后,在大陆架(以及与大陆架重叠的专属经济区内),沿海国在行使其权利时不得侵犯《海洋法公约》规定的其他国家的航行和其他权利以及自由。

除了基于国家主权的权利义务,从国家主权安全的角度来看,海底电缆是与军队以及其伙伴的重要联系媒介。以美国为例。事实上,美国国防部依靠拥有的海底电缆来传输其 95% 的国际通信。美国国防部使用海底电缆将伊拉克和阿富汗战场上空的无人机捕获的实时视频数据传输到国内的指挥中心。❷ 美国国防部还使用海底电缆通过传输数据来控制战场空间,并通过全球信息网络收集、处理、存储、传播和管理数据。鉴于对海底电缆的依赖,海底电缆在武装冲突期间的保护至关重要,若不能确保电缆连接,未来战争将处于危险之中。❸

(二)信息主权安全:鉴于海底电缆断裂的信息保护

第一条(相对)高容量的跨大西洋电缆于 1956 年开始运营(并一直

---

❶ See Marjorie M. Whiteman, *Conference on the Law of the Sea: Convention on the Continental Shelf*, 52 American Journal of International Law 629 (1958).

❷ See Brian Mockenhaupt, *We've Seen the Future, and It's Unmanned*, Esquire (1 November 2009), https://classic.esquire.com/article/2009/11/1/weve-seen-the-future-and-its-unmanned.

❸ See Michael Sechrist, *Cyberspace in Deep Water: Protecting Undersea Communications Cables By Creating an International Public-Private Partnership*, Harvard Kennedy School Belfer Center for Science and International Affairs (23 March 2010), https://www.belfercenter.org/sites/default/files/pantheon_files/files/publication/PAE_final_draft_-_043010.pdf.

使用到 1979 年,即 FISA 颁布后的第二年)。这种电缆被称为 TAT-1,可以同时承载 36 个语音通道。❶ 次年,一条类似的电缆横跨太平洋,从加利福尼亚到夏威夷。❷ 在接下来的几年里,在两大洋上铺设了更多的同轴电缆,具有更大的容量和更长的使用寿命。例如,美国运营商 AT&T 在 1975 年宣布 TAT-6 将同时进行 4000 次呼叫,它的容量是 1970 年铺设的第五条跨大西洋电缆的四倍,并且它可以再无故障运行至少 25 年。❸ 在 1978 年和 1979 年,FCC 批准了 TAT-7 的计划,并于 1983 年投入使用。

联合国在 2010 年将海底通信电缆描述为"关键的通信基础设施",并且强调其对全球经济和国家安全至关重要。海底光缆提供了绝大多数国际通信传输,结构上由大约 213 个独立的电缆系统组成,总长约 877122 公里。❹ 全球海底网络是因特网的支柱,也是电子邮件、社交媒体、电话和银行服务的支柱。

从国家安全的角度来看,海底通信电缆也发挥着至关重要的作用。以美国为例,美国国防部通过海底电缆传输的数据主要是无人机(UAV)视频,对

---

❶ See David S. Kris, *Modernizing the Foreign Intelligence Surveillance Act*, A Working Paper of the Series on Counterterrorism and American Statutory Law, a joint project of the Brookings Institution, the Georgetown University Law Center, and the Hoover Institution (2008), https://www.brookings.edu/wp-content/uploads/2016/06/1115_nationalsecurity_kris.pdf.

❷ See IEEE, *History of the Technology*, Chapter 2: 1952-1964.其他跨太平洋电缆包括 COMPAC、ANZCAN 等。See, e.g., In re Inquiry into the Policies to be Followed in the Authorization of Common Carrier Facilities to Meet Pacific Telecommunications Needs During the Period 1981-1995, 94 F.C.C.2d 867 (1983).

❸ See B. M. Dawidziuk and H. F. Preston, *Submarine Systems and World Telecommunication*, 26 Electronics and Power 583 (1980).

❹ See Douglas Burnett, Tara Davenport and Robert Beckman, *Chapter 3. Overview of the International Legal Regime Governing Submarine Cables*, in Douglas R. Burnett Robert Beckman and Tara M. Davenport, *Submarine Cables: The Handbook of Law and Policy*, Brill | Nijhoff, 2013, pp. 61-90.

战争发挥着至关重要的作用。❶ 电缆对军方具有重要作用的另一个例子是美国国防部开发的全球信息网格（GiG）。❷ GiG 用于按需收集、处理、存储、传播和管理信息给作战人员、决策者和支持人员，并被描述为"可用于控制全球战场空间的网络系统"。

借鉴美国关于海底电缆的保护经验（TALLINN MANUAL），我国应该加强对破坏电缆行为的规制。海底电缆作为全球通信的关键基础设施，其保护策略亟须从单一的物理线路防护，扩展至包含数字空间的综合安全体系。保护海底电缆的完整性和功能性，需采取更为全面和先进的方法，数字空间的安全防护不容忽视。海底电缆的保护是一个系统性工程，涉及物理防护、数字安全、法律政策以及国际合作等层面。只有通过全方位、多层次的安全策略，才能有效保障海底电缆的稳定运行，维护全球通信网络的安全与畅通。考虑到这一点，笔者认为应该关注三个具体层面，包括信息收集、信息共享和加大处罚力度。

在信息收集方面，我国应提出一项新要求，在所有海底电缆上安装传感器，并遵守国际协议和国内法规来监控船舶位置。海底电缆不可以检测和监测敌对行为者的位置。❸因此，需要在关键的海底基础设施附近和电缆路线上放置相对便宜的传感器，以检测声呐频率。如果传感器跳闸，它们可以提

---

❶ See Michael Sechrist, *Cyberspace in Deep Water: Protecting Undersea Communications Cables By Creating an International Public-Private Partnership*, Harvard Kennedy School Belfer Center for Science and International Affairs (23 March 2010), https://www.belfercenter.org/sites/default/files/pantheon_files/files/publication/PAE_final_draft_-_043010.pdf.

❷ See Michael Sechrist, *Cyberspace in Deep Water: Protecting Undersea Communications Cables By Creating an International Public-Private Partnership*, Harvard Kennedy School Belfer Center for Science and International Affairs (23 March 2010), https://www.belfercenter.org/sites/default/files/pantheon_files/files/publication/PAE_final_draft_-_043010.pdf; generally Global Information Grid, NAT'L SEC. AGENCY, https://www.nsa.gov/ia/programs/global_information_grid/ (last visited on October 3, 2015).

❸ See Rishi Sunak, *Undersea Cables: Indispensable, Insecure*, Policy Exchang (1 December 2017), https://policyexchange.org.uk/publication/undersea-cables-indispensable-insecure.

醒附近的海警进行保护。❶

但是,安装传感器只能确保联系负责断裂维修的个人,无法定位断裂时离电缆最近的船舶。澳大利亚和新西兰提出了相应的政策回应,在这些国家,电缆保护区内的船只必须向相关的海警广播其位置。❷ 这项政策确保了海警可以第一时间到达受损位置,减少不必要的损失。我国亦可以借鉴,应将这一要求扩大到领海、专属经济区和大陆架内的所有船只。❸

在信息共享方面,主要是公海领域,鉴于绝大多数中断发生在领海和专属经济区内,我国应与其他国家达成协议,最重要的是我国与其他国家合作观察各自的水域,界定具体检测责任。❹

通过这种国际监控,可以将电缆传感器触发的任何中断与位置数据库进行交叉引用。各国在这种监测分工中的数据保存责任可以在未来的贸易协定中或通过联合国等国际组织具体规定。

不排除信息收集和共享失效的可能性,增加切断电缆相关的惩罚性罚款是保护信息主权的有力手段。加大对故意破坏、企图损坏和疏忽损坏海底电缆相关行为的处罚力度。以美国、新西兰、澳大利亚为例,美国的底线为5000美元,也存在处罚千万美元的例子;违反新西兰或澳大利亚的海底电缆法律和法规,罚款大部分超过四万美元。❺ 相比之下,根据我国国家海洋局关于《铺设海底电缆管道管理规定实施办法》第22条,我国的相应罚款仅以受损害的金额为上限。整体上缺少对破坏者的震慑作用,对信息安全的保护

---

❶ See Robert Martinage, *Under the sea: The Vulnerability of the Commons*, 94 Foreign Policy 117 (2015).
❷ See Rishi Sunak, *Undersea Cables: Indispensable, Insecure*, Policy Exchang (1 December 2017), https://policyexchange.org.uk/publication/undersea-cables-indispensable-insecure.
❸ See Douglas R. Burnett and Lionel Carter, *International Submarine Cables and Biodiversity of Areas Beyond National Jurisdiction: The Cloud Beneath the Sea*, Brill, 2017.
❹ See Douglas R. Burnett and Lionel Carter, *International Submarine Cables and Biodiversity of Areas Beyond National Jurisdiction: The Cloud Beneath the Sea*, Brill, 2017.
❺ See Rishi Sunak, *Undersea Cables: Indispensable, Insecure*, Policy Exchang (1 December 2017), https://policyexchange.org.uk/publication/undersea-cables-indispensable-insecure.

有待进一步提高。

[四] 数据保护：海底电缆断裂问题的解决进路

如何保护脆弱的基础设施并为电缆断裂提供解决路径？本文第二部分不仅表明海底电缆的物理基础设施容易受到故意破坏，而且还展示了电缆中断带来的负面影响。随着数据保护的兴起，确保世界海底电缆的安全从未如此重要，如果发生损坏，则需要相关弥补措施来挽回经济损失。本部分从三个层面出发，来解决数据损失的问题，具体包括国际合作、数据冗余、政府补贴保险和转移责任。

(一) 加强国际安全合作

学者们提出的大多数解决方案都只关注物质性安全问题，以及政府必须采取哪些措施来保护这一重要的基础设施。道格拉斯·伯内特（Douglas Burnett）认为，各国政府应该效仿澳大利亚和新加坡，协调海底电缆问题的单一联络点。他建议美国海军应与加拿大和法国等海军盟国以及电缆行业代表商谈，共同制定电缆保护战略，使海军能够对海盗和恐怖袭击做出快速反应。迈克尔·马蒂斯（Michael Matis）建议建立一个新的国际电缆建设监管制度，以促进更广泛的国际合作和信息共享。这些学者指出，任何保障海底电缆安全的行动都必须是国际性的。实例表明，马赛海岸的电缆断裂可能会对进出印度的数据流产生不利影响。换言之，仅仅加强本国水域的安全是不够的，任何安全策略都必须是全局范围的。

然而，即使上述两个计划都得到实施，仍然无法真正解决数据安全问题。如上文所述，无人潜航器现已上市，可以很容易地潜入深海，并通过切割或放置炸药使其断裂。与航空不同，由于水下光线不足，能见度低，很难找到潜航器。雷达可以扫描数千平方英里的空域，但在水下没有同等的系统。❶ 即使海军部队之间进行了通力合作,也几乎不可能完全保护数千公里的海底电缆基础设施。因此,虽然批准《海洋法公约》或加强国际合作可能会有所帮助,并加强全球的准备工作,但这还不足以防止破坏。

(二)将所有数据保留在一个国家或地区

另一种解决方案是在云中存储数据时完全消除对海底电缆的需求。一些云存储提供商(如谷歌)已允许客户支付额外费用并指定保存其数据的位置。在谷歌与洛杉矶市的合同中,谷歌保证该市的数据将保留在美国的四十八个州内而不需要跨境存储。❷ 虽然这种解决方案确实消除了对海底电缆进行数据存储的依赖,但依然存在问题。能提出选择数据存储位置要求的仅限于"大客户",资金有限的"小客户"几乎没有选择权。更重要的是,在当今的全球经济中,将数据服务器限制在一个国家是不现实的。许多公司,无论大小,在世界各地都有客户或办事处,无论他们的数据服务器位于何处,都必须依赖海底电缆,因为某些客户不会与数据服务器位于同一国家或地区。对于大多数人来说,这不是一个可行的解决方案。

(三)为"数据受害者"创建受损保险计划

随着数据与经济的深度捆绑,数据的流通一旦被迫中止,造成的经济损失将难以估量。为应对这种风险,我们应完善相应保险制度,受害者可以通过"数据损失险"或通过《海底电缆管道保护规定》等补贴计划获得救济。但上述方案仍存在制度性问题。就保险而言,谁将赔付潜在的巨大损失?在破坏者切断海底电缆的情况下若其不具备赔偿能力,政府是否应该像保险公司

---

❶ See Laurence R. Wrathall, *The Vulnerability of Subsea Infrastructure to Underwater Attack: Legal Shortcomings and the Way Forward*, 12 San Diego International Law Journal 223 (2010).

❷ See Patrick Thibodeau, *Minnesota Moves E-mail to Microsoft's Cloud*, Computerworld (28 September 2010), https://www.computerworld.com/article/1540885/minnesota-moves-e-mail-to-microsoft-s-cloud-2.html.

一样支付相应"保险金"。此外,如果电缆公司存在过错,如既没有采取足够的预防措施来保护他们的电缆免受攻击,也没有提供足够的备用电缆,则电缆公司应承担相应责任。

[五] 乱纪元:国际武装冲突法视角下的海底电缆

尽管1907年《海牙章程》、《牛津手册》、《圣雷莫手册》和《奥斯陆手册》的部分内容表明,海底电缆在武装冲突期间受到保护,但在工业时代,武装冲突法规则的实际应用却并非如此。为了调和这种不一致,必须考虑制定具有法律约束力的保护规则。在探讨确保海底电缆在武装冲突期间受到保护的可能方法之前,有必要在适用于网络战的国际法背景下来探讨这个问题。

在网络时代,人们越来越难以忽视无形力量,特别是数据对个人的影响。工业时代的全球经济和社会秩序依赖有形网络(如道路、桥梁、铁路和船舶)来运输有形商品,而网络时代的人们也依赖无形资产。与历史上任何时候都不同,全球经济和社会秩序现在依赖以海底电缆为主的渠道来不间断地传输数据。因此,网络时代提出的问题是,武装冲突法的应用是否应承认和保护无形的数据财产。

国际专家组在《塔林手册》中简要讨论了这一问题。大多数人坚持认为,根据现行法律,数据是无形的,不属于对象一词的普通含义……因此,对数据本身的攻击不构成攻击。❶ 然而,少数专家认为,应保护某些民用数据不成为攻击目标,例如"社会保障数据、税务记录和银行账户",删除这些数据违背了平民享有免受敌对行动影响的一般保护原则(反映在《第一附加议定书》第48条中)。虽然在武装冲突下对数据的分类可能值得商榷,但对于数据在网络时代对平民的重要性,已经达成共识。

---

❶ data is intangible and therefore neither falls within the "ordinary meaning" of the term object ... therefore an attack on data *per se* does not qualify as an attack.

(一) 在网络时代将"战争权法"原则应用于目标海缆

根据《塔林手册》,武装冲突法有两个基本原则:区别对待原则与相当性原则。❶ 武装冲突法要求,如果在瞄准军事目标时可能造成平民附带损害,对平民或民用物体的影响必须是相称的。

1. 区别对待原则

《塔林手册》第 93 条规定,"区分原则适用于网络攻击",要求交战方在任何时候都区分民用物体和军事目标。❷ 1868 年《圣彼得堡宣言》首先阐明了这一规则,后来在《第一附加议定书》第 52 条第 1 款❸中通过,其中规定"各国在战争期间应努力实现的唯一合法目标是削弱敌方的军事力量"❹。《塔林手册》将这一规则适用于网络领域,并指出,不得将民用网络作为网络攻击的对象,网络基础设施只有在符合军事目标条件的情况下才能成为攻击目标。

如上所述,平民和军队都使用海底电缆传输数据。从法律上讲,民用物体的地位和军事目标的地位不能兼容,但在很多情况下,海底电缆必须作为民用物体和军事目标并存。这一原则确认了所有两用物体和设施都是军事目标,没有限定。《塔林手册》的专家用公路网的例子类比说明两用原则如何适用于网络领域,如果交战方使用桥梁将物资运送到前线,而当地平民也使用它进行日常生活,那么由于其具有军事用途,这是一个有效的军事目标,即只要有合理的证据可以证明网络的军事用途,该网络就是受到攻击的

---

❶ See Dennis E. Harbin Ⅲ, *Targeting Submarine Cables: New Approaches to the Law of Armed Conflict in Modern Warfare*, 229 Military Law Review 349 (2021).

❷ See TALLINN MANUAL, supra note 96, at 420.("Rule 93 of the Tallinn Manual states that the principle of distinction applies to cyber-attacks")

❸ 虽然美国尚未批准《第一附加议定书》,但其立场是,第 52 条第 1 款在一定程度上反映了习惯国际法。然而,美国反对认为民用物体不应成为报复对象的规定。

❹ TALLINN MANUAL, at 434.("the only legitimate object which States should endeavour to accomplish during war is to weaken the military forces of the enemy")

军事目标。没有理由区别对待。❶

因此,在对双重用途原则的传统应用下,军民两用的海底电缆是军事目标。即使主要由平民使用的物体因其性质、位置、目的或用途对军事行动有实际作用,在适用相称性原则时,也应考虑攻击这种军事目标预期对平民造成的伤害。

区分原则提出的另一个关键问题是各国有积极义务将其军事目标与平民和民用物体分开。因此,根据现行的武装冲突法规则及其解释,军队有必要避免在武装冲突期间使用海底电缆传输与军事有关的数据,以避免伤害平民。

2. 相当性原则

如果以军事目标为目标会造成平民伤害或民用物体损坏,则需要进行相称性分析。正如《塔林手册》第113条所述,禁止可能附带造成平民生命损失、平民伤亡、民用物体损坏的攻击以及网络攻击,这种损失与预期的军事利益相比是更惨烈的。❷ 必须认识到,在战争中,尽管对平民和民用物体的附带损害是不幸的和悲惨的,却不可避免。因此,以军事对象为目标不一定对平民产生零影响才合法。例如,据美国方面称,俄罗斯海军为支持中东盟友,威胁切断连接埃及和欧洲的位于地中海的六条电缆中的五条。虽然修复电缆本身只会花费电缆所有者几十万美元,但附带的影响更加昂贵。埃及的互联网容量将下降70%。❸ 此外,由于印度与欧洲的互联网连接的50%至60%严重依赖相同的五条电缆,切断上述海底电缆将严重影响其主要经济外

---

❶ See TALLINN MANUAL, at 446.("so long as it is reasonably likely that a road in the network may be used, the network is a military objective subject to attack. There is no reason to treat computer networks differently.")

❷ See TALLINN MANUAL, at 470.("cyber-attack that may be expected to cause incidental loss of civilian life, injury to civilians, damage to civilian objects, or a combination thereof, which would be excessive in relation to the concrete and direct military advantage anticipated is prohibited.")

❸ See Dennis E. Harbin Ⅲ, *Targeting Submarine Cables: New Approaches to the Law of Armed Conflict in Modern Warfare*, 229 Military Law Review 349 (2021).

包部门。尽管埃及和印度的平民受到伤害,但破坏电缆的主要目的是降低敌对方的指挥和控制能力。通过切断五条海底电缆,地区的通信流量崩溃,需要敌方通过无人机来维持关键的监视和动能打击能力。尽管电缆有形损坏的修理费用相对较低,但电缆修理船不可能在敌方控制区内修理电缆。

尽管对平民产生了深远的影响,但以电缆为攻击目标是否合法,取决于与其军事优势相比,切割是否过度。毫无疑问,降低交战国与海外部队的通信能力是有利的,但确定附带损害是否过大并不一定需要准确计算这些难以衡量的附带影响。

虽然国际法中没有对"过度"一词作出定义,但《塔林手册》采取的立场是,如果与敌对方军事力量的差距悬殊且直接军事利益足够大,严重的附带损害可能是合法的。相反,如果双方的军事优势可以忽略不计,即使是轻微的损害也可能是非法的。❶ 对确定预期的附带损害是否过大并不一定适合进行定量分析,因为比较通常是在数量和价值之间进行的。

(二)塔林手册中的海底电缆

已经考虑了网络战争法下海底电缆保护的地位。《塔林手册》在关于海洋法的一章中重申了各国在《海洋法公约》规定的海底电缆方面的自由。❷ 它承认作为习惯国际法事项,禁止一国对电缆造成损害,但指出,一般规则不妨碍武装冲突期间适用的规则。《塔林手册》述及武装冲突法如何在网络领域适用,并两次提到海底电缆。专家们两次重申《海牙章程》第 1907 条,该条规定,"在绝对必要的情况下",可以扣押或摧毁连接被占领土和中立领土

---

❶ See TALLINN MANUAL, at 473.("took the position that extensive collateral damage may be legal if the anticipated concrete and direct military advantage is sufficiently great. Conversely, even slight damage may be unlawful if the military advantage expected is negligible.")

❷ See TALLINN MANUAL, at 252.("Within its chapter on the law of the sea, the Tallinn Manual restates the freedoms of States regarding submarine cables established in UNCLOS.Within its chapter on the law of the sea, the Tallinn Manual restates the freedoms of States regarding submarine cables established in UNCLOS.")

的海底电缆,但需在战争结束后予以恢复和赔偿。❶

尽管会对中立国造成直接的经济和社会损害,但与交战国网络的退化相比,以花费几十万美元修理电缆为目标是微不足道的。因此,即使适用《塔林手册》对武装冲突法原则的解释,以海底电缆为目标仍然是合法的。

(三)总结:现代战争中的海底电缆保护

国际法在规制武装冲突方面的宗旨之一是执行平民享有免受敌对行动影响的普遍保护原则。虽然武装冲突法防止以民用物体为目标,而大多数海底电缆本身就是民用物体,但根据两用原则,这些物体被视为军事目标,因此被视为合法目标。此外,尽管破坏一些海底电缆可能会对平民产生有害影响,但它们仍然是合法的目标,因为在确定什么是"过度"的传统应用中,对电缆本身的破坏不会超过军事优势。然而,随着战争性质的改变和平民对海底电缆的依赖增加,武装冲突法不仅需要考虑有形电缆的保护,还需要设法保护其传输的无形数据,避免战争造成的毁灭性连锁影响。

[六] 结语:光缆切割与数字大空间的形成

20世纪90年代以来的全球化的数字浪潮席卷了世界的每一个角落,改变了数字空间的权势结构,其大势虽宏伟,看似不可逆,然而退潮之隐忧却已隐然呈现。尽管数十年来的网络法学人早已被告知:在万物联通的时代,单个国家的"遗世独立"不仅不太可能,也将导致自身的衰ївing;但民族国家以数字主权抵御普世帝国数字霸权的斗争却未消弭,对升平世畅通的数字交流的

---

❶ See Erazak Tileubergenov et al., *Defining the Regulations of War in the Hague Convention of 1907*, in Zafer Bekirogullari, Melis Y. Minas and Roslind X. Thambusamy (eds.), *Cognitive - Social, and Behavioural Science, Proceedings of the 4th Annual International Conference on Cognitive - Social, and Behavioural Sciences (icCSBs 2016, May), 07-10 May, 2016, Kyrenia, Cyprus (May 2016・EPSBS Volume 8)*.

追寻与对乱纪元数字安全的防御考量,依然是主权国家数字政策的一体两面。作为连通数字世界最重要的关键信息基础设施,海底光缆的发展、分裂与破坏,塑造着当今与未来的世界格局。❶ 施密特预言的陆地与海洋的分途,在数字化时代呈现为数字大空间的格局:在陆地上,互联网不再是加以定冠词的那个"the internet",以俄罗斯的 RuNet 与朝鲜的光明网为代表的主权互联网与主权国家级的独立广域网逐渐形成❷。在海洋中,基于行星计算与泛在数据中心的海底光纤网络,在建设、运营、保护领域,通过进取的技术与谦抑的法律,维持着相互之间的合作与斗争,试图以更为广泛的路由渠道与弹性治理模式在保护数字主权与避免信息割据中寻找动态的平衡。

值得注意的是中国对数字大空间的选择。中国互联网是无名的,既不以"那个互联网"为名,也没有像俄罗斯与朝鲜那样明确命名,国际法学者常常在梳理中国国家法律与政策上变动不居的"网络"定义时感到困惑❸,但这实际上体现出中国面向那个全球开放互联网的未来愿景。这一愿景在海底光缆的宏业中的体现为,在数据安全法、网络安全法、关键信息基础设施安全保护条例等规范领域尽量避免域外管辖,而在技术标准、基础设施架构等方面则态度进取,以获得更为自主的基础设施权力。

多年后,当中国法学家面对海外中国数字基础设施运营企业被限制,中国数字基础设施提供商被制裁的时刻,他们不会忘记 1904 年日俄战争时旅顺口外,耶鲁大学的法学家伍尔西在旅顺港外 3 海里的电缆登陆船上坐观日俄军队在中国领土上互斥对方为电信间谍而中国人忍气吞声宣布中立的那

---

❶ 参见杨安卓、吴玉茗:《数字国土与泛在边疆:俄乌冲突背景下主权互联网的效果与影响》,载《东方学刊》2023 年第 2 期。

❷ See Jinghan Zeng, Tim Stevens and Yaru Chen, *China's Solution to Global Cyber Governance: Unpacking the Domestic Discourse of "Internet Sovereignty"*, 45 Politics & Policy 432 (2017).

❸ See Jinghan Zeng, Tim Stevens and Yaru Chen, *China's Solution to Global Cyber Governance: Unpacking the Domestic Discourse of "Internet Sovereignty"*, 45 Politics & Policy 432 (2017).

个下午。❶ 他们不会感叹：列强竟是我自己。因为中国联通与华为海洋，从来不是21世纪的大东公司与大北公司。随着ICT技术的发展与数字丝绸之路的推进，中国的海底光缆政策与法律制度的演进，将朝着面向更大的贸易市场、更多的就业机会、更密切的文化交流与更广阔的合作共享空间发展，但不忘保护与维系更安全独立的基础设施，通过陆上与海上数字丝绸之路的延伸❷，与全球人类共建数字命运共同体。

---

❶ See T. S. Woolsey, *Wireless Telegraphy in War*, 14 Yale Law Journal 247 (1904).
❷ See Matthew S. Erie and Thomas Streinz, *The Beijing Effect: China's Digital Silk Road as Transnational Data Governance*, 54 New York University Journal of International Law and Politics 1 (2021).

气候治理中的司法角色

——从德国气候裁定案切入

陶鹏远[*]

摘　要：近年来，气候变化诉讼在全球范围内掀起浪潮，德国联邦宪法法院《气候保护法》违宪案的裁定因"基本权利保护的跨时空转变"论断而产生较大影响力。不可否认，该裁定推动了气候行政与司法的协同治理，增强了国际社会的信任，赢得了社会关注而实现社会沟通。但在各类气候变化案中，不同法院运用不同的法学方法论工具，作出国家需要履行气候保护义务的类似裁判，自治型司法的"安定性"遭到破坏而产生司法困境。该气候裁定的论证中也存在漏洞："限制性预先影响"的自由干预方式更像一种"借壳上市"名存实亡，未来论抑或仅是"国家保护义务"的"移花接木"。司法应保持谦抑性，适度发挥能动作用，扮演监督者角色，处理好与立法、行政在气候治理中的关系。

关键词：气候治理　气候变化诉讼　回应型司法　法律解释　司法谦抑

引　言

我们生活在一个正逐渐变暖的世界，气候变化已成为全球共同关注的环

---

[*] 陶鹏远，德国慕尼黑大学法学院博士研究生。

境议题。气候问题是关乎全人类命运的共同事项,应对气候变化的紧迫性已成为共识。中国共产党第十八次全国代表大会以来,在习近平生态文明思想的指引下,中国贯彻新发展理念,将应对气候变化摆在国家治理更加突出的位置,正在稳步构建适应气候变化的政策体系。2024年,《碳排放权交易管理暂行条例》的发布,更为碳市场的健康发展提供了法律保障。

为了配合气候保护政策的落实与实施,最高人民法院明确提出,为气候变化适应性措施提供司法服务与保障是司法工作的重点。近年来,气候变化诉讼在全球范围内掀起浪潮,冲击着各国现有的司法系统。在众多气候变化诉讼中,法院逐步开始扮演沟通者、督促者及解释者的重要角色。学界对气候变化诉讼的研究不断深入,从介绍域外新发展到移植本土、从研究个案拓展到提出两种气候变化诉讼类型(针对私人的与针对国家的气候变化诉讼);交叉学科研究逐渐增多。❶ 除了气候保护中的公益诉讼制度❷、对个人造成的气候损害的侵权责任认定❸等相关研究,更有学者将回应型司法嵌套到气候治理之中,以司法能动主义回应气候治理需求,主张司法参与逐渐成为各国推动政策制定者和市场参与者借以适应与缓解气候变化影响的重要

---

❶ 参见赵悦:《气候变化诉讼在中国的路径探究——基于41个大气污染公益诉讼案件的实证分析》,载《山东大学学报(哲学社会科学版)》2019年第6期;朱明哲:《司法如何参与气候治理——比较法视角下的观察》,载《政治与法律》2022年第7期;Yue Zhao, Shuang Lyu and Zhu Wang, *Prospects for Climate Change Litigation in China*, 8 Transnational Environmental Law 349 (2019); Xiangbai He, *Mitigation and Adaptation through Environmental Impact Assessment Litigation: Rethinking the Prospect of Climate Change Litigation in China*, 10 Transnational Environmental Law 413 (2021); Mingzhe Zhu, *The Rule of Climate Policy: How Do Chinese Judges Contribute to Climate Governance without Climate Law?*, 11 Transnational Environmental Law 119 (2022).

❷ 参见洪冬英:《"双碳"目标下的公益诉讼制度构建》,载《政治与法律》2022年第2期;韩康宁、冷罗生:《预防性司法视角下气候变化诉讼的中国范式——兼谈与环境公益诉讼的关系》,载《北京理工大学学报(社会科学版)》2023年第5期。

❸ 参见谢鸿飞:《气候变化侵权责任的成立及其障碍》,载《政治与法律》2022年第7期;田苗苗:《论气候变化损失与损害问题解决的路径选择》,载《河南社会科学》2022年第3期。

工具。❶ 这也是目前大多数研究所关注和认同的,然而,这样的司法角色是否合理还有待商榷。

2021年3月24日,德国联邦宪法法院作出《气候保护法》部分违宪的裁定,这一裁定因对基本权利的"跨时空"保护而被各界广为赞誉,被称为"划时代"的、"历史性"的裁决。该裁定无疑是"气候运动的巨大胜利"。本文将以该案为例,探究气候治理中司法功能的实现:从备受瞩目的裁定文本出发,分析德国联邦宪法法院推动气候保护的现实意义,探究气候治理中回应型司法的困境,以期为我国在气候治理中的司法角色提出些许思考。

[一] 德国联邦宪法法院气候裁定"划时代"论证

德国联邦宪法法院的裁定结果无疑是一次巨大胜利。法院作出的《气候保护法》部分违宪的裁定是参与气候治理的载体,被各界赞誉、关注、研究的也正始于这一裁定文本本身,特别是该裁定提出的"跨时空"保护模式。

在本案中,申诉人提出的四项宪法申诉主要针对《气候保护法》中的相关具体规定以及国家未持续采取符合预测的温室气体减排措施。❷ 申诉人主张,该法未为2030年之后的温室气体减排确立充分的目标,该法的二氧化碳减排规定无法实现与1.5℃温度阈值相对应的"二氧化碳剩余预算"。申诉人的主要依据是《基本法》第2条第2款第1句(生命权和身体不受侵犯的

---

❶ 参见朱明哲:《司法如何参与气候治理——比较法视角下的观察》,载《政治与法律》2022年第7期;周珂:《适度能动司法推进双碳达标——基于实然与应然研究》,载《政法论丛》2021年第4期。

❷ 为履行《巴黎协定》、推进气候保护,德国于2019年12月12日通过了《联邦气候保护法》。该法第3条第1款、第4条第1款第3句及附件二规定,到2030年,德国的温室气体排放量相较1990年应减少55%,并基于与各领域有关的年排放量确定了减排路径。该法第4条第6款规定,联邦政府应于2024年通过行政法规确定2030年后的年减排量。

权利)和《基本法》第 14 条第 1 款(财产权)的基本权利的保护义务。❶ 同时,申诉人以《基本法》第 2 条第 1 款(一般人格权)与《基本法》第 20a 条(国家目标条款)相结合,以及《基本法》第 2 条第 1 款与《基本法》第 1 条第 1 款第 1 句(人格尊严)相结合作为依据,主张"人类尊严未来的基本权利"和"生态最低生存权"。❷ 德国联邦宪法法院支持了相关未成年人的请求,判决《气候保护法》的部分内容违反《基本法》,要求立法机关必须在 2022 年年底前完成修法,并进一步作出具体规定。❸

(一)推翻旧思路:基本权利的保护义务不足?

不难发现,该裁定的宪法解释在很大程度上仍遵循传统的教义路径。从基本权利中产生的一方面是对抗国家干预的主观防御权,另一方面是基于基本权利客观重要性所要求的国家保护义务。二者在目标和内容上存在根本区别,防御权旨在禁止国家实施干预基本权利的特定行为,而保护义务旨在请求国家为保护相关权益实施特定行为。❹ 保护义务基本上是不确定的,决定如何对抗可能存在的危险、制定并规范性实施保护措施是立法者的事务。即使立法者在原则上有义务对某一权益采取保护措施,也具有较大评估和裁量自由。❺ 因此,即使存在保护义务,国家保护措施的有效性并非就落入联

---

❶ 申诉人提出了与气候变化有关的心脏病、循环系统问题和过敏等健康问题,并且这些问题可能会加剧。申诉人提出了财产会受气候变化,如洪水的影响。

❷ 申诉人认为其一般行动自由受到侵犯,由于未采取法律措施,他被剥夺了采取对气候和环境友好的生活方式的权利。人若要有尊严地生存,除最基本的经济保障外,还要有最低限度的生态环境基础。不论是物理性生存,还是人际交互的维护,抑或对于社会、文化及政治生活的共同参与,都须以较好的生态环境为前提。

❸ Vgl. BVerfG NJW 2021, 1723.

❹ 参见段沁:《宪法环境权的有限功能与发展空间——以德国联邦宪法法院"气候裁定"为切入点》,载《人权研究》2022 年第 3 期。

❺ 参见陈征:《宪法中的禁止保护不足原则——兼与比例原则对比论证》,载《法学研究》2021 年第 4 期。

邦宪法法院的审查范围。❶ 司法审查空间是有限的：只有当国家没有采取任何保护措施，或者已采取的措施显然不适用或者完全不足以实现规定的保护目标，或者完全落后于保护目标时，联邦宪法法院才会认定违反保护义务。❷

申诉人虽以主观防御权为依据，但主张国家保护义务的不足导致了基本权利的侵害，即国家对"生命权和身体不受侵犯的权利""财产权""人类尊严未来的基本权利""生态最低生存权"等权益保护的不作为。

联邦宪法法院否定了存在保护义务这一说法。对于"生命权和身体不受侵犯的权利"与"财产权"，联邦宪法法院指出，由于德国的二氧化碳排放量在全球二氧化碳排放中所占的份额很小，减少德国二氧化碳的排放对生命健康的影响微乎其微。申诉人也未充分说明立法者制定的措施显然不适当，或完全不足以实现保护目标，未详细说明立法者是否超出履行保护义务的自由裁量权的范围。显然，《气候保护法》等相关减排规定是有效和充足的。

对于"人类尊严未来的基本权利"与"生态最低生存权"，其一，联邦宪法法院指出，作为国家目标条款的《基本法》第20a条并未确立主观权利。其二，承认实现其他基本权利需要满足生态最低标准，要防止发生"具有灾难性甚至具有末日般程度"的环境污染。除了"生命权和身体不受侵犯的权利"与"财产权"，"人类尊严未来的基本权利"与"生态最低生存权"也可能产生独立的效果，相关气候适应性措施或许仍然可以保障生命、身体完整和财产，但不能保障社会、文化和政治生活的正常运转。❸ 这也意味着适应性措施必须极端到无法实现社会、文化和政治的整合和参与时，才能认定国家保护义务不足。❹ 但是，德国已加入《巴黎协定》，立法者也未袖手旁观❺，

---

❶ Vgl. Walter Frenz, Klimaschutzrecht Gesamtkommentar, 2021.

❷ Vgl. Sachs, Verfassungsrecht II, 3. Aufl. 2017, Rn. 192; Kingreen/Poscher, Staatsrecht II Grundrechte, 36. Aufl. 2020, Rn. 324.

❸ Vgl. BVerfG NJW 2021, 1723 Rn. 114 ff.

❹ Vgl. BVerfG NJW 2021, 1723 Rn. 223 ff.

❺ 参见杜群：《〈巴黎协定〉对气候变化诉讼发展的实证意义》，载《政治与法律》2022年第7期。

《气候保护法》中提出了 2050 年的碳中和目标,这是德国整体长期战略的一部分。德国政府在 2008 年通过了《气候变化适应战略》,提出了受全球温度上升影响的各个部门所采取的可能和必要措施。鉴于气候保护形势的动态发展,先设定至 2030 年的国家减排目标,随后继续动态调整是合理的,立法者可以重新修改并对相关目标与措施做补充规定。在此基础上,通过适当努力可以防止灾难性状态的发生。

联邦宪法法院保持明确的谨慎态度,未创造出其他新的气候基本权利,充分尊重立法机关的判断,保留立法的自由裁量权,不采纳申诉人主张的"保护义务不足"导致权利受侵犯的观点。

(二)构建新思路:基本权利的跨时空保护

但是,鉴于《气候保护法》的这些规定将减排负担无法逆转地推迟到 2030 年之后——"基本权利的跨时空保护",联邦宪法法院宣布《气候保护法》与基本权利不相容。

联邦宪法法院在论证过程中仍遵循防御权的传统审查路径。联邦宪法法院指出,《基本法》要求保障跨越时间的基本权利,对跨越世代的自由机会进行合比例的分配。法官将抽象的"自由"作为需要保护的主观权利,取代具体的基本权利。❶ 在审查是否存在基本权利过度限制的过程中,法官提出了"限制性预先影响"(eingriffsgleiche Vorwirkung)❷和"及时性诫命"(Gebot der Rechtzeitigkeit)概念。❸ 当代人不能在有限的资源中获取过多分配,以至于未来一代别无选择,因此,只能采取及时的"全力刹车"。❹ 当前二氧化碳排放的相关规定构成了对未来自由"不可逆转的法律威胁"❺,因为通过这些

---

❶ Vgl. BVerfG NJW 2021, 1723 Rn. 183 ff.

❷ Vgl. BVerfG NJW 2021, 1723 Rn. 187 ff.

❸ Vgl. Martin Burgi, Klimaverwaltungsrecht angesichts von BVerfG-Klimabeschluss und European Green Deal, NVwZ 2021, 1401.

❹ Vgl. BVerfG NJW 2021, 1723 Rn. 192.

❺ Vgl. BVerfG NJW 2021, 1723 Rn. 229 ff.

规定,二氧化碳的剩余预算无法逆转地减少,这也大大缩短了从"当下广泛排放二氧化碳的生活方式"向"气候中性生活方式"转变所需的社会和技术发展的时间,与二氧化碳相关的自由在未来将受更大限制。"保障基本权利跨越时间和在世代之间平衡自由",才能保护后代免受只能"在激进的克制中"生活的威胁。❶

联邦宪法法院也结合《基本法》第20a条这一国家目标条款对基本权利的保护作出了相关解释。《基本法》第20a条被理解为客观法,是司法审查的国家目标规范,是"气候保护"强有力的基础。❷ 该裁定的重点在于对未来限制和当下限制的公平均衡性作出了比较,分析气候保护措施是否符合宪法上国家目标条款的客观要求,论证国家是否充分履行了合乎比例的对后代的照顾义务。❸《基本法》第20a条作为客观法上的保护规范,同样涵盖了这样的必要性,即,要非常慎重地对待自然并将之传于后世,使后代不必以付出彻底的自我禁欲为代价来保护自然。立法者有责任考虑对2030年后的减排负担采取前瞻性措施,在时间和代与代之间对减排负担作出平衡。

[二] 气候治理中的司法参与:
德国气候裁定的现实意义

这一气候裁定要求立法机关细化减排目标,推动了气候政策的制定和执行。司法机关深入参与气候治理,"以身作则",增强国际社会的信任,赢得了社会关注而实现社会沟通,具有诸多现实意义。

---

❶ Vgl. Walter Frenz, Grundzüge des Klimaschutzrechts, 2021.
❷ 参见张翔:《国家目标作为环境法典编纂的宪法基础》,载《法学评论》2022年第3期。
❸ 参见段沁:《跨世代的自由保证——德国联邦宪法法院"〈气候保护法〉部分违宪案"评述》,载舒国滢主编:《法理——法哲学、法学方法论与人工智能》(2022年第1辑·总第11辑),商务印书馆2022年版,第360—367页。

(一)协助政府治理:行政司法共存体

这个裁定尽管并非"生态独裁"的开端,却是司法"生态父权主义"的体现,是政治体与联邦宪法法院更紧密"共存"的一种独特表达。

1. 助推行政机关

该气候裁定助推了行政机关气候治理的进程。德国经济和能源部部长彼得·阿尔特迈尔(Peter Altmaier)并未对联邦宪法法院的批判作出相关辩解,相反,他将这一裁定评价为"划时代的"。在该裁定作出后,议会和政府即着手修改《气候保护法》,明确提出更雄心勃勃的减排目标。该裁定明确否定政府部门的决策并要求改进,为何还会得到部长的支持甚至高度赞扬?

在民主法治国家,法院并不能决定限制温室气体排放。气候治理问题需要在政治层面作出决定,相关政府部门负责决定减排分配,权衡相关利益,即使迄今还未找到一个完美的解决方案。❶ 从宪治角度来看,在联邦宪法法院与立法者、政府部门的关系上,联邦宪法法院对基本权利领域的宪法申诉主要以宪法义务中的禁止性、限制性或注意性为尺度,审查立法者和政府部门的目的和手段,尊重立法者和政府部门的决策自由。❷

该裁定之所以能得到行政机关的肯定,可以从政府和议会对选民的责任以及利益集团的可及性方面加以解释。尽管几乎没有一个选民或游说团体对行政机关的气候保护目标表示强烈不满与反对,但当涉及如何分配减排负担以实现巴黎协定中达成的气候保护目标时,公地悲剧的本质问题再次凸显。在国际层面,政府部门将极力确保德国企业不会受到比其他国家的竞争

---

❶ 参见沈跃东:《政治问题原则在美国气候变化诉讼中的运用》,载《中国地质大学学报(社会科学版)》2014年第5期。
❷ 参见杜涛:《在政治与法律之间——气候变化诉讼中的政治问题理论》,载《北方法学》2013年第5期。

企业更大的负担。❶ 在国内层面,如何确定各个部门对国家减排目标的贡献也存在政府失灵的困境,气候治理因利益分配问题而被搁置。此外,在政府与个人的关系层面,如果政治决策导致生活水平下降,众多选民也会因此不满,比如航空旅行费用大幅增加、驾驶汽车的成本上升、建筑成本激增、房租和配套租金成本上升等。因此,当立法者或者政府部门在作出相应的气候治理决策时,可能就会存在诸多顾虑而瞻前顾后、畏首畏尾。

在这种背景下,联邦宪法法院的气候裁定助推了立法者和政府部门的工作,直接或间接保护了对选民负责的政治主体。此外,政府部门对企业、社会施加的往往是一项长期可持续义务,而企业与社会本身显然无法做到这一点,因为他们更关心当前消费欲望的满足,而非未来福祉。从代际角度来看,民主化进程也天然使后代人处于不利地位,他们的关切难以在选民中占有相应比重,因此也不足以指导政治行动。所以,说联邦宪法法院在防止气候灾难方面具有共同职责也不无道理。气候裁定成为一种"契机",让政治家们当下就为减排负担的分配与气候保护作斗争,而非将该任务推迟到未来。

2. 创制气候政策

联邦宪法法院对气候保护这一公共利益的能动权衡,实际上分担了行政机关的任务。❷ 真正有意义的"基本法"正是联邦宪法法院从《基本法》中挖掘出来的深层含义,这在基本权利的适用中更能体现出来。在联邦宪法法院裁定的论证中,诸多说理具有政策导向,本身就是为回应社会需求的气候保护新规范,为气候治理实践提供指引。❸

---

❶ 参见杜中华:《让跨国公司为气候变化负责——评"地球之友等诉荷兰皇家壳牌案"》,载舒国滢主编:《法理——法哲学、法学方法论与人工智能》(2022年第1辑·总第11期),商务印书馆2022年版,第393—403页。

❷ 参见朱明哲:《司法如何参与气候治理——比较法视角下的观察》,载《政治与法律》2022年第7期。

❸ See Xiangbai He, *Legal and Policy Pathways of Climate Change Adaptation: Comparative Analysis of the Adaptation Practices in the United States, Australia and China*, 7 Transnational Environmental Law 1 (2018).

最具有实质性影响的论述是"社会技术转型"(soziotechnische Transformation)。❶ 法院强调,除了大型工业设施的运营,日常行为也会直接或间接产生二氧化碳排放,因此,除了对生产过程的限制和调整,还需实现"建造和使用新建筑以及穿着服装"等广泛或日常行为的转型。❷ 在日常生活的所有领域,如生产、服务、基础设施、行政管理、文化和消费中,归根结底,所有与二氧化碳有关的过程都需要变革。❸ 国家既无法也不应该独自承担应对气候变化的责任,民众生活方式的转型对气候治理更具积极意义。

应对气候变化,采取一系列减排等保护性措施固然重要,适应性措施也不可或缺。❹ 这一论述与《欧洲绿色协议》的理念一致,以清洁能源、循环经济、数字科技等方面为核心,推动工业、农业、交通、能源等几乎所有经济领域的创新变革,加快经济从传统模式向可持续发展模式转型,实现从"气候保护法"向"气候法"的转变。法院还借助专业科学的支持论证,提出诸多适应气候变化的调整措施,涉及环境法、建筑法和规划法等行政法领域。法院对德国的一系列适应性战略予以肯定❺,这些措施能缓解气候变化带来的影响,避免发生严重后果。例如,通过适当的建筑设计以及城市景观规划缓解城市的气候变暖:在人口稠密的城市中广泛增加绿地实现新鲜空气的供应;在河流流域,通过流量调节手段可以加强对洪水风险的预防。

应对气候变化是国家的法律义务,国家要采取更积极的气候政策。司法机关作为国家机关的一员,与政府机关紧密联系,必须参与到气候治理中。❻

---

❶ Vgl. BVerfG NJW 2021, 1723 Rn. 122.

❷ Vgl. BVerfG NJW 2021, 1723 Rn. 248.

❸ Vgl. BVerfG NJW 2021, 1723 Rn. 249.

❹ Vgl. Juliane Albrecht: Die Stadt im Klimawandel: Handlungsfelder, Rechtsinstrumente und Perspektiven der Anpassung, ZUR 2020, 12 ff.

❺ 参见德国联邦内阁于2008年通过的《德国适应气候变化战略》、德国环境联邦署2019年的《气候适应战略监测报告》、德国联邦政府2020年的《对气候变化的德国适应战略的第二份进展报告》。

❻ 参见张翔:《环境宪法的新发展及其规范阐释》,载《法学家》2018年第3期。

协助公共政策的实施是一种政治性功能,达玛什卡(Mirjan R. Damaska)将这一过程称为"能动主义程序""与司法的政策实施目标相关的形式""政策实施型程序"。❶现代司法早已突破传统意义:法官在坚持传统私法的矫正正义理念之外,通过以特定的政策目标所确立的指导方针,或者创制新政策,来处理当事人之间的纠纷。❷ 在气候变化、科技发展的风险社会,这种政治性职能非常普遍,埃尔曼(Elman)认为,"法官的司法审查行为是对政策制定权的一种分享,这一点昭然若揭,以至于在行使这种权威时,他已经很难托称只是在适用法律了"❸。司法机关作为广义上的政府的重要组成部分,也是制定公共政策的主体之一。法官在诉讼中评估国家是否完成其所承诺的减排目标,配合落实与创制气候保护政策,能动回应社会需求,追求公共利益,完善气候法制体系,回应型气候司法便开始形成。

(二)增进国际信任:缓解公地悲剧

应对气候变化也面临公地悲剧的困境。气候是一种不可分割的全球公共产品,具备公共产品的非竞争性和非排他性:因为大气层可以同时被多人用作碳汇,无人可以被排除在外。向大气层排放二氧化碳的全球成本无法被归入单个排放者名下,过度排放最终会导致气候环境的不稳定。避免公地悲剧也无法通过个人的自愿克制实现,个人对公共产品的节制使用会迅速被其他人的增加使用平衡。没有利维坦的存在就会产生囚徒困境。❹

---

❶ 参见〔美〕米尔伊安·R. 达玛什卡:《司法和国家权力的多种面孔:比较视野中的法律程序》,郑戈译,中国政法大学出版社2015年版,第191页。

❷ 参见侯猛:《不确定状况下的法官决策——从"3Q案"切入》,载《法学》2015年第12期。

❸ 黄韬:《中国式的公共政策法院——以我国法院对金融案件的处理为例》,载《社会科学研究》2011年第6期。

❹ See Garrett Hardin, *The Tragedy of the Commons*, 162 Science 1243 (1968).

正如联邦宪法法院在裁定中所指出的,德国的温室气体排放量仅占全球的2%。即使德国立即完全实现气候中立,也无法改变全球气候变化的态势。没有一个国家能够仅靠自己的力量"拯救"气候。❶

气候是全球共有资源,气候保护需要所有国家通过国际协议或具有普遍约束性的全球规则进行协调行动。在《巴黎协定》中,各国承诺将全球气温的升幅限制在远低于2℃的范围内,并在必要时努力实现仅升高1.5℃的目标。然而,《巴黎协定》并没有以具有法律约束力的方式确定各签署国的减排贡献值,而交由各国自行决定。各个国家将共同目标和共同义务作为重点,但无法就具体减排量达成一致。

该裁定填补了《巴黎协定》相关减排规定的空缺,为协议提供了自身所不具备的"牙齿"。❷ 但是,国家法院难以通过单方面努力完成国际气候目标所要求的排放配额。尽管如此,联邦宪法法院的"以身作则"具有一定的积极效果。解决全球气候保护问题在很大程度上取决于国家之间对实施意愿的相互信任。该裁定无疑彰显了德国在气候治理实践中的积极作为与责任,增强了国际社会之间的信任,对其他国家积极融入全球气候治理产生激励,加强国际协同效应。

(三)回应社会参与:诉讼作为社会沟通的手段

司法参与规制治理的导火索是现代型策略性诉讼的提起。气候变化诉讼本身就能刺激社会变化,实现社会沟通。

随着"风险社会"的到来,"现代型诉讼"频繁出现,司法机关承担起更多政治职能和公共规制职能,"政治中立"或"政策无涉"的传统被逐渐打破。

---

❶ Vgl. BVerfG NJW 2021, 1723 Rn. 204.
❷ 海牙法院则更进一步,直接将《巴黎协定》的减排义务强加给一家私营企业。通过这种方式,国家在国际法上的履约义务被转化为这些国家或企业在宪法或侵权法上的结果义务。然而,法院的权力仅限于要求各自本国或国内企业采取减排措施,无权追究其他国家、国际社会或全球大型私人排放者的责任。

苏永钦把这种民事司法称为"辅助管制的工具"❶。"现代型诉讼"早已突破传统意义，这在气候变化诉讼中尤为明显。该类诉讼不再以个人权利为中心，将诉讼看作争议的解决机制，而是以秩序建构为中心，将诉讼看作建构理想秩序的重要机制。所谓"以秩序构建为中心"的诉讼，正是德国法学家耶林在《为权利而斗争》中提出的私人诉讼的社会价值，他号召人们"为权利而斗争"的主要理由在于：通过私人诉讼和司法裁判，个人的主观自利动机将产生客观上的社会公益效果，即社会秩序的生成与维持。

这种诉讼是一种激发社会讨论的有效工具。气候变化诉讼通常除了追求直接的气候保护这一法律目标，有时还有（甚至主要是）为了实现沟通目标。公众从一开始就参与其中，法庭可以被视为一个舞台。除了具体的诉求，气候变化诉讼旨在影响推动政治和社会进程。这些目标往往通过提起诉讼本身就已经实现了，伴随着媒体报道的渲染产生更大的社会影响，甚至不需要法院作出相关有利的判决结果。鉴于全球气候变化所带来的巨大挑战，法院在作出驳回诉讼请求的判决时，无论实体法的规定如何，论证负担在一定程度上都会被加重。但这并不意味着气候变化诉讼是非法的，甚至是不可受理的。只要策略性诉讼的提起符合程序法规定，且不存在滥用法律起诉权造成司法不堪重负的情况，就无可非议。

在针对国家的气候变化诉讼中，以政府部门为被告、以加强环境监管为手段、以促进国家承担气候变化责任为目标是诉讼的重要方向。在针对私人的气候变化诉讼中，原告追求的也并非只是赔偿，而是推动更大范围的社会和政策变革。气候变化诉讼的实质是推动政策制定者采用有效措施以减缓与适应气候变化带来的影响的重要工具，通过诉讼获得更多的社会关注，加速社会生态生活方式的转型。正如德国《气候保护法》违宪案中9名未成年原告的代理律师直接提出的，立法者当前的任务是确定一条连贯的减排路线以实现温室气体中和，等待和推迟大幅减排是违宪行为。

---

❶ 苏永钦：《民事立法与公私法的接轨》，北京大学出版社2005年版，第9页。

[三] 气候治理中的司法困境：法律解释成为"借口"

目前绝大多数研究都集中于总结并创新气候回应型司法的具体路径。有学者也发现，为了追求实质正义而放弃形式安定性的自治型司法是一种高风险司法，其成败取决于法官在应对社会需求时塑造合理制度工具的能力。❶ 但是，大多数学者仍视回应型司法为必要，以此为前提探讨司法角色为何，研究法院如何在气候判决中衡量价值、考量后果，如何推动气候政策的实施。这一主观代入的研究思路本身就值得商榷。

当然，也有少数学者意识到气候司法社会功能产生的危险，如诉讼拖延、多数判决引用或创造基本权利导致权利的过度扩张。❷ 但这些危险是表面性的，基本权利膨胀仅仅是对一种法律解释技术的片面反驳，难以对采用其他论证理由的裁判作出批判；诉讼效率的危险性也更弱。

更本质的危险在于，当法律解释仅仅成为"借口"时，法律的安定性与确定性会受到影响，司法"定分止争"的"稳定化预期"功能遭到破坏。

（一）气候裁判中法学方法论工具的不统一性

联邦宪法法院有权根据意愿进行法律续造，由于需要解释的法律文本具有模糊性，法学方法论工具具有极强的可塑性，以至于特定的法律解释结果很难被证明为法律错误。❸ 在德国《气候保护法》违宪案中，联邦宪法法院通过创制"保护未来自由"等新概念，得出了立法者和政府机关气候保护义务

---

❶ See *Introduction to the Transaction Edition*, in Philippe Nonet, Philip Selznick and Robert A. Kagan, *Law and Society in Transition: Toward Responsive Law*, Routledge, 2001, p. 24.

❷ 参见孙雪妍：《气候司法法理功能的再思考》，载《清华法学》2022年第6期。

❸ Vgl. Schwabe, Die sogenannte Drittwirkung der Grundrechte, 1971, 9 ff.; Murswiek, Die staatliche Verantwortung für die Risiken der Technik, 1985, 91 ff.

的推论。❶ 这些新概念正是如卢埃林所说的司法推理中用来"装扮"司法意见的一种"确定性的外衣"。❷ 看似精密的法言法语和引以为豪的说理技术,其实更像一种遮掩实际判决理由、粉饰法外因素对判决的影响的"矫饰说辞"。❸

为应对气候变化诉讼,全球范围内的法院正在运用各种法学方法论工具创造性地解释法律,比如气候变化对人权的侵犯、将自然作为法律人格来保护,或直接将国际条约、气候保护协议、《气候保护法》的目标条款等认定为具有约束力而直接适用。❹ 在各类案例中,不同法院运用不同的法学方法论工具得出类似的国家气候保护义务的判决结果,即通过不同的论证理由,推导出国家的风险预防积极义务,已经成为气候变化诉讼的典型范式。

被冠以"划时代"的德国联邦宪法法院气候裁定,可能反而是对法教义学的讽刺:法院倘若通过传统基本权利的审查标准得出相应结论,或者通过对人权的扩张解释或对气候人格的拟制等方式得出现有的裁定结论,当下大多数研究的焦点可能就不再是"基本权利保护的跨时空转变"了。众多裁定

---

❶ 参见朱明哲:《气候变化诉讼的人权进路及其局限》,载《人权研究》2022 年第 3 期。

❷ See Karl N. Llewellyn, *The Case Law System in America*, University of Chicago Press, 1989, p. 73.

❸ 参见李学尧、刘庄:《矫饰的技术:司法说理与判决中的偏见》,载《中国法律评论》2022 年第 2 期。

❹ 在巴基斯坦,拉合尔高等法院(Lahore High Court)认为政府耽于应对气候变化造成了人权的侵犯,参见 Ashgar Leghari v. Federation of Pakistan, (2015) W.P. No. 25501/201。哥伦比亚的最高法院在一个案件中进一步讨论了代际正义与团结、私人机构在气候变化中的责任、人类对生态系统的依赖,并最后作出判决承认亚马孙盆地的法律人格,参见 Paola Andrea Acosta Alvarado and Daniel Rivas-Ramírez, A Milestone in Environmental and Future Generations' Rights Protection, 30 Journal of Environmental Law 519 (2018)。在 2019 年的"Urgenda 案"中,法院认为,《欧洲人权公约》对荷兰政府有直接的约束力,而政府未能实现其减排目标构成了对公约义务的违反,并判决政府必须在 2020 年年底前把碳排放量降至 1990 年排放量的 75% 以下,参见 Stichting Urgenda v Government of the Netherlands ECLI:NL:HR: 2019:2007。

具有宣示性意义,因裁定结果被肯定,裁定所采用的法学方法论工具受到青睐也只是爱屋及乌罢了。"基本权利保护的跨时空转变"竟成为学者们的新议题而被大肆宣扬、大做文章、顶礼膜拜,殊不知它可能仅是法院随便拿来的一种说辞而已。司法更频繁地创制运用新的法学方法论工具,法律解释就成了"借口",裁判的预测功能与稳定功能会受到影响。

(二)"划时代"德国气候裁定本身:对法教义学的讽刺

该气候裁定被广为称赞的"跨时空的自由保障"论证思路抑或只是预设结果"国家气候治理积极义务"的一种"借口",是基于这一预判结论而反推的一种"大前提"。正如法律现实主义者弗兰克调侃说,"正义乃法官早餐所食之物"❶,"跨时空的自由保障"这一论证思路抑或只是法官喝着咖啡啃着法棍,脑子一闪而过产生的。对"跨时空的自由保障"这一论点展开分析,也能发现存在诸多漏洞:"限制性预先影响"的自由干预方式值得进一步反思,未来论可能仅是对"国家保护义务"的移花接木。

1. 对未知数的干预:限制性预先影响的想象

在该裁定中,论证思路由"国家保护义务的不足"转变为"对后代自由的过度干预",并在对限制方式的审查中借助了"限制性预先影响"这一新概念。但实际上是结合国家目标条款的客观要求,对代际公正展开考量,"限制性预先影响"更像是一种"借壳上市"而名存实亡。

若要进一步对"限制性预先影响"的实际合理性展开分析,首先需要思考这样的问题:"Not kennt kein Gebot"(在紧急的情况下,为了满足某种需要可能会放弃相关原则或法律)这一原则在气候保护中是否成立,即,在气候保护的紧迫性背景下,国家政治性任务的塑造与裁量空间是必要且合法的吗?

---

❶ Alex Kozinski, *What I Ate for Breakfast and Other Mysteries of Judicial Decision Making*, 26 Loyola of Los Angeles Law Review 993 (1993).

当下日常生活的点点滴滴不可避免地会对未来一代的生存机会和生活风险产生影响。这不仅适用于全球气候，同样适用于未来一代的全球和平、全球经济、全球粮食，以及全球健康和福祉。该裁定也指出 IPCC 本身因具有较多不确定性要素而无法作为自然科学的陈述，确定控温目标不仅是科学认识问题，也需要价值判断。当下无人可以准确评估在 2030 年、2040 年甚至之后，气候问题将是否以及如何成为决定未来一代生存机会的核心因素。相替代的还有战争冲突、欧洲人口下降、因应对新冠推迟到来的国家公共预算的过度负担等问题，甚至还有其他无法预见的风险与未知数。

在已知和未知之间的是那些专家们评估的未来风险，但对于对政治感兴趣的公众和媒体来说，这些风险仍未被察觉。以新冠为例，像 SARS 族冠状病毒所引发的严重健康危机，就和气候变化一样，对于专家来说是可以预见的。早在 2012 年，德国政府便向德国联邦议会发送了一份"应急管理风险分析报告"，该报告涉及"SARS 病毒引发的大流行"，这也在 2020 年成为现实。如果在 2012 年，相关民众要求立法者和政府采取广泛的预防措施来防范 SARS 病毒大流行，以确保未来的自由安全，那么当时的联邦宪法法院会作出什么裁定呢？假设自 2012 年以来已经采取了足够的预防措施，如着手病毒疫苗开发、大规模生产和分发，那么自 2020 年以来为保护公民的健康和生命而实际必须对自由施加的限制会温和得多。因此，立法者和政府是否会因未重视 SARS 病毒大流行、未采取相关预防措施对未来自由施加"限制性预先影响"而违宪呢？

司法的本质仍以处理个别案件为主，政治全局因涉及众多目标和优先级决策，往往不能成为联邦宪法法院的审查对象。❶ 正因为如此，联邦宪法法院将一个单一问题或政策目标——应对气候变化——作为立法者和政府具有约束力的优先级决策的对象时，可能会存在问题。为保障未来自由的排放

---

❶ 参见李清宇：《气候变化诉讼：域外新发展及启示》，载《深圳社会科学》2023 年第 4 期。

预算计算更具有不确定性,该论证思路更容易推出立法者和政府的政治形成自由受到干预的结论。❶ 因"限制性预先影响"而对未知数的干预的合理性需要进一步推敲。

2. 对减排负担的分配:保护义务的逃避

在该裁定中,联邦宪法法院立足于保障未来自由,批评《气候保护法》将2030年之前的排放上限设定得过高,即减排目标不够"雄心勃勃"。❷ 法官还援引环境咨询委员会的相关评估,"以《巴黎协定》的目标为基础,即全球气温上升限制在1.75℃左右,到2030年后将仅剩下'极小的剩余减排可能性'"❸,对此,必须采取相关措施,确保向气候中性自由过渡,减轻申诉人在2030年后的减排负担以及由此产生的对基本权利的威胁。因此,立法者有义务进一步规定2030年后的减排要求,在生活的各个领域为发展气候友好型创造"基本前提和激励措施"❹,促进气候中性技术和气候保护实践的全面发展。

该裁定为保障未来的自由而对减排负担的分配予以浓墨重彩的描绘,因而指责立法者对2030年后生产和消费方式如何转变未予以充分规划,指出,必须结合《基本法》第20a条,"差异化地制定2030年后的年度排放量和气候保护等相关规定,提供足够的指引方向"❺。规划清晰、明确,才能使减排的落实有的放矢、及时跟进。《气候保护法》并未明确委托2025年制定的行政法规所应确定的未来减排期限跨度,导致授权立法可能会使2030年后的减排进程失去确切规划和足够的准备时间。

不难否认,该裁定的论证给人的印象是,它更关心的不是缺乏规划,而是对减排负担的分配:这些负担似乎在很大程度上被《气候保护法》推迟到了

---

❶ Vgl. Gerhard Wagner: Klimaschutz durch Gerichte, NJW 2021, 2256.
❷ Vgl. BVerfG NJW 2021, 1723 Rn. 243 ff.
❸ BVerfG NJW 2021, 1723 Rn. 246.
❹ BVerfG NJW 2021, 1723 Rn. 254 ff.
❺ BVerfG NJW 2021, 1723 Rn. 252 ff.

未来。但是，基于对"2030年之前的排放上限设定过高"的批评，很难推导出立法规划存在不确定性的结论，甚至可以说存在一定的矛盾。至2050年完全实现气候中性这一目标已经传递了明确信号，即在2030年后需要承担非常激烈的减排负担。在这种减排负担分布下，实际上在2030年后不会希望规划有更多的不确定性，因为在这些前提背景下，必须在2030年之前就已经基本掌握实现气候中性的技术。此外，立法者似乎完全有理由看到未来在减排方面取得重大进展，因为减排技术必须从当下就开始被开发和实施。相比以"未来自由"为由而提出国家的"未来规划"，企图以"未来规划"激励当下的气候保护实践，促进代际减排负担的公正分配，立足当下提出国家对气候保护的宏观性规划可能更为实际且有效。

此外，基于加重未来的减排负担导致未来自由受到威胁而提出"禁止过度"的论证逻辑，推断出立法者应在2030年后作出相关减排规划方面"有所作为"，这在本质上还是国家需要履行相关保护义务。而以未来自由为由所主张的保护义务，是否更有可能导致受到"立法者和政府的政治形成自由受到干预"的批判？

[四] 气候治理中的司法谦抑

在诸多气候裁判中，从法外因素推出应然的裁判后果，再去寻找造法的法律解释外衣，因而出现了类案裁判在不同国家或法院依据不同的情形，甚至类案随着社会风向转变而裁判结论也发生改变的情形。❶ 这就与本初的

---

❶ 比如美国"马萨诸塞州诉联邦环保署案"，法院凭借对"政治问题不审查"原则的限缩解释以及对《清洁空气法》中"合理预期下导致公共健康与福利损害"标准的扩大解释，建立了联邦环保署气候监管职责的法律基础；2022年以来，受国内政治极化、能源和电力危机、地缘政治风险等因素的影响，美国政府的"气候新政"陷入僵局，"西弗吉尼亚州诉联邦环保署案"的核心事实与"马萨诸塞州诉联邦环保署案"高度相似，但联邦最高法院在判决中回避先例的裁判依据，另以"重大问题""法律保留"等原则判决不得通过一般授权赋予联邦环保署气候监管权力。

司法功能渐行渐远。各种繁复的法教义学理论和与之对应的司法技术,有可能成为滋生司法不公的温床。因此,需要进一步追溯这一司法困境的缘由,从而找到司法机关在气候治理中更合适的定位。

(一)司法困境根源追溯

气候裁判中法学方法论工具不统一性的前提首先在于"立法缺失",气候立法"空白"这一客观原因造成了"依法裁判"的困难。"立法缺失"不仅仅是指像我国那样主要依靠气候政策尚未颁布气候保护的相关法律的情况,还包括那些虽然已经颁布气候保护法,但是气候保护的法律框架性强、政策宣示条款多于权利义务规范的情况❶:仅规定碳中和目标、对行政机关和立法机关的抽象授权等❷。气候保护的实践发展仍处于早期萌芽阶段,对这一新兴社会问题的治理仍处于摸索阶段,法律难以立马达到规范化。其一,气候变化存在科学上的不确定性,立法不可超越科学,也不宜盲目超前立法。其二,气候治理具有较强的灵活性,甚至受到国际谈判和外交政治的影响,因而气候治理的目标、途径等都是动态发展的,难以通过立法稳定。其三,气候变化诉讼无法局限在某具体领域,社会经济生活的方方面面都与气候变化的减缓和适应有关,如能源、工业、建筑、交通运输、森林、海洋、土壤等。❸

在气候"立法缺失"这一前提下,法院仍在教义学概念的金字塔中造法解释,过于发挥主观能动性,僭越了作为司法机关传统意义上的定位,导致陷入上述司法困境。在这里,难以避免司法机关与立法、行政机关之间权力划分这一老生常谈的话题。法院在民主社会中的角色本就是个存有争

---

❶ 参见邢会强:《政策增长与法律空洞化——以经济法为例的观察》,载《法制与社会发展》2012年第3期。

❷ 参见冯帅:《"碳中和"立法:欧盟经验与中国借鉴——以"原则—规则"为主线》,载《环球法律评论》2022年第4期。

❸ 参见秦天宝:《整体系统观下实现碳达峰碳中和目标的法治保障》,载《法律科学(西北政法大学学报)》2022年第2期。

议的问题。❶ "在主流理论中,法院被定位成中立的角色,中立地解释法律、解决具体个案纷争。法院不参与政治的论争,也不进行政策的制定。法院是去政治的,并且应该远离政治争议。"❷

在气候"立法缺失"时,行政机关应被赋予更多推进气候治理进程的自由裁量权。相比司法机关,行政机关更具专业性。气候变化带来的公共风险,远远超出了个人的理解能力和风险掌控能力。公共风险事故往往呈现群体性分布,并且受害者众多、损害结果具有不确定性、潜伏期较长。行政机关在处理技术性问题时更具有规模优势,其可以运用专业优势,甚至委托该领域的技术专家或鉴定机构,对风险评估提供专业性建议。司法机关作为最后一道防线,不具备相关专业优势,正如奥克兰(City of Oakland)诉英荷石油公司(BP P.L.C.)案的法官所说,"如何适当地平衡这些世界性的负面因素和能源本身的世界性的正面因素,以及如何在世界各国之间分配这些优点和缺点的问题,需要我们的环境机构、我们的外交官、我们的行政部门以及至少参议院的专业知识"❸。

在早期阶段,对于科学不确定性、政治性和价值选择性色彩浓厚的气候变化诉讼,法院持消极保守和排斥态度。但是,自《巴黎协议》以来,各国气候诉讼的突破性案例逐渐增多,法院主动参与并融入气候治理实践,越来越多地运用后果考量、利益衡量等"实用主义"解释观,取代了行政机关,试图通过个案创制气候保护政策。

(二)气候治理中司法角色的展开

司法是我国国家治理中的有机一环,无时无刻不处于和其他国家机关的

---

❶ 参见沈跃东:《气候变化政治角力的司法制衡》,载《法律科学(西北政法大学学报)》2014年第6期。
❷ 林春元:《法院在气候变迁规范竞争与政治角力中的角色与策略:从欧洲法院民航排放权交易指令判决谈起》,载《台大法学论丛》2013年第4期。
❸ City of Oakland v. BP P.L.C., Case 3:17-cv-06011-WHA.

联动之中,共同确保国家治理的展开。❶ 中国共产党第二十次全国代表大会明确提出要积极参与应对气候变化全球治理。积极稳妥推进碳达峰碳中和是我国现阶段所努力实现的国家任务。法院作为国家机关之一,无可否认需要参与气候治理。❷ 卡佩莱蒂(M. Cappelletti)提出了法官造法的几种必要情形,其中之一就是现代福利社会带来的法律和政府角色的转变❸,司法机关发挥创制公共政策的规制功能。

然而,法院应始终坚持在保持司法谦抑性的基础上,适度发挥司法的能动作用参与气候治理。❹ "能动司法应当建立在对司法的本质属性与时代使命的准确把握的基础上,在政治功能与审判职能之间保持必要的张力和平衡。"❺司法机关应扮演好监督者的本质角色,处理好与立法机关、行政机关在气候治理中的关系。

1. 对立法机关的补充

在气候"立法缺失"这一大环境中,不应大力倡导法院通过造法对气候变化诉讼作出裁判,无论是采用利益衡量、后果考量的叙事方式,抑或为了追求公共利益,都不能以追求司法的社会功能为先而牺牲本在的法理功能。❻ 与传统民法、刑法领域不同,因气候治理的不确定性、政策灵活性、涉及广泛性,气候法领域的类案少、裁判受政治影响大,判例制度在气候治理中难以发挥效果,法院难以通过个案形成裁判规则。对立法机关的补充,焦点是如何

---

❶ 参见顾培东:《当代中国司法生态及其改善》,载《法学研究》2016 年第 2 期。

❷ Vgl. Christian Calliess, Klimapolitik und Grundrechtsschutz – Brauchen Wir ein Grundrecht auf Umweltschutz?, ZUR 2021, S. 323, 325.

❸ 参见吴英姿:《司法的限度:在司法能动与司法克制之间》,载《法学研究》2009 年第 5 期。

❹ See Richard A. Posner, *The Rise and Fall of Judicial Self-Restraint*, 100 California Law Review 519 (2012).

❺ 吴英姿:《风险时代的秩序重建与法治信念——以"能动司法"为对象的讨论》,载《法学论坛》2011 年第 1 期。

❻ 参见孙笑侠、吴彦:《论司法的法理功能与社会功能》,载《中国法律评论》2016 年第 4 期。

完善最高人民法院制定司法指引规范的相关制度：例如，制定司法意见等政策文件、司法解释，发布指导性案例。

司法意见等政策文件是司法机关与行政机关联动的载体。通过发布司法意见等政策文件，能紧跟国家气候治理的宏观动向，有利于协调国家气候治理的一体化。最高人民法院是我国整体治理结构中的重要一环，承担将国家政策整合进审判工作的职责。❶ 例如，2022年发布的《关于为加快建设全国统一大市场提供司法服务和保障的意见》中明确提出支持建设全国统一的能源和生态环境市场，推进研究发布实现碳达峰碳中和目标的司法政策，为司法工作的开展提供了指引方向。2021年发布的《关于新时代加强和创新环境资源审判工作为建设人与自然和谐共生的现代化提供司法服务和保障的意见》则更具体地指出了司法的气候治理任务，如依法妥当处理涉及碳权利的确权、交易、担保以及执行的相关民事纠纷，支持和监督行政机关依法查处碳排放单位虚报、瞒报温室气体排放报告，拒绝履行温室气体排放报告义务等违法行为。

司法解释能直接填补规则空白，对具体规范的含义与适用加以诠释，同时也能保证法律适用的统一。目前气候领域的相关司法解释有《关于审理生态环境损害赔偿案件的若干规定》《关于审理森林资源民事纠纷案件适用法律若干问题的解释》。最高人民法院在参与气候治理的过程中，应协调行政机关与立法机关的工作，推动更多相关的司法解释出台，从工作重点、案件分类、规范基础、证据认定等方面进一步为法院提供明确指示。❷

指导性案例能结合判例与规则的特点，兼顾气候司法的法理功能与社会功能。抛开指导性案例制度本身存在的问题，如案例确定的生成瓶颈、案例的法律效力等，最高人民法院应选取结合气候保护政策考量、利益衡量等加

---

❶ 参见侯猛：《最高人民法院如何规制经济——外部协调成本的考察》，载《法商研究》2004年第6期。

❷ 参见侯猛：《最高法院规制经济的实证研究——以法院内部管理费用为分析视角》，载《中外法学》2005年第2期。

以论证的案例,实现经典个案的社会功能,推进气候保护形成实质性进展。案例的指导性作用是一种建立在理性基础上的事实性权威,为类案裁判提供解决方案,保证了司法的法理功能。

2. 对行政机关的监督与协助

司法机关应作为监督者而非执法者,支持配合行政机关的气候治理工作。

其一,绝大部分气候变化诉讼都是针对政府监管不力提起的,这在很大程度上能起到校正消极执法和监管空白的作用。司法机关应依据行政法规审查行政行为的合法性,而非过于主观能动地对合理性加以论证甚至代替行政机关作出决断。司法机关应指出不合理的行政行为,要求政府执行既有政策,或对政府的不作为提出批判,要求政府制定新的、更为严格的气候政策❶,以此监督配合行政执法机关的气候治理❷。例如,撤销政府批准大型基建工程建造或者化石燃料开采项目的行为,责令环保局必须拆除不符合大气污染防治要求的锅炉❸,等等。最高人民法院在《关于新时代加强和创新环境资源审判工作为建设人与自然和谐共生的现代化提供司法服务和保障的意见》中也提出,要决心支持和监督行政机关依法查处碳交易中的违法行为,助力形成以可再生能源为主的低碳能效系统、加大重点区域涉能源案件审理力度、落实减污降碳协同治理、助力减少非二氧化碳温室气体排放等。

其二,在针对私人的气候变化诉讼中,法院对气候变化损害施以预防和补救,对国家的气候保护政策加以落实,充当执法者的角色❹,跟随国家机关

---

❶ 参见朱明哲:《"世纪诉讼"与政府的生态责任》,载《法理——法哲学、法学方法论与人工智能》2022年第1期。

❷ See Bruce Gilley, *Authoritarian Environmentalism and China's Response to Climate Change*, 21 Environmental Politics 287 (2012).

❸ 参见白城市洮北区人民检察院诉白城市洮北区环境保护局不履行法定职责案,吉林省白城市洮北区人民法院行政判决书(2017)吉0802行初51号。

❹ See David Markell and J. B. Ruhl, *An Empirical Assessment of Climate Change in the Courts: A New Jurisprudence or Business as Usual?*, 64 Florida Law Review 15 (2011).

气候保护的整体动向,实现与行政机关的气候保护政策理念相一致。法院的工作重点在于通过各种各样的文件理解国家的政策目标,将合同法、侵权行为法、环境法等不同领域的立法作为裁判依据加以综合运用,将不具备法律拘束力的政策和国际条约作为合同解释或事实认定的材料。❶ 例如,判决运输公司可以根据部委的文件终止与高污染汽车所有人的挂靠经营合同❷,判决房屋的建造人需要提供太阳能采暖设施❸,等等。

[五] 结　语

　　回归本质,应对气候变化还是应通过事前规划的立法模式与积极主动的行政模式。司法机关主要作为监督者、沟通者,而非执行者,应保持谦抑性。因陷入"公地悲剧"的集体困境,迄今未找到可行的方法来扭转全球变暖的严重影响,气候变化诉讼也因此成为那根稻草而成为潮流,被予以众望。科普兰教授伤感地说:"最悲观的结果可能是,直到气候变化的灾难性后果已相当明显和确定之前,都不会产生相应的法律。但无疑为时已晚。"❹

---

　　❶　参见朱明哲:《司法如何参与气候治理——比较法视角下的观察》,载《政治与法律》2022 年第 7 期。
　　❷　参见周福彬与湛江市麻章区大安汽车运输有限公司挂靠经营合同纠纷上诉案,广东省湛江市中级人民法院民事判决书(2017)粤 08 民终 110 号。
　　❸　参见贾木杰与山东海亮房地产开发有限公司商品房预售合同纠纷案,山东省济南市槐荫区人民法院民事判决书(2018)鲁 0104 民初 6255 号。
　　❹　Karl S. Coplan, *Fossil Fuel Abolition: Legal and Social Issues*, 41 Columbia Journal of Environmental Law 223 (2016).

证券市场去中心化技术环境的法律影响

缪若冰[*]

摘　要：在组织社会学视角下，证券市场环境划分为制度环境与技术环境，制度环境对组织有着主要的法律影响。可是，技术环境的快速变迁，出现了去中心化的证券市场组织与组织新行为，能够将制度环境下由外及内代表他治的法律规范隔离于外，形成以去中心化为特征的技术治理。并且，与制度环境对组织的中心化约束有着实质性差异的是，法律本身成为技术治理去中心化的对象。合法化是联结差异化证券市场环境组织的合法性的主要路径，但其所推动的治理秩序与价值导向，并不全然在去中心化技术环境中被接受。证券市场环境的结构性变迁表明，在与技术治理共存的实践需要下，对法律治理应多方面进行调适。

关键词：证券市场组织　组织社会学　制度环境　技术环境

> "它迫使我们超越传统法学家的视野去观察——
> 超越法律，甚至超越社群规范。"[1]
>
> ——劳伦斯·莱斯格

---

[*] 缪若冰，西南财经大学法学院讲师。

[1] 〔美〕劳伦斯·莱斯格：《代码2.0：网络空间中的法律》（修订版），李旭、沈伟伟译，清华大学出版社2018年版，第5页。

[一] 导 语

在组织社会学新制度主义理论(以下简称"组织社会学理论")的视角下,证券市场环境分为制度环境与技术环境。"合理的组织形式结构被认为是协调和控制现代技术或工作活动中涉及的复杂关系网络的最有效方式"❶,组织会通过对现代技术的适应来协调复杂的关系网络,而技术创造与调适的环境构成了技术环境。技术环境对组织的任务、行为与结构有不同层次的影响,但核心是"要求组织有效率,即按最大化原则生产"。与之不同,制度环境是"一个组织所处的法律制度、文化期待、社会规范、观念制度等"❷,制度环境要求组织符合在此环境下的合法性要求,具体是指"那些诱使或迫使组织采纳具有合法性的组织结构和行为的观念力量"❸。组织在制度环境合法性要求下,会产生组织趋同,即组织被制度环境"合法化"的过程,促使组织与同一环境的其他组织趋同。❹ 在理论上,技术环境与制度环境对组织的共同作用,形成了制度—技术连续体的描述。❺ 只是,环境作用于组织的二元结构划分,特别是技术环境对组织的影响,并未在理论上获得充分研究。

技术环境与制度环境对证券市场组织有着差异化的法律影响。较为典型的是,制度环境可以影响组织的法律定位,影响所涉组织的关键法律规定与组织文化,如交易所可由私人设立或者由国家进行严格控制。与制度环境

---

❶ John W. Meyer and Brian Rowan, *Institutionalized Organizations: Formal Structure as Myth and Ceremony*, 83 American Journal of Sociology 340 (1977).

❷ 周雪光:《组织社会学十讲》,社会科学文献出版社 2003 年版,第 72 页。

❸ 周雪光:《组织社会学十讲》,社会科学文献出版社 2003 年版,第 75 页。

❹ See Amos Hawley, *Human Ecology*, in David L. Sills (ed.), *International Encyclopedia of the Social Sciences*, Macmillan, 1968, pp. 328-329.

❺ See Lynne G. Zucker, *Institutional Theories of Organization*, 13 Annual Review of Sociology 443 (1987).

不同,技术环境变化较为典型的是会带来新的证券市场组织与组织新行为。比如,以 DAO(Decentralized Autonomous Organization)为代表的去中心化自治组织,产生于区块链,创设了法律之外的技术治理规范,能于制度环境之外生存、发展与应用。在新技术的支持下,出现了以首次代币发行为代表的虚拟证券,引发了不同国别下差异较大的合法性判断。此外,暗池、电子通信网络为投资者提供了匿名化的交易场所,满足了投资者差异化的交易需求,让传统的证券交易所失去了垄断性的交易地位。易言之,在技术环境的变迁中,出现了不同的组织现象,有着不同面向的法律问题与法律影响。

在证券市场技术环境引发的组织变迁中,去中心化是较为典型的发展趋势,并集中体现为产生去中心化的自治组织,出现了去中心化技术推动的组织行为。有别于中心化的集权与集中,去中心化在内核上"反映了一种人本主义、分权主义思想,它希冀的是一个平等经济社会,不存在中心—外围、支配—依附……压迫与权力集中"❶。去中心化诞生在互联网,发展到现在以区块链技术为主要支撑,形成了分布式多点系统下高度自治的特点,区别于平台化、集中化的中心控制。在组织层面,去中心化自治组织应用的突出特点是依赖以共识为基础的自治,并表现出一定程度的去法律化。"这一自治系统不受现有规则和司法管辖权的约束,它们往往会绕过甚至是简单地忽略特定国家的法律。"❷在组织行为层面,技术推动了差异化与匿名化的组织行为,间接形成了碎片化的证券市场格局。

证券市场制度环境和技术环境与组织互动的机理存在差异,合法化是联通两类环境的主要路径。理论上以合法性作为工具分析制度环境与组织的互动。对技术环境与组织互动的分析,同样可将合法性作为理论工具切入,有所特别的是本文选择了效用合法性、道德合法性与认知合法性的角

---

❶ 宋冬林、孙尚斌:《区块链视域下"中心—去中心化"的理论探源与逻辑建构:一个政治经济学框架》,载《经济纵横》2023 年第 11 期。
❷ 〔法〕普里马韦拉·德·菲利皮、〔美〕亚伦·赖特:《监管区块链:代码之治》,卫东亮译,中信出版社 2019 年版,第 40 页。

度,以分析技术环境的变迁对组织的法律影响。为解决结构化环境下组织合法性差异的统一问题,合法化即通过满足法律规定或者新的立法的方式通常能够协调不同环境面向的合法性。比如,通过新的证券市场组织立法或法律概念的扩充,可以引导在技术环境下出现的新组织,经有效注册纳入制度环境法律治理的框架。但是,价值导向的不同,追求技术路径下的组织控制等目标,并不能让所有技术环境下新的证券市场组织及组织行为融通于制度环境,就会出现技术治理与法律治理需要共存的发展态势,而此现象正是证券市场环境的结构性变迁带来的法律影响。

[二] 去中心化技术环境的法律影响

在技术与组织互动的社会学研究中有两个主要理论模型,一个认为技术可以重塑组织结构,引发组织变迁;另一个认为技术要适应组织结构,组织可以影响技术的创新与应用。❶ 截然相反的模型,展现了技术与组织互动中何者为主导力量的差异化视角。可是,在证券市场中,技术变迁导致的技术环境改变,更多展现的是两者相互建构的过程。❷ 新技术会带来组织行为的转变,组织亦会影响技术的应用与发展。"技术应用是一个技术与组织在各层次的结构上彼此形塑的过程。"❸对于证券市场组织而言,技术环境与组织互动的代表性趋势是产生新的证券市场组织与组织新行为,并有着去中心化的技术发展导向。

---

❶ 参见邱泽奇:《技术与组织的互构——以信息技术在制造企业的应用为例》,载《社会学研究》2005年第2期。

❷ 相互建构的定义是:"这种相互作用包括互相影响、现实的不确定性、历史的模糊性,导致的抵抗、调整、接受甚至热烈欢迎。为了努力捕获这种流动性的关系,我们使用'相互建构'这一概念。"参见张成岗:《文明演进中的技术、社会与现代性重构》,载《人民论坛·学术前沿》2019年第14期。

❸ 任敏:《技术应用何以成功?——一个组织合法性框架的解释》,载《社会学研究》2017年第3期。

(一)技术环境与组织互动的组织社会学分析框架

在组织社会学新制度主义理论框架下,环境是二元结构,包括了制度环境与技术环境。其中,制度环境之于组织的作用处在更重要位置,对技术环境的作用则未有详细描述。之所以存在此种理论选择与侧重,是因为新制度主义理论有着批判韦伯关于组织是理性的理论出发点。以韦伯为代表的组织理论曾具有代表性与统治地位,主要观点是"在理性组织的模式中,组织有严格的组织目标,按理性的设计运作"❶,带有特定目标下追求效率的技术理性色彩。莫顿批判了韦伯组织理论中的理想化范式,认为其理论构建过于宏大,应从中观角度出发,贴近组织在实践中的功能与"负作用"。❷ 新制度主义早期研究的代表塞尔兹尼克,则以田纳西河水库的管理组织为例,认为组织并不会完全按照预设的目标完成任务,而是受到其所嵌入的制度环境,如当地社区、立法机构、法律等多重环境要素的具体影响。❸ 同时,组织的制度化是一个过程,目标更为明确的组织受外部制度环境的影响较少。概言之,新制度主义更重视制度环境对组织的影响,未排斥技术环境的功能,但对后者如何具体地影响组织未有进一步的详细研究。

组织与技术环境的互动有着相互建构的关系,但因技术应用与组织互动的差异,会显示出不同建构关系中的主次之分。比如,在部分证券市场去中心化自治组织的运作中,更多是技术驱动下的算法组织构建。通过技术将人跨过国界进行连接,且用代币出资的方式创造虚拟状态下的自治组织,是技术推动组织生成的代表。与之相对,在部分采用新型数字技术的证券交易所中,选择将哪类技术导入证券监管与交易,是以组织为主导的技术应用。只

---

❶ 周雪光:《组织社会学十讲》,社会科学文献出版社2003年版,第70页。
❷ 参见周晓虹:《社会学理论的基本范式及整合的可能性》,载《社会学研究》2002年第5期。
❸ 参见〔美〕菲利浦·塞尔兹尼克:《田纳西河流域管理局与草根组织——一个正式组织的社会学研究》,李学译,重庆大学出版社2014年版。

是，不论是技术为中心还是组织为中心，两者存在互相影响的关系。事实上，即便在组织为中心的情况下，技术对组织人员的构成、考核、行为方式都会起到嵌入式影响，具体地影响组织文化、管理层设计与员工群体的调适，发展出差异化的组织文化。❶ 典型例子如互联网企业，其更多是扁平化的组织结构，有着宽松、自由的企业文化，与传统行业如银行业机构有着较大差异。

对技术环境作用于组织的方式，可采用合法性概念作为理论工具展开分析，并以此形成技术环境—合法性—组织的分析框架。"合法性作为一个大大扩展的理论研究锚点，解决了约束、构建和赋予组织行为者权力的规范和认知力量"❷，合法性在组织社会学理论中是形容组织与环境相容的常用概念，具体指组织被所处环境承认、认可与接受。❸ 比如，在组织与制度环境的互动中，制度环境能够形成合法性机制，而此机制"是指那些诱使或迫使组织采纳具有合法性的组织结构和行为的观念力量"❹。在制度环境塑造的合法性的作用下，不符合文化观念或法律规范的组织行为不具备合法性，也得不到支持。合法性有内外之分，内部合法性是指组织成员的理解、接受与承认，外部合法性是指是否被所处环境认可。❺ 两者的不同更多是切入视角的差异，内部合法性是内部管理的观察视角，外部合法性则涉及法律规范、社会认知、文化等多重因素的影响。在研究视角的选择上，本文关注的是外部环境的影响。

在此研究框架下，技术环境影响组织的路径主要涵盖三个主要方面，分

---

❶ 参见任敏：《信息技术应用与组织文化变迁——以大型国企 C 公司的 ERP 应用为例》，载《社会学研究》2012 年第 6 期。

❷ Talcott Parsons, *Structure and Process in Modern Societies*, The Free Press, 1960, pp. 2-3.

❸ 参见高丙中：《社会团体的合法性问题》，载《中国社会科学》2000 年第 2 期。

❹ 周雪光：《组织社会学十讲》，社会科学文献出版社 2003 年版，第 75 页。

❺ 参见任敏：《技术应用何以成功？——一个组织合法性框架的解释》，载《社会学研究》2017 年第 3 期。

别是效用合法性、道德合法性与认知合法性。❶ 效用合法性指向成本与收益的自利计算,在技术环境变迁视域下,是指技术环境与组织的互动是否带来正的收益,将影响技术环境作用于组织的可持续性,也会影响组织成员的接受与承认。❷ 道德合法性反映了对组织与行为的规范性评价,更多是来自社会层面的评价,即技术环境作用于组织是否能够得到利益相关者、一般公众、政府官员的正面评价,以及是否能够促进社会整体福利进步。❸ 认知合法性涉及技术环境影响组织的变迁是否能被接受或理解。比如,组织因环境的变迁在部分情况下能够被不假思索地接受,在另一环境下却被人们拒绝,其原因指向了人们对组织影响的认知程度。❹ 概言之,在外部合法性视角下,技术环境与组织的互动包括效用的检验、社会层面的道德评价,涉及被理解与接受的程度,所映射的是组织与技术环境的互动与建构。

(二)证券市场组织的技术环境:以去中心化为代表的技术应用趋势

所谓去中心化是指有别于集中式、中心化与统一化的格局,出现多点发展、分散化、分权化的发展趋势。❺ 约翰·奈斯比特在 *Megatrends: Ten New Directions Transforming Our Lives* 一书中指出,技术时代具有"从集中到分

---

❶ 在外部合法性作用于组织的分析中,本文引入萨奇曼(Mark C. Suchman)的外部合法性划分框架,参见 Mark C. Suchman, *Managing Legitimacy: Strategic and Institutional Approaches*, 20 The Academy of Management Review 571 (1995)。

❷ See Mark C. Suchman, *Managing Legitimacy: Strategic and Institutional Approaches*, 20 The Academy of Management Review 571 (1995).

❸ See Howard E. Aldrich and C. Marlene Fiol, *Fools Rush in? The Institutional Context of Industry Creation*, 19 The Academy of Management Review 645 (1994).

❹ See Mark C. Suchman, *Managing Legitimacy: Strategic and Institutional Approaches*, 20 The Academy of Management Review 571 (1995).

❺ 描述新型的发行证券主体的"Decentralized Autonomous Organization"一词,既可被译为"去中心化自治组织",也可以被译为"分权自治组织"。"去中心化"与"分权自治"都代表了技术驱动下的组织应用。参见郭少飞:《"去中心化自治组织"的法律性质探析》,载《社会科学》2020 年第 3 期。

散"的发展趋势,一个"更强大、更平衡、更多样化"的社会将出现。❶ 比照互联网、区块链等多种新技术的应用,可以清晰地看到奈斯比特有关技术时代预言的实现,社会总体上从命令—控制的集中模式逐步转向点对点的扁平化结构,去物质化、去货币化推动了更容易实现的民主化❷,而这些技术发展的主要导向之一即去中心化。具体在证券市场,大型证券交易所近乎垄断的场内集中交易地位,被电子交易系统削弱,暗池、电子通信网络通过满足投资者的差异化交易需求,构建起分散化的证券交易格局。又如,证券从纸质凭证到电子凭证再到虚拟货币的广泛应用,出现代币出资的去中心化自治组织作为发行主体,以技术推动的去中心化理念正从组织到行为一一实现。

在证券市场,以证券交易所为中心的场内集中交易,受证券市场组织替代技术的影响,其高度集中且统一的垄断地位不复存在。其中,暗池与电子通信网络因能满足投资者的差异化交易需求,成为去中心化技术发展的典型代表。暗池是由私人发起设立的电子股票交易系统,是非公开的匿名交易安排,也是另类交易系统的一种。❸ 通过该系统,交易方可以出价购买或出售股票,其他交易者不会看到订单交互过程。❹ 暗池主要服务机构投资者,它们的订单规模较为庞大,通过暗池的匿名交易,能够降低成交过程中的价格波动,平滑交易成本。特别是,机构投资者通过暗池能够躲避高频交易的追踪,降低交易订单被"掠夺"的风险。电子通信网络是一类主要依靠计算机软件,自动以指定价格匹配买卖订单的技术应用❺,能够实现更快、更可靠地处理与执行订单。相比传统的证券交易所,电子通信网络在交易层面建立了

---

❶ 参见〔美〕约翰·奈斯比特:《大趋势——改变我们生活的十个方向(简明本)》,姚琮编译,科学普及出版社1985年版,第41—50页。

❷ 参见〔比利时〕蒂埃里·格尔茨:《数字帝国:人工智能时代的九大未来图景》,叶龙译,文汇出版社2020年版,第31—32页。

❸ See Regulation ATS Rule 300(a).

❹ See Donald MacKenzie, *Market Devices and Structural Dependency: The Origins and Development of Dark Pools*, 5 Finance and Society 1 (2019).

❺ See Regulation NMS 600(b)(23).

多方面优势：第一，电子通信网络可以直接访问电子交易系统，让客户订单以直接和高效的方式进入市场；第二，电子通信网络可以达到更快的交易速度，提供更为全面的交易信息；第三，电子通信网络能够全天候交易，在不增加额外成本的情况下提高客户流量；第四，电子通信网络只列出订单的价格和规模，而不会显示交易者身份。以暗池为例，其交易量据统计分别占美国市场的 18%❶，欧洲市场的 9%❷，成为分流交易所订单最主要的技术应用。

另一去中心化技术发展的代表，是在股份公司之外出现的证券发行组织——去中心化自治组织。作为去中心化货币与组织的复合体，去中心化自治组织实现了以代币进行证券发行。DAO 全称是 Decentralized Autonomous Organization，可译为"去中心化自治组织"或"分权自治组织"，是区块链智能合约的实体形态。❸ DAO 的去中心化特点体现为：第一，成员与组织的无国界化。在该类组织中，成员分布世界各地而没有特定的国别，组织存在于区块链上，以加密数字货币出资，彼此不知道各自的真实身份，组织不隶属任何单一的司法管辖区；第二，建立了去中心化结构，不受特定等级制度的约束。去中心化自治组织的运营由智能合约，即编程代码控制的合约设定。同时，区块链技术可以通过分布式账本系统，实现安全、透明和防篡改的交易，在组织层面意味着可以将每一个决策进行透明化处理，成员共同参与、投票并记录于链上，对所有成员公布并接受所有成员的监督❹；第三，组织实现了真正自治，不依附任何主体。区块链技术让 DAO 没有单点故障或信任风

---

❶ See Commissioner Luis A. Aguilar, *Shedding Light on Dark Pools*, U.S. Securities and Exchange Commission (18 November 2015), https://www.sec.gov/newsroom/speeches-statements/shedding-light-dark-pools.

❷ See *ESMA Report on Trends, Risks and Vulnerabilities*, https://www.esma.europa.eu/sites/default/files/2024-08/ESMA50-524821-3444_TRV_2_2024.pdf.

❸ 参见郭少飞：《"去中心化自治组织"的法律性质探析》，载《社会科学》2020 年第 3 期。

❹ 区块链技术本质上通过去中心化和去信任的方式，"形成了一种新的数据记录、传递、存储与呈现的方式"，参见林小驰、胡叶倩雯：《关于区块链技术的研究综述》，载《金融市场研究》2016 年第 2 期。

险,任何成员不能对其进行控制,同时"不依赖外部法律体系或者机构来确保其有效性和安全性,而是靠去中心化的区块链网络来保证安全和稳定"❶。第四,组织的运作实现了去中介化。例如,在 DAO 过往的证券发行中,成员的出资是代币,并不是传统意义上由国家信用支撑的货币,组织也不依赖投资银行或者交易所进行证券发行或交易。美国证监会以豪威规则对去中心化自治组织的代币发行进行审查,认定其构成了证券法下的证券发行❷,但具有实质性不同的是,前者是虚拟组织通过加密数字货币完成的不可追踪的证券发行。

归结起来,去中心化的技术环境变迁为证券市场带来两个主要变化:一是商品与服务的消费模式有着从集中到分散的发展。比如,暗池与电子通信网络的新技术应用,满足了机构投资者、跨时差投资者的差异化交易需求,证券交易相应出现了碎片化、分散化的发展趋势;二是植根新技术并与之匹配的新的证券市场组织开始出现,进一步推动了去中心化技术在组织层面的扩散。在社会网络分析视角下,去中心化自治组织是一种自组织现象,特征包括成员基于信任自愿地结合在一起以进行集体行动,催生了自我管理与自定规则的需要❸,体现了组织独立管理的特点。

技术环境的去中心化导向,在与组织的互动中取得了足够的合法性支持。在效用层面,去中心化的技术发展与应用,通过满足投资者的差异化交易需求,产生了更多的市场竞争主体,不仅促进了交易技术的精细化,也提高了不同组织(包括证券交易所)的效率。"技术在组织中的合法性首先源自

---

❶ 张则扬:《一本书读懂 DAO:AIGC 时代的组织变革》,清华大学出版社 2023 年版,第 5—6 页。

❷ See *SEC Issues Investigative Report Concluding DAO Tokens, a Digital Asset, Were Securities*, U.S. Securities and Exchange Commission (25 July 2017), https://www.sec.gov/news/press-release/2017-131.

❸ 参见刘涛、袁毅:《去中心化自组织管理的形态、特征及差异性比较》,载《河北学刊》2022 年第 3 期。

它对组织的绩效促进功能"❶,电子化的交易技术可以满足差异化的交易需求,带来对技术实现更多可能性的理解,具有可持续性与必要性。基于此,前者在效用合法性中获得了技术环境与组织互动的充分认同与支持。道德合法性与组织是否"做正确的事情"有关❷,无论是去中心化的技术应用还是去中心化技术产生的组织,追求的是更为个性化与差异化的需要。通过引入竞争或创造竞争的方式,技术改进能够为市场提供更多选择,增进社会整体福祉。实践中,去中心化技术在证券交易层面已得到广泛认同,并获得普遍支持。同时,去中心化自治组织虽处于起步阶段,但其应用区块链技术实现平等共治的技术理想,在 Web 3.0 的技术发展中呈扩散趋势。在认知层面,技术是组织参与实践的工具,汇集了人类应对生存与发展的经验模式❸,因而前者是否能够在动态变迁中获得理解与接受,将决定技术与组织互动中的关系。而认知的可理解性,涉及技术的解释及接受程度,在合法性的获取上,技术认知的可理解性必须"与更大的信仰体系和观众日常生活的经验现实相结合"❹。去中心化本身代表了人类追求社会发展自治、平等、多元化的信仰,代表了相当一部分群体通过技术实现社会理想的价值取向,本身并不涉及"反社会化",是可被理解的技术实践。

(三)去中心化技术环境对法律的直接影响

第一,去中心化技术环境与组织的相互建构,推动了法律概念的重新定

---

❶ 任敏:《技术应用何以成功?——一个组织合法性框架的解释》,载《社会学研究》2017 年第 3 期。

❷ See Mark C. Suchman, *Managing Legitimacy: Strategic and Institutional Approaches*, 20 The Academy of Management Review 571 (1995).

❸ 参见邱泽奇:《技术与组织:多学科研究格局与社会学关注》,载《社会学研究》2017 年第 4 期。

❹ Paul J. DiMaggio and Walter W. Powell, *The Iron Cage Revisited: Institutional Isomorphism and Collective Rationality in Organizational Fields*, 48 American Sociological Review 147 (1983).

义,以扩张其适用范围。以暗池与电子通信网络为例,两者在美国证券法体系下并非传统的证券交易所,但功能相似。为此,美国专门出台了 Regulation ATS(另类交易系统规则)规定了豁免条件。在此规定下,满足条件的暗池或电子通信网络可以选择注册为全国性证券交易所,或只注册为经纪交易商,遵守 Regulaiton ATS 的要求即可进行集中交易。同时,为呼应 Regulaiton ATS 的出台,美国证监会相应修订了《证券交易法》下的 3b-12 规则,该规则重新定义了"交易所"术语,以容纳以暗池为代表的交易方式。❶ 因此,当技术环境变迁导致组织有着新的技术应用时,对固有法律概念的适用对象与范围会带来新的指向,以扩张法律概念对组织新技术应用的容纳与调整;

  第二,去中心化技术环境与组织的相互建构,会创造新的法律实体,推动新的组织立法。以去中心化自治组织为例,关于其法律性质有较多争议,并集中在去中心化自治组织是否可以对应现有法律规范下的组织类型。就前述问题有两种代表性观点,第一种观点对比了去中心化自治组织与公司、合伙企业等组织,认为去中心化自治组织与合伙企业有着相似的共同经营、共担风险、共享收益的特点,因而认为将前者定位为一类特殊的合伙企业是较为恰当的规范路径❷;第二种观点认为"去中心化特点的分布式账本技术建构的自治组织排斥传统中心化组织机构。该类基于算法架构的实体应被认为独立的法人主体,即算法法人"❸,此观点认为应形成区别于传统组织类型的算法法人及法律规范,以反映去中心化自治组织的技术特性与产业发展需要。在现有的立法实践中,第一种观点并未得到支持,因为去中心化自治组织完全由成员管理并决策的运作方式与合伙企业无法对应,差异较大。第二种观点部分获得了立法支持。事实上,为应对去中心化自治组织在法律体系中的空白,美国怀俄明州在 2021 年出台了以去中心化自治组织命名的法

---

❶ See 17 CFR Parts 240, 242 and 249.
❷ 参见陈吉栋:《区块链去中心化自治组织的法律性质——由 Token 持有者切入》,载《上海大学学报(社会科学版)》2020 年第 2 期。
❸ 郭少飞:《算法法人的理论证立及构成要素探析》,载《东方法学》2021 年第 5 期。

律,允许该组织在成立后与新立法下特殊的有限责任公司实体相连。应注意的是,该法是对去中心化自治组织的规范性引导,推动线上组织与线下实体的相连,但实践中多数去中心化自治组织并未选择注册以获得法律承认;

第三,去中心化技术环境与组织的相互建构,会直接带来监管转型的挑战。"技术的进步将挑战现有的法律监管方式……对国家和个人的监管关系带来根本性的变化。"❶观照证券市场去中心化技术,其已经能够独立于国家或法律实现技术应用。以法定货币所依赖的国家信用及法律保障为例,去中心化自治组织能够仅凭技术应用实现信用创造。在群体中建立信任网络有四个要素:有成员共知的名称;参与此网络可使成员分享最基本的权利和义务;具有建立信任网络所展开的成员交往;成员能够划分和维护自己的边界,与外界相区分。❷ 在去中心化自治组织中,成员通过自治的规则体系,在区块链透明化的分布式账本技术中,形成了由成员共识所确立的权利与义务,可以有效区别于外界。在此基础上,去中心化自治组织已经能够通过代币完成证券的发行与组织的运作,既不依赖国家的承认,也不依赖法律的保障,构建了基于技术驱动的信用创造。

去中心化技术正在创造一个新的空间环境,以新的架构实现对组织的控制与治理,代表了治理秩序"从信任人到信任数学的转变"❸。"在现实空间里,我们可以理解法律的规制机理——通过宪法、法律及其他规范性文件来规制"❹,法律是以人类文字呈现的,是有边界的,为现实世界的治理提供了实质价值与结构价值。但在新技术的推动下,算法、编程逐步取代了文字,技

---

❶ James G. H. Griffin, *The Future of Technological Law: The Machine State*, 28 International Review of Law, Computers & Technology 299 (2014).

❷ 参见〔美〕查尔斯·蒂利:《信任与统治》,胡位钧译,上海人民出版社2010年版,第50页。

❸ Marcella Atzori, *Blockchain Technology and Decentralized Governance: Is the State Still Necessary?*, 6 Journal of Governance and Regulation 45 (2017).

❹ 〔美〕劳伦斯·莱斯格:《代码2.0:网络空间中的法律》(修订版),李旭、沈伟伟译,清华大学出版社2018年版,第6页。

术自治代替了法律治理,组织的运转并不需要适用虚拟空间之外的规则。易言之,以区块链为代表的去中心化技术已经具备了社群规制能力,行使"法律"功能的是成员之间的"共识",法律面临监管转型、多元共治的现实挑战。

[三] 去中心化技术环境与制度环境合法性的分离

证券市场环境是结构化的,制度环境与技术环境分别以"人"或"物"为中心生成权力结构,体现了证券市场的两重性。❶ 然而,有别于以国家为中心的法律监管模式,技术发展逐步向新的——以私人行为者共识为中心的——监管形式(体现为代码或者算法等设置的规制秩序)打开了大门。当置于结构化的证券市场环境时,技术环境作用于组织的合法性有其特点,受传统、习俗的影响较少。以法律概念的扩充、组织立法的展开所代表的"合法化"处理,有着将新的证券市场组织及组织新行为纳入制度环境的目的。只是,以"合法化"推动的证券市场环境连接,在去中心化的技术发展上并非完全适用,组织并不会全然接受"合法化"以换取制度环境的合法性。

(一) 制度环境与组织的互动机理

制度环境是比制度更为复杂与综合的社会学概念。制度的定义在不同学科有差异,比如在制度经济学的定义中,因个人在决策与问题解决难度之间的差距,"会构造一些规则去限制这种条件下选择的灵活性。我们把这些称为制度"❷,体现了制度是一种局限条件下的约束,本质上是一个社会的博弈规则❸。在组织社会学中,制度是一种已经获得某种地位或特征的社会秩

---

❶ 参见〔美〕W. 理查德·斯科特:《制度与组织——思想观念与物质利益(第3版)》,姚伟、王黎芳译,中国人民大学出版社2010年版,第57—58页。
❷ 〔美〕道格拉斯·诺思:《理解经济变迁过程》,钟正生、邢华等译,中国人民大学出版社2013年版,第15页。
❸ 参见〔美〕道格拉斯·C. 诺思:《制度、制度变迁与经济绩效》,杭行译,格致出版社·上海三联书店·上海人民出版社2014年版,第3页。

序或模式❶,制度为社会生活提供稳定性与具有意义的"规制性、规范性和文化—认知因素,以及相关的活动与资源"❷。有关制度的定义的重点虽有差异,但基本内涵都与人高度相关,因为"制度的结构包含重要的人格决定,而且即使是最好的制度……它的功用也常常在很大程度上依赖于相关的人"❸。与制度的定义相比,制度环境的内涵更为宽泛,指向了组织所处的法律制度、文化期待、社会规范、观念制度等。❹ 之所以提出制度环境概念,是因为组织所面对的不同制度并非统一,相反存在冲突,这些"复杂的、片段化的、非统一的环境",即不同制度构成的制度环境。❺ 制度环境包含但又不局限于法律,是各种制度的集合,在学理上能够将组织嵌入的除技术环境外的外部环境囊括其中,形成一个综合的、可以切入研究组织外部影响的理论工具,是组织社会学研究中的常用概念。

制度环境存在组织趋同(又称组织同构)的现象。相比将组织定位为工具的分析,组织社会学新制度主义更强调"社会适当性"的重要性,认为"组织不是一个封闭的系统,它受到所处环境的影响"❻。组织适应环境的结果就体现为"组织所采用的结构形式是某一特定制度环境中合法的结构形式"❼。只是,环境存在正式制度与非正式制度的安排,而非正式制度有时与

---

❶ 参见〔美〕罗纳尔德·L. 杰普森:《制度、制度影响与制度主义》,载〔美〕沃尔特·W. 鲍威尔、〔美〕保罗·J. 迪马吉奥主编:《组织分析的新制度主义》,姚伟译,上海人民出版社 2008 年版,第 157 页。

❷ 〔美〕W. 理查德·斯科特:《制度与组织——思想观念与物质利益(第 3 版)》,姚伟、王黎芳译,中国人民大学出版社 2010 年版,第 56 页。

❸ 〔英〕卡尔·波普尔:《开放社会及其敌人》(第一卷),陆衡等译,中国社会科学出版社 1999 年版,第 246 页。

❹ 参见周雪光:《组织社会学十讲》,社会科学文献出版社 2003 年版,第 72 页。

❺ 参见〔美〕W. 理查德·斯科特:《制度与组织——思想观念与物质利益(第 3 版)》,姚伟、王黎芳译,中国人民大学出版社 2010 年版,第 167—168 页。

❻ 周雪光:《组织社会学十讲》,社会科学文献出版社 2003 年版,第 69—70 页。

❼ 〔美〕W. 理查德·斯科特:《制度与组织——思想观念与物质利益(第 3 版)》,姚伟、王黎芳译,中国人民大学出版社 2010 年版,第 160 页。

正式制度相对立,带来了对正式制度存续价值的质疑。两者对立与矛盾的统一,进一步促进了对组织与制度环境的互动的研究,其中的代表为对组织趋同现象的分析。比如,迈耶观察到在相同的制度环境下,不同的教育机构会产生组织趋同。为什么组织会趋同？他认为,对此问题的分析必须回到组织与环境互动的关系上。一方面,制度环境会产生制度化的产品、服务、技术、政策和计划等,作为强大的理性神话发挥作用,能够促进组织的相互学习与模仿❶,令组织产生趋同。另一方面,组织趋同本身反映了一个限制的过程,即组织被所处制度环境合法化的过程,促使组织与同一环境的其他组织趋同。❷

合法性(或称合法性机制),是制度环境作用于组织,促使其发生组织趋同的主要约束机理。其中,制度环境是以完备规则与要求为特征的环境❸,组织为制度环境下政治、文化、信念和惯例所影响,必须满足制度环境下的合法性要求,适应这一制度环境下"外界公认、赞许的形式、做法"。如果违背合法性,组织将难以实现资源与权力的交互。❹ 在新制度主义理论中,制度环境的合法性主要通过有代表性的三种机制发生影响,包括强制性机制、模仿机制以及规范机制。❺ 其中,强制性机制指向了国家的强制力、法律规定与文化期待,模仿机制指向同一领域中的优秀者进行学习,规范机制

---

❶ See John W. Meyer and Brian Rowan, *Institutionalized Organizations: Formal Structure as Myth and Ceremony*, 83 American Journal of Sociology 340 (1977).

❷ See Amos Hawley, *Human Ecology*, in David L. Sills (ed.), *International Encyclopedia of the Social Sciences*, Macmillan, 1968, pp. 328–329.

❸ 参见〔美〕W. 理查德·斯科特、〔美〕约翰·W. 迈耶:《社会部门组织化:系列命题与初步论证》,载〔美〕沃尔特·W. 鲍威尔、〔美〕保罗·J. 迪马吉奥主编:《组织分析的新制度主义》,姚伟译,上海人民出版社 2008 年版,第 133 页。

❹ 参见周雪光:《组织社会学十讲》,社会科学文献出版社 2003 年版,第 72—73 页。

❺ See Paul J. DiMaggio and Walter W. Powell, *The Iron Cage Revisited: Institutional Isomorphism and Collective Rationality in Organizational Fields*, 48 American Sociological Review 147 (1983).

则来自专业层面的社会期待要求。❶ 以强制性机制的代表法律为例,法律作为国家形成的共通环境,"要求组织尊重法律,并对组织进行必要的控制",由强制性机制传导的是"正式与非正式压力",正式压力如国家的立法规范,组织必须遵守。非正式压力如对其他组织的规范性行为的借鉴与同形。❷ 同时,组织在制度环境中会遇到不确定与潜在挑战的可能性,促使其向同一环境中的其他组织学习与模仿。在此过程中,同一环境下不同组织的人员有交流、交换与互相学习的过程,规范化与专业化经信息与人员的流动塑造为组织的共同诉求,促进了不同组织的同构。

(二)从技术环境到制度环境:以合法化融通的路径

在制度环境中,法律规范作为强制性机制的构成要素,对组织起到不可替代的作用。韦伯认为,社会系统能否存在取决于是否能形成一种普遍信念,以建立和维护其存在的意义,这种信念就是合法性。合法性让人们接受社会系统中的命令—统治关系,并以此取得统治认同与统治正当性。其中,只有法理型统治是适用于专业分工、日益组织化的现代社会的❸,区别于魅力型或者传统型统治。新制度主义同样强调,组织对制度环境的适应首先是出于满足"各种特殊的需要与利益选择",而在持续制度化的过程中"规范要求与文化要求日益积累",构成了对组织演变与行为持续具有重要影响的要素。❹ 在本土研究中,以社会团体为代表的组织的合法性具有四个面

---

❶ See Paul J. DiMaggio and Walter W. Powell, *The Iron Cage Revisited: Institutional Isomorphism and Collective Rationality in Organizational Fields*, 48 American Sociological Review 147 (1983).

❷ 参见〔美〕保罗·J. 迪马吉奥、〔美〕沃尔特·W. 鲍威尔:《关于"铁笼"的再思考:组织场域中的制度性同形与集体理性》,载〔美〕沃尔特·W. 鲍威尔、〔美〕保罗·J. 迪马吉奥主编:《组织分析的新制度主义》,姚伟译,上海人民出版社 2008 年版,第 72—73 页。

❸ 参见张康之:《合法性的思维历程:从韦伯到哈贝马斯》,载《教学与研究》2002 年第 3 期。

❹ 参见〔美〕W. 理查德·斯科特:《制度与组织——思想观念与物质利益(第 3 版)》,姚伟、王黎芳译,中国人民大学出版社 2010 年版,第 171 页。

向,分别是社会(文化)合法性、法律合法性、政治合法性与行政合法性。❶ 其中,只有法律合法性具有秩序形成下最直接的正当性。比较而言,在合法性的展开上,不满足法律合法性,但因必要的社会、文化要素而存续是可能的,但此项要求极高,不仅需要广泛的认同、历史的积淀,还需要特定的渊源。更具一般性的情况是,法律合法性在制度环境中一旦生成和明确,其强制性作用对组织的生存与发展就起到决定性作用。

法律具有规范性功能与构成性功能,证券市场作为一个容易因信息不对称产生道德风险与逆向选择的领域,更依赖法律的作用。在规范性功能上,法律确定了合法与非法的界限,比如如何界定行为是一般性的市场买卖,还是具有非正当目的的市场操纵,依赖法律的定性。在构成性功能上,证券发行的注册制是经法律规范进行的构造,在没有法律的制度供给的情况下,并没有"注册发行"的概念,也没有以此产生的程序性要求。因而,当只有法律能够不断发展其规范与构成功能,并以国家强制力作为保障时,证券市场环境对组织的主要合法性约束,就集中于以法律为核心的强制性机制。

在环境作用于组织的合法性有不同面向时,制度环境又如何处理与技术环境在组织约束机理上的不一致?在许多场景下,制度环境对技术环境所认可的组织及行为进行了合法化处理,比如从法律概念的扩充到新的组织立法,以推动其满足制度环境下的合法性要求。按照哈贝马斯的定义,"合法化"是主动建立与特定规范联系的过程。❷ 合法化应对的是社会系统结构产生的"危机",而危机"是由于结构固有的系统命令彼此不能相容,不能按等级整合所造成的"❸。通过对象或者行为的合法化,可以解决特定制度框架内的正当性问题。因此,组织及其行为与特定规范——比如与法律建立联

---

❶ 参见高丙中:《社会团体的合法性问题》,载《中国社会科学》2000 年第 2 期。
❷ 参见[德]哈贝马斯:《交往与社会进化》,张博树译,重庆出版社 1989 年版,第 184 页。
❸ [德]尤尔根·哈贝马斯:《合法化危机》,刘北成、曹卫东译,上海人民出版社 2019 年版,第 4 页。

系,在合法化的过程中,也具有了合法性。"'合法性'表明某一事物具有被承认、被认可、被接受的基础,至于具体的基础是什么(如某种习惯、某条法律、某种主张、某一权威),则要看实际情形而定。"❶在证券市场环境中,法律正是特定规范的一般性代表,具有普遍适用性。通过将合法化作为连接,差异化、结构化的证券市场环境中的组织合法性就可以相互独立地存续,同时确认彼此带来的组织影响不相冲突。

合法化所建构与追求的是法理型统治,是经由法律进行的治理,其目的是使由法律实现的统治成为无动机情况下被接受的中心化秩序。在现代社会,法律塑造的合法性与统治秩序是普遍的,在民众—立法机关—法律形成的程序机制下,法律成为制度环境合法性垄断化、集中化、理性化的体现。❷法律不仅体现了立法者的意志,也代表了中心化秩序的建立,不成系统的、分散的规范内容集中于法律,形成了中心化的规制性产物,并以成文颁布的方式经国家强制力进行一体化保障。据此,证券市场组织及组织行为通常在中心化的法律治理下可以通过合法化连接于制度环境,接受自上而下的法律治理。

(三)结构化环境中组织合法性的不可兼容

在多数情况下,合法化联通了证券市场制度环境与技术环境,令组织接受法律所引导的治理秩序。然而,"合法化"指向的法律治理,在技术环境的变迁中并非应当接受的。比如,绝大部分去中心化自治组织自诞生以来是未经注册的,法律地位并不明确❸,且不属于特定的司法管辖区,多以独立的、自治的方式存续与发展。又如,证券市场出现了以代币发行的证券,在其规

---

❶ 高丙中:《社会团体的合法性问题》,载《中国社会科学》2000 年第 2 期。

❷ 参见〔德〕哈贝马斯:《交往与社会进化》,张博树译,重庆出版社 1989 年版,第 194—195 页。

❸ See Constance Choi et al., *Model Law for Decentralized Autonomous Organizations (DAOs)*, COALITION OF AUTOMATED LEGAL APPLICATIONS (2021), https://coala.global/wp-content/uploads/2021/06/DAO-Model-Law.pdf.

范性问题上出现了具有争议性的合法/非法的两极判断。❶ 前述现象表明，合法化并不能在所有的组织或组织行为上融通差异化环境的组织合法性，而这种不可融合，包含两个主要原因：

其一，去中心化技术环境与制度环境在与组织的互动中有着价值导向的差异。从技术环境到制度环境的合法化融通，目的是让组织接受法律治理，令新组织与组织新行为满足制度环境的合法性要求。然而，韦伯在构建合法性概念时，强调了合法性生成了命令—控制关系，并在经验主义的基础上认为合法性促使了"对享有权威者地位的确认和对其命令的服从"❷。只是，合法性下对支配地位的确认，并不关注支配过程中的价值冲突。合法化中统一而非差异化的处理，令组织不得不让渡、妥协乃至舍弃一定程度的自我价值，以实现资源的交互。然而，命令—控制的反馈过于刚性，合法性的通约并非只局限于一种交换，而是很大程度上要求"与相关规则和法律、规范支持相一致的状态，或者与文化—认知性规范框架相亲和的状态"❸。在存在严重价值对立的情况时，主动联系将不具有现实可行性，合法化也就难以实现。

特别是，合法化追求的是经法律造就的中心化治理秩序，而技术环境去中心化的目标，不仅涵盖了国家，也将目标指向了国家的产物——以法律为代表的中心权威。正如巴洛在 A Declaration of the Independence of Cyberspace 中所言，"我们正在达成我们自己的社会契约。这样的管理将依照我们的世界——而不是你们的世界——的情境而形成。我们的世界与你们的世

---

❶ See *Security Token Offerings – The Shape of Regulation Across Asia-Pacific*, https://www.cliffordchance.com/content/dam/cliffordchance/briefings/2020/11/security-token-offerings-regulation-across-apac-pacific.pdf.

❷ 胡伟：《在经验与规范之间：合法性理论的二元取向及意义》，载《学术月刊》1999年第12期。

❸ W. Richard Scott, *Institutions and Organizations: Ideas, Interests, and Identities (4th)*, SAGE Publications, Inc., 2013, p. 60.

界截然不同"❶。在技术发展早期,以互联网为代表的信息连接,通常有中心连接点,并以此扩散、分发信息,但中心主体是政府或特定平台公司。随着"去中心化"技术的扩散,任何个体都能创造、分享、散布信息,所有人参与、分享了权力,原有中心化导向的权力格局不再得到维系。新的中心自然而然形成,不断发展更替,权力的等级变得更为弱化。比如,在证券交易领域,暗池、电子通信网络作为另类交易系统,打破了大型交易所的垄断地位,证券交易的信息与分发不再集中于大型交易所,证券交易出现了分散化的发展态势。在此过程中,制度环境作用于组织且依赖物理空间实体进行规范的路径,对技术环境虚拟空间内的组织及新的组织行为并没有有效的约束方法。甚至,在很大程度上,制度环境下存在的法律、习俗、文化等约束,对快速变迁的技术环境并不适用。因为,对传统的反叛,以及在不同程度上对现有规范的违背,正是推动技术环境出现"创造性毁灭"的核心。

概言之,技术进步推动了证券市场环境的结构性变迁,能够创造新的证券市场组织,支持崭新而不同的组织行为,并在技术环境中形成自我设定的规则进行约束。制度环境则因前者的独立,丧失了可以附着的影响。事实上,去中心化技术环境所推动的是"越来越多的私权威基于'认同'和'服从'的'合法性'构筑起自身基于规则体系的权威场域"❷。反映在证券市场,约束新的证券市场组织的主要规则从传统的法律规范转向了成员共识。对这一类组织而言,组织与法律的互动方向被根本性地改变,法律不再"被需要"以参与或调整组织行为,组织更多由技术环境所约束。

其二,去中心化技术环境所欲追求的是组织实现经由技术环境进行的控制,体现了技术社会的塑造与技术自主性的强化。埃吕尔在《技术社会》一书中指出,当技术作为主要目标并成为社会的统摄性力量时,就会导致

---

❶ 〔美〕约翰·P. 巴洛:《"网络独立宣言"》,李旭、李小武译,载高鸿钧主编:《清华法治论衡》(第4辑),清华大学出版社2004年版,第510页。

❷ 刘雪莲、姚璐:《国家治理的全球治理意义》,载《中国社会科学》2016年第6期。

"技术决定着科学、经济及文化的走向,技术已成为人类生存的新环境,这就是所谓的技术社会"❶。当然,对技术社会构成的新环境存在截然不同的评价,比如认为前者可以持续推动人类生产与生活效率的提升,减少重复性工作,增进社会整体福祉。同时,在技术爆发性发展的趋势下,亦有人担忧,人类与技术谁能成为主导与控制的一方越来越具有不确定性。在不可控与不确定性之下,容易产生技术悲观主义,集中表现为反技术导向,倡导重新确立人的主体地位。❷ 只是,即便在哲学、政治、伦理与法律等方面,人们对技术发展进行各种限制性讨论或作出悲观评价,技术也并未以人类预设的方式发展,而是更多地按照自我设定的路径前进。这种超越人类设想,从自身出发所生成的主导地位即技术自主性,让技术实现了自我生成、自我发展与独立生存❸,脱离了外界施加的统治与控制。

技术由此嵌入国家—社会—个体的结构,人类生存环境从自然环境、社会环境渐次变为技术环境,并出现了有别于前者的控制力量。在作用导向上,以技术发展、应用与调适为核心的技术环境,"以效率为终极目标,以现代技术方法和物质工具为显性的质料,独立于人之外,全面接管现代人的生存条件和生活方式,并且统摄现代人思维的社会建制"❹。技术环境塑造了新的社会生产关系,能形成新的控制力量与路径,"在科学帮助下,现代技术成了一种控制方法,不仅被运用于生产领域,而且广泛运用于政治、经济、商业等以效率为准则的领域"❺。不同的组织行为、组织类型、社会生态相继由

---

❶ 张成岗:《人工智能时代:技术发展、风险挑战与秩序重构》,载《南京社会科学》2018年第5期。
❷ 参见赵建军、修涛:《技术理性批判与技术悲观主义》,载《科学技术与辩证法》2001年第2期。
❸ 参见谢新水:《人工智能发展:规划赋能、技术自主性叠加与监管复杂性审视》,载《浙江学刊》2020年第2期。
❹ 刘电光、王前:《埃吕尔的技术环境观探析》,载《自然辩证法研究》2009年第9期。
❺ 张成岗:《人工智能时代:技术发展、风险挑战与秩序重构》,载《南京社会科学》2018年第5期。

技术创建与控制。虚拟组织的建立、虚拟证券的发行、AI 技术的赋能、元宇宙的"第二身份"……去中心化技术环境的变迁似乎走向了一个较为明确的发展方向,即技术创立了有别于现实物理空间的"新世界",将人从传统国家与社会(当然也包括法律)的约束中解放出来,获得更多自我定义的自由与权利。具有不同价值观与存在差异化特征的群体,在技术的引导下于新的技术环境中相互聚集,建立起技术支持下的规则约束体系。

证券市场环境是结构化的,结构化的变化并不一定带来整体系统的不稳定,只有"在社会成员感觉到结构变化影响到了继续生存,感觉到他们的社会认同受到威胁时",才会令此前趋于稳定的规范共识面临系统整合的失调。❶ 随着新技术的不断发展,去中心化技术环境正在塑造截然不同的技术控制,能够形成有别于传统物理空间的治理秩序,塑造、发展并扩散去中心化的社会认同,让组织有不同以往的选择权。在此结构性变化所生成的组织现象下,本身就具备不同组织合法性的技术环境与制度环境,并不能经由传统的合法化实现差异调和。其结果是,证券市场产生了对组织而言,具有较大差异而又有典型代表的两类治理方式——法律治理与技术治理。

[四] 技术治理与法律治理的合作共治

"在新制度主义看来,环境对于组织的影响十分微妙和深远;环境远非组织之间的合作—选择,其影响渗透在组织当中"❷,组织社会学新制度主义对环境的强调有别于组织是理性的这一预设,带有社会学分析的色彩。可是,"科技革命摧毁了旧的世界,并将其瓦解"❸,环境的构成,并未只局限于

---

❶ 参见〔德〕尤尔根·哈贝马斯:《合法化危机》,刘北成、曹卫东译,上海人民出版社 2019 年版,第 5 页。
❷ 〔美〕沃尔特·W. 鲍威尔、〔美〕保罗·J. 迪马吉奥主编:《组织分析的新制度主义》,姚伟译,上海人民出版社 2008 年版,第 16 页。
❸ 〔比利时〕蒂埃里·格尔茨:《数字帝国:人工智能时代的九大未来图景》,叶龙译,文汇出版社 2020 年版,第 41 页。

制度环境的影响,技术环境正形成更独立的、对组织产生影响的发展态势。当技术自主性不断强化,技术社会与技术环境渐次生成时,制度环境对组织的作用将弱化,法律有效发挥作用的基础环境受到动摇,技术治理替代法律治理成为一项现实挑战。

(一) 技术治理与法律治理的差异

从宏观到微观,由新技术建立治理规范的去中心化技术环境提出了如何理解、认识并与技术治理共存的问题。所谓技术治理,是指将科学技术和原理应用于社会治理活动,以科学运行原则与技术来进行现代治理。❶ 在宏观层面,有研究认为信息技术的发展带来主权概念的变迁,网络创设了有别于真实世界的虚拟世界,传统国家对信息生成与信息流动的控制能力受到冲击与限制,国家不再是互动的必要媒介,虚拟身份与人的链接让网络世界"可以游离国家的管制,经由自我规制完成秩序建构",创设了虚拟世界的主权与独立的自我规范❷;在中观层面,以互联网为代表的虚拟技术的发展,带来了权力结构的变迁,提出了如何在网络社会进行有效治理的命题。特别是,技术治理冲击了以集权主义、行为主义与国家主权等为代表的传统治理逻辑,迎来了法律治理与技术治理的二元共治❸,而法律 3.0 是可能应对此变化的发展趋势❹。在微观层面,广泛使用区块链技术,同时应用机器学习和人工智能来增强网络智能化程度和适应性的 Web 3.0,出现了基于算法运作的新型组织,有必要创设"基于算法架构的算法法人",并将其纳入法律规范。❺ 易言之,不论是对新型主权概念的讨论、技术与法律的共治、以法律

---

❶ 参见刘永谋:《福柯论技术治理》,载《贵州大学学报(社会科学版)》2022 年第 3 期。
❷ 参见刘连泰:《信息技术与主权概念》,载《中外法学》2015 年第 2 期。
❸ 参见郑智航:《网络社会法律治理与技术治理的二元共治》,载《中国法学》2018 年第 2 期。
❹ 参见〔英〕罗杰·布朗斯沃德:《法律 3.0:规则、规制和技术》,毛海栋译,北京大学出版社 2023 年版,第 119 页。
❺ 参见郭少飞:《算法法人的理论证立及构成要素探析》,载《东方法学》2021 年第 5 期。

3.0 为代表的法治重构,还是算法法人概念的法律构造,都聚焦如何容纳传统物理空间之外的去中心化技术环境及其治理。

在证券市场,组织通过新技术应用欲以实现的技术治理目标主要有两个,一是实现最大限度的自律管理,二是应用匿名化。在自律管理方面,以去中心化自治组织为例,智能合约运行的组织应用了以区块链技术为支撑的算法,将每一个决策进行透明化处理,并以共同治理的原则建立自治与决策机制,即技术可以实现将决策权分配给组织成员,而没有集中的管理机构。在硬法—软法的二元划分下,前述自律规范属于由社会组织或共同体创设的"难以或者不能运用国家强制力保证实施的具有公共规制性质的规范性文件或惯例",即虚拟空间的软法规范。❶ 自律管理本身体现了民主、平等与共治的规范特点,彰显了技术治理遵循的是自律而非他律,是组织成员通过技术实现自律规范及建立自律秩序的尝试。❷ 在匿名化方面,有别于互联网推动的线上个人信息与生活的公开化❸,证券市场技术治理应用的主要目标之一是对客户或者成员信息的匿名化保护。比如,暗池与电子通信网络在证券交易机制中,能够实现成交前的匿名撮合,以保护交易双方的订单信息,免除高频交易机构的追踪。以暗池为例,交易双方可以直接或者间接地通过智能路由订单接入交易系统,以低延迟信息协议的方式在暗池内进行匹配。❹ 在去中心化自治组织中,成员在从出资到管理的全过程中实现了匿名化,以消解现实不平等对组织治理的影响。由此可见,匿名化在证券市场组织中,既有除去现实身份以推动更广泛的自由、平等的价值导向,亦有应用匿名机制以保护交易安排的制度设计,体现了证券市场特点。

---

❶ 参见马长山:《互联网+时代"软法之治"的问题与对策》,载《现代法学》2016 年第 5 期。

❷ 参见郑智航:《网络社会法律治理与技术治理的二元共治》,载《中国法学》2018 年第 2 期。

❸ 参见〔瑞典〕大卫·萨普特:《被算法操控的生活——重新定义精准广告、大数据和 AI》,易文波译,湖南科学技术出版社 2020 年版,第 12 页。

❹ See Goldman Sachs SIGMA X US Form ATS.

自律管理与匿名化的技术治理导向，与法律治理的目标存在一定冲突。"法治表示对法律的确定性和稳定性的需求，以便人们得以相应地规划和组织他们的安排"❶，与技术治理追求的自我秩序不同，法律治理的目标之一是消除制度层面的不确定性，以提供社会层面的整体秩序。因此，作为治理规范的代表，通过增进社会、经济与政治层面的确定性，法律可以实现建立治理秩序的使命，但此导向与证券市场组织匿名化的需求存在冲突。证券市场的匿名化需求是希望减少信息披露，以减少来自证券监管或交易对手的约束，更大限度地满足自身利益的需要，并不会以预先明示或提供更多信息披露的方式参与市场交易，带来的结果之一是为市场注入了更多的不确定性。此外，法律治理更多是一种他律规范，是国家权力对行权对象的"他治活动"❷，而该由外及里的规范目标与去中心化自治的自律导向有着根本性的不同。需要区别的是，证券市场亦有自律管理，但此语境下的自律管理是作为行政监管与法律治理的补充，而非替代。❸ 而以去中心化自治组织为代表通过技术实现的自律管理，在制度层面追求完全的自我管理，对外部介入于内的法律治理是排斥的，与前者有着根本性不同。

　　即便如此，法律与技术的合作治理而非相互割裂，更能回应社会关系变迁带来的挑战与治理实践的需要。当然，这对法律制度本身提出了更高的要求，核心表现为法律治理尊重技术治理的规范导向，将其主要内容转化为正式制度规范，赋予组织更多的选择空间。以去中心化自治组织为例，美国怀

---

❶ Geoffrey de Q. Walker, *The Rule of Law: Foundation of Constitutional Democracy*, Melbourne University Press, 1988, p. 42, 转引自夏恿：《法治是什么——渊源、规诫与价值》，载《中国社会科学》1999年第4期。

❷ 郑智航：《网络社会法律治理与技术治理的二元共治》，载《中国法学》2018年第2期。

❸ 即便从松散的市场主体发展而来，美国由证券经纪人发起设立交易所，交易所成为自律监管主体，在大萧条以后则由自律监管逐步过渡到通过法律专门设立的证券监管机构。同时，各州对证券发行也保留了一定的权力，参见沈朝晖：《流行的误解："注册制"与"核准制"辨析》，载《证券市场导报》2011年第9期。

俄明州是世界上第一个通过法律授予去中心化自治组织有限责任地位的地区,该州已正式实施了以去中心化自治组织命名的法律,该法于 2021 年 7 月 1 日生效,名为《去中心化自治组织补编》,立法目的是鼓励去中心化自治组织成员能够以怀俄明州有限责任公司(LLC)的形式实现去中心化自治组织的实体连接。从该法的规定与实践来看,其更多是对去中心化自治组织已有自治规则的法律确认,而非从法律层面重新树立一套规则,有着鼓励去中心化自治组织与实体相连的立法导向。❶ 比如,该法确认了去中心化自治组织内部的基础智能合同、组织章程和运营协议是确立内部分工、成员权利与义务的最主要规则体系。去中心化自治组织可以形成不同的自治规则,立法只要求去中心化自治组织对成员就前述规则与其他组织的差异进行特别声明。此外,怀俄明州法律尝试提炼了现有去中心化自治组织中具有普遍代表性的治理规则。例如,在成员投票权上规定,将去中心化自治组织中的成员投票权分为两类:数字资产贡献或成员权益,前者依赖去中心化自治组织成员采用的加密数字类型,后者基于成员设立时的权益划分。易言之,该法更多的是将技术治理形成的组织规则容纳到新法律中,尊重已有的组织实践,同时赋予组织充分的选择空间,以引导、推动去中心化自治组织与实体规范相连。

(二)法律引导合作共治的主要路径

第一,法律应推动适应性监管的引入,以反映证券市场环境的变化。适应性监管是一种强调灵活与动态变化的监管方式与监管理念,旨在根据市场变化和发展趋势对现有监管制度与规定进行及时调整。适应性监管包含两部分内容,一是赋予监管机构更多的面向市场变化制定监管规则的权力,二是强化市场主体的合规自主权。❷ 当技术变迁的速度越来越快时,"制定关于全新事物的法律是非常困难的,因为我们不可能知道它们将

---

❶ See Sixty-Sixth Legislature of the State of Wyoming 2021 General Session.
❷ 参见周仲飞、李敬伟:《金融科技背景下金融监管范式的转变》,载《法学研究》2018 年第 5 期。

如何发展"❶。因而,法律需要及时将自身的规范性权力下放,推动适应性监管的形成以应对技术变迁带来的监管挑战。

适应性监管在证券市场最重要的是,能够强化市场主体的合规自主权,将自主合规与自律管理相匹配,塑造证券市场组织成为自我规范的第一责任人。"封闭系统内部的热量一定是从高温到低温,水一定从高处流到低处,如果这个系统封闭起来,没有任何外在力量,就不可能再重新产生温差"❷,市场主体合规自主权的确立与发展,本质上是对证券监管的开放性改革,利于多元共治格局的形成。另外,适应性监管理念的应用,要十分注意相关主体在获得更为灵活的监管规则制定权时,权力边界的范围能够明确、清晰及具有可识别性。

第二,法律应形成更具弹性治理特点的规范,弱化刚性治理导向,增强制度环境对组织创新的包容度。所谓弹性治理,是指以为"个体赋权和创新留下足够的空间"为导向的现代治理框架,其目的是在国家—社会—技术的互动结构下取得动态平衡,关注共同体的自由,强调个体的自主性与充分赋权。与之相对的是刚性治理,典型特点是"以规则为基础的,程序性的、模式化的治理",是以法律为中心、以程序为平衡、以权利与义务明确定义的治理框架。❸ 反映在法律规范上,弹性治理是积极鼓励式,刚性治理更多体现为消极禁止式,组织的自主空间与灵活度存在差异。在面对技术变化的新情况时,弹性治理强调法律发挥辅助性原则,只在影响正常治理秩序或其自身规则不足以自主实现目标时❹,才由法律介入调整,而非进行问题预设式的统一规范。在技术环境的影响逐步扩大的趋势下,制度环境以个体自身为中心,由外及里式的刚性治理规范,并不能有效引导证券市场组织行为,反而会加速前者

---

❶ 〔比利时〕蒂埃里·格尔茨:《数字帝国:人工智能时代的九大未来图景》,叶龙译,文汇出版社 2020 年版,第 201 页。

❷ 华为大学编著:《熵减:华为活力之源》,中信出版集团 2019 年版,第 13 页。

❸ 参见高奇琦:《智能革命与国家治理现代化初探》,载《中国社会科学》2020 年第 7 期。

❹ 参见刘连泰:《信息技术与主权概念》,载《中外法学》2015 年第 2 期。

的"逃逸"。因此,形成以赋权、包容、平衡为导向的弹性治理规范,减少刚性治理的内容,是法律可以促进制度环境更具灵活性与包容性的发展方向。

第三,设定法律治理与技术治理共治的应用场景,确保技术环境作用于组织的影响可控。法律治理与技术治理存在三种互动结果,对立、合作与相互隔离。在证券市场环境中,治理方式的合作有助于形成相向而行的合法性机制,避免造成彼此对立或冲突的组织影响。技术治理的主要目标是以新技术的应用,形成自我约束与定义的治理规则,此治理导向虽与法律治理有所不同,但并不必然带来负的外部性,也不必然危害经济与社会的正常秩序。已有实践表明,法律治理可以对技术治理规范进行概括式承认,促进两者的合作式治理。相反,固守以一般禁止式为主导的法律治理,容易造成两类治理方式的对立,加速两者适用的制度性隔离。因此,法律可以设定二元共治的场景,并以合作共治为目标调适、完善或补充相关法律规范,促进两类治理方式的融合。比如,证券交易领域的匿名化有着实践层面的需求,由经纪商设立的暗池形成了由其主要制定的交易规则,在包容监管的理念下得到认可。为此,法律扩张了交易所的概念以将其合法化,允许将暗池选择注册为经纪商,或注册为交易所。同时,监管强化了合规审查,对虚假陈述、欺诈等事项进行了严格规范。也即在可选择的范围内,法律治理与技术治理进行了相容共治,但法律治理设定了治理的底线及应予规范的应用场景,在发生破坏经济或社会秩序的情景中,确保技术治理的负面结果可控,技术治理产生问题时可追责。

第四,引入监管沙盒机制,探索法律治理与技术治理的试验性场域。在金融领域,监管沙盒是有效测试创新技术、产品或服务的监管制度,是一种应对新技术变化的参与式规则制定安排,在风险可控的基础上,可为技术创新提供一个安全空间进行试验性探索。❶ 在不完全契约理论的视角下,正式契约往往并不能完全覆盖现实中的所有情境,存在未被契约覆盖的情况,即容

---

❶ 参见杨东:《监管科技:金融科技的监管挑战与维度建构》,载《中国社会科学》2018年第5期。

易出现契约之外的剩余权力。❶ 监管沙盒的优势是,能够填补不完全契约下剩余权力规范的留白,降低系统性风险,促进监管规范对新技术的适应性调整。事实上,技术创新带来的监管变迁,在现实中会引发多方面掣肘,即便有发展方向的统一,事实层面的争议往往会迟滞新监管理念的应用与调整。因而,监管沙盒制度可作为探索法律治理与技术治理的试验性场域,以问题解决为主要导向,厘清事实中的争议,加速监管方式的统一,在风险可控的基础上,结合新技术的实施特点与本国国情,进行监管合作的探索与应用。

---

❶ 参见胡滨:《金融科技、监管沙盒与体制创新:不完全契约视角》,载《经济研究》2022年第6期。

个体情境认知对规范落实的影响
——以高校实验室安全监管为中心

洪登光[*]

摘　要：如何规制科研实验室安全是科学实践监管中的难题之一。基于经验观察，本文将高校实验室里的个体合规行为区分为"动机行为两合型"、"行为单合型"和"自认合理型"三种样态。这三种样态表明，个体在行为时并未将监管性规范作为主要考量因素，个体如何行为主要取决于其行为时的认知。通过经验分析发现，个体认知是个体在课题组实验室里通过合法的边缘性参与的方式形成的；个体认知并不能影响和决定个体行为，其与即时环境共同作用所形成的情境认知在影响和决定着个体行为。基于此，本文提出情境性合规概念，用于描述个体合规行为的情境性样态。最后，本文讨论个体情境认知对监管性规范落实的影响，即个体情境认知可作为执法/监管机构的新考量视角，引导其关注个体的认知形成过程、行为"背景"和行为隐患。

关键词：合规　个体行为　集体经验　情境认知　高校实验室安全

[一] 问题的提出

科研实验室是重要的科学实践场所，它涉及环境、健康、安全及其他监管

---

[*] 洪登光，云南大学助理研究员，云南大学法学院博士研究生。本文修改过程中得到王启梁教授、张剑源教授、李娜副教授、甘霆浩副研究员等的关键性帮助，特在此致谢。本文系国家社科基金重点项目"法治建设的社会基础研究"（项目批准号：20AFX001）的阶段性成果。

主题。如何有效地规制科研实验室一直是科学实践监管的难题之一,因为科学实践在很大程度上是通过关系和声誉而不是监视来进行的,这与法律逻辑迥异。❶ 目前,国内对高校实验室安全的监管主要是一个合规管理❷,它强调遵从一套从纷繁复杂的法律、法规、规章、规范性文件及相关国家标准、行业标准中选择、激活和转化而来的监管性规范。❸ 这套合规管理的监管性规范能否影响高校实验室里个体的行为呢?监管和合规领域的研究侧重探讨监管性规范如何有效地影响组织或个体行为,从而帮助组织或个体降低安全风险。❹ 它们假设,组织或个体的合规主要是监管性规范实施的结果。但越来越多的研究认为,合规不是一个简单地由法规驱动或者仅由执法机关推动的

---

❶ See Ruthanne Huising and Susan S. Silbey, *Surveillance and Regulation of Laboratory Practices*, in Ulrike Felt, Rayvon Fouché, Clark A. Miller and Laurel Smith-Doerr (eds.), *The Handbook of Science and Technology Studies (Fourth edition)*, The MIT Press, 2017, pp. 793-822.

❷ 教育部科技司于2015—2017年组织开展高校科研实验室安全检查工作,《高等学校实验室安全检查项目表(2015年)》作为2015年现场检查的参照依据;该检查项目表在2016年经补充修改增加到251项,在2017年再次修订增加12大类59小类共358项,并增加检查要点。参见冯建跃、杜奕、张新祥等:《高校实验室安全三年督查总结(Ⅰ)——回顾与思考》,载《实验技术与管理》2018年第7期。还可参见《关于开展2016年度高校科研实验室安全检查的通知》(教技函〔2016〕308号)和《教育部科技司关于开展2017年度高校科研实验室安全检查工作的通知》(教技函〔2017〕255号)。后再经多次修订,目前作为高校自查和现场检查依据的是《高等学校实验室安全检查项目表(2024年)》,它包括13条56款155项303目。另外,2023年2月,教育部办公厅发布《高等学校实验室安全规范》,作为高校实验室安全管理的依据。

❸ 高校实验室安全相关规范可分为四类:第一类是针对高校实验室所颁布规范,目前生效的有1个部门规章和多个部门规范性文件;第二类是与高校实验室安全直接相关的规范,这类规范涉及行政法规、部门规章和规范性文件,如涉及实验动物、消防安全、实验室排污、实验室危险品等;第三类是与高校实验室安全间接相关可援引的法律法规,涉及环境保护、消防、危险化学品、易制毒化学品、病原微生物、特种设备安全、放射性污染防治、突发事件应对等;第四类是与高校实验室安全相关可援引的国家和行业标准。

❹ See Na Li and Benjamin van Rooij, *Law Lost, Compliance Found: A Frontline Understanding of the Non-linear Nature of Business and Employee Responses to Law*, 178 Journal of Business Ethics 715 (2022).

过程,而是由法律规范、社会规范及个体规范相互作用而产生的❶;甚至有学者基于对建筑工人安全守法行为进行的质性研究后认为,工人的行动逻辑主要受个体规范的影响,法律规范和社会规范对工人守法行为的影响很弱❷。一些类似研究也在支持个体规范为影响个体行为的关键变量的观点。❸ 也就是说,现有研究已从强调监管者转向受监管者、从强调组织外部因素转向组织内部因素。那么,高校实验室里个体合规行为主要受监管性规范影响,还是受个体规范❹或是其他因素影响呢?本文冀望来回答这一问题。

本文以 Y 高校一个部属重点实验室的两个课题组(课题组 A 和课题组 B)❺的安全合规管理实践为观察对象,旨在通过描述和分析高校实验室里个体合规的行为样态,从内部视角和微观角度来探讨,个体合规行为主要受何

---

❶ 参见蒋姮主编:《合规——全球公司发展新趋势》,中国经济出版社 2012 年版,第 90—117 页。

❷ 参见李娜:《守法作为一种个体性的选择——基于对建筑工人安全守法行为的实证研究》,载《思想战线》2015 年第 6 期。

❸ 比如,张郁、万心雨:《个体规范、社会规范对城市居民垃圾分类的影响研究》,载《长江流域资源与环境》2021 年第 7 期;李德国、蒋文婕、蔡晶晶:《个体规范与公共行动:制度信任如何促进公众回应性参与?——基于城市水环境诉求的文本数据分析》,载《公共管理学报》2022 年第 2 期。

❹ 个体规范的内涵还不明确。比如,刘本将个体规范与个体的道德准则等同,主张人们更愿意遵守与个人信仰和价值观相关的法律规范。参见刘本:《合规:从法律和社会学角度的解读》,载蒋姮主编:《合规——全球公司发展新趋势》,中国经济出版社 2012 年版,第 90—117 页。李娜主张个体规范是影响个体行为方式的一些"私人化"要素,包括个体的伦理道德观念、对权威的信念、惯习和习得等。参见李娜:《守法作为一种个体性的选择——基于对建筑工人安全守法行为的实证研究》,载《思想战线》2015 年第 6 期。Huijia Zhu 等将个体规范视为影响个体行为的内在因素,即个体对行为的义务感和主观规范(即以某种方式行事时所感知到的社会压力)进行内化所产生。参见 Huijia Zhu, Yong Liu, Feng Wang, Shihao Song and Jiali Cai, *The Interactive Influence of Personal Norm and Policy Measures on Urban Resident Waste Separation Behaviour*, 25 Journal of Material Cycles and Waste Management 2012 (2023).

❺ 课题组 A 主要从事天然药物化学与新药研发,在所在实验楼 4 楼有 4 间实验室;课题组 B 主要从事天然分子合成与新反应,在同一栋实验楼的 2 楼有 3 间实验室。两个课题组由不同的课题组负责人领导,课题组负责人下面有 2—3 名科研教师。

种因素影响,为何受其影响,其又如何来影响。经验研究发现,高校实验室里的个体在行为时并未将监管性规范作为主要考量因素,而主要是基于其行为时的认知来决定如何行为;通过经验分析可知,个体认知是个体在课题组实验室这个实践共同体中通过合法的边缘性参与的方式形成的,个体认知通过与即时环境的共同作用来形成情境认知从而影响和决定着个体行为。基于此,本文提出情境性合规的描述性概念,并讨论个体情境认知对监管性规范落实的影响。

[二] 个体合规行为的样态

合规性监管关注的是个体行为的表现是否符合监管性规范,对个体如何解释其行为原因并不在意,但这会影响理解如何更好地刺激被监管对象改变他们的行为以符合监管性规范的预期。监管和合规领域的研究注意到动机在影响个体改变其行为中的作用,这些动机包括经济动机、社会动机和规范动机。❶ 据此,本文主张从行为的表现和动机两个维度来考察个体合规行为。

基于对所调研课题组实验室里个体合规行为的观察,根据个体的行为表现和个体对其行为原因的解释是否符合监管性规范,本文将个体合规行为区分为三种样态:第一种,个体的行为表现和个体对其行为原因的解释均符合监管性规范,称之为"动机行为两合型";第二种,个体的行为表现符合监管性规范,但个体对其行为原因的解释主要不是为了遵循监管性规范,称为"行为单合型";第三种,个体的行为表现和个体对其行为原因的解释均不符合监管性规范,但个体自己认为其行为具有合理性,称为"自认合理型"。下文将对这三种个体合规行为样态分别予以阐述。

---

❶ See Christine Parker and Vibeke Lehmann Nielsen, *Introduction, in Christine Parker and Vibeke Lehmann Nielsen (eds.), Explaining Compliance: Business Responses to Regulation,* Cheltenham, Edward Elgar, 2011, pp. 10-12.

(一)"动机行为两合型"

"动机行为两合型"强调的是,个体的外在行为表现符合监管性规范的规定,个体对其如此行为的背后原因的解释也与监管性规范的目的吻合。这种行为样态是合规性监管所追求的主要目标之一。为更好地理解这种个体合规行为样态,我们以硅胶❶为例。化合物提取实验(俗称"过柱子")是课题组 A 里最常做也是最重要的实验之一,而硅胶是化合物提取实验中必不可少的一种化学物质,主要作为填料来用。

无论是监管性规范还是实验室内部管理规范,均要求实验操作人员须配备合适的个人防护用品。如作为教育部检查依据的《高等学校实验室安全检查项目表》(2024)中,检查项目 8.2.1"实验人员须配备合适的个人防护用品"所对应的检查要点(107)规定:"按需要佩戴防护眼镜、防护手套、安全帽、防护帽、呼吸器或面罩(呼吸器或面罩在有效期内,不用时须密封放置)等。"如课题组 A 其中一间实验室的《1412 实验室安全制度》中规定,"五、……操作者必须佩戴防护器具(防护镜、口罩、手套等)……"。防护口罩是实验室里最基本的个人防护用品之一。操作易燃溶剂或是有挥发性的有毒溶剂抑或易燃固体都是要求佩戴防护口罩的。

观察中发现,课题组里的学生多是不戴防护口罩的,即便他们在实验操作中经常使用到易燃溶剂,如甲醇、乙酸乙酯、乙腈、丙酮、正己烷、石油醚等,还经常使用到有毒化学品,如氯仿、硫酸等。他们给出的原因是"不方便",或者是"我们做实验一做就是一天,戴一天的话是比较恼火的"。然而,当课题组里的学生提到戴防护口罩时往往会提到硅胶,或者提到硅胶时,他们强调自己会戴防护口罩,他们给出的原因大体是一致的,即硅胶粉末

---

❶ 硅胶又称柱层层析硅胶,为白色粉状颗粒,其主要成分为二氧化硅。硅胶本身并不属于危险化学品,但因其粉尘极细,可悬浮在空气中,如果人长期吸入含有二氧化硅的粉尘,则可能患尘肺病之一的硅肺病(因硅旧称为矽,硅肺旧称为矽肺)。硅肺病的症状为肺功能受损,严重的会出现呼吸衰竭。

颗粒吸进肺里排不出来会导致硅肺。比如,观察对象硕士生$_{P-1}$在解释不戴防护口罩时说,"不方便。但若操作硅胶或氯仿,我还是会戴口罩的……"再比如,经常不戴防护口罩的观察对象硕士生$_{P-2}$强调,"取硅胶的时候会戴。硅胶不能吸到肺里,排不出来,有毒……"还有,观察对象博士生$_{P-3}$经常一整天下来既不穿防护服也不戴防护口罩和橡胶手套,但在换柱子取硅胶时主动从抽屉里取一个防护口罩戴上。他解释道,"硅胶是常用的柱层析填料,有毒,不能吸到肺里面。若吸到肺里面去排不出来,积多了得硅肺。这些经常被提起,大家都知道"。实验操作过程中,学生们往往会先戴上防护口罩,后取硅胶配制溶液上柱子;不过溶剂配制完成后,他们会立即取下戴着的防护口罩。

取硅胶粉以及将硅胶粉注入柱子时须佩戴防护口罩,这既是课题组 A 里的内部规范性要求,也已成为课题组 A 中个体共享的一种经验知识,学生们能做到自觉地遵循;从学生们在实验过程中短暂佩戴防护口罩的行为以及所给出对背后原因的解释来看,这些也与监管性规范的目的吻合,即防止吸入硅胶粉尘颗粒和避免损害个体身体健康。

(二)"行为单合型"

"行为单合型"强调的是,个体的外在行为表现客观上符合监管性规范的规定,但个体对其如此行为背后原因的解释却与监管性规范并不相关。"行为单合型"往往会给监管者一种错觉,即误以为个体合规行为主要是实施监管性规范的结果;殊不知,个体呈现的合规行为的背后却另有其因。我们以实验用防护服为例。在课题组 A 中,学生们在进行实验操作时不穿防护服(俗称"白大褂")是一种常态,防护服经常被放在操作台旁的凳子上;据说冬天还好,夏天时多是不穿的,说是怕热。然而,在课题组 B 中却是另外一番景象,学生们穿防护服是一种常态,究其原因却是作为显色剂的磷钼酸❶。

---

❶ 磷钼酸,又称十二钼磷酸,属于一种络合物,具有腐蚀性和酸的通性,主要用作氧化——还原催化剂。磷钼酸的外观为嫩黄色或橘黄色棱形结晶或结晶粉末,易溶于乙醇、乙醚。

课题组 B 主要从事合成方法方面的研究,其中重要的实验步骤是"投反应",然后通过"点板"来分析所得新化合物的分子结构及其活性。一般来说,"点板"操作有四个步骤:点样——展开——显迹——计算比移值 R_f。其中,在"点板"中的第三步即显迹需要用到显色剂,课题组 B 利用磷钼酸的显色反应原理❶,自行配置磷钼酸显色剂。磷钼酸显色剂的操作方法为:将展开后的薄板浸入磷钼酸显色剂,后取出来"烤板",即用电吹风将薄板上的显色剂尽量吹干。在这个操作过程中,无论是薄板浸入显色剂,还是将薄板上的显色剂吹干,都有可能导致显色剂溅到学生们的衣服上。由于磷钼酸显色剂是淡黄色或者浅绿色的,一旦其溅到学生们的衣服上,学生们的衣服将被染色且不易洗涤除去。由于"点板"是课题组 B 中每一学生每天的基本实验操作,为了避免自己的衣物被染色,课题组 B 里的学生们习惯性地穿上防护服。

在课题组 A 里,学生们也需要"点板","点板"中也要用到显色剂,不过他们所使用的是硫酸乙醇显色剂,它的成分是透明无色的硫酸和乙醇;在个体防护要求上,学生们更多考虑的是戴防护口罩和橡胶手套。换言之,课题组 B 里的学生们之所以习惯性地穿着防护服,原因主要不是监管性规范的要求(当然,监管性规范也有这一要求,如课题组 B 所在实验室的《实验室安全管理制度》中规定了"五、实验室人员进行实验时须按安全规定着装,实验操作须严格按规范操作……"),而是为了避免自己的衣物被磷钼酸显色剂污染。由于"点板"中所使用的显色剂颜色的不同,即一个呈淡黄色或浅绿色,一个透明无色,直接影响着两个课题组中的学生在穿与不穿防护服上的行为区别,着实让人有些意外。但这又在情理之中,正是因为学生们认识到两种显色剂的物理性质差异,他们才基于对这种差异的认知而选择在实验室

---

❶ 磷钼酸显色反应原理,是指磷钼酸与某些物质发生反应后产生颜色的现象。磷钼酸是一种强酸性物质,它可以与一些物质发生还原反应,将其氧化,从而发生显色反应。磷钼酸显色剂通常用 10g 磷钼酸和 100ml 乙醇来配置,其颜色呈淡黄色,存放久了会变成淡绿色。

里穿或不穿防护服。

(三)"自认合理型"

"自认合理型"不同于前述两种样态,它强调的是,个体的外在行为表现和个体对其如此行为背后原因的解释均与监管性规范相悖,但个体自己认为其行为具有合理性。通常情况下,他们对自己的行为能给出一个他们自己认为较为合理的解释;或者说,他们本来就是这么认为的,并不认为他们自己的行为有何不妥。在监管实践中,"自认合理型"是较为常见的,但很少为监管者所重视和认真对待;在监管者看来,个体合理化其不合规行为或违规行为是在为自己的不当行为"找借口"。在此,我们以所调研课题组中在通风橱里的不合规操作为例来说明。

通风橱是课题组里基本的也是重要的实验设备之一,其主要功能是排气,可将实验过程中产生的有害气体、臭气、湿气以及易燃、易爆、腐蚀性物质通过通风系统排到室外,防止这些污染物质在实验室里扩散,保护实验室内人员的安全。然而,通风橱常成为个体不合规行为的一种"借口"。观察对象博士生$_{p-3}$因通风橱改变个人防护口罩的使用习惯。他说,"像以前在那边(笔者注:老校区),没有通风橱,过柱子都是在外面的实验台上,那时候气味大,我一般会戴口罩;现在搬到这边(笔者注:新校区),有通风橱,在通风橱里操作试剂,基本闻不到气味(就不戴了)"。观察对象硕士生$_{p-2}$曾在通风橱里封装她的实验所得样品,其间有使用吸管取氯仿冲洗试管的操作。为便于操作,她将装氯仿的试剂瓶靠自己很近,头部与氯仿玻璃瓶间的距离不超过20厘米;操作过程中,有少量氯仿滴落在通风橱的操作台上,她并不处理。操作时,她有戴手套,但没有戴防护口罩。她给出的解释是:"氯仿虽然有毒,会挥发,但量很小,在通风橱里操作没事,都被吸走了。"她还在手里拿一张小纸片伸入通风橱里实验给我看,只见小纸片在快速抖动。

类似的例子还有很多。比如,在课题组 A 中,通风橱里通常摆放 6 种试剂,即甲醇、正己烷、石油醚、氯仿、丙酮和乙酸乙酯,它们被装在 500ml 的棕色玻璃试剂瓶里,用滴管封口。这些试剂中,甲醇、正己烷、石油醚和乙酸乙酯属于高度或极度易燃试剂,氯仿、丙酮属于易制毒化学品。这两类化学品在储存上均有严格要求,尤其是氯仿、丙酮等二类、三类易制毒化学品,根据规定要设置专门储存区或者专柜储存并有防盗设施。如《高等学校实验室安全规范》❶第25条规定,"管制化学品的安全管理须符合治安管理要求,严格执行各项规定……易制毒化学品应设置专用存储区或者专柜储存并有防盗措施,其中第一类易制毒化学品、药品类易制毒化学品实行双人双锁管理,账册保存期限不少于2年……"再比如,《高等学校实验室安全检查项目表》(2024)中的检查项目9.5.2"易制毒化学品储存规范,台账清晰"对应的检查要点(146)也规定,"应设置专用存储区或者专柜储存并有防盗措施"。当校内实验室安全检查人员提出须按规定储存这些危险化学品时,学生们却不以为然。他们给出的解释是:"这些(试剂)使用频率太高了,若按照规定来回取、存,不方便也很浪费时间,影响实验进度。你看,这些试剂的量很小,又存放在通风橱内,我们不用明火,这里又有监控,哪有什么风险?"据说,一段时间后,安全检查人员也不再提这方面的整改意见,这等同于默许他们在通风橱里长时间摆放这些常用的易制毒化学品。

  对于在实验室的通风橱里的这些不合规行为,个体并非不知道相关监管性规范的存在,但他们仍然基于自己对通风橱里的操作行为的认识来决定是否采取安全措施或者采取何种安全措施,他们给出的解释至少在他们自己看来是较为合理的,也可以自我说服不作监管性规范所要求的防护措施。

  上述三种个体合规行为样态虽指向的内容不同,但从中可以发现一些共同点:其一,个体在行为时并未将监管性规范作为主要考量因素;其二,个体主要基于其行为时的认知来决定如何行为。比如,在"动机行为两合型"的例子中,学生们操作硅胶时主动戴防护口罩,这是因为他们认识到在实验室

---

❶ 2023年2月8日,教育部办公厅印发《高等学校实验室安全规范》(教科信厅函〔2023〕5号),要求各省教育行政部门、部属各高等学校、部省合建各高等学校遵照执行。

里长期吸入硅胶粉末颗粒可能导致硅肺;在"行为单合型"的例子中,课题组B中的学生们在实验室里习惯性地穿防护服,这是因为他们了解到若不穿防护服,磷钼酸显色剂可能会污染自己的衣物;在"自认合理型"的例子中,学生们在通风橱里有意或无意地进行着不合规的操作,这是因为他们基于自己对在通风橱里的操作行为的认知来决定是否采取安全措施或者采取何种安全措施。也就是说,在高校实验室里,是个体行为时的认知而非其他因素在影响和决定着个体的合规行为。

[三] 个体认知的形成及其作用机理

从个体合规行为样态的经验描述中可知,在高校实验室里,个体行为时的认知在影响和决定着个体的合规行为。接下来,我们需讨论的是,个体行为时的认知是如何形成的?它为何能影响个体行为?这就需要我们再次回到高校实验室中去了解个体认知的形成过程及其作用机理。

(一) 个体认知形成的场景与过程

在高校实验室里,个体认知是如何形成的?借用莱夫和温格提出的"合法的边缘性参与"和"实践共同体"的概念❶,本文认为,个体认知是个体在课题组实验室这个实践共同体中通过合法的边缘性参与的方式而形成的。

---

❶ "合法的边缘性参与"和"实践共同体"的概念由莱夫和温格于1991年在他们合著的《情境学习:合法的边缘性参与》一书中提出。参见〔美〕J·莱夫、〔美〕E·温格:《情境学习:合法的边缘性参与》,王文静译,华东师范大学出版社2004年版;该书英文版见 J. Lave and E. Wenger, *Situated Learning: Legitimate Peripheral Participation*, Cambridge University Press, 1991。温格后于1998年系统讨论"实践共同体"概念。参见〔美〕埃蒂纳·温格:《实践共同体:学习、意义和身份》,李茂荣、欧阳忠明、任鑫、芮金金译,江西人民出版社2018年版;该书英文版见 Etienne Wenger, *Communities of Practice: Learning, Meaning, and Identity*, Cambridge University Press, 1991。

1. 置身于实验室中的个体

温格认为,一个实践共同体由诸多个体集合而成,这些个体长时间地共享共同确定的实践、信念和理解,以及追求共同的事业。❶ 实践共同体被普遍认为有三个特点,即共同的历史文化传统,包括共同的目标、协商的意义、实践;相互依赖的系统,在其中个体成为更大集合的一部分;再生产循环,通过循环,新来者能成为老手,而共同体也得以维持。❷

由此观之,课题组实验室可被看作一个实践共同体。一来,课题组实验室由不同身份、角色的人员集合而成。一般来说,一个课题组实验室由课题组负责人(又称 PI)、科研教师和研究生(包括硕士研究生和博士研究生)组成,少则十余人,多则数十人;课题组实验室里又分若干研究方向,不同研究方向的人员分布在以"间"为单位的具体实验室里。如课题组 A 主要从事天然药物化学与新药研发,有 4 间实验室,其中 412 和 413 为化合物提取实验室,414 为化合物合成实验室,415 主要为化合物活性分析实验室,涉及天然药物化学实验的三个阶段,即化合物的提取、合成和活性分析。二来,课题组实验室有专属于自己的、共享的经验知识。课题组实验室一般有自己的研究方向、典型的实验类型和常用的化学试剂及实验设备。如课题组 A,典型实验包括"过柱子"、"点板"等,常用试剂包括柱层层析硅胶等,常用设备包括液相仪等。在课题组实验室的发展过程中逐步形成专属于自己的经验知识,这些经验知识是课题组实验室的内部成员所共享的和共同理解的。三来,课题组实验室内部已形成相互依赖的系统。课题组实验室内部的不同实验室之间需要相互协调、配合。如课题组 A,他们大致的实验思路是:先从天然植物中提取有价值的化合物,然后对所提取的化合物进行活性分析;若化合物的活性达不到药用要求,则通过合成方式来增强其活性。因此,进行化合物

---

❶ See Etienne Wenger, *Communities of Practice: Learning, Meaning, and Identity*, Cambridge University Press, 1998, p. 98.

❷ 参见〔美〕戴维·H. 乔纳森主编:《学习环境的理论基础》,郑太年、任友群译,华东师范大学出版社 2002 年版,第 34—38 页。

提取、化合物活性分析和化合物合成需要不同实验室间相互配合才能共同完成课题组实验室的科研目标。四来,课题组实验室的内部不断地进行着自我再生产。课题组实验室里一直上演着"铁打的营盘流水的兵"的故事,一批又一批学生在经历观察实验——尝试实验——自主实验的过程,即从初期的边缘参与朝着后期的充分参与前行,最后成为课题组实验室里的"前辈"。

2. 个体认知的形成过程

课题组实验室里的主体为学生,包括硕士研究生和博士研究生,一般只有课题组老师指导的学生才有资格进入课题组所属实验室。如上文所述,课题组实验室里的学生通常须经历观察实验——尝试实验——自主实验三个阶段才能成为合格的实验人员。如课题组 A,其具体过程为:硕士研究生在第一学期以观察实验为主,除日常课程的学习外,导师要求他们来实验室观察学长们做实验,由学长们向他们讲解实验操作步骤和安全注意事项;到了第二学期,导师视情况要求他们跟着学长们尝试做实验,熟悉实验操作具体流程。之后,导师和学生们商量其研究的实验主题和实验计划方案,由学生们自主完成实验过程。其间,课题组通过"组会"的方式听取和讨论学生们所做的实验。从这个过程看,个体的参与方式具有典型的"合法的边缘性参与"特征,即从边缘参与(观察实验)到充分参与(自主实验),从"菜鸟"(新手)到"前辈"(老手)的转变。

由此可知,一方面,个体通过在课题组实验室里的"合法的边缘性参与"的方式来习得集体经验,尤其是来自导师和学长们传授的经验;另一方面,个体在课题组实验室里反复观察和不断践行这些集体经验,并将其转化为个体认知。其中,课题组实验室里的集体经验具有默会本质,且具有内隐性,即对于课题组实验室中的个体而言,可能是显而易见的,但外部人员并不见得知晓。❶ 比如,无论是操作硅胶须佩戴防护口罩,还是使用磷钼酸显色剂须穿

---

❶ 关于隐性知识(tacit knowledge),可参见 Peter Busch, *Tacit Knowledge in Organizational Learning*, IGI Global, 2008。

防护服,抑或在通风橱里操作易制毒试剂时不一定佩戴防护口罩,这些早已成为课题组实验室里共享的集体经验,个体经历"合法的边缘性参与"过程即能默会;同时,这些集体经验背后隐藏着一套实质性知识❶,如:吸入硅胶粉末颗粒可能导致硅肺,磷钼酸显色剂会染色衣物,通风橱可吸走少量挥发有毒试剂等。因此,课题组实验室里的集体经验是形成个体认知的重要来源和基础;课题组实验室里的集体经验对于高校实验室安全而言具有特殊意义。或者可以说,缺乏集体经验本身就是高校实验室里的一个安全问题。

(二)个体认知的作用机理

在高校实验室里,个体认知如何影响个体行为呢?也就是说,个体认知发生作用的内在机理为何?本文认为,个体认知本身并不能直接影响和决定个体行为,其与即时环境共同作用所形成的情境认知❷在影响和决定着个体行为。对于这里的"情境认知",我们可以将其理解为上文所述的"个体行为时的认知"。

1. 即时环境是个体行为的当下"背景"

个体行为总是发生在一定的环境中,这个环境包括行为时的物理和社会环境,即本文所指的即时环境。物理环境包括物理空间里的自然条件、物质对象等物质因素,社会环境包括组织体中的结构、文化等因素。作为即时环境构成的物理环境和社会环境是客观的,它们不依附个体意志而存在,也不受个体意志影响。个体行为受即时环境影响在心理学中被很多经典实验证

---

❶ 实质性知识即关于事物发生原理及其意义的知识。

❷ 情境认知(situated cognition,简称 Sit-Cog)是认知科学中的一个重要概念,它主张认知对于情境的依赖性,强调认知的主体—环境交互生成性、认知的文化—历史条件的境遇性以及认知的在线即时性。情境认知的核心假设是:智能行为是从智能体与其所处环境的动态耦合中涌现出来的,而不是心灵(包括大脑和控制系统)自身的产物。参见魏屹东、王敬:《论情境认知的本质特征》,载《自然辩证法通讯》2018 年第 2 期。

实,如达利和巴特森所做的"仁慈的撒玛利亚人"实验。❶ 即时环境影响个体犯罪行为的例子也不鲜见,如特定空间场所、特定侵害对象、现场条件氛围等都可能诱发个体犯罪行为。❷

即时环境如何影响个体行为呢? 如上所述,作为客观存在的即时环境本身并不能直接影响个体行为,但它们可以"绘制"个体行为时的"此情、此景",也就是为个体行为提供当下"背景";换言之,它们可以为个体的行为选择提供物理支持、社会支持或者两者兼而有之。在"动机行为两合型"所举案例中,个体操作硅胶时所面临的物质环境(包括负压状态下的封闭实验室,性能良好的通风橱,随手可得的防护口罩,粉末状、易漂浮于空气中、"有毒"且吸入体内无法排出的硅胶等)和社会环境(包括在做实验的其他若干个体,禁止在通风橱外操作硅胶的共同"在地规范",防止吸入硅胶粉末的集体经验等)为个体采取何种行为提供了即时"背景"。另外,在"行为单合型"所举案例中,磷钼酸显色剂的颜色性状和避免衣物被染色的普遍心理也构成课题组 B 中个体是否穿防护服时的即时环境;在"自认合理型"所举案例中,性能良好的通风橱、极少量的有毒溶剂挥发和能不戴则不戴防护口罩的普遍心理也构成个体在通风橱内操作实验时是否戴防护口罩的即时环境。

2. 情境认知是决定个体行为的关键"变量"

首先,情境认知是个体认知与即时环境交互作用的结果。莱夫强调人和环境间的交互关系❸,这种交互关系主要是指个体与纳入其意识范围、为其

---

❶ 参见〔美〕库尔特·P. 弗雷、〔英〕艾登·P. 格雷格:《人性实验:改变社会心理学的 28 项研究(第 2 版)》,白学军等译,中国人民大学出版社 2021 年版,第 83—91 页。该实验表明,个体的匆忙程度(时间因素)直接影响其助人行为。

❷ 例如,杨士隆、郑凯宝:《情境预防理论在犯罪防控上之应用——以台湾地区经验为例》,载《犯罪防控与平安中国建设——中国犯罪学学会年会论文集(2013 年)》;黎宏:《情境犯罪学与预防刑法观》,载《法学评论》2018 年第 6 期。

❸ See Jean Lave, *Situating Learning in Communities of Practice*, in Lauren B. Resnick, John M. Levine and Stephanie D. Teasley (eds.), *Perspectives on Socially Shared Cognition*, American Pscyhological Association, 1996, pp. 63-82,转引自〔美〕戴维·H. 乔森纳主编:《学习环境的理论基础》,郑太年、任友群译,华东师范大学出版社 2002 年版,第 55—56 页。

意识所感知的即时环境的交互关系❶。但个体能否感知以及如何感知即时环境,主要取决于个体认知。因此,情境认知强调对个体与即时环境间的交互关系的理解,其实质是强调对个体认知与即时环境间交互作用的理解。

其次,情境认知具有生成性特点❷,即情境认知可直接影响或者决定着个体的行为选择。勒温曾提出著名的行为公式,即 B=f(S)或 B=f(PE),其认为行为是人与环境的函数。❸ 这个行为公式强调由人与环境构成的情境对个体行为选择的重要意义。从某种意义上说,人与环境的函数即 f(PE)等同于情境认知。如在"仁慈的撒玛利亚人"实验中,作为被试者的神学院学生中的 90%因着急去讨论仁慈的撒玛利亚人寓言而对急需帮助的路人视而不见,匆忙程度或者说时间压力构成神学院学生对其及其所在即时环境的一种情境认知,而这种情境认知直接影响一种人类的重要行为——帮助一个看起来处于巨大痛苦中的人。❹

最后,基于情境认知的个体合规行为解释。回到高校实验室个体合规行为的讨论中。个体操作硅胶时为何多佩戴防护口罩?这是因为,个体基于课题组实验室的共享经验(操作硅胶须佩戴防护口罩)和内隐知识(吸入硅胶可能导致硅肺)已形成一套基本的认知,同时个体"知觉"到其置身其中的环境(包括封闭的物理空间、"有毒"且易飘浮于空气中的硅胶以及实验室的社会环境等),个体基于其基本认知和"知觉"的环境形成了这样的情境认

---

❶ 即时环境是客观的。但能纳入情境的即时环境仅为个体感知到的或者对个体能产生影响的即时环境。这也是勒温在《拓扑心理学原理》中所主张的观点。参见〔德〕库尔特·勒温:《拓扑心理学原理》,高觉敷译,商务印书馆 2003 年版,第 256—259 页。

❷ See Wolff-Michael Roth and Alfredo Jornet Hornet, *Situated Cognition*, 4 Wiley Interdiscip Rev Cogn Sci 463 2013,转引自魏屹东、王敬:《论情境认知的本质特征》,载《自然辩证法通讯》2018 年第 2 期。

❸ 参见〔德〕库尔特·勒温:《拓扑心理学原理》,高觉敷译,商务印书馆 2003 年版,第 14—15 页。勒温著名的行为公式为 B=f(S)或 B=f(PE)。其中,B 代表行为、f 表示函数、S 代表人及整个情境、P 表示人、E 表示环境。

❹ 参见〔美〕库尔特·P. 弗雷、〔英〕艾登·P. 格雷格:《人性实验:改变社会心理学的 28 项研究(第 2 版)》,白学军等译,中国人民大学出版社 2021 年版,第 83—91 页。

知,即在实验室里操作硅胶时应佩戴防护口罩以免吸入硅胶粉末颗粒而损害身体,个体基于这样的情境认知而在操作硅胶时主动选择佩戴防护口罩。个体在通风橱里操作易制毒试剂时为何又多不佩戴防护口罩?同理,"在通风橱里操作易制毒试剂不一定佩戴防护口罩"的共享经验和其背后的知识逻辑(通风橱可吸走少量挥发的有毒试剂)为个体所认知,同时排气性能良好的通风橱、不易被察觉的少量有毒挥发溶剂以及普遍不戴防护口罩的其他成员等实验室这种客观环境也为个体所知觉,个体基于其认知和知觉的环境得出另一种情境认知,即在通风橱里操作易制毒试剂时不佩戴防护口罩也是安全的,故个体在通风橱里操作易制毒试剂时选择不佩戴防护口罩。还有,课题组 B 中的个体在实验室里为何多选择穿防护服?这也不难理解。个体正是基于在实验室里使用磷钼酸显色剂时可能使衣物染色的情境认知,才选择通过穿防护服来隔离自己的衣物以防被染色。

当然,个体认知与即时环境如何共同作用形成情境认知属于认知科学的讨论范畴。本文仅指明,在高校实验室里,很多情况下影响和决定着个体行为的是个体行为时的情境认知,而主要不是其他因素,包括监管性规范。

[四] 个体情境认知与规范落实

如前文所述,在高校实验室里,无论是合规行为还是不合规行为,个体均能给出一个其认为合理的解释,这种解释立足个体认知和个体行为时的即时环境,即与个体的情境认知相关,而与监管性规范并无直接关系。换言之,高校实验室里的个体合规行为呈现一种情境性样态,本文将这种样态称为情境性合规。❶ 提出情境性合规概念的意义主要在于揭示是个体情境认知在影

---

❶ 需要指出的是,这里的情境性合规是一个描述性概念,它本身不涉及价值评判;它强调的是,高校实验室里个体行为与即时情境的一种契合性。"情境性合规"描述的是高校实验室里个体合规行为的一种普遍样态,从经验观察来看,这种行为样态是客观存在和一直在发生着的;或者可以说,"情境性合规"概念并非理论的构建,而是被"发现"的。

响和决定着个体行为,而不是监管性规范。而这一点与强调自上而下、由外而内的法律实施过程的传统法学研究结论是相悖的。❶ 正如我们所知,规范落实是执法/监管的首要任务,执法/监管旨在通过落实规范来改变组织或个体的不法行为。那么,基于经验发现的个体情境认知对规范落实将产生怎样的影响?本文认为,个体情境认知对规范落实可能产生四个方面的影响。

一是为执法/监管机构提供一种新的考量视角。当前,关于个体不守法原因的解释主要有五种理论观点,即威慑、认受性、同伴压力、违法机会和法律表达。❷ 执法/监管机构主要基于这五个方面的考量制定复合或单一的监管举措来促成监管性规范的落实。本文基于经验研究提出一种新的对个体守法原因的解释,即个体基于情境的守法,并主张个体守法与否是情境性的,其与个体行为时的情境认知有关。也就是说,在很多情况下,影响和决定着个体行为的是个体的情境认知,而不是其他因素(包括监管性规范)。因此,基于这一经验发现,执法/监管机构在制定规范、落实举措或评估规范落实成效时可以将个体情境认知作为一种新的考量因素。

二是引导执法/监管机构关注个体及其认知的形成过程。社会性监管领

---

❶ 一般认为,个体守法行为主要是法律实施的结果,它强调的是一套执法/监管的逻辑,注重的是自上而下的、由外而内的法律实施过程,即执法/监管机构执行既定规范并要求相关主体遵守相应规范。

❷ 威慑理论即当制裁概率足够高或制裁力度足够强时,个体守法就会发生。威慑理论仍是守法的主要实现形式;认受性即人们认可和接受与其道德和价值观念相一致的法律规范,泰勒和坦克比等持这种观点;同伴压力指人们为避免来自朋友、家人、组织和社区的压力而遵守法律规范;违法机会即个体违法不被发现的经济条件或社会条件,这些条件可能包括年龄、就业、收入水平、教育、知识等;法律的表达即法律规范本身具有协调功能和信息功能,如交通指示标志,它起到协调驾驶员遵守相同规则的功能,同时它还具有向驾驶员提供正确驾驶或禁止不当驾驶的信息的功能。关于这五种观点的论述,可参见肖惠娜:《人们为什么不守法?——守法理论研究述评》,载《中国法律评论》2022 年第 2 期。另外,有学者从个体性选择的角度来解释个体守法的原因。参见李娜:《守法作为一种个体性的选择——基于对建筑工人安全守法行为的实证研究》,载《思想战线》2015 年第 6 期。

域已呈现一条鲜明的从强调监管转向合规的演进路径❶,即从关注"监管者",比如监管机构、监管方式、监管强度等,转向关注"被监管者",主要考察被监管者如何回应来自外部的监管。❷ 换言之,执法/监管机构虽已关注到作为被监管者的个体,也认识到作为被监管者的个体并非被动的监管接受者,但未充分注意到作为被监管者的个体的内在心理活动,尤其是其如何解释其外在行为,以及哪些因素在影响着其对行为的解释。❸ 如前文所述,课题组实验室里的个体主要是基于其行为时的认知来决定如何行为的,而其行为时的认知又是在课题组实验室这个实践共同体中通过合法的边缘性参与方式逐渐形成的。在这个过程中,课题组实验室这个实践共同体的集体经验在其中起到关键性的作用。因此,若想监管性规范很好地被个体遵守,那么监管性规范最好能成为个体所在实践共同体集体经验的一部分,或者说,集体经验与监管性规范能实现很好的融合,从而通过集体经验实现监管性规范被个体认知吸纳,进而实现监管性规范与个体认知的统一。也就是说,从规

---

❶ 20世纪七八十年代,社会性监管领域出现一种替代"命令控制型监管"的新模式,即合规性监管,它强调通过经济激励或者谈判协商的方式引导被监管对象采取监管者所希望的有利于监管目标实现的行为。安全合规及其实现形式成为监管关注的重点。可参见 Cary Coglianese and Jennifer Nash (eds.), *Regulating from the Inside: Can Environmental Management Systems Achieve Policy Goals?*, RFF Press, 2001; Yang Miang Goh and W. T. Soon, *Safety Management Lessons from Major Accident Inquiries*, Pearson, 2014,转引自 Xiaowen Hu, Gillian Yeo and Mark Griffin, *More to Safety Compliance than Meets the Eye: Differentiating Deep Compliance from Surface Compliance*, 130 Safety Science (2020);周俊:《走向"合规性监管"——改革开放40年来社会组织管理体制发展回顾与展望》,载《行政论坛》2019年第4期。

❷ 参见 Christine Parker and Vibeke Lehmann Nielsen, *Introduction*, in Christine Parker and Vibeke Lehmann Nielsen (eds.), *Explaining Compliance: Business Responses to Regulation*, Edward Elgar Publishing Limited, 2011, pp. 1-26.

❸ 当然,也有学者从守法或违法动机的角度来考察个体的心理活动,并指出,行为暗码通过两大类机制发挥作用:动机和情境,即人如果既有守法的动机,又处在有能力守法的情境中,就非常可能守法,反之亦然。参见〔荷〕本雅明·范·罗伊、〔美〕亚当·费恩:《规则为什么会失败——法律管不住的人类行为暗码》,高虹远译,上海三联书店2023年版。

范落实的角度看,影响个体行为的情境认知要求执法/监管机构关注个体认知的形成过程,尤其是集体经验背后的那一套内隐的知识体系。比如,通过监管性规范来改造课题组实验室的集体经验,进而形成新的集体经验,并转化为个体认知的内容,从而实现监管性规范与个体认知的统一。

三是引导执法/监管机构关注个体的行为"背景"。个体并非孤立的存在,其总是处在一个实践共同体中,且其所处的实践共同体又处在一个更大的实践共同体中;大的实践共同体会影响小的实践共同体,而小的实践共同体又会影响身处其中的个体。个体所处的实践共同体及更大的实践共同体为个体如何行为提供一个当下"背景",而这个当下"背景"往往被执法/监管机构忽视。当前,执法/监管机构采取的多是"基于'通约'的指标化治理"模式,其重要特征是"去背景化",其主要技术手段是"合规测量"。❶ 如前文所述,高校实验室里的安全监管采取的也是基于一套合规指标的治理模式,这种治理模式可以起到一定作用❷,但问题在于,它无视个体所在实验室的"个性",既不关心其物理环境,又不关注其社会文化环境,而是采用同一指标体系来衡量实验室的安全状况。那么,个体所在实验室可以"制造"一种合规,即"表面合规"。❸ 因此,从规范落实角度看,执法/监管机构既要关注视觉所及范围内的合规状况,也要关注个体所在实验室的物理和社会文化环境,特别是其中的差异性。

四是引导执法/监管机构转向关注人的行为隐患。现代安全理论认

---

❶ 关于"基于'通约'的指标化治理",可参见萨利·安格尔·梅丽的相关研究成果,关于梅丽相关研究成果的介绍可参见戴溪瀛:《萨利·安格尔·梅丽法律人类学理论、方法与思想研究》,云南大学 2023 年博士学位论文。

❷ 比如,建立安全责任体系,规范实验室日常管理,发现实验物品储存隐患等。

❸ 质疑这种安全合规有效性的声音不断,如有学者认为,"一种表面上的合规可能比违规行为更危险,因为它可能会给管理人员和安全专业人员制造一种安全错觉",参见 Yang Miang Goh and W. T. Soon, *Safety Management Lessons from Major Accident Inquiries*, Pearson, 2014,转引自 Xiaowen Hu, Gillian Yeo and Mark Griffin, *More to Safety Compliance than Meets the Eye: Differentiating Deep Compliance from Surface Compliance*, 130 Safety Science (2020)。

为，物的不安全状态和人的不安全行为是事故发生的直接原因，预防事故往往致力于控制物的不安全状态和人的不安全行为。❶ 当前，高校实验室的安全监管主要关注的是物的状态隐患，人的行为隐患未得到足够的重视。❷ 而引发高校实验室安全事故的因素中，实验人员操作不当多是安全事故的直接原因。❸ 加之，高校实验室里的个体操作行为多是情境性的，其个体认知，尤其是不当的个体认知可能导致安全事故发生。因此，高校实验室的安全监管的主要关注对象应从物的状态隐患转向人的行为隐患；在继续做好控制实验物品的状态隐患的同时，监管检查要将更多的注意力投向治理实验人员的行为隐患。从规范落实角度看，执法/监管机构应有目的地引导高校各课题组实验室制定符合本课题组实验室特点的风险防控技术路线图，针对实验操作过程中的风险做好危害辨识、风险评价、风险控制以及分析与改进。

［五］结　语

基于所调研高校课题组实验室的经验观察，根据个体的行为表现和个体对其行为原因的解释是否符合监管性规范，本文将高校实验室里的个体合规

---

❶ See H. W. Heinrich, *Industrial Accident Prevention: A Scientific Approach*, McGraw-Hill Book Company, Inc., 1931.

❷ 目前高校实验室的安全监管主要是合规管理，其监管方式为安全自查和现场检查，但由于检查这种方式存在偶发性、随机性和局限性，特别是现场查看的主要是台账、文本和视觉可见的物的状态隐患，而没有或者很难观察到实验人员的具体操作过程。

❸ 如 2018 年 12 月 26 日发生在北京交通大学市政与环境工程实验室的爆燃事故。事故造成 3 人当场死亡。事故发生在实验人员搅拌镁粉和磷酸反应以生成镁与磷酸镁的混合物的操作过程中。实验人员有在搅拌机料斗内不当混合磷酸和镁粉反应的行为。可参见《北京交通大学"12·26"较大爆炸事故调查报告》，载北京市应急管理局 2019 年 2 月 13 日，https://yjglj.beijing.gov.cn/attach/0/f0d54489434745f7b944a1cccbc5fb11.pdf。根据媒体公开报道，其他事故还有：2015 年 11 月 18 日，清华大学化学系一科研实验室发生火灾事故，1 名博士后实验人员在事故中当场死亡；2021 年 10 月 24 日，南京航空航天大学材料实验室发生爆燃事故，造成 2 名学生死亡、9 名学生受伤；2022 年 4 月 20 日，中南大学材料科学与工程学院一实验室发生爆燃事故，造成 1 名博士研究生烧伤。

行为区分为"动机行为两合型"、"行为单合型"和"自认合理型"三种样态。这三种样态共同表明,个体在行为时并未将监管性规范作为主要考量因素,而是基于其行为时的认知来决定如何行为。通过经验分析可知,个体认知是个体在课题组实验室这个实践共同体中通过合法的边缘性参与方式而形成的;个体认知本身并不能影响和决定着个体行为,个体认知与即时环境共同作用所形成的情境认知影响和决定着个体行为。换言之,在高校实验室里,个体是否采取安全行为或者采取何种安全行为主要取决于他们行为时的情境认知。基于此,本文提出将情境性合规概念用于描述高校实验室里个体合规行为的情境性样态。最后,本文讨论个体情境认知对监管性规范落实的可能影响,即个体情境认知可以作为执法/监管机构的新的考量视角,并引导执法/监管机构去关注个体的认知形成过程以及个体的行为"背景"和行为隐患。

需要指出的是,认知心理学和社会心理学的研究对象与合规或守法研究以及执法的研究对象有共同之处,即它们都关注个体的行为以及他人和群体对个体行为的影响。[1] 本文用认知心理学和社会心理学中的一些概念和理论来解释合规中的个体行为现象,虽仅为一种尝试,但或许已为这类问题的讨论打开了一扇窗子。通过换一种分析视角,我们可以更清晰地看到:在很多情况下,个体合规或守法行为不完全是或者主要不是传统法学研究所认为的法律实施的结果;在合规或守法实践中,强调完整的"人"是十分必要的,因为个体并非被动的外来信息接收者,他们会从个体认知中来建构自己行为的意义;同时,这也有助于我们反思当前社会性监管领域中过度依赖一套简化的、固定的规则体系的问题,以及"基于'通约'的指标化治理"模式在中国语境下的实践。

---

[1] 参见〔美〕布里奇特·罗宾逊-瑞格勒、〔美〕格雷戈里·罗宾逊-瑞格勒:《认知心理学》,凌春秀译,人民邮电出版社 2020 年版,第 1—5 页;俞国良:《社会心理学》(第 4 版)(慕课版),北京师范大学出版社 2021 年版,第 2—9 页。

嵌入法律过程的技术

科学还是科幻
——反思当下的司法科技应用

蔡 欣[*]

摘 要：结合十年来从事司法（检察）科技工作的经历，运用人类学的参与观察法，考察了虚拟现实、建模仿真、区块链这三项技术在司法实践中的应用状况；通过创作科幻小说《检察官的元宇宙试炼》，依循法律叙事学路径，推演司法科技的未来发展，展现其得与失；以虚构却非虚假的"元宇宙办案系统"为研究对象，从技术细节入手进行理性反思。

关键词：司法科技 科幻小说 元宇宙 参与观察 反思

[一] 前 言

（一）问题缘起：对司法（检察）科技的忧虑

司法科技，是将现代科学技术，尤其是信息技术应用于侦查、检察、审判

---

[*] 蔡欣，武汉大学法学院博士研究生，湖北省人民检察院干部。本文系国家社科基金重大项目"数字社会的法律治理体系与立法变革研究"（项目批准号：20&ZD178）的阶段性成果。初稿曾在2022年6月17日上海外国语大学法学院副教授王伟臣组织的"法律人类学云端讲座"第四讲中在线分享。交流过程中，得到了上海大学法学院副教授岳林、吉林大学法学院教授杨帆、江西财经大学法学院副教授杨安卓、美国密歇根大学中国研究中心博士后饶一晨、江苏省高级人民法院法官及中国科幻星云奖得主赵俊等师友的点评。文章是在诸位师友的批评与指导下不断修改完善的，在此表示感谢。当然，若有疏漏错误，文责自负。

和执行等专门活动中的一种现象,它可以指某款具体的软件或应用,也可以指某种提高司法生产力的方法和理念。检察科技,特指专注于检察领域的司法科技。

由于工作和兴趣使然,笔者接触到较多司法科技,特别是检察科技资料,并且也是相关项目的亲身参与者,观察和体验到一些研发和应用过程中的情况,在对司法(检察)科技持肯定与建构态度的前提下持续思考:从整体上看,司法科技是否可行?具体来说,以目前的科技水平,哪些司法科技是确实可行的,哪些司法科技是炒作和泡沫?更进一步,哪些司法科技事实上并不可行但容易让人误以为可行,以及这样的状况可能造成怎样的危害后果?

针对这些问题和忧虑,本文将从学理层面梳理出逻辑脉络,进而探寻问题的答案。然而以往每欲动笔,总觉"为赋新词强说愁"。司法科技本身是一个正在快速发展、尚未成型的事物,内容相对庞杂。并且,公文性质的文本资料虽多,却鲜有将其作为规范的学术研究对象的范例,要么是探讨具体的软件项目,要么是提出宏大的司法工作理念,思考缺少"靶子",即合适的研究对象。

(二)研究路径:以"小说"为中介的"两步走"

为了解决缺少合适研究对象的问题,笔者写了一部科幻小说《检察官的元宇宙试炼》(以下简称"小说")❶,在小说中将真实的司法科技可行性问题推演至极致,构建起理想的研究对象——"元宇宙办案系统"。通过写作小说构建理想的研究对象,再针对此对象展开理论探讨,是一种"法律叙事学"❷的研究路径。

从现实到科幻小说,再从小说到理论研究,之所以采取如此"两步走"的

---

❶ 该小说于 2022 年 11 月 27 日发表在微信公众号"SciFidea"上。
❷ 参见〔美〕理查德·A. 波斯纳:《法律与文学》(增订版),李国庆译,中国政法大学出版社 2002 年版,第 460—461 页。

路径,是因为小说故事能够营造一个真实可信的近未来世界观。文学作品这种形式有助于"以一种不同的方式说明法律的世界"❶。通过写作小说展开学术反思,进而对现实的司法实践产生影响,已经被狄更斯的《荒凉山庄》等作品证明是一条可行的道路。❷

需要强调的是,以自己写的小说及其中的事物为研究对象,并没有什么特殊,根据罗兰·巴尔特"作者之死"❸的观念,小说完成之时,作者是谁已经不重要了,重要的是研究对象已经被构建出来了。

(三) 研究对象:元宇宙办案系统

"元宇宙"是一个商业和技术词汇,它是虚拟现实、大数据、人工智能、区块链、云计算、5G通信、物联网、边缘计算、建模仿真等前沿科技的集成概念。❹"元宇宙办案系统"并非纯粹科幻和虚构的,而是对当下司法领域运用前沿科技的一个归集,以及在此基础上对未来的有限展望。因此,作为一种普遍社会现象的整体符号,它所指代的事物是客观存在的,可以作为学术研究的对象。

虽然"元宇宙办案系统"是虚构的,但并非天马行空的臆想。这部科幻小说没有光怪陆离的外星生物,没有前途未卜的末世灾难,也没有遥不可及的星际迷航。小说内容尊重科学原理,从当下科技能够实现的领域出发,推演未来十年左右,司法科技可能达到的状况。

小说中的"元宇宙"并非面向大众的娱乐场域,而是基于现实世界的数据建构的"数字孪生"时空,追求的是犯罪现场的真实性、法律事实的准确

---

❶ Peter Brooks and Paul Gewirtz (eds.), *Law's Stories: Narrative and Rhetoric in the Law*, Yale University Press, 1996, p. 3.
❷ 参见徐昕主编:《正义的想象:文学中的司法》,中国法制出版社2009年版,第82页。
❸ See Roland Barthes, *The Death of the Author*.
❹ 参见长铗、刘秋杉:《元宇宙:通往无限游戏之路》,中信出版集团2022年版,第8、221页。

性、犯罪心理的合理性。检察人员运用"元宇宙办案系统",可以在虚拟犯罪现场察微析疑,可以"将心比心"体验犯罪人的心路历程,可以对嫌疑人的"数字孪生体"进行模拟讯问,可以仿真推演办案举措的实施效果。检察人员在"元宇宙"中的行为目的,只是为了更准确、更安全、更高效、更人性化、更考虑周全地办理真实世界中的案件,而并非建构与现实世界有所差异的虚拟世界,更不是要管辖虚拟世界中的案件。

因此,即将探讨的,不是"元宇宙"本身的规制问题,不是虚拟时空或者虚实衔接的法律规则问题,而是结合小说中已经具象化的设定和桥段,思考运用科技辅助现实中的司法办案的具体问题:通过梳理过往发展与当下状况,追问以"元宇宙办案系统"为代表的司法科技的可行性的相关问题。

(四)研究框架:三层追问

具体来说,对司法科技的追问分三个层次进行:第一个层次,运用人类学的参与观察法❶,梳理十年来游走于检察与科技的亲身经历❷;第二个层次,依托科幻小说的情节设定,遵循法律叙事学路径,推演司法科技的未来发展,展现其得与失;第三个层次,以虚构却非虚假的"元宇宙办案系统"为研究对象,从技术细节入手进行理性反思。

通过这三个层次的思考,笔者试图回答的问题就是:当下的一些司法科技应用究竟是科学还是科幻?当然,答案并不是非此即彼的简单的

---

❶ "参与观察法"一词,来自英国人类学家马林诺夫斯基。该研究方法立足于经验,关注现象,力求在细致的叙述中展示理论。格尔茨曾说,"典型的人类学方法,是通过极其广泛地了解鸡毛蒜皮的小事,来着手进行这种广泛的阐释和比较抽象的分析"。参见〔美〕克利福德·格尔茨:《文化的解释》,纳日碧力戈等译,上海人民出版社1999年版,第24页。

❷ 笔者2003年开始学习编程,多年来一直保持爱好。设计并亲手编写代码实现数十个法律和检察工作相关软件平台,在百度、华为、微软等科技企业和最高人民检察院举办的多项科技赛事中获奖。

两个字,而是需要深入具体的细节,尝试理解某种语境,才能得出自己的判断。

受经验所限,本文的具体论述仅围绕虚拟现实、建模仿真、区块链这三个技术领域展开。在发展逻辑上,参与观察、科幻叙事与理性反思应当逐层递进,然而,小说的情节与设定其实是"两步走"研究路径的"中介",因此"科幻叙事"将穿插在基于"参与观察"进行"理性反思"的探讨之中。

[二] 虚拟现实:还原案发现场

关于"元宇宙"的描述,都离不开"虚拟现实"有关的技术。无论是虚构的游戏世界,还是模拟现实世界的场景;无论是封闭在赛博空间中的VR,还是虚实结合的 AR 或 MR;无论是通过裸眼 3D 就能看到效果,还是需要凭借眼镜、头盔、沉浸舱甚至通过脑机接口等方式才能拥有体验。纷繁缭乱的商业名词更多代表着不同的应用方向,而技术基座都是建模、呈现和互动。

在小说里,通过沉浸舱和脑机接口,检察人员可以进入"元宇宙"的虚拟时空。此处的虚拟时空是现实世界犯罪现场的"数字孪生"❶,追求的是"一比一"高精度复刻,检察人员在其中,可以任意调整空间视角,可以操控时间进度条,感受如身临其境,能够在虚拟但客观真实的"犯罪现场"发现蛛丝马迹,锁定认定犯罪事实的关键证据。

(一)参与观察:虚拟现实在检察办案中的应用

将虚拟现实技术用于办案,并不是科幻。国外司法对虚拟现实技术的应

---

❶ 数字孪生是"一种计算机可识别和处理的方式管理数据以对随时间轴变化的物理实体进行表征","表征的对象包括外观、状态、属性、内在机理,形成物理实体实时状态的数字虚拟映射"。参见长铗、刘秋杉:《元宇宙:通往无限游戏之路》,中信出版集团 2022年版,第 284 页。

用稍早。❶而在国内,2018年以来,检察机关运用VR和三维模型辅助等技术手段辅助办案已较为普遍。

国内最早将"虚拟犯罪现场"带到法庭上的,是北京市人民检察院第一分院的赵鹏检察官。2018年3月1日,在指控一起故意杀人案的庭审现场,他让目击证人佩戴VR设备,讲述案发情况,"随着他的视角和手柄操作,一个模拟的案发现场在法庭的大屏幕上清晰呈现"。根据新闻报道,结合证人证言,"事先请专业人员用三维动画模拟了当时的环境,现场的物品几乎全部重现"❷。当时,这起故意杀人案的定性关键之一是受害人被刺伤的部位,为了让法官更直观地理解案情,决定在法庭上用虚拟现实的方法立体地展示人体的脏器结构,从而说明受害人被刺伤的部位是致命的。

法庭上的虚拟现实装置不仅可由证人操作,也可由法医等具有专门知识的人来操作演示。2018年11月,北京市人民检察院第二分院办理了一起故意伤害致死案。在这起案件中,受害人的心脏及肝脏被刺破,导致失血性休克死亡,被告人辩称受害人系自杀。庭审现场,北京检察科技信息中心的法医唐晋作为具有专门知识的人出庭,他说:"请法庭注意:根据地面滴落血迹距离西墙只有20cm多,要形成西墙甩溅血迹,必须是被鉴定人站在滴落血迹所在地,而距离西墙如此近,由于墙面的阻挡,无法挥动上肢形成躯干部现有损伤,请看VR演示。"❸唐晋借助虚拟现实技术,对法医提出的专业性问题进行生动直观的解释与说明,得出了明确的结论:受害人的损伤不符合自

---

❶ 关于2018年之前美国、加拿大、英国、瑞士等国家将虚拟现实技术应用于重建犯罪现场的案例,参见梁雅丽:《VR技术对法庭审判和刑事辩护的可能影响》,载刘仁琦主编:《中国刑事辩护(2019年第1期)》,社会科学文献出版社·集刊分社2019年版,第142—153页。

❷ 黄洁:《北京检察尝试启用出庭示证可视化系统 VR重现案发情形》,载《法制日报》2018年3月2日。

❸ 简洁:《北京市检二分院:有专门知识的人借助虚拟现实技术出庭示证》,载《检察日报》2018年11月16日。

伤特征。

2019年11月,江苏省苏州市人民检察院在新闻发布会上,展示了该院首创的VR"一次重建"案件现场技术。所谓"一次重建",不同于北京市检察系统的"纯虚拟建模方法",而是在案发现场利用专业设备进行实景扫描,由后台算法根据图像及相关空间参数生成三维场景,即"基于实景的建模方法"。据介绍,一个100平方米的案件现场从扫描到生成至发布耗时不超过2小时,能全面记录案件现场任何一个角落、任何一个细节的形态、相对方位,在任何时间对案件回顾都不会遗漏任何细节。❶ 在庭审中,公诉人通过展示VR复刻的案件现场,向在场所有人员直观、准确地重现案发现场的原貌,有效印证了案件事实。审理该案的法官表示:"这个全息复刻播放1分钟,抵得上描述10分钟。"❷

2020年9月,云南省昆明市人民检察院使用无人机结合实景3D全景系统帮助办案。该院审查起诉一起8年前发生的命案。由于城市化改造,当年的案发地花卉大棚已被拆光,导致被告人指认的案发地与8年前案发时现场勘验的照片之间存在差异,看不出"关联性",不具有"同一性"。于是该院使用无人机在高空进行宏观定位,以建筑、河流、桥梁、道路等相对变化不大的地标景物作为参照,确定了案发地的准确位置。之后,利用8年前的现场勘验照片,对案发地进行了3D影像全景还原,补齐了指控的论证逻辑,从而在庭审中"直击人心"。❸

2020年11月,浙江省桐乡市人民检察院在审查起诉一起案件的过程中,用到了名为"3D现场通"的系统。犯罪嫌疑人在某商厦的地下停车场内,先后6次盗窃正在使用中的铁制排水井盖38块。是以盗窃罪还

---

❶ 参见丁国锋、鲁重阳:《苏州检察院创新利用VR技术融入司法办案》,载《法制日报》2019年11月21日。

❷ 李雅婷、吴玉洁:《VR全息复刻——生成三维场景打破时空限制》,载《检察日报》2020年10月10日。

❸ 参见吴波、徐浩瀚、杨茹:《实景3D全景技术——身临其境到达案件"现场"》,载《检察日报》2020年10月10日。

是以以危险方法危害公共安全罪论处,关键看是否危害到公共安全,以及危害程度有多大。检察官自行补充侦查,通过"3D现场通"开展原景式审查,发现该地下停车场不属于人员密集场所,且被盗的井箅子的深度在半米左右,其与圆形铁制井盖井下的深度有一定区别,危险程度也弱一些。直观的三维模型增强了检察官对于证据的内心确信,最终认定其犯罪行为不足以危害公共安全,遂依法以盗窃罪提起公诉,并得到法院判决的支持。❶

除了刑事案件,江苏省昆山市人民检察院也曾将虚拟现实技术应用于公益诉讼领域。❷

(二)理性反思:动态、全感官、联网数据模型的可能性

回顾虚拟现实技术在检察办案中的应用,会发现其脱胎于已有二十多年历史的法庭多媒体示证。无论是文字笔录,还是照片和视频,以及可视化表达复杂案情或法律关系的图表,一直发展到虚拟现实技术的应用,目的都是更高效、更全面地收集和运用证据、展示和辅助理解案情。顺着这个目的,借助小说的故事情节,笔者对虚拟现实技术运用于办案的未来发展进行展望,也进行必要的反思和细节追问。

1. 更加细致的动态模型

在小说中,检察人员为了查清一起交通肇事案的真相,耐心地在复刻了犯罪现场的"元宇宙"场景中反复观察,由于车窗安装了隐私保护玻璃,所以无法看到驾驶室内的状况。此时,有一辆闪着远光大灯的卡车从后方驶来,明亮的灯光恰好从后方穿透了车玻璃,前排正副驾驶处均有半截头部影

---

❶ 参见范跃红、王倩霞:《"3D现场通":办案"神器"再现案发场景》,载《检察日报》2021年8月28日。

❷ 参见赵庆:《案件现场VR全息复刻在公益诉讼案件办理中的应用》,载昆山市人民检察院2019年11月20日,http://szks.jsjc.gov.cn/yw/201911/t20191120_926782.shtml,最后访问日期:2022年6月15日。

子映照在前挡风玻璃上,这个关键的发现为后续纠正错案提供了坚定的信心。

很明显,未来"元宇宙办案系统"中的虚拟模型只有更加细致,才能支撑起办案人员这样耐心、反复地观察。司法办案对客观真实性的需求,决定了建立犯罪现场的"数字孪生"通常只能采用"基于实景的建模方法",也就是上述江苏、浙江和云南检察机关的做法❶。

在小说中,笔者借角色之口,介绍了对犯罪现场进行复刻建模的基本原理:将各种传感器的数据融合在一起。所谓"数据融合",顾名思义就是把各种零散的信息按照一定规则综合集成在一起。昆明市人民检察院使用无人机进行宏观定位,再根据8年前的现场勘验照片还原案发地的3D影像全景,就是一种相对简单的"数据融合"。

小说中还提出了"类别物建模"和"个性化建模"的差异,为了确保客观真实性,对犯罪现场的人、物乃至花草,只要条件允许,均应当进行个性化建模,因为证明构成犯罪或者无辜的证据可能恰恰藏在蛛丝马迹之中。

根据上述描述进行估算,"元宇宙办案系统"复刻一起案件的犯罪现场,仅回溯案发前10分钟之内的情况,需要的整体容量大小就会达到100TB数量级。模型文件如此之大,除了存储,机器还需要实时载入文件进行渲染、计算并呈现,对于硬件和软件,未来都会是极大的挑战。

2. 全感官综合模型

小说中所畅想的未来,是全感官综合模型的"元宇宙"体验。角色初入"元宇宙"时,有一些细节描写,比如闻到烧烤的香味,摸到桌子的木纹质感,触碰"光膀汉子的肩膀,能感受到真切的油腻肌肤"。除了上述明确的关于触觉、嗅觉的描写,还有综合的、不能明确为具体某一个感官刺激的感

---

❶ 明确来说,江苏等地检察机关的做法并没有做到"数字孪生",因为只复刻了外观和状态,却没有涉及属性和内在机理等。

觉,比如"感受到夏天空气中的湿润感"。

当人们讨论各种计算机视觉指标时,实际上讨论的都是如何用机器欺骗人的感官。只不过,当下的技术能够相对完美地欺骗到的人体感官,只有视觉和听觉,触觉、味觉和嗅觉还做不到。在所谓的"4D 影院"中,观众之所以能够理解座椅摇动、电扇吹风、水雾喷洒和香水弥漫等传递的感官信息,只是因为其事先已经知道是在体验一种新奇的观影方式,并且默认接受自己的感官被适当地欺骗,进而通过联想激发关联感受。

现阶段,如果要建立起"全感官综合模型",除了上述提到的接受和联想,还需要"通感"。当人们戴上 VR 头盔,进入"元宇宙"世界时,只能接收到听觉和视觉信号,但通过夸张的画面和声音渲染,也能让其产生触觉、味觉和嗅觉等感官刺激。

通感和联觉,有一部分或许是人的天性,有的则是社会文化的体现,这说明,丰富的感官互动能力是可以通过后天训练形成的。所以,"元宇宙"是否能成功实现"全感官综合模型",一方面取决于技术的进步,另一方面或许还需要使用人的训练和配合。莱布尼茨曾说,"理智中的任何东西没有不是来自感觉的,只有理智本身除外"❶。段永朝的断言更直白:"虚拟世界与真实世界的'差异'与其说是'物质性的',不如说是'心理性的'";"与其说有赖于机器,不如说更取决于人本身。"❷

3. 基于联网数据的模型

在小说中,"元宇宙办案系统"最初是一个单机版,存在各种限制:只能载入已判决生效的刑事案件,全景建模的时间只能回溯到案发前 10 分钟,空间只限于以案发现场为圆点周围十公里半径内的范围。之所以做这些限制,根本原因在于"系统"的功能定位:这不是用于游戏或娱乐的"元宇

---

❶ 〔德〕莱布尼茨:《论不依赖感觉与物质的东西——致普鲁士王后索菲·夏洛特的一封信》,载〔德〕莱布尼茨:《莱布尼茨认识论文集》,段德智编译,商务印书馆 2019 年版,第 440 页。

❷ 段永朝:《互联网——碎片化生存》,中信出版社 2009 年版,第 150、222 页。

宙"，而是用于辅助司法办案的客观情景重现，因此要做到一草一木都得有所依据，一丝一毫都不能存在偏差，否则会违背司法的客观真实性。

但是，对客观真实的严格要求，会遇到一些难以克服的障碍。运算能力再强，算力终究是有限的。如何用有限的算力来记录和表达无限的客观事实，是摆在"元宇宙办案系统"设计者面前的难题。

为了囊括案件全貌，不漏掉可能的蛛丝马迹，可以尽量延长回溯时间、扩大全景建模的空间范围。此"延长"与"扩大"当然不是无限的，需要基于数据在物理时空的"距离"进行评估，以实现有限算力和无限客观事实之间的恰当平衡。

然而，在互联网时代，数据传播具备了迁跃式属性，比如"六度分离"。❶ "网络空间"维度的加入，让基于物理时空"距离"的评估策略失效了。"元宇宙办案系统"成为网络版，用于"元宇宙"建模的案件数据变得更加离散，呈碎片状，而且通过网络空间获得的数据在"元宇宙"建构的四维时空中无法平滑无缺地呈现。

为了消弭应用网络空间维度的数据带来的问题。在小说中，"元宇宙办案系统"的设计者提出了"数据边缘之'墙'"的概念与方法。所谓"数据边缘之'墙'"，就是在可能给"元宇宙"的使用者造成异常体验的边缘处，让机器给大脑发出指令，让其无法意识到数据边缘的存在，无形的力量就像一堵墙，阻止使用者的感官触碰到会带来异常体验的数据。小说借助"柏拉图洞穴"的比喻来描述这种指令：让人压根意识不到问题的存在，也就不会去试图解决问题了。

通过以上分析和推演，在"元宇宙"中要实现"基于联网数据的模型"，不但要找到有限算力与无限客观世界之间的平衡点，而且更重要的是要实现"数据边缘之'墙'"，而这目前还只是一个科幻概念，因为"脑机接口"并没有

---

❶ See Jeffrey Travers and Stanley Milgram, *An Experimental Study of the Small World Problem*, 32 Sociometry 425 (1969).

达到能够直接给大脑或神经发出指令的程度,所以,一旦在办案数据中加入联网数据,要么需要在真实性上有所妥协,要么就会存在数据离散导致的诡异现象。

[三] 建模仿真：推演案情发展

如果只作为一个复刻现实时空的容器,那么"元宇宙办案系统"就太大材小用了。达到"大数据"量级的数据,其真正威力只有通过计算才能显现出来。简言之,数据要用起来,要发挥更大的作用。

数据用于怎样的计算呢？用于预测未来。在小说中,"元宇宙办案系统"具备"建模仿真"功能：当一名潜在的犯罪分子面对某个治安措施时,会如何反应？当一类人面对某项刑事政策的变化时,会怎样应对？社会在某种法律文化的影响下,会如何演进？建模仿真的动力之源,就是数据,所谓"预测的未来"是依托数据计算出来的。

"建模仿真"可以作为一项司法科技的逻辑是：推演一个案件或一类案件的未来发展情况,然后遵循当下特定的政治、法律和社会的价值追求,做出决定、判决、裁定和司法政策。

(一) 参与观察：司法建模仿真的理想与现状

在小说中,运用大数据的仿真功能集合被称为"假如"模块。使用该模块,可以在"元宇宙"中为道路安装减速带,从而找到防止交通事故的最优解；可以模拟在快速路上行驶的车辆的驾驶员的心理,从而让超速处罚"缓冲带"的范围值既安全又不失可行性[1]；可以探索立法的元规则,如调整法

---

[1] 认知神经科学将这种决策方法概括为"直觉与启发式"(heuristic)。参见 Amos Tversky and Daniel Kahneman, *Judgement under Uncertainty: Heuristics and Biases*, 185 Science 1124 (1974).作者之一卡尼曼凭此研究获得 2002 年诺贝尔经济学奖。

定刑期的长短以确定社会可以接受的最佳立法规定❶;可以通过模拟知晓"仓廪实而知礼节,衣食足而知荣辱"的"实"和"足"具体多少才算够;可以回到春秋战国时期,试试是"刑不可知,则威不可测"还是法律公开更有利于维持社会秩序;试试一系列刑事政策的效果,看看犯罪学家菲利的"犯罪饱和定律"❷是否真的牢不可破。简而言之,从个案案情的发展,到法律与社会之间的互动发展,都可借助"元宇宙"的推演功能来辅助找到答案。

抛开科幻成分,将建模仿真方法用于司法,也确实有其必要性和可行性,虽然目前各种应用还比较粗浅,但理想已经开始慢慢照进现实。

1. "复杂"的司法问题

为什么不直接采用形而上的思考来解答呢?小说中也借角色之口提出反思,"有一定经验的检察官,只需要看过传统白纸黑字的案卷,也能够脑补出完整的案发现场,只有新手才会需要华而不实的东西来代替想象力"。然而,简单的案件可以在大脑中完整复原,相对复杂的案件就不能了,人脑的记忆力和运算力都是有限的,办案人需要借助关系图、账目表、实景照片及示意标注,才能更好地理解、复现、分析并向他人陈述一个事实。因为事实往往是多维度的、牵一发而动全身的、难以计算和无法言说的,在科学上称为"复杂"。所谓"复杂性",包含"不可逆""不可预报"以及"结构、状态的涌现"三个方面的特性。❸

---

❶ 有研究者提出过"法律中的数字应当如何规定"的问题,参见邢蕾:《我国法律中的数字规定与公平正义》,山东大学 2010 年硕士学位论文。何柏生探究过法律中"特殊数字神秘色彩的由来",参见何柏生:《神秘数字的法文化蕴涵》,载《法律史学科发展国际学术研讨会文集》。曲笑飞对此持"科学主义"态度,他说,"法律中的数字现象,揭示了一种将法律本身视为科学以及将科学方法引入法学的努力",参见曲笑飞:《法律·数字》,法律出版社 2019 年版,第 167 页。

❷ 参见〔意〕恩里科·菲利:《犯罪社会学》,郭建安译,中国人民公安大学出版社 2004 年版,第 164—166 页。

❸ 参见段永朝:《互联网思想十讲——北大讲义》,商务印书馆 2014 年版,第 245—257 页。

在小说中,在解释"复杂系统"时,角色发出过质疑:"法律问题有那么'复杂'吗?不就依法办案就好了嘛!"理想中法律适用的逻辑推理与现实中司法实践的关系,理论力学与工程力学的关系,两种关系是何等相似:运用牛顿力学,可以几乎完美地计算出理论上的答案,然而,在具体的工程项目中,就不能只用一个质点代替不规则的物体,得考虑物体的形状轮廓、是刚体还是柔体,真正运用的学科知识,其实是固体力学、流体力学、动力学和材料力学等,所采用的就是实物试验、建模仿真等测量方法,来获取数据,通过拟合得到答案,虽然这个答案可以通过理论力学的公式反过来印证其准确性,但并不能通过理论力学公式直接计算出答案(解析解)。司法实践中的个案办理不也是如此吗?相对复杂一些的案件,只能在作出司法裁判和决定后,反观其是否在合乎立法的范围中,却并不能仅通过"依法办理"原则就直接得到具体的司法裁判和决定。苏力关注和阐释过的"作为制度的司法在难办案件中的决策过程"足以证明司法实践不是"法条主义"的。❶

因此,既然对工程项目可以使用建模仿真的方法,对作为"工匠之学"的司法办案,运用建模仿真的方法又何尝不可呢?以寻找治世良方为目标的法学研究也是可以运用建模仿真方法的。

2. 实证研究方法的考量与演进

要试图解决司法实践和法学研究的相关问题,最直接的方式还是采用实证研究的方法,就好比自然科学通过实验方法获得经验数据那样。通过诸如司法改革试点、金融监管沙盒❷、技术监管沙盒❸、田野实验❹等,观察当事人

---

❶ 参见苏力:《法条主义、民意与难办案件》,载《中外法学》2009 年第 1 期。
❷ 针对金融领域创新,开展小规模范围内的现场的、短期的测试,这种低成本试错方法被称为"金融监管沙盒",最早由英国提出。参见胡滨、杨楷:《监管沙盒的应用与启示》,载《中国金融》2017 年第 2 期。
❸ 例如,针对自动驾驶划定封闭试验区或测试路段。参见王泉:《从车联网到自动驾驶:汽车交通网联化、智能化之路》,人民邮电出版社 2018 年版,第 292—296 页。
❹ 参见刘庄:《法学中的实验方法》,载《中国法律评论》2018 年第 6 期。

或社会群体对一项制度或机制的反应,记录相关的数据,分析并作出评估,进而改进司法工作,或者对法学问题进行更加鞭辟入里的解析。

不过,运用实证方法的前提往往是需要较大的成本投入,有时还会面临甚至付出伦理的代价,最无法忍受的,或许是时间成本:要通过尝试找到最佳方案,从数据反馈到试错改进的循环往往需要进行多个轮次,原本周期中变化不大的因素,也会由于经过较长的时间而变得不可忽略,进而导致结论沦为"刻舟求剑"。

在电子计算机尚不发达的年代,人们进行实验的方法有三种:投入较大成本的实物试验;纯粹形而上的思想实验;以及介于二者之间,使用一定的资源,但在成本和时间上又相对可控的桌面推演,如战争中的沙盘推演,商学院经常进行的"啤酒游戏"❶,还有法学院的学生熟悉的"模拟法庭"等。

桌面推演的局限性不言而喻,于是在计算机和互联网比较发达之后,桌面推演很快被机器辅助的指示、计算、联网信息互动代替。从冯·诺依曼的"元胞自动机",到约翰·康威的"生命游戏",再到史蒂芬·沃尔夫勒姆的"一种新科学"❷,乃至人工生命之父克里斯·朗顿提出"具有8个有限状态集合的自动机就能够涌现出生命体的自复制功能"❸,方法在不断发展。建模仿真并不高深神秘,自由度较高的电子游戏,比如"魔兽世界"那样有经济系统的大型网游就是一个仿真模型。❹

3. 对司法建模仿真的误解与探索

可将建模仿真方法运用于司法办案、决策及法学研究等领域的方法统称为"司法建模仿真"。有人对其存在诸多误解。例如,认为用虚拟现实技术打造的模拟法庭就是建模仿真。对诸多已经建立了建模仿真实验室的法学

---

❶ See *The Only College Beer Game That Matters*, October 11, 2021, Bloomberg Businessweek.

❷ Stephen Wolfram, *A New Kind of Science*, Wolfram, 2002.

❸ 参见姜金贵、宋艳、杜蓉编:《管理建模与仿真》,机械工业出版社2018年版,第13页。

❹ See Bonnie A. Nardi, *My Life as a Night Elf Priest: An Anthropological Account of Worldof Warcraft*, University of Michigan Press, 2010, p. 184.

院而言，其教学方案也没有脱离模拟法庭的范畴。强调沉浸式、亲历性固然是一种仿真，但这并不是最重要的，它只是建立在真正的建模仿真的基础上的一种"锦上添花"，无法代替建模仿真的本质。更何况，其目的主要不是教学，而是解决一个个实践或理论问题。

从前面的介绍可以看到，建模仿真方法产生的背景，是依靠传统的还原论方法，无法解释广泛存在的"复杂""涌现"等现象，无法用传统的公式计算出结果，只能用实证方法来获取观测数据，进而拟合出公式和结果；又由于存在实验的成本较高、时间周期较长，以及受到伦理束缚等因素，进而用计算机来进行建模仿真就成为一个可行的方案。同理，如果面对一个"复杂"的法律问题，当运用传统的逻辑推理难以解决或解释的时候，就需要建立一套模型，在仿真环境中进行快速的、多次的、较低成本的、与现实世界中的伦理道德脱钩的实验，对数据进行记录和分析后得到结论；或者更智能地，通过直接计算推演得到结论。

受限于学科特性，目前在法学研究和司法过程中，建模仿真方法运用得并不多。在司法技术领域，会顺理成章地用到建模仿真方法，比如在刑事案件的侦查实验过程中，研究城市犯罪演化和警力部署❶、研究社会安全事件应急疏散❷等。而就具有文科属性的法学和司法本身来说，却鲜有建模仿真的系统应用。虽然法学界呼吁"迈向科学的法律实证研究"❸，近年来"计算法学"也成了一个时髦的词汇，但法学或司法领域中真正的建模仿真并不常见。

现阶段，实践中流行的"数字检察"或者"大数据法律监督"语境中的"模型"并非运用建模仿真方法建立的模型，而只是一种设定好条件的判断筛选

---

❶ 参见樊振宇、丁宁、刘一帆：《基于 Agent 仿真模型的城市犯罪演化研究——以警力使用优化为例》，载《中国人民公安大学学报（自然科学版）》2021 年第 2 期。

❷ 参见马占军、丁宁：《基于多 Agent 的社会安全事件应急疏散仿真研究》，载《中国人民公安大学学报（自然科学版）》2020 年第 4 期。

❸ 程金华：《迈向科学的法律实证研究》，载《清华法学》2018 年第 4 期。

器,背后的理念仍是还原论。真正的建模仿真背后的理念是"复杂适应系统"(Complex Adaptive System)理论,它由圣塔菲研究所的学者约翰·霍兰德在1994年提出。其核心观点认为,"适应性造就复杂性",通过在微观上模拟具有自身目的和主动性、积极性的主体,遵循主体与环境交互的"刺激—反应"模式,即主体不断根据情况调整自身的行为以适应环境,进而发现和解释在宏观系统中呈现出的"分化""涌现"等复杂现象。❶

在理论研究中,白建军以14万件交通肇事罪案件为样本,对其量刑进行确定性检验,并将建立的模型用于量刑预测。❷ 这篇文章虽然没有明言,但实际上是采用了建模仿真方法的,只是不够典型。

有法学研究人员介绍过建模软件NetLogo,将其意义概括为"模拟决策的长程社会效应"❸,不过仅限于对软件功能和自带的三个例子进行概要式介绍,并未应用。

杨安卓指导了一篇硕士学位论文,论文针对外卖行业和网约工群体面临的困境,运用NetLogo软件,以经典的"狼—羊—草"模型为样板,建立了"平台企业—网约工—客户订单"的模型,用以模拟和仿真该生态系统的运行状况,进而提出相关立法建议。❹

在此之前,有研究人员运用NetLogo做过针对网约车的建模仿真研究❺:通过构建"政府—网约车平台""网约车平台—司机""网约车平台—乘客"三组基于多主体的网约车平台安全监管仿真模型,根据仿真结果提出法

---

❶ 参见〔美〕约翰·H.霍兰:《隐秩序——适应性造就复杂性》,周晓牧、韩晖译,上海科技教育出版社有限公司2011年版,第71页。

❷ 参见白建军:《基于法官集体经验的量刑预测研究》,载《法学研究》2016年第6期。

❸ 秦裕林、葛岩、林喜芬:《认知科学在法学研究中的应用评述》,载苏力主编:《法律和社会科学》(第16卷第2辑),法律出版社2018年版,第39—44页。

❹ 参见周权:《我国网约工劳动权益保障的法律问题研究》,华中科技大学2022年硕士学位论文。

❺ 参见姚沁:《网约车安全监管演化博弈分析——基于多Agent仿真研究》,西南交通大学2020年硕士学位论文。

律、管理、经济手段等对策与建议。

早在2013年,李亚凝就运用NetLogo软件进行社会模拟实验,对当时出现的一系列社会道德事件的相关因素进行建模。针对人们为何"竞私益而置道德于不顾",以及"如何提高社会合作水平",通过观察"资源极度丰富的情境""资源极度匮乏的情境"以及"一般情境"三项实验的模拟结果,得出"社会资源量"与"自私/合作比例"的函数关系,进而设计出关于促进公益性资源产出、促进社会合作的税收方案以及"由法入礼、以礼代法"的解决方案。❶

此外,需要提到的是,尼可拉斯·卢曼的社会系统理论对社会现象和法律都具有很强的解释力,而且其关于"全社会分化"三种模式的划分❷,即"分割分化""分层分化"和"功能分化",恰好与"还原论"方法、"层次分析建模仿真"和"多主体建模仿真方法"基本对应。不过,"系统论法学止步于'描述'问题"❸,遵循庞杂晦涩的理论也无法直接建立起可计算的模型❹。能够从文本上解释社会和法律现象,并不代表能够对社会和法律进行计算和建模仿真,如同知晓自行车运转原理与掌握骑自行车技能之间的关系:虽然有关联,但完全是两回事。

(二)理性反思:司法建模仿真的实现条件

要实现真正的司法建模仿真,需要从以下四个方面进行努力:

一是提出一个待解决且可解决的"复杂"问题。只有解决"复杂"问题,才有必要用建模仿真的方式来寻找答案。"法官如何思考"就是一个待

---

❶ 参见李亚凝:《以NetLogo社会模拟实验为基础对道德缺失的法律解决方案》,载《厦门大学法律评论》编辑委员会编:《厦门大学法律评论》(第22辑),厦门大学出版社2013年版,第261—288页。

❷ See Niklas Luhmann, *The Differentiation of Society*, Stephen Holmes and Charles Larmore (trans.), Columbia University Press, 1982, p. 76.

❸ 高鸿钧、赵晓力主编:《新编西方法律思想史(现代、当代部分)》,清华大学出版社2015年版,第347页。

❹ 参见姜金贵、宋艳、杜蓉编:《管理建模与仿真》,机械工业出版社2018年版,第13页。

解决的"复杂"问题。波斯纳研究过美国法官受到的政治因素、前见(preconception)以及种族、性别、人格特点、职业经历和生活阅历等如何直接或间接影响司法决定的"基本模型"。❶ 所谓"可解决"的问题,就是可以转换为数据模型的问题。比如,针对如何提升司法工作质效,怎样"让人民群众在每一个司法案件中感受到公平正义",就是"复杂"问题,倘若能够建立模型,将其转换为数学公式可表达的问题,且计算所需的数据可以获取,那么这个问题就是"可解决"的。

二是建立一套可运行的仿真环境。仿真环境中要包含特定的事物和人:事物得符合一定的客观属性,对人的设定也要符合客观规律。这些设置都得合理,即要有依据,数值不是随意估算的,而应当是根据当前办理案件的实际情况计算出来的。可惜的是,当前很多司法信息化系统就卡在了这一步,基础数据并没有用于仿真环境的建立,很多人没有意识到,建模实际上就是想清楚如何应用数据,而不是先凭空建立模型,再所谓"寻找"数据。其实,理清了数据,模型自然就有了。

三是能够根据数据计算出结果。仿真环境运行起来之后,会产生新的数据,对这些过程数据要进行评估,通过比较和分析,算出结果。有的司法信息系统的设计者在拿到这些新生成的数据之后,只是把它们转换为图表并展示,试图达到"服务决策"的目的。然而实际上,哪怕是将数据从平面展示转换成绚丽的立体画面,这种"半成品"仍是不足以支撑和触发决策的,以至于大屏幕的图表有逐渐沦为仅供"游览"参观的"景观"的风险。这种"景观"即德波所描述的"虚假的天堂",是"将人类权力流放到一个彼世的技术实现"❷,实际上阻碍了形成建模仿真的计算闭环。因此,建模一定要有针对性,如果不在一开始就想清楚究竟是否要解决司法办案中的具体问题,那么最终也只能做到"大屏图表",而达不到建模仿真的境地,更遑论计算出结果

---

❶ 参见〔美〕理查德·波斯纳:《法官如何思考》,苏力译,北京大学出版社2009年版。
❷ 〔法〕居伊·德波:《景观社会》,张新木译,南京大学出版社2017年版,第9页。

乃至获得最优解了。

四是要具备人性化的互动操作。一个建模仿真系统,需要进行不止一次的推演,为了让每一次的推演都有意义,要适当改变一些变量,使得到的数据更加多元化,这样才能让结论更具有普遍适用性。而改变变量的方式依靠的是使用者的操作互动:可以是直接输入数值,也可以是其他方式。仿真系统的标准互动操作是输入数值,但是很多法律人在面对 NetLogo 时,仍然面露难色,即便教授运用该软件的书认为它是"一款简单易学的仿真软件"❶。所以,应当探索像玩游戏一样简单自然的操作和更加人性化的交互方式,比如人机之间的自然语言对话。小说设想了在"元宇宙"中对犯罪嫌疑人的"数字孪生体"进行虚拟讯问的场景,通过可重复的博弈过程,来尝试最适合办案的策略,这是一种非常人性化的互动操作方法。幸运的是,如今的"大语言模型"已经能够胜任。

[四] 区块链:确保证据客观真实

很多产业界人士和学者认为,区块链是"元宇宙"的基座技术,特别是区块链技术对数字资产的确权,让人们在虚拟世界中实现经济有保障的生产生活成为可能。就"元宇宙办案系统"来说,其中的犯罪现场之所以能够用于司法办案,核心在于其真实性,即检察人员在"元宇宙"中听到、看到、闻到、触摸到的,即感知和获取到的一切信息,都可由区块链技术保障数据的真实客观性。

(一)参与观察:一个区块链研究者的创新实践

笔者在 2013 年初接触到比特币,此后近十年间一直深度参与各项法律和检察区块链项目的实践与研究。最早在 2014 年发表了《正在被比特币改

---

❶ 集智俱乐部:《NetLogo 多主体建模入门》,人民邮电出版社 2021 年版,第 5 页。

变的法律世界》❶,提出"存证"是现代法律制度发展的新机遇,试图"唤醒仍沉睡在旧时代的法律"。

2016年6月,在以太坊遭遇the DAO事件期间,笔者先后写下了《世界最大众筹项目技术漏洞与法律人的未来》《法治是拯救DAO的根本》,以及项目白皮书《JBIL:一种区块链自治规则与国家法律的衔接框架》❷,为区块链技术的法律治理提供完整的解决方案。当年9月,笔者率队参加"梅赛德斯—奔驰(中国站)科技马拉松",搭建了运用区块链协议对法律上的"所有权"效力进行延展的解决方案,获得了第二名。当年10月,在微软DevDays Asia 2016的活动中,开发了能够自动生成合同并一键在区块链存证的office插件,获得一等奖。此后,笔者接连撰写了《区块链技术简史(一个法律人的学习笔记)》《区块链技术与法律职业相关的四个层次》《区块链技术及其在人工智能时代的历史使命》等文章。

2017年11月,笔者在最高人民检察院智慧检务创新研究院❸参与筹建"检务区块链联合实验室"。彼时,检察公益诉讼职能刚刚被写入立法,诉讼和证据规范尚未完全成型,可谓创新的"蓝海",笔者撰写了项目白皮书《区块链技术催生新的法律监督能力》,随后在武汉市人民检察院的陈默(其毕业于武汉大学遥感专业)的帮助下,与国家遥感中心合作,对原始的卫星遥感数据进行存证,为公益诉讼案件提供可靠证据。❹(见图1)。在一年多的

---

❶ 参见蔡欣:《正在被比特币改变的法律世界》,载《检察技术与信息化》编辑委员会编:《检察技术与信息化》(2014年第4辑)。

❷ 这些文章均发表于区块链资讯网站"巴比特",2021年起已无法访问。若需阅览,请访问个人网站(http://meta12309.com)下载《素为的区块链文章合集(2015—2019)》文档。以下提到自作文章,若非特别说明,均可在该网站下载原文。

❸ 参见郑赫南:《最高检发起创立"智慧检务创新研究院"》,载《检察日报》2017年9月22日。

❹ 该项目为2018年最高人民检察院检察技术信息研究中心项目课题,公开报道可见于:《利用卫星遥感技术破解取证难题:武汉检察机关公益诉讼引入高科技》《湖北武汉:智慧检务创新研究成果获认可》《大力推进公益诉讼专业化建设》,分别载《检察日报》2018年6月8日、2019年2月12日、2020年5月11日。

试点期间,"该项目已为全国多个省、市、自治区的 50 起案件提供调查线索,为武汉市洪山区天兴洲、白沙洲违章建筑案、广州市南沙区湖泊倾倒固体垃圾案等 17 起检察公益诉讼案件提供案件事实证明材料"❶。如今,卫星遥感数据上链存证已经成为办理检察公益诉讼案件的标配。

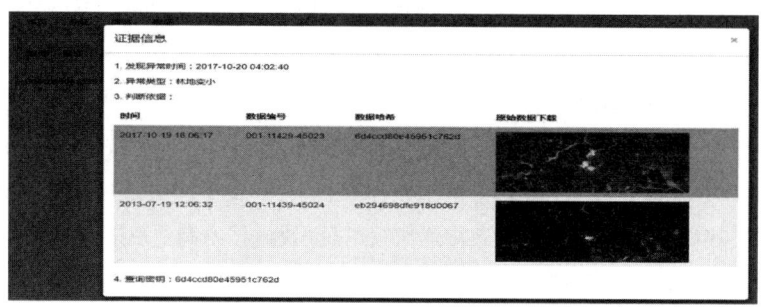

图 1 卫星遥感数据上链存证服务检察公益诉讼的一个实例

(图片来源:笔者 2017 年设计的"检察公益诉讼数据存证平台"。对比上下两张图,会发现林地面积变小了,同时系统存储哈希值用于验证。)

2018 年 12 月,笔者完成 9.6 万字的区块链技术科普对话录《比特镇魂曲》。2019 年 6 月,笔者在《法制日报》发表《从"取证"到"存证"——运用区块链技术构建法律监督数据论体系》;同年 11 月发表了《区块链技术在检察工作中的应用场景》,设想了"检察+区块链"用于加强证据效力、规范诉讼程序、推动司法观念革新、促进检察监督实化、助力提升检察服务群众满意度的多种应用场景。此外,笔者在最高检和全国多地检察机关讲授相关课程。

2020 年以来,笔者发表的《涉区块链犯罪与检察区块链技术布局》❷《法

---

❶ 蔡欣:《区块链技术在检察工作中的应用场景》,载《检察日报》2019 年 11 月 11 日。

❷ 参见蔡欣:《涉区块链犯罪与检察区块链技术布局》,载《检察技术与信息化》编委员会编:《检察技术与信息化》(2020 年第 2 辑)。

链衔接:区块链数字资产追赃挽损新方法》❶等文章,都有关于区块链技术的司法应用的思考。

2022年10月,在中国人民大学未来法治研究院、法学院法律与社会跨学科研究中心主办的"法律科技:区块链技术与司法"课程研讨会上,笔者以《区块链技术原理与法理:面向法律人的区块链技术科普16例》❷为题进行了交流发言。

(二)理性反思:区块链不可删除和篡改的背后

区块链技术相关知识的普及,离不开各种创富神话的推波助澜。商业宣传让人们大多只记住了一个教条:区块链上的数据不可删除和篡改。然而,区块链存证确实不可删除和篡改吗?或者追问,在何种意义上不可删除和篡改?

且不论区块链技术在理论上仍有较大的争议,仅就这项技术的社会性来说,也是极其复杂的:区块链应用的维护者需要参与"许多公共决策和纠纷解决,如里程碑代码分叉、Bug修复、恶意行为惩罚、运行参数调整等"❸。国外学者早就指出,"软件的魔力隐藏了复杂性,从而为设计良好软件的用户提供了简单性的幻觉","界面可以简单使用,但基础设施却并非如此"❹,除了浮在水面的"教条",还有大量藏在冰山之下的复杂问题。

区块链技术有其独特之处,确实能带来"不可删除和不可篡改"的效

---

❶ 参见蔡欣:《法链衔接:区块链数字资产追赃挽损新方法》,载《检察日报》2021年7月17日。此文可视为对2016年JBIL设想的一次升华,2022年10月又发表了完善的论文版本,蔡欣:《法链耦合:区块链治理与数字资产追赃挽损新方法》,载《司法智库》(2022年第一卷)。

❷ 该文的完善版本,参见蔡欣:《论法学知识在科普中的类比应用——以讲授区块链技术原理为例》,载田士永主编:《中国法学教育研究》(2023年第2辑),中国政法大学出版社2023年版。

❸ 邹均等:《区块链核心技术与应用》,机械工业出版社2018年版,第39页。

❹ Ethan Katsh & Orna Rabinovich-Einy, Digital Justice: Technology and the Internet of Disputes, Oxford University Press, 2017, p. 76.

果,但是,效果是有代价的。正如小说中所说:"区块链技术的本质,其实是各种资源针对当前特定需求的一种临时组合,而并非包治百病的灵丹妙药,如同法律也只是在一定历史条件下人类治理社会的'权宜之计',并非放之四海皆准。"事实上,早在 2014 年,长铗就提出了区块链的"不可能三角",认为安全、环保和去中心化不可兼得。此后,出现了其他的"不可能三角"变体❶,但基本上都在阐述一个事实:区块链之所以能够做到不可删除和不可篡改,是因为加入了额外的资源保障,比如不环保的、看似本身毫无意义的哈希计算,或者在一定程度上牺牲了效率,比如去中心化的账本数据同步机制。

从本质上说,区块链是一种技术引导的社会资源组织形式,倘若缺乏具有强大凝聚力的社会共识,各节点就将是一盘散沙,不可能组成分布式网络;倘若社会共识存在两股针锋相对的势力分歧,就会形成两个平行的分叉链;倘若区块链交易后,不遵从尽量多几个区块确认以保证交易被撤回的概率足够小,那么就有可能被"双重花费"欺诈;倘若一个区块链网络的算力呈现超过一定比例的垄断局面,就可能被操纵发生"51% 攻击",使得已经存证的数据归于无效;倘若有人蓄意控制不同地区的网络速度,恶意发送大量垃圾交易,将有可能影响到区块链网络的走向;区块链软件虽然是开源软件,但很少有人会去审查代码❷,倘若使用的区块链软件存在漏洞,伪造所谓的链上存证数据将轻而易举;倘若为了商业利益一味追求效率,区块链网络的安全性将会非常脆弱;即便是分片、分层等所谓效率与安全兼得的区块链扩容方案,也不是完美无缺的。上述这些"倘若",其实都是已经发生或正在发生的真实情况。应当谨记大卫·哈维在评价新自由主义时告诫人们的话:"去中心化是维护权力高度集中的最佳方式之一,因为它掩盖了个人自由背后的集

---

❶ 参见邹均、于斌、庄鹏、邢春晓等:《区块链核心技术与应用》,机械工业出版社 2018 年版,第 274 页。

❷ See Michael Power, *The Audit Society: Rituals of Verification*, Oxford University Press, 1997, p. 4.

中权力的本质。"❶

总而言之，区块链"不可删除和不可篡改"的特性，伴随着很多的前提和限制条件，就像踩着高跷走钢丝，稍有不慎就可能发生严重后果。巨人的失败不是因为被正面攻击，而是"阿喀琉斯之踵"——比如美国国家安全局在加密算法的椭圆曲线 SECP256r1 中植入的"后门"。❷ 如果对具体技术问题的复杂性视而不见❸，只盲从美好教条，那么迟早发生难以挽回的"系统性危机"。

[五] 结　语

拉图尔曾通过对科学实验室进行人类学观察，发现科学技术是"社会建构"的❹，认为"过去的有用性……只是人们在回忆往昔时的一种情感，是对我们历史的再解读"，尖锐地指出了"我们从未现代过"❺。

关于司法科技的研发与应用，一方面是绚烂繁华的高新科技，另一方面却是法官、检察官们与前辈们几无差异的古老办案模式。即便有远程提讯、类案推送、文书模板生成等各种科技力量的加持，但核心的脑力劳动——通过阅卷达到确信的心智模式却没有变。为了探究司法科技在司法实践中的可能性，在"科"的基础之上，"幻"想未来可能的场景，才有了小说。通过梳

---

❶ David Harvey, *A Brief History of Neoliberalism*, Oxford University Press, p. 142.

❷ 参见 Vitalik Buterin, *Satoshi's Genius: Unexpected Ways in which Bitcoin Dodged Some Cryptographic Bullets*, BITCOIN MAGAZINE (28 October 2013), https://bitcoinmagazine.com/technical/satoshis-genius-unexpected-ways-in-which-bitcoin-dodged-some-cryptographic-bullet-1382996984，最后访问日期：2022 年 6 月 17 日。

❸ 参见李钧等：《比特币：一个虚幻而真实的金融世界》，中信出版社 2014 年版，第 220 页。

❹ See Bruno Latour, Steve Woolgar and Jonas Salk, *Laboratory Life: The Construction of Scientific Facts (2nd Edition)*, Princeton University Press, 1986, p. 281.

❺ 〔法〕布鲁诺·拉图尔：《我们从未现代过——对称性人类学论集》，刘鹏、安涅思译，苏州大学出版社 2010 年版，第 54 页。

理小说中散乱的思考点,有了本文相对规整的研究理路:基于虚拟现实技术在还原案发现场方面的应用,反思理想化的动态、全感官、联网数据模型的可能性;基于建模仿真技术在推演案情发展中的应用,反思司法建模仿真的实现条件;以自身经历展现了将区块链技术运用于司法存证的理论和实践探索历程,揭示区块链不可删除和篡改特性背后的隐忧。

通过参与观察、科幻叙事与理性反思的"三层追问"发现,一些宣称"未来已来"的司法科技效果在短期内可能不能达到,一些技术既可能被低估又可能被误用,当人们沉醉在技术奇观中时,很可能会对隐患视而不见。面向未来,"元宇宙办案系统"一定会到来,在前进的路途中,吾辈既须果敢勇为,又应小心谨慎。谨以此文,与诸君共勉。

在线庭审率为什么偏低?
——以需求满足为视角的实证研究

荀舒靖*

摘　要：在网上立案、电子送达蓬勃发展的当下,在线诉讼中的在线庭审的适用率却相对偏低。研究发现,在线庭审的出现始于法官与当事人的需求,但在实践运行中不仅未完全满足其原有需求,还制造了新的需求。在线下诉讼与在线诉讼并行发展的未来,应适当限缩法院审查权的行使范围,并从需求满足方面不断完善在线庭审的设计,将需求融入技术。

关键词：在线庭审　在线诉讼　智慧法院　程序选择权　实证研究

[一] 问题的提出

数据显示,各法院在进行在线庭审的过程中,在线庭审的适用比率相较于电子送达率、网上立案率明显偏低。❶ 原因为何?既有研究大多关注到了

---

* 荀舒靖,云南大学法学院博士研究生。本文系云南省哲学社会科学规划项目"基层人民法院应对'案多人少'的实践经验与完善对策研究"(项目批准号：YB2021038)的阶段性成果。

❶ 例如,截至2021年9月底,福建省厦门市湖里区人民法院在线庭审率达到 20.70%,电子送达率达到98.71%;深圳市两级法院在2022年受理各类案件576903件,网上立案率、电子送达率分别达到91%和70%,在线开庭51454件(如以全年受理案件数为分母,在线庭审率仅为8.92%);成都市两级法院于2020—2021年审结的民事案件,在线立案率、在线庭审适用率以及电子送达适用率分别达到了52.86%、7.03%以及49.90%。(转下页)

在线庭审存在的不足,比如当法庭从线下搬到线上后,庭审庄严肃穆的氛围消失,法官掌握庭审的难度加大,庭审秩序存在失范的隐患❶;又如在线庭审活动在缺乏证据原件原物的情况下进行导致法官难以对案件形成心证,引发当事人对法官判决结论公正性的质疑❷;还有刑事在线诉讼的规范设计是从方便公安司法机关远程办案的需求来展开的,呈现"权力中心主义"倾向,对犯罪嫌疑人或被告人的权利保护不足❸等。对这一现象出现的原因尚未进行充分解释。

有学者指出,"一套合理的诉讼方式应当是可持续且可规模化的,而要实现这一目标……离不开司法实践者的认同与支持""诉讼参与人的诉讼需求和体验很大程度上决定了诉讼的现实样态与未来的发展方向"❹。因此,本文试图从需求满足的视角对在线庭审率偏低的现象进行解释。在线庭审的出现始于法官与当事人的需求,但在实践运行中不仅未完全满足其原有需求,同时还制造了新的需求,从而造成了在线庭审率偏低的现状。本文从以下三个方面展开:第一,法官与当事人对在线庭审目标的预设为何,即需求为何? 第二,从在线庭审的供给样貌来看,在线庭审实现了法官和当事人的

(接上页)分别参见《福建省厦门市湖里区人民法院｜全流程在线诉讼,让打官司更便利》,载微信公众号"最高人民法院"2021 年 10 月 23 日, https://mp.weixin.qq.com/s? __ biz = MzA3MjEwNzYzOQ = = &mid = 2650596810&idx = 2&sn = 4c5e7044bde25ffddf6b3b71d2aa5fd0&chksm = 872b16d2b05c9fc4ee7c97dd0a849d65a36342dcc370fe985f0645975e7dcaa4cfb0bd9d7a27&scene=27;《十组数据看法院服务保障高质量发展》,载微信公众号"深圳市中级人民法院"2023 年 2 月 16 日, https://mp.weixin.qq.com/s? __ biz = MzA3ODA0OTEyMg = = &mid = 2653880490&idx=2&sn=f99ff681ea4a7c451f2cc24529acd2a1&chksm=84931aa7b3e493b1b8d907b6181b009fe654e24341dca52113e0715ce7eb724d4e8d200f27fb&scene=27;左卫民:《迈向数字诉讼法:一种新趋势?》,载《法律科学(西北政法大学学报)》2023 年第 3 期。

❶ 参见胡昌明:《"司法的剧场化"到"司法的网络化":电子诉讼的冲击与反思》,载《法律适用》2021 年第 5 期。

❷ 参见谷佳杰:《在线诉讼中民事证据运用的碎片化问题及其纾解之道》,载《山东大学学报(哲学社会科学版)》2023 年第 6 期。

❸ 参见王禄生:《刑事案件在线诉讼制度的实践观察与前景展望》,载《西南民族大学学报(人文社会科学版)》2021 年第 12 期。

❹ 左卫民:《后疫情时代的在线诉讼:路向何方》,载《现代法学》2021 年第 6 期。

哪些需求,哪些需求未被实现,以及在线庭审制造了哪些新的需求?第三,在线庭审未来的发展方向如何,应当从哪些方面优化?

[二] 在线庭审的发展历程与目标预设

(一) 在线庭审的发展历程

我国在线庭审的发展历程大致可分为三个阶段:

第一个阶段:偶尔适用。我国智慧法院的建设始于 2016 年,在线诉讼是其重要内容之一。"智慧法院不是随意提出的,有其深刻的历史根源、客观需求和现实依据。"一方面,"人民群众日益增长的司法需求与人民法院工作不平衡不充分之间的矛盾"亟待解决;另一方面,人工智能技术的发展取得了重大技术创新,可以服务司法实践。2019 年 3 月,"中国移动微法院"在"浙江移动微法院"❶的基础上升级,成为能够在全国范围内使用的在线诉讼平台❷,开始在北京、河北等 12 个省(区、市)辖区内的法院试点❸,并于 2020 年 1 月实现全国各个省级区域全覆盖❹。2019 年 12 月 28 日,第十三届全国人大常委会第十五次会议作出《关于授权最高人民法院在部分地区开展民

---

❶ 2018 年,浙江省宁波市两级法院推出依托微信小程序的、能够在手机上实现立案、送达、证据交换、调解、开庭、执行等多重功能的"移动微法院",并快速实现浙江省全覆盖。参见《"宁波移动微法院"今日震撼上线! 人脸识别,手机立案,远程调解,便捷颠覆想象!》,载微信公众号"最高人民法院"2018 年 1 月 3 日,https://mp.weixin.qq.com/s?src=11&timestamp=1745333862&ver=5946&signature=AUAa-w2FfbjQyN67gLMxg7WSAyBeZKHG3phY8sHvDiXVddrvWrxzOhhY2aDxxQdrN-XRNN20xRY4JRVuV-nN85uZwDJkysWh53 PZZYfBZtSm5RHCYqw9*9BxWpNZm4lP&new=1。

❷ 参见许贵元:《了解 | "移动微法院"便民又快捷》,载微信公众号"司法科技前沿"2021 年 1 月 11 日,https://mp.weixin.qq.com/s/4WbagE1B8vEvyipEddqGKA。

❸ 参见《最高人民法院关于在部分法院推进"移动微法院"试点工作的通知》。

❹ 参见《重磅! 全国统一的中国移动微法院标准版来了!》,载微信公众号"宁波市中级人民法院"2021 年 6 月 1 日,https://mp.weixin.qq.com/s/KR9bZRnRUJLlIORKqXcuZQ。

事诉讼程序繁简分流改革试点工作的决定》,授权在全国15个省的20个城市开展试点工作。2020年1月15日,最高人民法院印发《民事诉讼程序繁简分流改革试点方案》和《民事诉讼程序繁简分流改革试点实施办法》(以下简称《实施办法》),《实施办法》第21条规定,"人民法院、当事人及其他诉讼参与人可以通过信息化诉讼平台在线开展诉讼活动。诉讼主体的在线诉讼活动,与线下诉讼活动具有同等效力。人民法院根据技术条件、案件情况和当事人意愿等因素,决定是否采取在线方式完成相关诉讼环节"。不过,前期的在线诉讼建更多聚焦于除开庭外的诉讼服务,如在线立案、在线缴费、电子送达等❶,在线庭审只是少数法院偶尔为之的创新举措❷。

第二个阶段:波动适用。2020年年初,新冠疫情暴发,人们习以为常的日常交往变得危机四伏。对于法院来说,当时最重要的是如何在保障人民群众生命身体安全的前提下,维护好当事人的合法权益,方便人民群众"打官司",于是各地法院纷纷自发探索在线庭审方式。❸ 在此背景下,为规范在线诉讼活动,最高人民法院于2020年2月发布《最高人民法院关于新冠肺炎疫情防控期间加强和规范在线诉讼工作的通知》,要求各级法院"积极依托中国移动微法院、诉讼服务网、12368诉讼服务热线等在线诉讼平台,全面开展网上立案、调解、证据交换、庭审、宣判、送达等在线诉讼活动,有效满足

---

❶ 参见《最高人民法院关于深化人民法院司法体制综合配套改革的意见——人民法院第五个五年改革纲要(2019—2023)》。

❷ "吉林、浙江、江苏等法院创新'互联网+'诉讼服务,让人民群众通过线上交互参与司法活动,网上办理立案、缴费、证据交换、阅卷,甚至开庭等诉讼全流程业务。"参见最高人民法院:《人民法院信息化建设五年发展规划(2019—2023)》。

❸ 当时,各地法院大多是利用既有的、通用的网络平台进行在线庭审,如微信群聊视频、QQ群聊等。参见代钰琴:《【战役一线】特殊时期的微信庭审……》,载微信公众号"曲靖市中级人民法院"2020年2月19日, https://mp.weixin.qq.com/s?src=11&timestamp=1745334286&ver=5946&signature=XV2BJO6if7lStxxB9cRYuRDLdwKVvAlmGHOKQHRX8yIQyWCJREHbpM-2*-UuyYjN4qVLNvnIqhhU90flIEXLoAy-htf*II748jztopX3HXfFhm-wJpQSBuZV1KhN*IO2&new=1;《战疫审判两不误 | 潼南法院远程开庭解民忧》,载微信公众号"重庆潼南法院"2020年2月12日,https://mp.weixin.qq.com/s/ATA9EarZ0BywVE7wG7TD0A。

疫情防控期间人民群众司法需求,确保人民法院审判工作平稳有序运行"。在这一时期,在线庭审的适用率受疫情防控政策的影响较为明显,当疫情较为严峻、防控措施较严格时,在线庭审的适用率较高;当疫情相对缓和、防控措施有所调整时,在线庭审的适用率就会"断崖式下降"。❶

第三个阶段:日常适用。2021年5月18日,最高人民法院发布《人民法院在线诉讼规则》,明确规定"在线诉讼活动与线下诉讼活动具有同等法律效力",促使我国法院的互联网司法迈向新的台阶。❷ 2021年12月,《民事诉讼法》修改,增设一条作第16条:"经当事人同意,民事诉讼活动可以通过信息网络平台在线进行。民事诉讼活动通过信息网络平台在线进行的,与线下诉讼活动具有同等法律效力。"为在线诉讼活动的开展提供了法律依据。同月,《人民法院在线调解规则》审议通过,标志着互联网时代在线开展法院工作、提供在线司法服务的规则体系已经建立。❸ 2022年2月22日,最高人民

---

❶ 如2020年3月,C市基层人民法院在线庭审适用率达到峰值37.21%,但随着在同年4月份疫情相对缓和,在线庭审案件的数量出现了断崖式下降,在线庭审的适用率也从占庭总量的近四成下降至15.01%,到2020年9月,下降至最低点3.61%。参见左卫民:《后疫情时代的在线诉讼:路向何方》,载《现代法学》2021年第6期。又如2020年2月至2020年5月,S市E中级人民法院在线庭审案件数464件,月均在线审理数为154.67件,约占总审数的33.33%。2020年5月疫情稍缓且线下庭审开放后,该数据出现大幅度下滑。2020年5月至2021年5月,网络庭审案件数1156件,月均审理数为96.33件,约占总审数的8.33%。参见叶绵绵:《反思与破解:在线庭审发展路径探究》,载微信公众号"至正研究"2022年7月28日,https://mp.weixin.qq.com/s?src=11&timestamp=1745500787&ver=5950&signature=KYzo-pHXypASKR7Vw7ikUID9PZq*Xjoj77cwdJJ3t972ZjJdP4MT4Rndqcx*j4k2z*sU2Rzq7YKbayatGbzqoP0j2vCpjeilQYzYoBqSkQW39fW5ipaCjtA0MAXdyKnZ&new=1。

❷ 参见王丽丽:《全面规范在线诉讼活动 健全完善互联网司法新模式——相关负责人就〈人民法院在线诉讼规则〉答记者问》,载中国法院网2021年6月17日,https://www.chinacourt.org/article/detail/2021/06/id/6099313.shtml,最后访问日期:2024年4月6日。

❸ 参见《最高法立案庭相关负责人就〈人民法院在线调解规则〉答记者问》,载微信公众号"最高人民法院"2021年12月31日,https://mp.weixin.qq.com/s?src=11&timestamp=1745500960&ver=5950&signature=W89lPa1kSWrqQiN8IJrlQvY6HY6tB7hQncMaxAPTfZzJXXYGyV6qztBvMEETBaDCCKon81wKQ1FUpTzHLhhNbZCL89JSqrAtPz8GxnlDypEwMPmLK3 rYAfQJRsvTutiJ&new=1。

法院发布《人民法院在线运行规则》,该规则对《民事诉讼法》中规定的"信息网络平台"予以明确具体,将"中国移动微法院"升级成"人民法院在线服务"并作为全国四级法院统一面向人民群众提供在线服务的统一入口,与《人民法院在线诉讼规则》《人民法院在线调解规则》相互配合、有机衔接、三位一体,对推动构建中国特色、世界领先的互联网司法模式,进一步构建全方位、系统化的互联网司法规则体系产生重要意义。❶

(二)在线庭审的预设目标

在线诉讼是人民法院对信息化时代和国家治理能力现代化改革需求的回应,有助于人民法院发挥其保障经济高质量发展的职能作用,加强司法领域的话语权体系构建。不过从在线庭审的发展历程可以看到,对在线庭审的出现与发展产生最直接影响的是法官与当事人两方的需求,法院推行在线庭审有两个预设目标:

第一,应对"案多人少"背景下法院的审判难题。近年来,即使不断加强诉源治理,人民法院受理案件的数量仍呈现上升趋势。2020 年至 2023 年,全国地方各级人民法院和专门人民法院受理案件的数量分别为 3080.5 万件、3351.6 万件、3370.4 万件和 4557.4 万件,全国法院人均办案数分别为 225 件、238 件、242 件和 357 件,法院干警的工作压力持续增大。法官长时间"白加黑""五加二"的工作状态引发社会对法官群体健康状况的关注❷,人民法院对求职者的吸引程度有所降低,出现"招人难、留人难问题"❸,"案多

---

❶ 参见《最高法发布〈人民法院在线运行规则〉(附全文)》,载微信公众号"最高人民法院"2022 年 2 月 22 日,https://mp.weixin.qq.com/s?src=11&timestamp=1745501013&ver=5950&signature=W89lPa1kSWrqQiN8IJrlQvY6HY6tB7hQncMaxAPTfZx618Ztj4vXQbvoZlzaPveltQ6G35PeSeRhihs5g5AdNNejn88vmELT6wbrwPAixZeRRGff7V2UqZLx663YmE8h&new=1。

❷ 参见于伯军:《关注法官健康状况》,载《人民法院报》2019 年 8 月 22 日,第 2 版;李敏:《主动关心法官身体健康》,载《人民法院报》2018 年 3 月 17 日,第 7 版。

❸ 周强:《最高人民法院工作报告——二〇二一年三月八日在第十三届全国人民代表大会第四次会议上》,载《人民日报》2021 年 3 月 16 日,第 003 版。

人少"矛盾不断加剧,成为法院目前亟待解决的难题。而在线庭审被认为是可以有效整合优化各种办案资源,提升办案质效的方式。《人民法院信息化建设五年发展规划(2019—2023)》强调,信息化建设需要满足提升审判质效的业务需求,"需要为一线办案法官提高工作效率提供支撑"。❶ 一是减少法官的程序性事务。庭前会议和证据交换等程序性事务在线上进行并交由法官助理负责完成,有效促进审判团队的科学分工,从而将法官从烦琐的程序性、事务性工作中解脱出来,专心履好职、办好案。二是缩短案件审理时间。在线庭审中的无纸化办案模式、在线庭审语音识别生成庭审笔录缩短了卷宗流转、送达和庭审记录的时间。三是提高纠纷化解效率。实践中,双方当事人常因不能同时到庭导致纠纷难以当庭妥善处理。例如,离婚纠纷案件中,一方当事人第一次起诉离婚,对方当事人未到庭应诉,在此情况下法官既无法知悉对方当事人的态度,难以直接做出准予双方当事人离婚的判决,又无法组织双方当事人调解,婚姻关系中存在的问题难以得到解决,必然产生"二次诉讼"甚至引发更多社会矛盾。而在线庭审因其跨越时空的特点,被期待着能够尽可能缩小解决纠纷的成本,实现纠纷的一次性化解。

第二,回应新时代人民群众的司法需求。随着我国社会主要矛盾发生转变,人民群众对民主、法治、公平、正义、安全、环境等方面的要求日益增长。建设更高质量的人民司法,必须把握时代脉搏,倾听时代声音。具体来说,新时代人民群众的司法需求主要有:(1)多样化的司法需求。随着社会经济以及科技的发展,当今社会被"微粒化",人与人之间的差异被放大,人们也希望自己的差异化需求被尊重、被满足、被理解。人民群众"日益增长的美好生活需要"各不相同,从人民法院近几年的司法实践来看,人民法院推行的多元化纠纷解决机制以及丰富的立案方式均获得了人民群众和社会各界的好评,表明人民群众确实需要人民法院提供多样化的司法选择。(2)便捷化的司法需求。随着国家对法治建设的重视以及人民群众

---

❶ 参见最高人民法院:《人民法院信息化建设五年发展规划(2019—2023)》。

法律意识的提高,目前通过法院解决纠纷成为人民群众化解内部矛盾纠纷的主要选择,"打官司"越来越成为人们日常生活中的一部分,如何让司法做到"解决麻烦"但不给人们"制造更多麻烦"也是留给人民法院思考的一个问题。在线庭审正是基于此出发点的一个创造性尝试,人民法院的这一举措顺应时代需求,符合日常享受着网络便利的人民群众的生活习惯,积极回应了人民群众对诉讼便捷化的需求。❶ (3) 低成本的司法需求。现代化的发展促进了人员的流动,人与人之间的互动与交往不再局限于某个地方,跨域纠纷也因此增多。传统的线下诉讼需要当事人来回奔波、车马劳顿,增加了当事人的时间成本、精力成本和经济成本,在线庭审却可以让当事人跨越空间参与诉讼。

[三] 在线庭审的供给样貌与需求满足

从数据上看,截至 2022 年,全国 3500 余家法院已经实现 100% 开通一站式在线诉讼服务功能,通过移动端的统一入口提供立案、交费、开庭、送达、保全、鉴定等"一网通办"诉讼服务,实现群众办理诉讼事务全天候"不打烊"、全流程"零跑腿"。❷ 不过从调研情况来看,在线庭审并没有满足法官与当事人的全部需求,同时还制造了新的需求。

(一) 法官面向

1. 提高审判效率

最高人民法院的工作报告显示,"在线庭审平均用时 36 分钟,比线下节

---

❶ 参见胡昌明:《移动电子诉讼的司法实践及其限度——以中国"移动微法院"为例》,载《中国应用法学》2021 年第 2 期。
❷ 参见常翔宇:《应民呼 纾民困 解民忧——2022 年人民法院一站式多元纠纷解决和诉讼服务工作综述》,载《中国审判》2022 年第 24 期。

约 2/3"❶"在线庭审审理周期比传统模式缩短 22 天"❷。除用录音录像和庭审语音自动转写代替传统书记员记录、证据交换工作已在庭前完成等因素外,庭审用时、审判周期的缩短还与以下因素相关:一是在线庭审选择的大多是案情较为简单、证据数量不多的案件。针对再次参加在线庭审的意愿调查显示,受访者对于案情简单、双方分歧不大、证据少或确有远程开庭需要的案件更愿意进行在线庭审。❸ 二是当事人在线上时表达欲望较弱。在线下诉讼中,因双方当事人身处同一空间,加上有家属、朋友等旁听人员"火上浇油",在双方矛盾激烈、积怨较深的案件中,当事人的情绪常常"一点就着",而在在线庭审中,由于诉讼空间、参与人员及信息传输方式的改变,同时受到网络传输信号的影响,当事人的表达欲望相对减弱。三是工作空间拓宽。"移动电子诉讼将法官的办案过程从办公室 PC 端复制到了移动端,将办案模式从传统线下模式转变为线上线下相结合的模式,从而有效拓宽了法官的办案空间。"❹法官可以利用碎片化时间处理案件的程序性问题,从而提高工作效率。也有法院利用虚拟背景技术,实现法官开庭不受法庭限制,在家中、在办公室里随时随地开庭。❺

2. 整体工作量或有增加

其一,法官难以从程序性事务中剥离。绝大多数基层法院难以实现法

---

❶ 周强:《最高人民法院工作报告——二〇二一年三月八日在第十三届全国人民代表大会第四次会议上》,载《人民日报》2021 年 3 月 16 日,第 003 版。

❷ 周强:《最高人民法院工作报告——二〇二三年三月七日在第十四届全国人民代表大会第一次会议上》,载《人民日报》2023 年 3 月 18 日,第 004 版。

❸ 参见杨继文:《在线诉讼场景理论的建构》,载《法制与社会发展》2023 年第 3 期。

❹ 胡昌明:《移动电子诉讼的司法实践及其限度——以中国"移动微法院"为例》,载《中国应用法学》2021 年第 2 期。

❺ 参见《【联线智慧法院】互联网法庭不够用?掌上法庭找不到感觉?"虚拟法庭背景"一键 get》,载微信公众号"内蒙古自治区高级人民法院"2022 年 4 月 21 日,https://mp.weixin.qq.com/s?src=11&timestamp=1745501588&ver=5950&signature=t6ojlPJa8v1n0m1mt2HmrCPepy6yMgImW9Q0OoJJTi2NvZ7m5QKlGiQXWG-w7i1S4jCGt5do28OX4b6BWY6a6X5gYyggffhXvS1Q9Qkej8MeboeygGpIShTy3ou8dxzY&new=1。

官、法官助理、书记员"1∶1∶1"的配比,在笔者调研的Y省G区法院、Q区法院、M县法院中,一个业务庭只有一名助理甚至没有助理的情况非常普遍,加上聘用制书记员的流失率较高,法官"单枪匹马"的状况时有发生。即使法官配有助理,助理也因缺乏压力或激励而显得动力不足,或是因为被安排诸多其他工作而分身乏术,法官仍需完成大量程序性事务。其二,与当事人进行沟通调解的工作难以减少。虽然数据显示,在线庭审的平均用时显著短于线下庭审,但这并不意味着法官花费在与当事人进行沟通交流上的时间缩短、相应的工作量减少。在传统线下诉讼中,双方当事人处于相对封闭的法庭之内,法官总是借此机会,在正式开庭前、庭审结束后或者任何一个法官感觉到有可能调解的时刻,给双方当事人做调解工作,一旦调解成功,双方当事人当场签字甚至当场履行,这也就常常造成法官开庭时间长的现象。而在在线庭审中,特定空间带来的压迫感减弱,网络在为双方"见面"带来便利的同时减弱了双方当场调解的必要性。法官与当事人进行沟通调解的工作,由庭审中转移到了庭审外,但总体上并没有减少。❶ 其三,指导当事人使用平台的工作量增加。实证研究发现,因当事人对线上操作不熟悉、平台操作不便利,线上诉讼的庭前准备时间变长,庭前准备的工作量增加了0.5—1倍。❷ 其四,线上线下的重复劳动导致工作量增加。实践中,法官通过在线庭审办结案件后,仍面临大量的线下工作,如要求法官将线上审理的案件材料打印后再在线下归档,当事人在收到电子送达的判决书后又要求法院给予纸质裁判文书等,如此重复劳动增加了法官的工作量。

---

❶ 在访问法官关于在线诉讼经验时,有法官表示,"你以为调解那么容易啊,在线几分钟就行了?调解了的那些案子,我都是前面打了十几个电话才说通的,在线只是签一下协议,把这个事情固定下来"。也有实证研究显示,受访的法官助理和书记员都认为在线诉讼使得庭外花费的时间增多,33.33%的书记员认为,每次在线诉讼花费自己超过90分钟的庭外时间。参见《最高人民法院关于在部分法院推进"移动微法院"试点工作的通知》。

❷ 参见左卫民:《中国在线诉讼:实证研究与发展展望》,载《比较法研究》2020年第4期。

3. 对更高审判能力的需求

一是庭审驾驭能力。在线庭审与传统诉讼在"物理性"上的显著差异，尤其是虚拟空间对诉讼各方"身临其境"感受的剥夺，加之缺乏法庭的传统布置和服饰，一定程度上消解了庄重肃穆的庭审氛围，当事人在线上庭审中的表现更为放松，对庭审的重视程度也有降低。❶ 实践中，当事人边开车边开庭、穿着睡衣开庭等情况时有发生。另外，受到网络技术的限制，在线庭审难免卡顿，会对法官的审理思路、庭审节奏造成影响。因此，法官普遍认为，在线庭审对法官的庭审驾驭能力提出了更高的要求。二是事实甄别能力。受技术、设备、系统等的影响，法官在透过屏幕观察当事人时，难以捕捉到其面部表情、肢体动作等细节信息并以此来判断当事人的陈述是否真实❷，情态证据的使用面临挑战。然而，对情态证据的捕捉高度依赖观察者，对情态证据的捕捉和解读受到法官年龄、等级、性格、庭审时的精神状态、专业能力、办案经验等诸多因素的影响。❸ 通常情况下，对某类案件审判经验较为丰富的法官更容易对案件的事实真伪进行更为准确的判断，法官对案件事实的甄别能力能够在一定程度上弥补技术带来的不足。三是沟通交流能力。在线庭审场景削弱了线下诉讼的"强联系"，人们的交流和接触次数变少、感情变弱、亲密度降低，成为"弱联系"。❹ 在此情况下，法官获得当事人的信任的难度增大。加之在线庭审作为通过虚拟媒介展开的互动，使庭审过程从立体的场景变成平面的场景，在此场景中，庭审参与者之间难以通过

---

❶ 参见吴思远：《论数字技术与诉讼规则的互动关系——以我国刑事在线诉讼为视角》，载《政治与法律》2023年第5期。

❷ 参见王菁：《上海法院1万多场在线庭审渐成常态，给法官、当事人带来什么体验?》，载微信公众号"上海法治报"2020年4月28日，https://mp.weixin.qq.com/s?src=11&timestamp=1745501804&ver=5950&signature=NwvFA2QPmZIE9AO1jHBZ2QvUucawL0EelpbEdH3BLVC3bBQYxAt7EvSB6DEa1fVFYuIwygRa7NGNn3trDYGhuQZl6XDJJ7KEuCbDKZS4xTzWuyORxEpEiVvTuw8yEQQf&new=1。

❸ 参见田懋迪、瓮怡洁：《在线诉讼背景下情态证据面临的挑战与机遇》，载《人民法治》2024年第4期。

❹ 参见王福华：《互联网司法的正义体系》，载《中国法学》2024年第1期。

一系列非言语讯息感知他人的情感和情绪,难以产生基于情感的信任❶,法官通过语言与当事人进行沟通交流的能力就显得更为重要。

(二)当事人面向

1. 降低诉讼成本

在线庭审跨空间、跨时间的特性有效消除了诉讼的物理障碍,为当事人节约了往返奔波的时间成本和经济成本,让通过司法实现的正义"做到物美价廉"。❷ 最高人民法院的数据显示,2021 年,通过各类信息化手段全方位保障当事人诉求,减轻群众诉累,相比传统诉讼方式减少群众出行约 1.3 亿余人次,减少出行约 101 亿公里。❸

2. 促进实质公平

由于在线庭审平台在一定程度上消解了庄重肃穆的庭审氛围,拉大了法庭成员的空间距离,缓解了当事人进入法院、参与庭审的压力。一方面,压力的减轻能够有效缓解当事人,尤其是对诉讼程序感到陌生的当事人产生的紧张、焦虑的情绪,避免发生当事人在庭审中无法准确表达自身诉求,甚至在慌乱之中承认于己不利的事实的情况,避免造成实质上的司法不公;另一方面,在较弱压力下,当事人更容易产生自发型情态,削弱了庭审过程中的对抗性,提升了庭审过程的合作性,客观上更有利于共同诉讼利益的获取,能够对促进实质公平发挥正向作用。❹

3. 出现沟通难问题

一是当事人与当事人之间的横向沟通。对于一些具有长期合作、渴望友

---

❶ 参见郑智航:《智能司法信任机制的法律构建》,载《现代法学》2023 年第 6 期。

❷ 参见何海波:《在线诉讼:让司法正义更加触手可及》,载《人民法院报》2021 年 6 月 26 日,第 2 版。

❸ 参见《智慧法院促进提质增效,助力节能减排》,载微信公众号"最高人民法院" 2022 年 6 月 18 日,https://mp.weixin.qq.com/s/4mVKH6gXRZuzBBf1TYkexw。

❹ 参见胡铭、祝笑寒:《在线庭审的情态效应与功能实现》,载《郑州大学学报(哲学社会科学版)》2024 年第 1 期。

好关系得以延续的当事人来说，法庭这一场所，既是定分、评理的地方，也是促使双方见面、修复关系的平台。那些已经发生纠纷但关系尚未完全破裂的当事人，总是在经历了反复磋商、反复拖延、反复争吵之后，其中一方实在无奈才将纠纷诉至法院。但即使是已经诉至法院，不少当事人仍怀着"逼对方出来面谈"的希望，得到一纸判决对于他们来说并不是最好的结果。例如，在一起通过线上与线下相结合的方式处理的买卖合同纠纷案件中，书记员先通知了原告一方到庭参加诉讼，后通知被告一方，被告以人在外地为由要求在线庭审，法院准许。原告到庭时发现被告不在现场，便说，"早知道他不来我也不来了"。后了解到，原告经营着一家小公司，为被告这一大公司承接的工程项目提供瓷砖。在原告看来，被告资金雄厚，欠下自己公司的几万块钱对被告来说根本不算什么，但被告始终不付。在诉至法院之前，原告已多次找到被告公司的负责人，被告公司的负责人称要对账之后才能付款，但收取原告提供的票据之后，又一直拖着不对账，给原告公司的经营造成困难。原告说："本来想着他（被告公司的负责人，笔者注）来了再跟他说说，因为拖着的这笔款，我们已经要经营不下去了，让他再去公司里反映反映，争取尽快优先给我们付一下。现在他也不来，说也不好说，判下来还不是拿不到，又得等。"二是当事人与法官之间的纵向沟通。在传统线下诉讼中，笔者经常观察到当事人及其前来旁听的家属趁休庭之时或庭审结束后，寻找机会避开对方当事人与法官沟通，表达其对该案的具体需求或补充，包括：对处理方式的需求，如希望法官能够帮助双方以调解方式处理纠纷；对处理速度的需求，如希望法官能够"判慢点"或"判快点"；对处理结果的需求，如向法官描述对方当事人的"人品""道德素质"，希望法官能够对对方的行为予以"严惩"等。但目前的在线庭审尚不能满足当事人与法官的沟通需求。

4. 程序陌生感未得到有效缓解

一是对诉讼程序感到陌生。在线庭审平台将诉讼过程拆分为网上立案、在线庭审等环节，却未能告知当事人在环节与环节之间如何衔接，且法院实际的诉讼程序常常比在线庭审平台中显示的更为复杂❶,当事人常常在诸多程序的交替中感到迷茫,继而对法院产生不满情绪。❷ 二是对在线诉讼方式感到陌生。即使在线庭审已经成为法院人熟悉、法律人热议的一种审判形式,但还是有很多当事人不知晓其存在。因此,在具体司法实践中,启动在线诉讼往往需要书记员或送达人员在通知开庭时间、送达开庭传票的过程中加以"引导"。例如:

书记员:您好,请问是××吗?

当事人A:是,哪位?

书记员:这里是××法院。来电是通知您,您与××合同纠纷一案定于1月4日第×法庭开庭,请您准时到达。

当事人A:那会儿来不了啊,我在外地。

书记员:赶不回来吗?

当事人A:赶不回来啊。我在那边做个工程,1月底才结束,我要2月份后才回来。

书记员:那不然您可以线上开庭。

当事人A:线上开庭?线上开庭怎么开?

书记员:就像网络视频一样的。

当事人A:那对方来不来?

书记员:要来的。和普通的庭审一样,只是不需要您到现场了,对方现在我们还没有联系,他可以选择在线上开,也可以线下来法院。

---

❶ 如很多法院要求,当事人在其网上立案的申请获批后,需要将纸质的立案材料邮寄到或亲自送到法院,才能进入等待立案的程序;以及,在申请立案与立案之间,加入了诉前调解环节等。

❷ 例如,调研中遇到一名当事人投诉法院,称其在网上递交起诉状后法院长期未处理。实际上,法院在收到其材料后立即将其案件导入诉前调解程序,调解员已和对方当事人沟通多次,正在等待对方当事人给出具体的调解方案。法院收到投诉后立即将其案件立案并与该当事人联系,当事人在了解案件进程后,为自己的投诉向法院表达歉意,并询问能否撤回立案,由调解员继续调解案件。

当事人 A：好嘛。

书记员：那如果您同意的话，您把身份证号码告诉我，稍后您会收到一条信息，上面有网址和具体的开庭时间，您按照时间登录那个网站进去就可以开庭了。

当事人 A：好的。

5. 部分当事人被困于数字鸿沟

适用在线庭审，需要当事人具有一定的技术运用能力、知识获取能力和知识处理能力。研究表明，数字鸿沟经历了"接入沟—使用沟—知识沟"的内涵迭代。第一道数字鸿沟为接入沟，是对互联网的推广带来的社会区隔进行的客观描述，目前我国"接入沟"意义上的数字鸿沟整体呈现逐渐弥合的态势；第二道数字鸿沟为使用沟，是不同主体在运用数字技术方面存在的能力差异；第三道数字鸿沟为知识沟，即数字技术使教育水平和社会经济水平更高的群体更快、更多地获得信息，从而加剧社会分隔程度。❶ 不同当事人在面对在线庭审平台时，面对的数字鸿沟即使用沟和知识沟。首先，从技术层面看，对数字产品不熟悉的当事人不具备相应的技术运用能力，难以进行在线庭审；其次，从知识获取方面，由于当事人对数字产品和网络不熟悉，即使各法院纷纷在微信公众号等网络平台发布"在线庭审指南"等相关信息，此类当事人也难以获取；最后，从知识处理方面，不同当事人之间存在心智带宽的差异❷，低心智带宽的群体在处理在线庭审相关的知识时可能面临困难。

可见，在线庭审未能完全满足法官与当事人对其预设的目标与需求，反而可能增加了法官的工作量，增加了当事人在诉讼中的横向与纵向沟通难度，增加了法官对更高审判能力的需求和当事人对掌握数字技术能力的需

---

❶ 参见王也：《数字鸿沟与数字弱势群体的国家保护》，载《比较法研究》2023 年第 5 期。

❷ 参见孟醒：《智慧法院建设对接近正义的双刃剑效应与规制路径》，载《中国政法大学学报》2020 年第 6 期。

求,使得双方在考虑是否采用在线诉讼时会对各需求在个案中的重要程度及满足程度进行权衡。同时,《人民法院在线诉讼规则》第21条规定,"人民法院开庭审理的案件,应当根据当事人意愿、案件情况、社会影响、技术条件等因素,决定是否采取视频方式在线庭审,但具有下列情形之一的,不得适用在线庭审;(一)各方当事人均明确表示不同意,或者一方当事人表示不同意且有正当理由的……"即在线庭审的启动需要法官与当事人都表示同意,任何一方不同意,在线庭审都无法启动。因此,实践中既有当事人提出在线庭审申请未获得法院批准的情形,也有法院主动询问当事人能否采用在线庭审,却遭到当事人拒绝的情形。满足双方需求的情况不佳造成了在线庭审适用率偏低的现状。

[四] 在线庭审的发展方向与优化路径

至此,提升在线庭审适用率的方案似乎呼之欲出。然而,在此之前,还需要对两个尚有争论的问题予以明确:第一,在线诉讼在整个民事诉讼中的定位如何?在线诉讼是线下诉讼的辅助,还是与线下诉讼"并驾齐驱"的一种诉讼方式?如若在线诉讼仅是线下诉讼的辅助、补充,仅在线下诉讼不便进行时才适用,那么在线庭审的适用率偏低就不构成一个问题,而是一个正常的、合理的现象,也无须改变;第二,目前的在线诉讼规则中对在线庭审适用条件的规定是否妥当?是否对在线庭审的适用造成了过多约束?这些约束是否必要,是否正当?

(一) 在线诉讼与线下诉讼的关系

关于在线诉讼与线下诉讼的关系,既有研究大致呈现两种观点:一是功能等值说。该观点指出,在线诉讼"要以线下诉讼程序为参照,功能等值式地进行"。"功能等值"包括建构标准意义上的功能等值和评价标准意义上的功能等值,前者的作用在于指导在线诉讼的程序设计,要求在线诉讼的程序建构要尽可能保障线下诉讼蕴含的程序意旨;后者的作用在于引导在线诉讼的合理适用,以线下诉讼蕴含的程序意旨为基准评判在线诉讼的具体效果,对在线诉讼功能优于线下诉讼的,应当倡导和鼓励适用,对于在线诉讼弱化线下诉讼功能的,则应当慎重对待,甚至使其成为电子诉讼适用的例外。❶从功能等值说的角度看,在线诉讼只是"线下流程的'线上化'"❷,在线诉讼在诉讼活动的整体过程中是作为传统诉讼方式的辅助手段存在的❸。二是独立价值说。该观点指出,在线诉讼具有独立价值,是一种能够与传统诉讼方式"并驾齐驱"的独立的诉讼方式。其主要理由有:一是我国关于在线诉讼的制度实践与运行机制决定了在线诉讼具有独立性。一方面,从在线诉讼的制度实践来看,我国的互联网法院建设、民事诉讼繁简分流改革以及互联网司法战略决定了在线诉讼的定位应为独立的诉讼方式;另一方面,分别从在线诉讼的适用范围、适用环节来看,在线诉讼是可供当事人选择的一种诉讼方式,适用于绝大多数类型的案件,覆盖诉讼活动的全流程,其运行机制的完整性决定了其独立性。❹ 二是原生型在线诉讼行为的出现衍生出了在线诉讼的独立性。从在线诉讼行为是否存在与其相对应的线下诉讼行为来看,可将在线诉讼行为分为"派生型在线诉讼行为"与"原生型在线诉讼行为"。前者是基于传统线下诉讼行为在网络信息时代的发展、分化所形成的在线诉讼行为,通常能够找到与其相对应的线下诉讼行为;后者则最初就产生于网络在线诉讼,不存在与之相对应的线下诉讼行为,最为典型的即在线诉讼中的"异步审理"模式。等效原则只适用于派生型在线诉讼行为,却无

---

❶ 参见张兴美:《电子诉讼制度建设的观念基础与适用路径》,载《政法论坛》2019年第5期。

❷ 章扬、谢子柔:《在线诉讼制度的检视与完善》,载《法律适用》2023年第4期。

❸ 参见侯学宾:《我国电子诉讼的实践发展与立法应对》,载《当代法学》2016年第5期。

❹ 参见左卫民:《后疫情时代的在线诉讼:路向何方》,载《现代法学》2021年第6期。

法涵盖原生型在线诉讼行为。❶ 三是在线诉讼的溢出功能决定了其能够被视为一项独立的程序工具。实践中,已出现法院本可决定线下开庭,但基于节约司法资源、保护被害人或证人、节约诉讼成本或者确保审判在合理期限内进行等动因,权衡后决定采用在线诉讼的方式进行审理的情形。"在线诉讼所能实现的人际功能有望在实践中继续溢出,不仅能在必要时替补完成审判,还能在适宜时发挥线下庭审所不及的功能。"❷

本文对比观察在线诉讼与线下诉讼对需求的满足情况后发现,首先,在提高审判效率、节约诉讼成本方面,在线诉讼有着明显的优势,而且这些优势都是其特有的、线下诉讼难以达到的。其次,在促进实质公平方面,在线诉讼能够通过其"去物理性"缓解当事人的压力,营造较为轻松的庭审氛围,不过这一优势更多体现在一方为不熟悉诉讼程序的当事人的案件中,对于双方都是律师或经验丰富的诉讼参与者的案件,效果不够明显,或者说,在双方都具有较为丰富的诉讼经验时,实质公平之间的差距已经被缩小了。再次,在满足当事人沟通需求方面,线下诉讼既能够满足当事人与当事人之间横向的沟通需求,也能满足当事人与法官之间纵向的沟通需求,其作用是在线诉讼目前难以替代的。最后,在减轻法官工作量、缓解当事人程序陌生感方面,在线诉讼暂时表现不佳,未显示出其应有优势,与当事人和法官对在线诉讼的期待不符。由此可见,一方面,在对法官和当事人两大主体的需求的满足上,在线诉讼与线下诉讼具有不同的优势与局限,而且两种诉讼方式体现出不同的价值取向,勾勒出较为不同的两类诉讼场景。在线诉讼是高效的、快节奏的、弱仪式感的,而线下诉讼是细致的、复杂的、隆重的。另一方面,由于受功能等值论的影响,在线诉讼的构建路径为"转置模式",即不考虑信息技术可能

---

❶ 参见谢登科:《在线诉讼的中国模式与未来发展》,载《中国应用法学》2022年第4期。

❷ 胡铭、祝笑寒:《在线庭审的情态效应与功能实现》,载《郑州大学学报(哲学社会科学版)》2024年第1期。还有学者有类似的观点,认为"功能等值论"可能会限缩在线诉讼功能的发挥,参见郭丰璐:《论在线诉讼的功能定位》,载《法律适用》2023年第5期。

给诉讼带来的影响,而只考虑与线下诉讼的各项制度实现"功能等价",因此导致线上工作线下同步做,加大法官工作量❶,以及在线诉讼"模式革新"❷不足导致的原设便民功能发挥不足。因此,在未来的发展中,应充分认识到在线诉讼的独特价值和功能,将在线诉讼视为与线下诉讼的地位等同的诉讼方式,而非线下诉讼的附属或辅助。

(二) 当事人的选择权与法院的审查权

《人民法院在线诉讼规则》中关于适用在线诉讼的规定,本质上是当事人的程序选择权与法院的审查权之间的相互制约。那么,如何理解在线庭审的程序选择权? 现有规定对该选择权的限制是否合理?

首先,关于程序选择权。程序选择权的理论根基源于当事人主体性理论,即当事人作为诉讼程序主体应有机会对程序适用、运行发挥积极作用,其在适用何种程序解决自己的纠纷上具有选择的自由,而不应该消极、被动地接受法院强制性的程序适用。与此同时,诉讼程序的多元化以及"司法服务"理念又分别为当事人的程序选择权提供了适用空间与思想基础。❸ 其次,关于应否限制、在何种程度上限制程序选择权的适用。有观点认为,相较于线下诉讼,在线庭审中的程序自由价值更应该得到彰显,表现之一就是要保障当事人享有灵活选择诉讼程序的自由。"在起诉阶段,当事人可以选择是否通过在线方式解决纠纷。当事人选择电子诉讼方式后,无须经过法院同意就可以随时随地在网上发起举证、质证程序……在电子诉讼进行过程中,如果当事人存在正当事由,还应当允许当事人随时终止在线纠纷解决程

---

❶ 参见王禄生:《刑事案件在线诉讼制度的实践观察与前景展望》,载《西南民族大学学报(人文社会科学版)》2021 年第 12 期。

❷ 关于"技术植入型"与"模式革新型"在线法院的区分,可参见张迪:《在线法院构建的理论逻辑与路径展望》,载《理论月刊》2022 年第 2 期。

❸ 参见谢登科:《论在线诉讼中的当事人程序选择权》,载《南开学报(哲学社会科学版)》2022 年第 1 期。

序,而由线上审判转为线下处理。"❶ 也有观点认为,程序选择权是程序性形成权,而非程序性请求权。❷ 程序性形成权是依当事人一方或双方行使权利,法院进行形式审查,无须进行实质审查,就能发生法律效力的诉讼权利。对于当事人做出线上诉讼或线下诉讼的选择,法院通常无须过多干涉,当事人一旦不同意选择在线庭审,就直接产生排除适用在线庭审的法律效果。❸ 还有观点认为,当事人的程序选择权应当受到法院审查判断权的严格限制,"在线庭审程序选择权不能仅仅从个体主义角度反映当事人的实体利益和诉讼利益,还应当从平衡当事人与当事人、当事人与法院之间关系的角度去理解并做出妥当的制度安排"❹。在线庭审程序选择权的边界和限度受到公法属性的制约,对于只有法院最终认为适宜在线进行的案件才能正式开启在线庭审程序。❺

本文认为,当事人的程序选择权应当受到法院审查权的限制,但法院审查权的行使应控制在较小的范围,尽可能不侵害当事人的程序自由。之所以赋予当事人程序选择权,是由于在线诉讼与线下诉讼在诉讼成本、诉讼效率、功能价值等方面都有不同,当事人是对自己的案件、诉求最为了解的个人,应当给予其选择以充分尊重,不宜干涉过多。例如,《人民法院在线诉讼规则》将"案件疑难复杂、证据繁多,适用在线庭审不利于查明事实和适用法律"作为不得适用在线庭审的情形的背后实际上是前文提到的法官庭审驾驭能力、事实甄别能力的问题,以此作为限定当事人程序选择权的理由并不妥当。不

---

❶ 陈锦波:《论信息技术对传统诉讼的结构性重塑——从电子诉讼的理念、价值和原则切入》,载《法制与社会发展》2018 年第 3 期。
❷ 分类参见陈桂明、李仕春:《论程序形成权——以民事诉讼权利的类型化为基点》,载《法律科学(西北政法学院学报)》2006 年第 6 期。
❸ 参见谢登科:《论在线诉讼中的当事人程序选择权》,载《南开学报(哲学社会科学版)》2022 年第 1 期。
❹ 程睿:《双轨并行模式中在线诉讼的同意规则》,载《现代法学》2023 年第 5 期。
❺ 参见左卫民:《后疫情时代的在线诉讼:路向何方》,载《现代法学》2021 年第 6 期;李拥军:《作为治理技术的司法:家事审判的中国模式》,载《法学评论》2019 年第 6 期。

过,这并不意味着当事人的程序选择权不应受到任何限制。法院作为国家的审判机关,担负着维护国家安全、社会稳定的重要任务,因此,对于涉及国家安全、国家秘密、具有较大社会影响力、可能影响社会稳定的案件,法院应充分运用其审查权,对当事人的程序选择权予以限制。

(三)以需求满足为核心的优化路径

在厘清在线诉讼的发展方向后,结合前述对"需求—能力要求"的分析,提出关于在线庭审的优化建议。总体思路是,在需求方面,由于在线诉讼与线下诉讼不必再遵循"功能等值",在线诉讼的发展应当更多侧重放大其"技术优势",重视技术更新带来的模式革新;在能力要求方面,不断提高当事人与法官应对在线诉讼的能力,实现在选择诉讼方式时能够为需求而选,不受能力之限。

第一,升级法院审判管理,减少法官线上线下的重复工作。将在线诉讼作为一个完整的、独立的诉讼方式看待,不断完善在线诉讼衍生出的卷宗整理制作、归档流转、庭审录音录像保存等相关流程的管理规定,以更符合在线诉讼特点的理念及方式对在线诉讼进行管理,并根据在线诉讼的实际情况不断调整,形成以在线诉讼与线下诉讼两种诉讼方式为核心的两套审判管理体系,避免法官在线上与线下来回重复工作,增加法官无意义的工作量。

第二,提供更多庭审指引,让当事人更加"接近正义"。针对当事人对诉讼程序的"陌生感",以及当事人与法官之间的专业知识隔阂,可以进行案件信息实时推送,包括程序性信息实时推送和同步类案实时智推。程序性信息实时推送从当事人将其案件材料交给法院的那一刻起就开始,确保当事人能够收到关于其案件信息的全部进展,并且得到下一步该做什么、怎么做、不会做该找谁等指引。同步类案实时智推则从原告在线申请立案开始,系统将根据传入数据的不断变化而智能、精准地向法官、代理律师、当事人推送已有生效裁判文书的案例,帮助当事人预判裁判结果、理性分析诉讼成本、合理选择纠纷处理方式等。

第三,优化审判团队配置,提升应对在线庭审的整体实力。法官个人的能力是有限的,尤其是在员额制改革下,法官的"入额"标准变得单一化,专业技能越来越受到重视,而那些需要通过长期学习、试错、总结才能习得的"技艺理性"被忽视甚至丢弃了,而这恰恰"是一种能使情、理、法相融合的能力,是一种说服人心灵的能力,是一种使法律效果和社会效果相调和的能力"❶,是在线庭审中法官与当事人的物理距离变得遥远后前者亟须的能力。因此,应当针对审判团队核心——法官的个人特征与能力配置不同年龄段、不同经验与经历的其他审判团队成员,以补足法官能力,提升团队应对在线庭审的整体实力。

第四,建场所、改系统,进行在线庭审服务适应性改造。针对数字弱势群体的技术运用能力、知识获取能力和知识处理能力较弱的情况,可在人民法庭、县乡矛调中心、乡镇街道等设立共享法庭、服务站点等,让人民群众在家门口就可以便捷、规范地参加在线庭审;可设置志愿者等,手把手教会当事人操作流程,解决对智能设备操作不熟练、对在线诉讼平台不熟悉的问题。同时,对在线诉讼平台进行适应性改造,在平台设置字体大、提示多、减少不常用功能的老年模式,老年人或其他有需要的人员可在登入平台后随时调整模式,使其以最能够接受的方式参与在线庭审。

[五] 结 语

本文围绕在线庭审实践中法官与当事人的需求及在线庭审的实际供给进行分析,得出如下结论:就目前的在线庭审实践来看,虽然其满足了法官提高审判效率的需求,满足了当事人降低诉讼成本、追求实质公平正义的需求,但反而增加了法官的工作量,也给当事人与当事人之间的沟通、当事人与

---

❶ 李拥军:《作为治理技术的司法:家事审判的中国模式》,载《法学评论》2019 年第 6 期。

法官之间的沟通带来困难,同时还对法官与当事人进入诉讼的能力提出了新的要求,因此造成了在线庭审适用率偏低的现象。改变这一现状,首先,需要明确在线诉讼在整个民事诉讼中拥有独立的价值和地位,在线诉讼不是作为线下诉讼的辅助或补充而存在的;其次,对在线诉讼中当事人的程序选择权予以充分保障,限缩法院的审查权,只有案件涉及国家安全、国家秘密、社会稳定时,法院才能否定当事人的程序选择,适用线下诉讼;最后,应充分发挥在线诉讼的优势,释放其技术能量,不断满足法官与当事人对在线庭审的需求,同时提高法官与当事人应对在线诉讼的能力,消除数字鸿沟,让每一个人都能够自由地选择诉讼方式,感受技术时代的红利。

大数据证据质证的困境与出路

洪　刚*

摘　要：大数据技术的发展给刑事庭审质证的变革带来了机遇，同时对传统的刑事证据体系和质证规则产生了深刻影响。大数据证据质证需要明确其根植传统法定证据，但又发展于新型科学证据的本体属性。大数据证据质证既应遵循传统法定证据的真实性、合法性和相关性的质证规则，也要实现科学证据可靠性的质证要求，确定其证明力以及证明力大小。现阶段大数据庭审质证从个案判断向类案算法延伸，存在压缩控辩双方的质证空间、妨碍算法运用的质证效果、加重庭审流程的质证负担、增加辩护律师的质证负担等困境。应当在大数据证据法律地位的基础上，明确大数据证据的质证规则，扩大质证空间；强化大数据证据质证权利的保障，增强质证效果；提升算法解释和说理能力，减轻质证负担；促进大数据证据质证数据流动，消除质证障碍。

关键词：大数据证据　法定证据　质证规则　证据属性

---

* 洪刚，中国司法大数据研究院社会治理研究中心法律研究员。本文系国家社科基金年度项目"民营企业刑事涉案财物程序保障研究"（项目批准号：24CFX105）和教育部人文社会科学研究青年基金项目"认罪认罚从宽契约的规范适用及制度保障"（项目批准号：23YJC820039）的阶段性成果。作者感谢第二届全国证据科学博士生、博士后学术论坛中四川大学左卫民教授、中国政法大学张中教授提出的修改建议。

引　言

近年来,人工智能、大数据技术的发展给刑事司法审判带来了深刻影响和变革,大数据证据等新型科学证据也逐渐在事实认定环节发挥着重要作用。所谓大数据证据,是指以海量数据为基础,通过计算机程序构建算法模型,以数据筛选、数据挖掘、数据分析为运行方式而形成的证明材料。从司法实践来看,出现了越来越多与大数据证据相关的运用场景。例如,我国公安机关利用大数据技术新一代 SAS 反洗钱平台对涉及有组织的互联网金融犯罪进行远程勘查❶,通过掌握犯罪组织层级、犯罪人员构成、涉案资金流向等与案件直接相关的证据材料来认定犯罪事实❷。从域外发展情况来看,美国较早地开发了替代制裁的三种主要风险评估软件:罪犯矫治管理画像(COMPAS)、审前安全评估(PSA)和水平服务清单(LSI-R),通过算法来评估罪犯的人身危险性、社会危害性、再犯可能性等因素,形成的评估材料为庭审定罪与量刑服务,但算法的不透明性也引发了种族歧视和技术偏见等问题。❸ 大数据证据作为新型科学证据中的典型代表,其出现无疑是司法实践发展的结果,必然对传统法定证据体系和证据规则产生冲击。在质证过程中也因为其本身的技术性导致质证过程与结果无法保持一致,尤其在"算法黑箱"的影响下,控辩双方缺乏针对大数据证据的质证方法和技巧,无法对大数据来源的真实性、生成过程的正当性、完整性和证据结论的可靠性、可溯性提出有效的质证意见,这在一定程度上加剧了大数据证据的质证难度。以大数据证据为代表的科学证据在刑事庭审中如何

---

❶ 参见吴春妹、叶萍、黄成、张美惠:《大数据证据的定位与运用——以互联网金融犯罪案件为切入点》,载《人民检察》2020 年第 3 期。

❷ 参见范兴嫩非法制造、买卖、运输、邮寄、储存枪支、弹药、爆炸物罪案,福建省宁德市蕉城区人民法院(2021)闽 0902 刑初 175 号刑事判决书。

❸ 参见李本:《美国司法实践中的人工智能:问题与挑战》,载《中国法律评论》2018 年第 2 期。

质证,是数字时代证据法学研究亟待解决的新问题,具有重要的价值和意义。

目前,大数据证据在庭审中如何质证的问题在我国司法实践中还存在不小的争议,其中一个重要原因是,对大数据证据究竟该纳入法定证据体系,抑或作为独立的证据形式尚未形成共识。同样,与传统法定证据相比,大数据证据的质证规则有特殊性,但针对究竟如何有效质证缺乏具有可操作性的规则。此外,大数据证据与鉴定意见、电子数据等传统法定证据存在交叉,较难在法定证据体系中将其划分为某一种证据。从学界的研究情况来看,学界围绕大数据证据也展开了系列研究,主要讨论大数据证据的基本原理❶、证明规则❷以及大数据证明的技术化运用❸等内容。值得肯定的是,这些讨论为大数据证据的研究提供了新的思路,但上述研究也有值得进一步思考的地方。一是大部分研究关注刑事侦查阶段❹,而对司法审判中的大数据证据的运用关注不足,相关研究案例较少。二是诸多研究提出了"算法黑箱""算法偏见"等问题,但这些问题本质上是技术性问题,对算法背后的程序价值以及设计逻辑缺乏充分认识。三是大数据证据在司法实践中的运用具有多样性,有的大数据证据与法定证据的种类重合,有的超出了法定证据的范围,对此有待进一步作出类型化讨论。鉴此,文章以大数据证据在刑事审判中的运用为立足点,讨论大数据证据的质证方式,揭示大数据证据庭审质证的运用

---

❶ 参见刘品新:《论大数据证据》,载《环球法律评论》2019 年第 1 期。

❷ 参见谢君泽:《论大数据证明》,载《中国刑事法杂志》2020 年第 2 期;杨继文、范彦英:《大数据证据的事实认定原理》,载《浙江社会科学》2021 年第 10 期;王燃:《大数据证明的机理及可靠性探究》,载《法学家》2022 年第 3 期。

❸ 参见林喜芬:《大数据证据在刑事司法中的运用初探》,载《法学论坛》2021 年第 3 期;倪春乐、陈博文:《大数据证据的刑事诉讼应用机理研究》,载《中国人民公安大学学报(社会科学版)》2022 年第 2 期;郑飞、马国洋:《大数据证据适用的三重困境及出路》,载《重庆大学学报(社会科学版)》2022 年第 3 期。

❹ 参见程雷:《大数据侦查的法律控制》,载《中国社会科学》2018 年第 11 期;裴炜:《数据侦查的程序法规制——基于侦查行为相关性的考察》,载《法律科学(西北政法大学学报)》2019 年第 6 期。

困境,明晰大数据证据庭审质证的特殊性并提出实现路径,以期对数字时代大数据证据的深入研究有所裨益。

[一] 我国大数据证据质证的考察

大数据证据衍生于当前新技术革命的外部环境,不仅具有传统法定证据的属性,还包含了大数据固有的技术属性。一方面,大数据证据庭审质证依然要以法定证据为基础,由控辩双方对证据的真实性、合法性和相关性予以质证。另一方面,基于其自身的技术属性,需要进一步对大数据证据的可靠性进行质证,由此形成大数据庭审质证的基本方式。

(一) 大数据证据相关概念的厘定

大数据证据作为一种科学证据形式,并没有纳入我国《刑事诉讼法》规定的八种法定证据种类。从研究的立足点来看,大数据证据质证规则和方式需建立在大数据证据的本体属性的基础之上,否则大数据证据质证无从谈起。关于大数据证据的性质的研究已有诸多成果,有观点认为大数据证据应被当作一种独立的证据种类,也有观点认为大数据证据是电子数据、鉴定意见或专家辅助人。❶ 而就大数据证据自身来说,很难将其归为某一类法定证据,且在其未被进行类型化区分之前,也不宜将其视为独立的证据形式,否则若只要司法实践出现一种新型证据就将其作为独立的证据形式,则会使得证据结构失去稳定。所以,对大数据证据本体属性的界定需避免将其划为某一类法定证据或作为独立的证据形式的做法,而是先根据大数据证据分析结论的特征将其归入不同的证据种类,再对其确立证明规则和技术标准来实现"证据化"。从这个意义上来说,大数据证据质证的证明机理是大数据证据

---

❶ 参见徐惠、李晓东:《大数据证据之证据属性证成研究》,载《中国人民公安大学学报(社会科学版)》2020年第1期。

"证据化"的重要内容。大数据证据具有多元化的证据属性,其无法脱离传统法定证据的质证规则,同时要根据科学证据的特点配置相应的质证要素。所以,大数据证据在庭审中质证的实现需要厘定其与传统法定证据、科学证据之间的关系。本文具体从以下两个方面展开讨论:

一方面,大数据证据与传统法定证据。从我国刑事诉讼法的法定证据种类来看,与大数据证据具有较大交叉的是电子数据、鉴定意见等。这些处于上位的法定证据与大数据证据有着某些相似之处。例如,电子数据与大数据证据同样具有可以以数字化形式存储、处理和传输的数据,可以根据该特征将存储类大数据证据、生成类大数据证据纳入电子数据的范畴,在质证过程中则可以根据大数据证据的收集、提取过程及原始存储介质的存放地点或来源等情况进行质证。如在李某抢劫案中,审判机关将时空轨迹信息作为电子证据,从其生成方式的电子化、数据化决定其可被大数据分析、挖掘,二审法院将抢劫过程中生成的时空轨迹信息认定为电子数据。❶ 从鉴定意见来看,鉴定人对案件中的专门性问题进行鉴定后作出的书面意见与大数据分析报告存在相似之处。大数据分析结果呈现为书面分析报告,如蓝某、韦某诈骗案中,电子证据检验报告用来证实相关数据硬盘和手机中的数据已被保存在公安局物证鉴定中心制作的 U 盘中。❷ 所以可以通过鉴定意见的质证规则对大数据分析机构的法定资质以及分析软件工具的合格性,筛选的数据是否充足、完备,样本数据的范围与反映数据的内容是否符合等进行质证。就专家辅助人意见证据而言,通过人工智能技术将海量数据进行智能化处理,相当于将人工智能处理的过程类人化为专家辅助人,结合智能化数据的量化结果对案件事实作出认定,得出智能化审查意见。综上,大数据证据可以根据与之有类似特征的法定证据的质证规则来实现庭审质证。

另一方面,大数据证据与新型科学证据。大数据证据具有动态性、预测

---

❶ 参见李睿抢劫案,重庆市第二中级人民法院(2020)渝 02 刑终 35 号刑事裁定书。
❷ 参见蓝松涛、韦润龙诈骗案,天津市第二中级人民法院(2018)津 02 刑终 262 号刑事裁定书。

性、海量性等独特之处,这也决定了大数据证据具有科学证据的属性,与之关联的还有算法证据❶、区块链证据❷、人工智能证据❸等新型科学证据。这些证据的共同之处在于,萌生和发展在现代科学技术之中,并在技术与规范之间穿越。从大数据证据的生成轨迹来看,科学技术的迅速发展积累了丰富的数据资源,依靠这些数据资源形成了大数据证据的底层要素与来源。通过计算机工具载体,将数据进行加工处理,筛选出与事实有关的数据材料,并借助算法标记、整理数据材料,最终反馈出可被感知、察觉的结果。因此,大数据证据不仅包括数据,还包括算法、算力等运行方式。从这个意义来说,大数据证据包含了人工智能、算法以及区块链等技术,那么其庭审质证应注意将数据集和数据单元形成层次化、链条化的证明结构,同时注意对数据与技术的可靠性、过程与结论的可解释性进行质证。大数据证据庭审质证还需依赖机器算法生成意见来证明待证事实,对于机器算法的质证从可解释性的立场出发,建立算法解释规则,优化算法公开和说明机制。同时,大数据证据质证不可能根据单一大数据证据就作出认定,应与数据集中的其他证据相互关联,挖掘到最能够证明待证事实的关联证据。

(二) 大数据证据质证方式的运用

大数据证据质证需围绕证据的真实性、合法性、相关性和可靠性,并证明大数据证据是否具有证明力以及证明力大小,形成综合认定方式。❹

1. 大数据证据质证的要素

大数据证据无论是作为科学证据,还是独立的证据种类,都无法脱离法

---

❶ 参见张迪:《算法证据的独立:法理反思与制度方案》,载《中国刑事法杂志》2023年第5期。
❷ 参见刘品新:《论区块链证据》,载《法学研究》2021年第6期。
❸ 参见马国洋:《人工智能证据适用的双重风险及其规制》,载《大连理工大学学报(社会科学版)》2023年第4期。
❹ 参见倪春乐、陈博文:《大数据证据的刑事诉讼应用机理研究》,载《中国人民公安大学学报(社会科学版)》2022年第2期。

定证据基本属性的范畴。例如,在陈某等侵犯著作权案中,在办理网络侵犯著作权犯罪案件时,法官围绕相关电子数据的客观性、合法性和相关性进行全面审查。❶ 此外,大数据证据具有技术属性,这是大数据证据与传统法定证据的重要区别。所以,大数据证据质证需要进一步对大数据证据的数据来源、生成过程、处理结果以及形成的大数据证据结论的可靠性进行质证,保障作为事实认定根据之规范要求。

首先,大数据证据的真实性质证。大数据证据通过预设算法模型,对刑事案件的数据进行筛选、清洗和分析得出规律性的认识。而对大数据证据的真实性质证需要围绕数据真实、算法准确和结果可溯三个方面开展。从材料向证据转化的过程来看,大数据材料与大数据证据之间存在差异,由于大数据材料来源复杂,需要筛选材料和清洗、整合数据,而这些材料往往来自海量数据之中。因此,应当明确并非所有大数据材料都能被转化为大数据证据。在收集大数据证据时,承担证明责任的一方需要慎重对待大数据从证明材料转化成的案件证据。与传统法定证据质证方法不同的是,大数据算法过程的准确性直接影响大数据证据结果的真实性,这也是判断大数据证据生成结果的科学性的重要依据。具言之,大数据证据的来源应当排除篡改和筛选过程中的失真,避免存在案件数据清洗不彻底和控方将大数据材料转为对庭审质证有利的证据,以达到减轻证明责任目的的情况。从某种程度上说,大数据证据的生成结果属于计算机系统得出的分析结论。那么,在庭审质证过程中需要根据结论类别、性质或数量进行单一质证、分类质证或结合其他证据进行综合质证。一是大数据证据形式上的真实性;二是大数据证据实质上的真实性;三是无法确定大数据证据的真实性。庭审质证与举证是互相协作的机制,控方是刑事审判中的举证主体,辩方需要对控方提供的大数据证据的真实性进行质证。而辩方质证的关键方法是通过算法模型,将结论以数字化的

---

❶ 参见陈力等侵犯著作权案,上海市第三中级人民法院(2019)沪03刑初127号刑事判决书。

形式回溯到数据的原始状态,以此证明来源是否真实,同时将结论与其他证据形式互相印证来确认其真实性。因此,大数据证据的真实性是庭审质证的重要内容,如果大数据证据的真实性无法得到保障,则公正裁判之目的将无法实现。

其次,大数据证据的合法性质证。大数据证据的合法性质证需要从取证主体是否适当、取证资格是否完备、取证过程是否符合法定程序等方面进行质证,同时还要从大数据证据处理、分析过程的合法性进行质证。例如,在挪威某有限公司青岛代表处、李某走私普通货物、物品案中,辩护律师认为,扣押的硬盘内涉及崔宝来的电子数据部分仅仅是打印材料,没有被告人的签字确认,不能作为证据使用。❶ 从该案例来看,电子数据呈现的大数据证据以打印材料的形式出现,其获取数据信息的手段是否合法无法确认。此外,扣押清单因缺失被告人的签字,所以无法作为证据使用。因此,就大数据证据合法性的质证而言,大数据证明材料应当与原件保持一致,数据内容与原始载体的数量和标签特征保持不变。若大数据在处理过程中出现了数据缺失,则需要通过其他证据予以补强;若影响案件事实的关键证据缺失,则大数据证据不具备证明力。若大数据证据的算法规则对特定身份的同案犯产生不一致的分析结论,则大数据证据生成算法产生了独断倾向,此时不能认定大数据证据具有证据能力。需要注意的是,大数据证据合法性的质证应与大数据证据的技术性保持协调,大数据证据分析模型的底层逻辑加入了设计者的价值情感,从模型建构到数据清洗和数据挖掘,应警惕大数据证据在证据链中产生可篡改的风险。合法性是大数据证据质证的重要内容,其在大数据证据质证中呈现隐性的状态。加入了技术因素使得对大数据证据的合法性较难做出判断。因此,对大数据证据的合法性需要结合传统证据的质证规则进行质证。例如,在大数据证据的收集、保存以及处理过程中要经过严格批

---

❶ 参见挪威冰鱼有限公司青岛代表处、李栓利走私普通货物、物品一审刑事判决书,山东省青岛市中级人民法院(2016)鲁02刑初85号刑事判决书。

准,并且有办案人员的书面或者电子签名且对容易灭失的证据及时固定、保存,以便从大数据证据的收集主体、取证方式和程序等方面展开质证。

再次,大数据证据的相关性质证。大数据基于其技术属性可以分为纯粹的技术证据和非纯粹的技术证据,前者是指未经算法处理的原始材料,后者是指经过人工收集、机器筛选、算法处理之后的材料。在质证中必然要证明经处理后的证据材料与待证事实、海量的大数据材料是否存在相关性。大数据证据的相关性反映了不同证据的关联强弱对比以及证据集和单一证据之间是否可以构成证据链条。海量案件数据使得大数据证据往往包含了大数据的"数据集"。❶ 若只有部分大数据证据符合证据形式,而在"数据集"缺少与相关大数据证据的相关性,或者关联程度较弱且又无法证明的情况下,则单一大数据证据之间的关联程度不足以反映证据与待证事实之间的关系,造成大数据证据的整体真实性受到质疑。大数据证据相关性的质证通常表现为在不同证据链之间互相印证,这与传统证明中的印证规则并不相同。大数据证据相关性的质证需要通过技术方式将数据代入验证、重复实验,观察过程与结果的相关程度,否则案件的证据链条无法形成闭环。就单一证据质证来说,大数据证据在尚未形成结论性证据之前,无法单独对其进行质证,而应按照证据组、证据集或综合质证对大数据证据的相关性进行质证,判断大数据证据与待证事实之间的实质性关联程度。需要明确的是,大数据证据并非庭审质证中唯一呈现的证据形式,在质证过程中与传统证据中的证人证言、物证、书证、视听资料等证据形式共同在法庭呈现,这可能导致大数据证据与其他证据在待证事实之间产生了重合性关联,此时,在质证过程中可以认为大数据证据的相关性较强。

最后,大数据证据的可靠性质证。大数据的海量性和虚拟性使得大数据证据质证的可靠性受到考验,而可靠的质证方法主要包括对数据产生的端口

---

❶ 参见元轶:《大数据证据二元实物证据属性及客观校验标准》,载《山西大学学报(哲学社会科学版)》2021年第5期。

进行测试、对呈现大数据证据的载体进行鉴真、对生成大数据证据的程序代码进行检验。具体来说,一是既然大数据证据以数据为基础,那么数据产生的端口是否可靠将直接影响着真实性、相关性的质证。这里所谓的端口是指大数据证据产生的路径,不同路径产生的大数据证据会存在差异。例如,在信息网络犯罪中,行为人实施诈骗的访问日志和资金流向记录与侦查过程中通过对犯罪行为进行数据标记、抓取得到的证据就存在明显的差异。而如果对大数据证据的数据产生端口进行质证,则需要根据大数据证据的表现形式,证明主体对其收集、提取、保存的情况作出说明,同时对于动态更新的实时数据测试其原始记录,并确认原始记录未经过篡改和剪切,始终保持完整性。二是大数据证据载体的可靠性。大数据证据能够在庭审中进行质证必须要求其在物理空间中能够被感知、识别,而不是停留在虚拟空间中作为抽象的数据表达。因此,从大数据证据所依赖的载体来看,主要包括物理存储介质和数据生成物质。前者的质证方式是核验物理存储介质与大数据证据之间的同一性和完整性,确保大数据证据保存在物理介质中,并且被固定后未被破坏和修改。后者的质证方式是根据数据生成物质,如通过数据产生的行动轨迹、资金流向、人物关系等具有指示性的生成物,此时只需要证明其在案件办理中是否发挥证明和指引作用即可。三是程序代码的可靠性。大数据证据的程序代码可以分为源代码和编译后的代码。对源代码可靠性的质证则是从设计口径、研究主体、使用范围进行质证,同时对源代码的设计进行多次评估后方可确信可靠。而对编译后的代码则需要对编译器的程序进行验证,并对不同的编译器作出对比,对于编译后的代码产生的大数据证据可与源代码进行匹配,检验两者的生成路径是否保持一致。

2. 大数据证据是否有证明力

大数据证据的证明力是庭审质证中不可缺少的内容,有无证明力涉及大数据证据能否在司法裁判中发挥作用,换言之,大数据证据证明力的有无需要在真实性、合法性、相关性、可靠性的基础上,综合认定其与待证事实的关系。大数据证据质证通常表现为直接适用和间接适用两种方式。

一是大数据证据的直接适用。从庭审质证的效果看,大数据证据的直接适用可以在一定程度上避免大数据证据被篡改、毁损,保持其原始特征,防止数据信息在处理过程中出现失真和变质。但是大数据证据的直接适用会使庭审质证趋向形式化❶,控辩双方无法有效应对海量数据的大数据证据,尤其对科班出身的法律人而言,因其并不懂技术的运行和操作,更无法理解计算机程序的编程语言,所以对于大数据证据的质证往往会力不从心。即使在取证过程中及时对大数据证据进行固定、保存,技术运行也会使得庭审质证中的证据存在一定差异。例如,若数据硬盘的存储空间在保全时是 2TB,经过数据处理以及存储空间的虚化,使得到庭审时容量只有 1.8TB,辩护方可以对该数据硬盘的真实性质疑。因此,大数据证据证明力的质证在直接适用的情况下,容易受到技术手段以及数据易变这一特征的限制,大数据证据的直接适用可以保持证据材料的原始状态,但是未经汇总、处理、清洗、分析的海量数据在庭审质证中很难发挥实质性作用,反而会加剧控辩双方以及法官对大数据证据的排斥情绪。因此,直接适用大数据证据的范围有限,其一般适用于事实清楚,证据结构简单、明确的刑事案件。

二是大数据证据的间接适用。大数据证据的庭审质证需要经过收集、筛选、汇总、标记、算法建模等过程形成分析性的结论。这种结论被称为"大数据分析报告"。大数据分析报告是大数据证据的间接适用的典型例证,大数据证据要具有证明力需要对大数据的算法过程严格把控,但算法的透明化是实现大数据证据证明力之基础,在庭审质证中需要克服"算法黑箱"带来的质证障碍。现阶段,对大数据分析报告在法定证据体系中的定位尚缺乏明确的法律规定,司法实践则将大数据分析报告作为分析结论,辅助其他法定证据实现或增强证明力。例如,大数据分析报告辅助证人证言增强证人证言的可信度、大数据分析报告中的数据说明以及案件发生过程的内容可以作为参

---

❶ 参见程龙:《论大数据证据质证的形式化及其实质化路径》,载《政治与法律》2022年第 5 期。

考结论，提升鉴定意见的可靠性。与大数据证据的直接质证方式相比，大数据证据的间接质证需要从抽象的算法过程转化为具象的、控辩双方可依据的结论，并将该结论作为辅助性证据与法定证据相互结合进行质证。因此，从这个意义上来说，大数据证据的间接质证方式是庭审质证中的常态。

3. 大数据证据的证明力大小

证明力大小与证据种类、证据来源有直接关系。如直接证据的证明力大于间接证据、实物证据的证明力大于言辞证据。大数据证据质证的特殊性在于其数据材料的虚拟性，即大数据证据的海量数据以代码的形式存储在服务器等虚拟空间，极易发生转移、灭失。在互联网金融犯罪中，犯罪行为人通常有多台服务器，特别是常有服务器在境外的情况，依据国家主权和商业保护的原则，所在国的侦查机关很难直接介入境外进行侦查取证。[1]即使通过远程勘验等技术手段，基于信息保密的要求，对大数据进行取证也只能获取已经公开的信息以及犯罪行为人自愿告知的事实。另外，证明力大小的质证方式会涉及逻辑和概率计算的适用，按照事实清楚，证据确实、充分的证明标准，对于究竟应该多大的概率符合证明力大小的要求，目前尚无法做出明确的规定。因此，如何确定大数据证据证明力的大小是庭审质证的关键所在。

此外，大数据证据涉及传统证据的数字化、电子证据，其中还包括人工智能证据、区块链证据、算法证据等新型证据形态。大数据证据对证明力大小的质证需要结合计算机的运算结果，并在此基础上确立阶段性、层次化的质证方式。简言之，需要确定大数据证据在原始状态下的证明力大小、经筛选清洗之后的证明力大小以及在处理过程中和得出结论后的证明力大小。衡量一个事物的大小通常需要客观的量化标准，而衡量大数据证据的证明力大小很难有统一的量化标准。大数据证据证明力的质证通常

---

[1] 参见裴炜：《论网络犯罪跨境数据取证中的执法管辖权》，载《比较法研究》2021年第6期。

与司法人员和控辩双方的主观判断力密切相关,更多地取决于办理案件的经验和事实。大数据证据的证明力大小的确定应当结合其他证据的证明力综合全案进行认定。❶ 大数据证据的经验法则与科学技术标准共同作用于证明力。例如,大数据证据转化为电子数据,大数据证据中与案件直接相关的、可以提取的数据信息可被认定为电子数据,而大数据证据中包含了对证人证言等言辞证据的分析结论,可以辅助认定证人证言、鉴定意见。在庭审中可以根据大数据证据的类型和与案件相关的最接近的证据类型,通过对其进行转化使用来对大数据证据的证明力大小进行质证。

(三)大数据证据质证的技术属性

当前对大数据证据的质证大多是从科学技术的角度来讨论其技术性。例如,大数据证据的技术获取、大数据证据审查的技术原理、大数据证据证明技术等。笔者将其称为大数据证据质证的技术方法。通过计算机等分析工具提取并归纳海量数据,试图寻找客观性尺度,节约司法资源,解决信息化社会的纠纷,消解"诉讼爆炸"❷带来的困境。目前,司法实践中建立了办案信息共享系统,司法机关可以在识别信息准入的情况下,看到不同诉讼阶段的电子化的办案流程和信息节点。❸ 大数据证据可以向辩护人共享开放,打破数据壁垒,提升大数据证据的程序保障功能和数据共享共通的价值。大数据证据质证依据的通用质证模型,数据材料的输入以及信息运算的过程性信息可以被广泛运用于类案之中,并根据结论性材料确定在庭审质证中运用。

---

❶ 参见褚福民:《电子证据真实性的三个层面——以刑事诉讼为例的分析》,载《法学研究》2018年第4期。

❷ 参见陈卫东:《诉讼爆炸与法院应对》,载《暨南学报(哲学社会科学版)》2019年第3期。

❸ 参见田力男:《论"办案信息共享平台"建设及对公安讯问新挑战》,载《浙江工商大学学报》2019年第1期。

有研究❶指出大数据证据质证主要表现为三种情形:证明涉案人员的活动轨迹❷、证明有组织犯罪案件中涉案人员的组织架构、证明涉案金额❸。以上的情形只体现了大数据证据在刑事案件中的证明对象和证明作用,而大数据证据质证在信息网络犯罪案件中最为常见。例如,在陈某、朱某诈骗案中,办案机关提供了"地网大数据材料""微信聊天记录""微信转账记录"的证据类型。❹当前网络犯罪呈现智能化、组织化的趋势,尤其较难在网络空间中确定犯罪分子,可能需要通过 IP 定位、网络搜查等侦查措施才能快速确定犯罪嫌疑人。侦查人员在运用技术侦查措施的过程中要收集犯罪分子的身份信息、资金流向、服务器位置等大数据材料,在确定犯罪嫌疑人身份和位置的同时,要注意及时保存好犯罪分子的犯罪设备以及存储在虚拟空间的大数据信息,庭审质证要注意甄别不同信息之间是否存在关联,并进一步区分直接犯罪数据与潜在犯罪数据的联系。信息网络犯罪案件的社会危害性大、组织架构严密、存在上下游分工协作。特别是犯罪分子利用互联网实现异地转账、线下取款,犯罪数据来源复杂,需要经过大数据的清洗、分析才能确定其犯罪网络链。可以通过大数据分析犯罪分子使用的账户、网关地址、联络人以及犯罪嫌疑人在犯罪组织中所处的位置等线索进行综合分析,深入挖掘犯罪数据。因此,信息网络犯罪中的大数据证据较为普遍,是质证过程中运用大数据证据的主要案件类型。需要特别说明的是,在当前司法实践中,司法机关已经针对信息网络犯罪研发了算法证明模型❺,大数据证据庭审质证

---

❶ 参见张吉喜、孔德伦:《论刑事诉讼中的大数据证据》,载《贵州大学学报(社会科学版)》2020 年第 4 期。

❷ 参见李旭涛危险驾驶罪案,湖南省株洲市天元区人民法院(2022)湘 0211 刑初 202 号刑事判决书。

❸ 参见徐子海、徐元吉等掩饰、隐瞒犯罪所得、犯罪所得收益罪案,湖南省泸溪县人民法院(2022)湘 3122 刑初 86 号刑事判决书。

❹ 参见陈雅、朱栋波诈骗罪案,浙江省台州市中级人民法院(2020)浙 10 刑终 344 号刑事裁定书。

❺ 参见王燃:《大数据证明的机理及可靠性研究》,载《法学家》2022 年第 3 期。

的主要使用场景集中在信息网络犯罪案件的原因并非其他犯罪类型不存在大数据证据,而是在信息网络犯罪案件中大数据证据质证更具有普遍性。例如,在莫某、梁某诈骗案中,被告人通过电信网络实施诈骗。其中,电子数据检查笔录、电子数据提取固定清单、图片记录表等证据均在庭审中予以质证。[1]

[二]大数据证据质证的困境

大数据证据质证存在非结构化数据、证据的结构不稳定的情况,会使庭审质证的程序体受到挑战。这种挑战既有大数据技术带来的技术偏见,在"算法黑箱"的影响下使得质证过程缺乏可解释性。除此之外,司法人员在心理上可能产生对大数据证据的依赖,不利于心证的形成。同时,大数据证据的海量性使得质证过程更具主观性,举证主体选择对自身有利的证据,而辩护方缺乏质证条件或质证负担较大,将进一步增加质证难度。

(一)压缩控辩双方的质证空间

大数据证据由海量数据构成基本单元,这些原始数据基本上无法直接作为证据在庭审中进行质证,需要将海量数据进行清洗、汇总,并在汇总后的数据中选择与案件有直接关系的大数据材料,再通过算法程序构建案件模型,最终得到在法庭呈现的大数据证据。大数据材料经过算法的处理转化为大数据证据,然而算法的代码语言、逻辑设计、材料向证据转化的过程无法完全在质证环节被理解和公开,由此形成了大数据证据庭审质证的"算法黑箱"。从司法实践来看,大数据证据的收集和获取使用的算法由算法程序的设计者运营并进行日常维护,而司法人员只是算法程序的使用者,其大多与

---

[1] 参见莫景凯、梁举森诈骗罪案,广东省东莞市中级人民法院(2023)粤19刑终859号刑事裁定书。

商业性的科技公司合作,以技术外包或者购买技术服务的形式实现大数据材料向大数据证据的转换获取。由于难以理解大数据算法,大数据证据在庭审质证中容易陷入技术偏见的怪圈,导致大数据证据庭审质证趋于形式化,压缩控辩双方质证的空间。具体如下:

第一,质证形式化。控辩双方在庭审质证中展示的大数据证据是经过算法处理后得出的大数据证据材料结论,而质证主要围绕着大数据证据的真实性、合法性、相关性和可靠性展开,但是大数据证据的代码涉及自然语言,其算法过程是否加入了情感因素以及在知识图谱+深度学习中对特定的被告人是否产生技术偏见等,难以被知晓。大数据证据质证在经验认知和知识素养面前可能会面临失效,依然沿用机器算法得出的结论作为质证的主要依据。大数据证据算法程序与技术公司合作完成,涉及的算法技术可能涉及商业秘密和行业技术规范,采取直接公开的质证方式可能会造成技术公司的损失,甚至会产生代码安全问题。即使在庭审质证中,法庭要求控辩双方的技术人员出庭说明算法运行情况、公开代码,但囿于专业知识的限制,控辩双方依然很难对大数据证据的算法过程实现有效质证,使庭审质证的形式化效应加剧。

第二,质证单一化。现阶段大数据证据在庭审质证中起到辅助印证其他法定证据的作用。"孤证不能定案"。在"算法黑箱"的影响下,对侦查机关取证程序的合法性、运算过程的可靠性进行质证无法得到有效保障,换言之,输入端口的证据环节的可靠性缺失会导致输出端口的大数据证据结论的证明力不足。例如,梁某、陈某信用卡诈骗案中,检察机关提交的证据显示,调查后发现该商户无法正常取得联系,经过对交易数据的分析,每笔成功交易之前均有多笔交易失败记录,根据以往的盗刷信用卡的交易数据,分析此商户确有盗刷信用卡的嫌疑。❶ 在该案中,检察机关根据以往的交易数据

---

❶ 参见梁某潮、陈某凯信用卡诈骗罪案,广东省深圳市中级人民法院(2015)深中法刑二终字第127号刑事裁定书。

来推断被告人是否有犯罪的嫌疑,但是仅有交易数据不足以证明被告人有犯罪事实,需要采取结合被告人供述、证人证言以及鉴定意见等多种形式的证据的方法才能最终对其犯罪事实予以确认。

第三,质证片面化。算法不透明性会使取证程序的合法性在庭审质证时被忽略,使庭审更多关注相关性的质证方法,这使得无法对大数据证明机制实现有效监管。由于侦查权具有主动性和扩张性,权力运行不当容易侵犯公民的数据信息利益和隐私安全。大数据证据中包含了与信息隐私相关的数据,一旦取证、保存、处理时造成泄露,势必对公民的人身、财产以及数据利益造成损失。❶ 例如,在林某偷越国境案中,公安机关从犯罪嫌疑人的笔记本电脑和 U 盘中提取了数据材料,里面包含了大量与案件无直接关联的信息数据。❷ 如果缺乏对大数据技术的监管,在质证过程中无法对侦查行为是否合法、取得的证据是否可靠进行质证,则会使被告人及其辩护律师失去对非法证据进行质证的机会,不利于辩护权的实现。

(二) 妨碍算法运用的质证效果

数字社会的发展离不开大数据技术的支撑,人们的思维方式、价值观念逐渐受到大数据的影响。大数据自身的数据呈现的直观性,与人为的主观情感判断相比似乎更为客观、更有信服力。不可否认的是,大数据技术在司法裁判中发挥了重要作用,对案件证据的收集、证据的审查判断产生了重大影响。对于海量数据中与案件相关的事实材料,通过大数据技术进行整合处理的方法,可以快速将证据分类、组合和排列,并在现有证据的基础上发现新的证据,增强证据链条闭环的有效性。然而,随着大数据与司法活动的紧密结

---

❶ 参见郑飞:《漂向何方:数字时代证据法的挑战与变革》,载《地方立法研究》2022 年第 3 期。

❷ 参见林绍锋等组织他人偷越国境案,福建省福州市中级人民法院(2017)闽 01 刑终 918 号刑事判决书。

合,逐渐出现了"数据迷信"的倾向。❶ 这种倾向的产生主要源于现代信息技术的发展使得数据定量描述成为衡量事物的重要标尺之一。大数据证据质证以海量数据为基础对证据使用定量分析方法,比如在某个样本数据库中存在若干个证据,证据彼此间是否存在关联性。这种看似科学的分析往往还存在样本误差,可能包含不真实的数据或者嵌入的数据。同时,在算法运行的过程中,设计者、分析者和使用者的价值立场存在差异,即存在对大数据的理解和解释不同的情况。这使得大数据证据的质证效果不佳。

大数据证据的质证会引起法定证据体系的变化,质证方式的变化对犯罪嫌疑人、被告人的辩护权和质证权产生影响。大数据证据的预测性❷特征存在的数据偏见可能会违反无罪推定的原则,大数据证据的算法模型能否被重复使用,从个案质证延伸到类案算法,在某种程度上可能会产生"同案不同判"的情况。大数据证据庭审质证向类案算法延伸的过程中不能损害被告人的基本利益和加大辩护方对大数据证据进行质证的难度。大数据证据质证的技术门槛也给司法人员的程序价值带来了挑战,司法人员缺乏技术知识的现实使得大数据证据的运算规则、算法模型以及程序运行无法得到有效审查。与机器算法相比,司法人员更容易产生权威迷信,质证效果在技术门槛中不断降低。

司法实践中,已经出现了量刑辅助系统、裁判文书自动生成系统等智能化的司法产品,这些人工智能产品的出现会使司法人员在一定程度上产生"机器依赖"。大数据证据质证需要借助机器算法的方式来实现,以至于被认为大数据证据经过机器处理得出的分析结论的可信度比专家鉴定人给出的鉴定结论更有信服力。"机器依赖"会使法官在采信控辩双方的质证意见时,更愿意采纳经过计算机处理加工的大数据证据,可能不太愿意认可经验

---

❶ 参见高兆明:《"数据主义"的人文批判》,载《江苏社会科学》2018年第4期。
❷ 参见孙建丽:《算法自动化决策风险的法律规制研究》,载《法治研究》2019年第4期。

法则归纳的证据,使庭审质证的过程逐渐被技术引导。

在庭审中,更多的是从相关性以及证明力大小的角度对大数据证据进行质证,较少从大数据证据的真实性、合法性等方面进行质证。在某种意义上,控辩双方宣告了经过机器处理的大数据证据的真实性、合法性是没有异议的,针对大数据证据的相关性进行质证即可。大数据证据质证过度依赖数据量化的方法,可能会忽视技术难以应对不同案件事实之间的价值判断,同时会影响大数据证据的真实性、可靠性,将在一定程度上妨碍心证判断的形成。❶ 在互联网金融诈骗案件中,机器算法将犯罪嫌疑人的身份、诈骗数额❷、转账账户和有资金信息的关联账户以及资金流向等数据信息进行了分析,得出该犯罪嫌疑人是实施网络金融诈骗的行为人的结论。例如,在韩某、于某诈骗案件中,检察机关提交了"涉案人员电子设备数据分析报告"。❸ 而实际上该犯罪嫌疑人的资金账号被盗用,相关资金交易并非其本人实施,不能被认定为犯罪。这说明大数据证据庭审质证采取技术定量标准的方法还存在较大不足,需要判断单一证据、证据集之间的相关性和真实性❹,使大数据证据在质证过程中保持技术方法和规范方法的逻辑自洽,避免陷入"技术至上"的漩涡。

(三)加重庭审过程的质证负担

大数据证据的分析和处理离不开计算机代码的编写,设计程序将收集到的大数据证据材料进行标记,按照编程语言的规则设定编写可读的源代

---

❶ 参见张凌寒:《智慧司法中技术依赖的隐忧及应对》,载《法制与社会发展》2022年第4期。

❷ 参见亢晶晶:《网络犯罪中犯罪数额证明机制的反思及其优化》,载《华东政法大学学报》2023年第1期。

❸ 参见韩某、于某诈骗案,山东省济宁市任城区人民法院(2018)鲁0811刑初1371号刑事判决书。

❹ See Andreas Dellnitz, *Big Data Efficiency Analysis: Improved Algorithms for Data Envelopment Analysis Involving Large Datasets*, 137 Computers & Operations Research 105553 (2022).

码,并将大数据证据通过编译器产生"0"和"1"的二进制形式机器指令的目标代码。如前文所述,大数据证据具有海量性特征,在对海量数据,如海量数据中存在的犯罪嫌疑人的轨迹信息、可公开的身份信息以及侦查收集的与案件有关的图片、视频以及聊天记录、转账信息等进行分析时,需要设计不同的程序代码。如吴某生产、销售有毒、有害食品罪案件中,大数据提取视频光盘作为证据在庭审中使用。❶ 不同的源代码对应不同的大数据证据,在源代码转为机器可读的目标代码以及可执行代码时会遇到计算机难以处理的、需要表示的数据后,产生"数据溢出"现象。"数据溢出"会导致大数据运算偏差,将直接影响大数据证据结论的正确性。在大数据证据的质证过程中可能会通过机器识别目标代码寻找源代码,回溯验证大数据证据来源生成的真实性。而大数据证据的源代码又存在多种编程语言,当计算机难以应对海量数据时,会使质证变得异常复杂。在开源系统中,大数据证据的源代码存在被修改的可能性,一旦源代码被修改,大数据证据的处理模型将会被重新设计,控辩双方需要针对大数据证据代码的生成和转换过程进行质证,以确保源代码的完整性和原始性。

大数据证据质证的"数据溢出"具有特有含义。在审判期限的限制下,法庭难以对海量的大数据证据给予足够的质证时间,这使得质证环节不得不加快进度,进而造成控辩双方对大数据证据的质证并未经过完整程序。这些未经过质证环节的大数据证据有的可能不得作为定案依据,有的可能在质证意见中予以说明。这样的情况恰恰表现了大数据证据的海量性与庭审资源有限性之间的冲突,在庭审中遇到"数据溢出"必然加重质证的负担。在刑事诉讼中,检察机关承担举证责任,辩护方对检察机关向法庭提交的证据难以在大数据证据的海量内容中提出质证意见,只能采取针对大数据证据的结论的合理性以及与其他证据之间是否形成足够的印证关系、单一证据与

---

❶ 参见吴海娇生产、销售有毒、有害食品罪案,辽宁省开原市人民法院(2023)辽1282刑初27号刑事判决书。

整体证据集的关系链的方法进行质证。这会导致辩方在短暂的质证时间内难以进行有效质证。

在一些案情较为复杂的庭审中,大数据证据的质证过程并不完全能借助机器算法的方法实现,对其中的文字、图片、视频等内容往往需要人工方式审查,之后将审查结果以数据信息的形式输入机器最终形成大数据分析报告。在质证的过程中,大数据分析报告是综合全案证据得出的结论,如果需要对大数据分析报告鉴真,与电子数据相关的部分可以通过算法验证、机器重复实验的方式获取。而对人工审查的大数据证据则可能需要进行重新审查并做出认证,这将会使大数据证据的庭审质证过程不堪重负,时间被延长,加重质证负担。当前,技术手段面对数据量较多的案件时,干扰项较多,自动处理方式得出的结果与实际情况相比,误差较大,准确性并不高。大数据证据质证适用于文字、图片、视频以及音频语义等方面,还存在诸多不足。那么,在庭审质证中,想要在有限的质证时间内,面对不同类型的大数据证据,采取有效的质证,难度不小。控辩双方在质证环节消耗了较多的时间,不利于庭审程序的有序推进。

(四)增加辩护律师的质证障碍

我国检察机关在刑事审判中的强势地位与辩护方的弱势地位使得控辩关系不对等,控辩双方无法实现平等武装。大数据证据质证极有可能加剧控辩失衡的局面。首先,检察机关利用承担举证责任的地位,可能会加重辩护方质证的难度。如果辩护方对检察机关提出的大数据证据无法提出反驳意见,则该证据经过法庭调查可能会被法庭采纳。若大数据证据的质证难度较大,则辩护方事实上举证不能,无法对检察机关在质证环节形成对抗。其次,检察机关在技术和专业上具有天然优势。检察机关作为国家公权力机关,代表国家行使追诉权,其有国家强制力和国家财政的支持,而辩护方是代理个案的"小作坊"模式。检察机关有大数据证据的审查系统,同时承办案件的检察官常年接触相同类型的案件,办案经验和能力较强。最后,在刑事诉讼中辩护律师有阅卷权，随着电子化技术的普及，辩护律师可以实现电子阅卷。但是辩护律师无法直接对大数据证据进行阅卷，需要借助检察机关的大数据证据的分析报告实现阅卷。如果辩护律师在阅卷中接受了大数据证据分析的结论，则在庭审中辩护律师对大数据证据的质证必然受制于检察机关，控辩不平等性将会扩大。

大数据证据庭审质证存在"信息壁垒"。所谓的"信息壁垒"是指在司法机关内部已经构建起相当规模的司法数据共享平台，司法办案人员可以通过该系统查阅办案的数据信息，而辩护律师没有权限进入该办案系统，在司法机关与辩护律师之间形成了数据信息流动的停滞。❶ 由于大数据证据的复杂性，辩护律师仅仅通过大数据分析报告质证无法完全了解大数据证据收集、移送审查的全流程，更无法借助办案系统查阅大数据证据的节点信息。庭审质证过程中，检察机关在举证质证的策略和方式上更有主动权，甚至可以引导法庭调查的方向，而辩护律师则处于较为被动的地位。"信息壁垒"的存在使控辩双方在质证环节形成了难以逾越的鸿沟，司法机关与辩护律师在现有司法体制中存在对抗性，司法机关认为辩护律师是影响其实现诉讼目的的对手。❷ 大数据证据质证需要业务能力的支撑，更多的是利用技术手段对大数据材料进行分析、处理和转化。"信息壁垒"恰恰反映了控辩双方在信息资源上的不对称性，在应对大数据证据质证中处于信息劣势的一方难免会受到非平等的对待，也会增加庭审质证的障碍。如果辩护律师只能针对大数据分析报告或数据检查工作记录❸与待证事实之间的相关性及证明力进行质证，那么大数据证据质证并没有发挥作用，基于自身特征和规则形成的证据化路径也较难成形。

---

❶ 参见金士国：《执法司法机关应当强化信息平台衔接》，载《人民检察》2022年第12期。
❷ 参见洪刚：《侦诉审"互相配合"的解释》，载《法律适用》2022年第5期。
❸ 参见杨磊诈骗罪案，浙江省义乌市人民法院（2023）浙0782刑初1432号刑事判决书。

[三] 大数据证据质证的实现路径

尽管大数据证据质证出现了技术偏见、程序虚化等困境,但大数据证据是数字信息时代的产物,需要认真对待其价值和作用。实现大数据证据质证既要从法律上明确大数据证据的法律属性,也要克服其在算法上的偏差和不透明性。同时,大数据证据质证要遵循正当程序原则,不能完全以技术验证代替经验法则和印证规则,强化权利保障,赋予被追诉人大数据证据质证的程序选择权和信息安全权,实现有效质证。

(一) 明确大数据证据的质证规则

大数据证据质证的实现需要明确质证规则。如前文所述,大数据证据质证无法脱离传统法定证据的质证要求,其有科学证据质证的特殊性。从大数据证据来源的数据化、算法数字化特征来看,大数据证据与电子数据相近。例如,刘某某诈骗罪案中,公诉机关提交的齐齐哈尔市公安局昂昂溪分局出具的情况说明及提供的反诈平台数据分析截图等材料被视为电子数据。❶ 而大数据证据最终向法庭的呈现,在内容和形式上与鉴定意见更接近。在内容上,大数据分析报告包含了被追诉人的情况分析、案发的事实与经过、待证事实与现有证据的关联性以及不同证据链的有效性。如王某故意伤害案中,案发现场视频的研判分析报告在庭审中得到了质证。❷ 大数据分析报告更具有拟人化的专家意见书,作为法庭认证的参考和佐证。在形式上,因为大数据证据以大数据分析报告作为信息传达的载体,数据和算法是生成大数

---

❶ 参见刘伟伟诈骗罪案,黑龙江省齐齐哈尔市昂昂溪区人民法院(2022)黑0205刑初18号刑事判决书。
❷ 参见王东故意伤害案,云南省高级人民法院(2022)云刑终135号刑事裁定书。

据分析报告❶的基础,所以大数据证据的质证规则可以从数据质证规则和算法质证规则入手,分别从数据的收集、来源、处理等方面对真实性、合法性、相关性和可靠性进行质证,同时对生成数据的第三方机构确立资质的合格性、行为的适当性的质证规则。大数据证据庭审质证需要明确专家意见鉴真规则❷、证据开示和综合证明的方法的运用。

  大数据证据质证的扩大适用还需要及时调整法律规范,根据大数据证据的特征,将其纳入传统法定证据,如类比鉴定意见、电子数据等法定证据种类在法庭使用。例如,陈某帮助信息网络犯罪活动罪案中,公诉机关提交的TNT超级签名网站电子数据分析报告被视为书证。大数据证据依据科学技术的算法运行、数据分析和信息挖掘,生成过程恰恰是技术操作的动态过程。从另一个角度来说,传统法定证据也有利用科学技术的部分,而这部分在较大程度上属于大数据证据依附法定证据的内容,大数据证据庭审质证也才能在现有的证明机制之下具有证明与待证事实之关系的能力。为此,有学者认为大数据证据是法定证据的数字化❸,并没有改变传统法定证据的运用。当前还处于弱人工智能阶段,大数据证据通过数据智能化分析得出的结论还不足以成为独立的证据种类,有待科学技术成熟。当算法的透明度和可靠性以及公民对机器判断的可接受性增强时,大数据证据可能会产生新的类型。从1996年和2012年刑事诉讼法修改将视听资料和电子数据纳入法律框架的情况来看,大数据证据在条件成熟之后会在刑事诉讼法修正时予以确立。大数据证据作为新生事物,当前对其的研究还不够成熟,理论无法及时为立法改革提供补给,立法规范往往滞后于社会实践的发展。对大数据证据如何进

---

❶ 参见王禄生:《司法大数据与人工智能技术应用的风险及伦理规制》,载《法商研究》2019年第2期。
❷ 参见卫晨曙:《论刑事审判中大数据证据的审查》,载《安徽大学学报(哲学社会科学版)》2022年第2期。
❸ 参见喻海松:《刑事电子数据的规制路径与重点问题》,载《环球法律评论》2019年第1期。

行庭审质证已然成为司法实践中亟须应对的问题。此外,大数据证据质证还有赖大数据思维的形成,转变传统的质证思维,通过数据碰撞、挖掘,发现数据与事实、数据与数据之间的联系,充分利用大数据证据的质证规则,提升庭审质证的技能和水平。

(二)强化大数据证据质证权利保障

大数据证据庭审质证的关键在于查明案件事实和保障法庭作出正确判决。在刑事诉讼中,检察机关是举证责任的主体,辩护方则要对控方的举证作出质证,尤其对于大数据证据这样的新型证据,控辩双方的质证存在较大差异。因此,检察机关对大数据证据举证时应当尊重被追诉人的主体地位,对证据获取、分析以及得出结论的情况作出说明,不能滥用技术优势。例如,互联网金融犯罪案件中包含了大量通信数据,侦查机关以涉及案件为由对通信数据进行甄别和筛选,以挖掘符合侦查方向的大数据证据。被追诉人在整个案件中都处于不被告知的状态,尤其金融犯罪案件需要验证账号和密码来查询资金的流向以及方便证据保全。所以,侦查机关收集大数据证据应告知被追诉人具有程序选择权和对数据信息侦查的知情权,防止过度采取强制性技术侦查措施造成信息数据的失灵。另外,大数据证据庭审质证需要保障被追诉人的程序选择权。由于获取大数据证据的过程具有隐蔽性和电子化的特征,机器算法中构建了以源代码为内核的证据模型,在物理空间中很难通过感官识别或者经验判断来理解。当控方对大数据证据举证,被追诉人对该大数据证据所证明的待证事实有异议时,可以将速裁程序或简易程序转为普通程序。此时,法庭应当保障被追诉人的诉讼权利。

大数据证据庭审质证的充分性也是保障质证权利的重要内容。庭审中面对复杂的大数据证据可能会延长审判时间,在一定程度上会引起法官的抵触。但是从法理上来说,法庭需要保障辩护方的质证权,不能无理由打断质证发言,给予他们充足的质证时间,以保证控辩两造可以充分质证。从大数据证据的特征来看,不能将预测性大数据证据作为定案根据,应遵循无罪推定原则。预测性是大数据证据的重要特征,即将大数据材料经过算法处理后挖掘犯罪信息,但这些数据经过人为整合,在形式上看似具备证据要件,可以作为定罪材料。事实上,证据与犯罪事实的认定存在逻辑上的先后顺序,即证据是认定犯罪事实的基础和前提,没有证据支撑则不能认定构成犯罪。而大数据证据生成的过程则把犯罪事实前置,通过犯罪事实的演绎得到证据信息,这样则违反了无罪推定原则。因此,大数据证据庭审质证要防止有罪推定在庭审中复苏,严格落实人权保障的诉讼原则。对于预测性大数据证据要严格审查,不能任意将其在庭审中作为证据使用,更不能以被追诉人的品格、地位和社会关系来预测关联其犯罪事实的因素,对该类大数据证据应当绝对排除,不得作为定案根据。

大数据证据庭审质证应防止数据泄露,保障被追诉人的信息隐私利益。在大数据证据质证过程中更多地包含了被追诉人的信息隐私利益。大数据证据的侦查收集过程极易侵犯被追诉人的信息隐私,与海量数据相伴而生的还有与案件无直接关联的案外人的信息隐私利益,尤其是技术侦查措施运用不当会对公民的信息隐私产生巨大破坏。❶ 例如,在柯某某侵犯公民个人信息案中,在侦查阶段公安机关调取了完整数据库,并在退回补充侦查时对数据进行甄别去重,防止泄露业主信息。❷ 因此,大数据证据质证需要把握好信息隐私的边界,与案件直接相关的数据信息只能用于庭审质证,不能在庭审外使用。如曾某、姜某等侵犯公民个人信息案中,扣押的笔记本电脑、西部数据硬盘以及 U 盘里存储了大量的个人信息。❸ 对于与案件事实无关的数据信息,应当及时删除或者采取技术手段把有关信息隐私数据的关键内容抹去。在大数据证据侦查获取中,应当保持信息隐私属于侦查事项的范围,对

---

❶ 参见丁晓东:《论个人信息法律保护的思想渊源与基本原理——基于"公平信息实践"的分析》,载《现代法学》2019 年第 3 期。

❷ 参见柯某某侵犯公民个人信息案,上海市金山区人民法院(2018)沪 0116 刑初 839 号刑事判决书。

❸ 参见曾世奎、姜锡明等侵犯公民个人信息罪案,河南省正阳县人民法院(2021)豫 1724 刑初 199 号刑事判决书。

于公民不知情或者未经授权的非公开信息不得以强制手段获取,否则在庭审质证中可以就大数据证据来源的合法性进行质疑。此外,要对人身利益和财产利益作出区分,即与身份信息相关的数据和产生收益的财产数据,确保质证实现保障被追诉人利益的目的。❶

(三)提升对算法解释和说理的能力

大数据证据的海量数据和算法代码本身具有抽象性、虚拟化的特征,很难在庭审质证中直接反映。因此,大数据证据质证最直观的是大数据分析报告,这是大数据证据从抽象到具化、从数据化到实物化的转换。大数据分析报告是机器输出端口产生的结论,但是大数据在自然语言设计过程中的偏差以及人为对大数据证据进行的排列组合,得到有利于证明己方意见的大数据证据。因此大数据证据质证需要对源代码实现验证,主要包括源代码语言的完整性、数据链条是否存在断裂、数据是否有修改痕迹等。为了保持源代码不被篡改或者留痕记录,可以在大数据证据链条上用区块链赋予哈希值,保证链上数据的完整性和可验证性。大数据证据的算法程序会产生"算法黑箱",从现有技术条件来看,公开源代码编程语言是解决该问题的最恰当的方式。❷ 尤其随着计算机技术的普及,可以通过第三方技术人员对源代码的运行情况进行说明,并让其在庭审中作为证人出庭作证。

大数据证据质证需要提升对算法的解释和说理能力。当司法实务人员不知晓大数据证据的运行原理和算法流程时,对大数据证据的质证往往无从下手。在刑事诉讼中大数据证据的分析运算被控诉机关掌握,侦查机关负责收集证据,而检察机关对大数据证据进行审查。这使得大数据证据的算法解释权掌握在司法机关手中。在质证中,检察机关不仅要对大数据证据的结论

---

❶ 参见陈光中、魏晓娜:《论我国司法体制的现代化改革》,载《中国法学》2015 年第 1 期。

❷ 参见汪庆华:《算法透明的多重维度和算法问责》,载《比较法研究》2020 年第 6 期。

进行解释,还要对大数据证据的来源、证据收集、证据固定等事项作出解释。在法定证据中,庭审质证依然离不开说理,大数据证据质证更要提升对数据的说理能力。❶ 大数据证据的获取是通过算法对数据信息进行汇总、筛查,得出被追诉人的生活轨迹和数据。例如,在白某等非法吸收公众存款案中,被告人白某为鼎盛盈通公司数据合规提出数据清洗规则,催收、盘点资产等工作。❷ 所以,大数据质证不是对数据信息的简单反馈,对质证说理能力提出了更高要求,以说理方式增强质证的可理解性和数据分析能力,增加质证意见被采纳的可能性,提升质证过程中运用解释和说理方法的能力。在这个过程中,大数据证据的质证意见要紧紧围绕双方的争议焦点展开,不能笼统地对大数据证据的本体属性进行质证,而是要根据大数据证据与法定证据以及与待证事实之间的证明力大小、强弱充分说理,并提高分析大数据证据的能力,完善庭审质证的解释机理。

(四) 促进大数据证据质证数据流动

在司法领域存在各种各样的大数据。例如,审判信息的大数据、裁判文书的大数据以及司法机关业务大数据。随着司法信息化的建设,在刑事诉讼全过程中已经初步建立起司法数据共享平台。例如,在覃某帮助信息网络犯罪活动罪案中,国家反诈大数据平台调取的涉案银行账户信息及流水作为证据在庭审中得到了质证。❸ 因此,大数据证据质证可以借助司法数据共享来实现质证的可操作性和可执行化。在数据共享系统中可以验证在侦查阶段收集大数据程序的合法性。例如,是否有电子签名、采取技术侦查措施时是否有批准手续,搜查、扣押时是否出具了相应的批准文书等。在审查起诉阶

---

❶ 参见解正山:《算法决策规制——以算法"解释权"为中心》,载《现代法学》2020年第1期。

❷ 参见白晓彬等非法吸收公众存款案,北京市第二中级人民法院(2021)京02刑终26号刑事裁定书。

❸ 参见覃鸿帮助信息网络犯罪活动罪案,湖南省洪江市人民法院(2023)湘1281刑初253号刑事判决书。

段可以发现大数据证据是否完整,信息链是否变动、修改了,是否存在退回补充侦查以及大数据证据与法定证据之间的证明程度等。而这些工作可以在庭前会议中的交换证据环节进行,便于控辩双方就质证问题做好充足准备。同时,扩大数据共享的范围,数据共享系统也可以有效避免证据突袭。以往大数据证据质证只能就大数据证据的内容和部分程序性问题进行质证,而数据共享系统可以让控辩双方更为直观地了解大数据证据从生成到结论的全景,丰富质证内容,增强庭审质证的效果。

司法办案的大数据证据向辩护方流动,实现控辩双方在信息数据中平衡,提升辩护方的质证效能。控辩双方在法庭对抗时往往实力相差悬殊,辩护律师对大数据证据的阅卷权在某种程度上受到检察机关处理数据能力的限制。大数据证据如果被司法机关独占,将会造成辩护律师事实上无法辩护的情况,在庭审质证中会产生质证壁垒。2021年9月正式生效的《数据安全法》规定构建全业态场景下的数据安全监管体系,建立数据分级保护制度。因此,在庭审中针对含有商业秘密和国家秘密的大数据证据应当采取不公开质证的方式。对大数据证据算法的设计者和数据运营者应当科以保密义务,不能为了经济利益和商业价值造成大数据证据的泄露。数据监管者承担起引导主体的责任,不定期开展数据安全的评估,使大数据证据运行系统保持更新,通过补丁修复可能存在的系统漏洞,大数据证据质证加大了对数据合规的监管力度。大数据证据应当在控辩双方之间流动,破除质证壁垒,发挥数据价值。❶ 大数据证据的流动使得大数据的神秘面纱被揭开。尤其是,大数据证据质证需要运用的源代码和算法等抽象的技术概念会被控辩双方以及审判人员熟知,这将有利于消除大数据证据质证的障碍。

[四] 结 语

大数据证据质证是数字时代面对的前沿课题。当前大数据证据质证既

---

❶ 参见何柏生:《数字的法律意义》,载《法学》2022年第7期。

存在大数据自身的技术障碍,也面临大数据证据与传统证据种类之间的冲突和协调。大数据证据质证依然需要在现有的诉讼框架和证据规则中运行,尤其大数据证据质证要在算法的透明性、被追诉人权利保障和控辩双方的平等性等方面给予足够重视。大数据证据质证要保证输入端口的真实性、运行过程的科学性和输出端口的可靠性。大数据证据质证的实现和建构是一个体系化和长期性的工程,既需要遵循传统法定证据的质证要求,也要加入新型科学证据的要素。随着人工智能技术与大数据证据互动交流,大数据证据质证呈现更加数智化的形态。科学技术的发展也带来了司法制度、诉讼理念和证据规则的更替转型。对此,我们既要保持法学研究的品格和底气,也要秉持开放包容的心态去拥抱新技术和新问题,守正创新,使大数据证据的研究迈上新台阶。

能动性的多重观念：以智慧法院建设为例

谢可晟[*]

摘　要：能动性指的是发起、控制或影响行动的能力。人工智能技术是否具有能动性，并在此基础上承担社会、道德或者法律意义上的责任，是亟待分析的理论和实践议题。目前智慧法院建设的相关讨论及研究就人工智能技术的能动性问题预设了多种不同的观念，本文梳理并分析了其中三种具有典型性的观念。第一种能动性观念以意向性为核心，要求可以将能动者的意向性行为描述为通过自身意图因果性地触发行动。第二种能动性观念以社会沟通为核心，认为如果一个实体可以参与社会沟通，并被社会制度归因为特定行动，那么这个实体就具有能动性。第三种能动性观念以行动影响能力为核心，认为如果特定实体能够与其他实体在实践网络中共同促成并维持特定行动，那么这些实体就可被视为相互间赋予能动性。这三种能动性观念可以共同构成一个观念序列，为进一步分析相关问题提供研究框架。

关键词：能动性　行动哲学　系统理论　行动者网络理论　智慧法院建设

[一] 导　言

随着数字技术的发展，各类人工智能技术进入各国智慧法院的建设以及

---

[*] 谢可晟，深圳大学法学院助理教授。

法律行业执业实践已经成为不争的事实❶,它们在分析案件焦点、寻找类似案件、测量裁判尺度、形成司法或法律文书等方面日益帮助司法工作人员和法律执业人员完成越来越多的工作。在这一背景下,法学研究者就人工智能是否可能具备某种意义上的法律主体资格展开了激烈的交锋。

与热烈的法律主体资格讨论相比,很少有法理学或者法社会学研究者分析人工智能或者数字技术在司法实践中是否可能"实施行为",并将某种社会意义上(不一定是法律意义上)的错误或责任归咎于它们。在部门法领域,类似的问题却已经进入学者的视野。例如,人类是否可能与自动机器(算法)缔结合同,甚至自动机器(算法)之间是否可能缔结合同,自动机器(算法)是否有可能被视为某种类似人类的代理人❷;又如,全自动汽车发生交通事故时应该如何追责,是否可能由汽车自己承担责任❸。在智慧法院建设领域,考虑到相关数字技术和人工智能技术日益具备自主决策能力,司法工作人员和法律职业人员在日常工作的各个环节中日益依赖相关技术成果,提供数字法律指引的算法在普通人的生活日益常见,类似的问题同样会浮现。只不过此时,考量的技术变成智慧法院建设中所使用的各类人工智能技术,被分配的责任从法律责任变成司法工作人员、司法数字技术开发商

---

❶ 关于我国以及美国、欧洲等地智慧法院的建设情况以及人工智能技术的应用情况,参见黄国栋:《比较法视野下智慧法院建设的中国经验、实践困境与路径优化》,载《法律适用》2023 年第 3 期。关于人工智能技术对法律服务行业整体上的以及日常实践上的影响,例见 John Armour and Mari Sako, *AI-enabled Business Models in Legal Services: From Traditional Law Firms to Next-Generation Law Companies?*, 7 Journal of Professions and Organization 27 (2020),以及 Daniel Schwarcz and Jonathan H. Choi, Schwarcz, *AI Tools for Lawyers: A Practical Guide*, 108 Minnesota Law Review Headnotes 1 (2023)。

❷ See Gunther Teubner, *Rights of Non-humans? Electronic Agents and Animals as New Actors in Politics and Law*, 33 Journal of Law and Society 497 (2006).

❸ 参见〔德〕霍斯特·艾丹米勒:《机器人的崛起与人类的法律》,李飞、敦小匡译,载《法治现代化研究》2017 年第 4 期;〔瑞士〕萨宾娜·格莱斯、〔德〕艾米丽·西尔弗曼、〔德〕托马斯·魏根特:《若机器人致害,谁将担责?——自动驾驶汽车与刑事责任》,陈世伟译,载陈兴良主编:《刑事法评论:教义学的犯罪论》,北京大学出版社 2017 年版,第 338—356 页。

或者司法数字技术本身应该承担的组织和/或制度意义上的司法责任,以及各类数字技术发挥功能时可能被要求承担的社会责任。

本文将特定实体发起、控制或影响行动的能力称为"能动性",而将具有这种能力的实体称为"能动者"(agent)。在这种意义上,"能动性"与"行动能力","能动者"与"行动者"(actor)[以及后文将出现的"行动体"(actant)]具有相同的含义。"能动性"尽管与"主体性"(subjectivity)以及"法律主体"并无逻辑上的必然关联,但在实践中联系紧密。一般而言,"法律主体"指有资格承担法律上的权利、义务的实体,但这一实体并不一定有法律行为能力,或者发起通常社会意义上的行动。而"主体性"在哲学讨论中的内涵则较为宽泛:它一方面可能与"能动性"的含义近似,指向客体发挥影响力或向他人行使权力的性质或能力,另一方面也指人所拥有的特定意识体验(无论是笛卡尔意义上的"我思",康德意义上的"先验统觉",还是现代行动哲学中常常涉及的"信念"和"欲求")。在许多将人与人工智能进行对比的学术讨论中,人类的主体性还具有道德意涵,它指人类具有的自主决定、自我立法的道德实践能力,以及在此基础上享有的人格尊严。❶ 无论是意识体验还是基于自由意志的道德实践能力,都与经验层面的行动能力没有逻辑上的必然关联。

但就现实实践而言,如果一个实体能够发起、控制或影响行动,将给我们提供一个好的理由去反思这一实体是否可能或者是否应当具有某种意义上的法律主体地位,甚至普遍意义上的主体性。一方面,行为能力往往被视为承担法律义务、法律责任以及罪责的基础。❷ 某个实体,无论它是人工智能

---

❶ 参见雷磊:《ChatGPT对法律人主体性的挑战》,载《法学》2023年第9期;陆幸福:《人工智能时代的主体性之忧:法理学如何回应》,载《比较法研究》2022年第1期;杨志航:《人工智能法律主体资格之否定》,载《财经法学》2022年第4期。

❷ 参见马驰:《谁可以成为法律主体——兼谈人工智能的法律主体资格问题》,载《甘肃社会科学》2022年第4期;〔德〕埃里克·希尔根多夫:《机器人可以有责地实施行为吗?——规范上的基本术语沿用至机器的可能性》,刘畅译,载江溯主编:《刑事法评论:刑法的科技化》,北京大学出版社2020年版,第42—53页;〔德〕拉塞·夸克:《人工智能机器人的刑事可罚性》,王德政译,载《中州学刊》2020年第10期。

技术还是某种技术——人类共同行动的混合体，若具备社会意义上的行动能力（因而我们可以将某种行动后果归因于它），但缺乏恰当的责任制度设计，就有可能导致卸责或者责任扩散问题。❶ 另一方面，行为能力常常被默认与行动者的内在意识或意志有着紧密关联。当人们认为某个实体在行动时，往往会推定这个实体具有某种意识或意向性，并进而影响与这一实体的交互方式，甚至对这一实体的行为形成情感或道德上的判断和预期。

本文讨论的核心是，在何种意义上，我们能合理地认为特定实体，特别是人工智能技术具有能动性。本文的第二、三、四部分将分别梳理在智慧法院建设的讨论中常常由研究者预设的三种能动性观念，介绍它们的理论基础与内在构造，并尝试将它们与现有学术论述中的内容进行对比。而本文的第五部分则试图把它们概括为一个能动性观念序列，并分析这一观念工具箱对研究智慧法院的意义及其限度。

［二］以意向性为核心的能动性观念

（一）作为标准能动性模型的意向性行动

通常认为，一个实体要能行动，需要具有特定的内在意识或意图以主动选择做或者不做特定的行动。这点被许多学者视为人类与人工智能的关键区别性特征，后者仅仅按照编程规则运作，不具有任何人类意义上的意识或意图。当人们说数字算法"做"了某事，"给出"了某些结论或者意见时，也只是某种比喻，并不真正认为它们具有和人类相同或类似的意识内容或心灵状态。

---

❶ 参见〔德〕苏珊·贝克：《数字化和人工智能对刑事责任的扩散》，王德政译，载《吉首大学学报（社会科学版）》2022年第5期；高奇琦、张鍫文：《主体弥散化与主体责任的终结：ChatGPT对全球安全实践的影响》，载《国际安全研究》2023年第3期。

在建设智慧法院的相关语境中,这一能动性观念常常反映在那些认为人工智能不可能真正具备人类心智能力和自由意志,因而也不可能具备任何意义上的行动能力或者主体资格的观点上。从实然上,有学者指出目前的人工智能技术,如ChatGPT,对法律人的挑战是虚假的,因为它们不具备(人类一般)真正的自我意识和自由意志❶;从应然上,讨论人工智能技术的法律主体资格"遮蔽了法律主体背后闪闪发光的心灵属性",有损人的尊严❷。除此以外,在司法人工智能技术的早期讨论,或对技术前景较为乐观的讨论中,也有不少研究提出司法人工智能技术应该具备或模拟法律方法的运用情况,发展出一套拟真的人工智能司法推理模式。❸ 无论持何种观点,都是在设想人工智能技术具备某种(拟人的)内在状态,并在这种内在状态中衡量各类相关因素与价值,模拟法律推理与论证的过程,并为自身的决定"提供理由"。只不过一部分研究者认为这一设想不可能且/或不应该成真,另一部分研究者则认为这一设想可以或应该成为技术发展的目标。

要说明这种内在状态,就需要描述出它与外在行为之间的关系。在行动哲学中,这种通过意向性(intentionality)或者意图(intention)来解释行动的能动性理论被视为能动性的标准理论或标准概念,代表人物包括安斯康姆(Anscombe)和戴维森(Davidson)。❹ 这一理论认为,说一个行动是意向性行动,指的是能动者的特定心灵状态因果性地引发了某种外在的事态或者举止;只有存在某一种描述,在此描述情形中可以将某人的举止描述为意向性行动时,才可以认为这个人是这一意向性行动的能动者(agent)。这个定义

---

❶ 参见雷磊:《ChatGPT对法律人主体性的挑战》,载《法学》2023年第9期。

❷ 例见杨志航:《人工智能法律主体资格之否定》,载《财经法学》2022年第4期。

❸ 例见於兴中:《人工智能、话语理论与可辩驳推理》,载葛洪义主编:《法律方法与法律思维(第3辑)》,中国政法大学出版社2005年版,第115—129页;又见孙跃:《人工智能司法应用的法理反思——基于法律方法的视角》,载《网络法律评论》2017年第1期。

❹ See Markus Schlosser, *Agency*, Stanford Encyclopedia of Philosophy Archive, https://plato.stanford.edu/archives/win2019/entries/agency/; G. E. M. Anscombe, *Intention*, Basil Blackwell, 1957; Donald Herbert Davidson, *Essays on Actions and Events*, Clarendon Press, 1980。

阐明了能动性的语义判准,而且表达了能动性与意向性行动之间的外在关系。❶

这种能动性观念能容纳行动理由在行动中的作用,与当前法理学研究的基本看法相对兼容。当我们用理由说明一个意向性行动时,是在通过理由帮助我们看到行动中行动者的意图,而这一意图构成了相关行动在因果意义上的原因。具体而言,当某人出于一个理由做了某事时,我们可以将这个理由刻画为:(1)这个人对特定范围的行动有某种积极的态度,这种积极的态度可能是长期的信仰,也可能是短暂的激情;(2)这个人相信、注意到或者记得他所做之事就属于这种特定范围的行动。而这两个方面——积极的态度和信念——共同构成了戴维森所谓的基本理由(primary reason)。他认为,为了理解理由如何说明一个行动是合理的,其充分必要条件就是要构造出这样一个基本理由,而特定行动的基本理由是行动在因果意义上的原因。❷

那么,在这一能动性框架下,能动者的基本理由在何种意义上因果性地解释了行动? 理由只有在特定描述中才能成为理由。试想这样一种情形,行人想要遵守交通规则,于是她不再往前走,停在了斑马线前,但这无意中让闯红灯的同伴感到尴尬。以上构成了对同一事件的三种描述("行人不再往前走""行人停在了斑马线前""行人无意中让闯红灯的同伴感到尴尬")。我们可以认为,这个人不再往前走,是因为她想遵守交通规则。此时,"她想遵守交通规则"提供理由解释了她"不再往前走""停在了斑马线前",但是并没有为"无意中让闯红灯的同伴感到尴尬"提供理由。因此,行动理由仅仅在对相关事件的特定描述中才成立,它一方面告诉我们行动者对具有某些特质的行为持有积极态度,另一方面意味着行动者相信,相关行为在特定描述下具有这些特质。也正是在这一意义上,行动理由("她想遵守交通规则")在逻

---

❶ See Donald Davidson, *Agency*, in Donald Davidson, *Essays on Actions and Events*, Oxford University Press, 2001, pp. 43–62.

❷ See Donald Davidson, *Actions, Reasons, and Causes*, in Donald Davidson, *Essays on Actions and Events*, Oxford University Press, 2001, pp. 3–20.

辑上独立于行动("不再往前走""停在了斑马线前"),同时通过提供行动在意图方面的信息来因果性地解释这一行动。

接下来,这一行为所引发的后续因果链条上的事件在多大范围内可以被归于能动者之能动性,进而被视为能动者行动的一部分呢?戴维森认为,当且仅当存在某种对某人举止的描述,让"某人有意(intentionally)造成了某个事件"为真时,才可以将这一事件归于这个人的能动性,认为这个人是这个事件的行动者。❶ "想要开灯"并不构成"房间亮了"的理由,中间还间隔着"按下开关"和"房间被灯泡照亮"之间的一种事件性因果联系;但是我们可以将这种事件性因果联系的结果("房间亮了")纳入对行动者举止的描述——"主人有意按下开关,让房间亮一点",这时"主人有意让房间亮了"是真的,因而"房间亮了"可以被归于主人的能动性。但如果无论我们如何描述行人的行动,都无法让"行人无意中让闯红灯的同伴感到尴尬"为真,那么就不能将这一事件作为一种意向性行动归于行人的能动性。这是因为能动者的行动必须能够在某种描述下被能动者知晓。

通过前述对基本理由和能动性的讨论,我们可以认为对意图在因果链条上的重新描述帮助能动性观念在行动的提供理由和责任分配两个方面发挥着作用。当我们把一个行动描述为具有某种意图的行动时,我们将这一行动视为一种可以被意图解释的结果;而当我们将一个意向性行动描述为具有某种后果的行动时,我们将后续的后果视为是由这个意向性行动所导致的,并在此意义上可以归咎于行动者。

(二)标准能动性模型与学界既有观点的张力

1. 自由意志与责任分配的相关问题

以意向性为核心的能动性观念的优势在于最接近一般常识,看起来充分

---

❶ See Donald Davidson, *Agency*, in Donald Davidson, *Essays on Actions and Events*, Oxford University Press, 2001, pp. 43-62.

容纳了人类独有的自由意志,并且能相对简明地处理责任分配问题。

就自由意志一侧而言,人们普遍体验到并相信自己拥有自由意志,在不受外界强制或胁迫的情况下,能够自由地评估不同的行动可能性并做出选择。而且在不能真正地得出结论并实施行动之前,这种评估与选择很难根据某种规律准确预测。这种自由意志的评估与选择也在很大程度上是道德判断和司法实践的基础。也就是说,如果将标准能动性观念与自由意志概念结合起来,我们可以要求,一个实体要具有能动性,需要满足两方面要求:(1)基本行动理由的形成过程必须无法被准确预测,而且有能力评估并衡量具有潜在冲突的目标或价值;(2)由基本行动理由所触发的意向性行动。

从这个角度分析,智慧法院建设中广泛采用的弱人工智能技术能否被上述要求容纳,是存在张力的。其中,基本行动理由的形成显得尤为重要。一般认为,人工智能技术是某种依据算法运行的程序,就目前的技术发展而言,其输出的结果在某种程度上是被算法"决定"的,也不具备衡量潜在冲突目标或价值的能力。可是从人工智能技术的发展来看,尽管我们可以说其运算结果是被算法"决定"的,但是已经被广泛应用于社会各个领域的机器学习技术已经能发掘未被人类预料的事物联系或行为模式,更不要说未来人工智能技术更全面地铺开后在不同智能技术算法之间的互动中可能产生的系统涌现效应。❶ 另外,从人类自身来看,我们之所以认为自身的选择是不可预测的,并不是因为能真正理解自由意志以非因果性的方式发挥作用(按照康德的说法,这是一种理性的僭越),而是因为我们相信在自己做出选择之前,任何人都在严格意义上无法知道我们会做出什么样的选择。❷ 由此可见,无论是人类还是人工智能,其行动或者某种内在状态能否被预测,与它们是否在任何意义上被决定不存在冲突。

再来看对潜在相互冲突的行动目标或价值进行衡量的问题。现有的弱

---

❶ *Smartness and Agency*, in Mireille Hildebrandt, *Smart Technologies and the End(s) of Law: Novel Entanglements of Law and Technology*, Edward Elgar Publishing, 2015, pp. 22-30.

❷ 参见南星:《人工智能体有自由意志吗?》,载《学术月刊》2021年第1期。

人工智能技术专注特定任务领域，如分析案件争议焦点、类案推送、量刑辅助、裁判尺度偏离预警等，并不需要处理冲突的行动目标，目前来看也不能够衡量不同的价值目标。但是，当人工智能技术能处理冲突性目标，甚至通用人工智能技术（AGI, Artificial General Intelligence）出现时，是否应当为其设定冲突性的行动目标，或者让其在衡量潜在冲突的价值方面为人类提供建议呢？这个问题无疑存在着巨大争议，支持者认为这能为人类的思考提供更加多样甚至更加合理的选择❶，反对者认为这将带来思维庸化和道德钝化❷。这些观点已经逐渐超出本文讨论的核心，因此留待其他研究进一步扩展。

最后，与行动者的意向性内容紧密相关，我们能够比较容易地根据标准能动性模型处理各类责任的分配问题。从上文的讨论可以看出，目前智慧法院建设中使用的人工智能技术很难说具有任何"意图"、"行动理由"或者目标评估进程，因此它们无法被视为行动者，也难以被要求承担任何意义上的责任。而对于人类行动者而言，标准模型将行动归因的边界界定为让"某人有意（intentionally）造成了某个事件"这一命题为真的真值条件。换言之，无论是司法技术公司开发、调试司法人工智能技术，还是司法工作人员使用人工智能技术为自身工作或普通工作提供指引或建议，在履行某种注意义务的前提下，仅对自身意图范围内的后果负责，而意料之外的社会后果则无需任何人承担。当然，用语言描述行动的多种可能性让行动因果性导致的众多事件都可能被纳入对行动的描述，因此难以限制因果链条的长度，以至于人类使用人工智能技术的行动可能被其意料之外的后果描述。此时，就需要补充组织内部或者法律内部的标准，选择出哪些行动描述是可以被接受的，并依据这些标准切断自然归因的链条。

2. 解释与阐释的争论问题

上文已经提及，标准能动性模型一方面以意向性为核心，另一方面认为

---

❶ 参见南星：《人工智能体有自由意志吗？》，载《学术月刊》2021年第1期。
❷ 参见雷磊：《ChatGPT对法律人主体性的挑战》，载《法学》2023年第9期。

意向性行动与有理由的行动之间存在着密切联系，能够成功地将理由纳入对行动的分析，说明理由在对行为的解释（explanation）中所发挥的作用。这种对理由与行动之关联的关切对当代西方法理论有着极其重要的意义。但需要特别指出的是，在理由与行动之间的关联方面，戴维森的能动性理论与一些重要法理学研究并不完全相容。在戴维森看来，理由是作为一种因果解释（casual explanation）发挥作用的，其对能动性的刻画被认为至少与一种最低限度的自然主义一致。❶ 但二十世纪大部分主流法理学研究者均与自然主义保持着距离。❷ 以哈特为例，他在研究方法上认为"要理解这个（规范性社会结构），经验科学的方法论毫无用处；需要一种'诠释性'方法，将规则支配行为描绘为它的参与者所看到的那样，他们将其视为遵循或未能遵循特定共享的标准"❸。而在实质观点方面，哈特认为，（研究人类行动时）"我们需要处理行动之理由的概念，而非事件之因果的概念"❹。而戴维森则在相关讨论的引注中明确表明，自己反对哈特对法律中因果关系的看法。❺

这又进一步在方法论层面上牵涉社会科学研究中自韦伯开始强调的（因果）解释（explanation）与理解（understanding）的认识论区别问题。自哈特以来，不少法理学者认为，人们通过理解一个理由来正当化一个行动，而非通过认知一个理由来因果性地解释一个行动；换言之，因果关系概念不适用于说明理由与行动之间的关系。类似的观点在社会学以及法学理论中一般被称为阐释主义视角，而在哲学中则被总结为一种双重立场理论（dual stand-

---

❶ See Markus Schlosser, *Agency*, Stanford Encyclopedia of Philosophy Archive, https://plato.stanford.edu/archives/win2019/entries/agency/.

❷ See Dan Priel, *Legal Positivism and Naturalistic Explanation of Action*, 43 Law and Philosophy 31 (2023).

❸ H. L. A. Hart, *Essays in Jurisprudence and Philosophy*, Oxford University Press, 1983, p. 13.

❹ H. L. A. Hart and A. M. Honoré, *Causation in the Law*, Clarendon Press, 1959, p. 49.

❺ See Donald Davidson, *Actions, Reasons, and Causes*, in Donald Davidson, *Essays on Actions and Events*, Oxford University Press, 2001, pp. 3–20.

point theories)。后者认为能动性只能通过实践的、规范性的或者参与的立场予以理解,而不能通过外在的理论立场或者形而上学的框架予以解释。❶ 从行动哲学的立场看,双重立场理论(以及阐释主义视角)无法回答能动性的核心问题:在一个所有移动(movement)都可以通过事件因果性来解释的世界中,能动者如何行使对自身行动的控制能力。❷ 回答这一问题需要一种关于能动性的形而上学,而阐释主义视角恰恰缺乏这种形而上学。

本文当然不可能对这些问题作出全面的梳理与回应,只能从戴维森的理论视角出发,试着给出一定回应。

首先,戴维森认为自己的行动理论在一定程度上并非与法理学者所主张的理解、阐释完全互斥。即使我们承认理由在解释行动时为行动提供了正当化说明,但这并不意味着这种解释必然不是因果性的。提供理由是因果解释中的一种,而正当化是这种因果解释的区别性特征之一;理由的正当化功能依赖其因果解释功能,但反过来并不如此。特别是,行动者行动时的理由和他们事后为正当化行动所提供的理由,常常是不同的。理由之所以能够为行动提供事前或事后的正当化说明,恰恰在于它有可能成为行动者行动时的理由。而理由与行动之间的关系的重点,在于行动者是因为这个理由才采取了行动。❸ 通过"因为"这个词,我们可以得到更多关于行动在因果解释上的信息——行动者的态度与信念。

其次,由于重新解释了因果解释与正当化之间的关系,因果解释与理解尽管并非截然二分,但也不能相互取代。戴维森承认,当我们认识到行动的理由时,就能够对行动产生一种新的阐释或描述。这种新的阐释或描述可以将行动者的某种积极态度、信念(行动理由)与特定目标、原则、社会背景、个

---

❶ See Thomas Nagel, *The View from Nowhere*, Oxford University Press, 1986; Christine M. Korsgaard, *The Sources of Normativity*, Cambridge University Press, 1996.

❷ See Donald Davidson, *Actions, Reasons, and Causes*, in Donald Davidson, *Essays on Actions and Events*, Oxford University Press, 2001, pp. 3–20.

❸ See Donald Davidson, *Actions, Reasons, and Causes*, in Donald Davidson, *Essays on Actions and Events*, Oxford University Press, 2001, pp. 3–20.

人经历联系起来,形成对行动本旨的理解。但这种重新描述、理解或者阐释并不意味着理由不是原因,也不能用行为所处的宏大模式或者背景取代对理由与行动之间的因果性解释。❶ 举例而言,我们可以对"行人想要遵守交通规则,因此不再往前走"的理由做出多种阐释(在戴维森看来这是一种重新描述)——"遵守规则本身有内在价值""行人害怕自己遇到交通意外"或者"遵守规则能提高交通效率",而且这种阐释的多元性在某种程度上指向了德沃金所谓"理论分歧"。我们可以争论,哪种阐释与现有的法律体系最为融贯,并为法律实践提供了最佳辩护或者正当化说明。但这种争论及其结果,以及这些阐释本身的多元性和背景性却不能说明理由与行动之间——比方说"遵守规则本身有内在价值"与"行人不再往前走"之间——存在着什么样的关系。在戴维森的行动哲学视角下,这是一种因果联系。

综上,以意向性为核心的能动性观念认为,只要在某种描述中我们可以将某种事态描述为某实体的意向性行动,即由该实体的心灵状态的因果性引发的事态,那么该实体就可被视为具有能动性。这种能动性观念以意向性为中介,关注了理由、信念、欲求等可能是人类独有的方面与能动性之间的关联,因此与以人类为中心的人工智能观最为接近,能较好地说明人类与人工智能的核心区别,也能为责任分配问题提供清晰的指引。在与建设智慧法院相关的讨论中,这种观念常常被反对人工智能技术有可能具有能动性与主体性的研究采纳或者预设。因为无论是目前的弱人工智能,抑或日后可能出现的强人工智能,研究者都能提供初步理由论述人工智能技术不具备人类所具有的心灵状态。

但采纳这种戴维森式的能动性观念仍有需要注意的地方:其一,以意向性为核心的能动性观念尽管与自由意志的理念高度相容,但并没有实质性地主张"人类拥有自由意志",也没有以自由意志为基础否认人工智能技术拥

---

❶ See Donald Davidson, *Actions, Reasons, and Causes*, in Donald Davidson, *Essays on Actions and Events*, Oxford University Press, 2001, pp. 3–20.

有能动性的任何可能性。相反,它认为判断人工智能技术是否可能具有能动性,依赖我们如何理解基本行动理由的形成过程,以及如何衡量潜在相互冲突的行动目标和价值。而这两个过程并不一定排斥决定论的解释。其二,戴维森提出的这种在行动哲学界被广为接受的能动性模型,与现有西方法理学的讨论在理由发挥作用的途径方面存在着张力:前者强调因果解释,后者强调价值阐释和理解。在讨论人类相比人工智能在心灵状态方面的独到之处时,这种张力往往被忽略,或未得到严肃对待。

[三] 以社会沟通为核心的能动性观念

(一) 系统理论视野下的社会沟通与行动归属

香港律师会在 2024 年 1 月发布的《人工智能对法律专业的影响》中提及"(人工智能的最新发展能够)依据它所接受过培训的材料并以人类可能会回应的方式作出'回答'。与客户的专业交流是一种'人性接触'。但这对律师来说曾经非常安全的界限现在已被跨越"。这一评述将人类法律职业实践的"安全界限"定位为专业化的沟通与交流,并认为人工智能技术已经能够做到这一点。

在律师执业的视角之外,学界亦以"人机交互"或"人机协同"(Human-Machine Synergy)为视角讨论了智慧法院建设进程中人工智能技术与人类之间的"沟通"进程。在当前智慧法院的建设,如民事案件繁简分流制度中❶,人与技术之间的关系并非简单的智能辅助或者决策支持,而是形成了一种混合智能以及新的组织形态,乃至新的法院数字共同体。有学者已经开始围绕这一共同体讨论人类与算法之间的决策权重分配、集中化程度分配、

---

❶ 参见刘智铭、王晓利:《人机协同视阈下的民事案件繁简分流智能化模式建构》,载《数字法治》2024 年第 1 期。

算法问责等问题。❶ 亦有学者指出人工智能技术在智慧法院建设中的角色并非构建某种算法法官并让其承担相应的司法决策责任，而是要促成一种"人机共融"的法院数字共同体。❷

上述这些论述并非主张人工智能技术在应用时具有人类一般的心灵能力或者自由意志，而是在肯定算法、机器以及人工智能技术也能有所行动、有所作为的基础上，认为在智慧法院的建设中，人类与技术之间的协作关系或者交互关系在社会功能的意义上与人际关系之间具有一定的可类比性。问题在于，这种"沟通"与日常生活中人与人之间的沟通是否可能有同样的基础或者构造？是否存在一种行动或者能动性的视角，能够说明智慧法院建设中这种人机关系与人际关系之间的类似性？

系统理论对社会沟通以及社会行动进行了重新界定，让它们摆脱了对人类主观意图的依赖，并在此基础上发展出了成熟的社会学理论。其认为，人的心理系统具有封闭性，意识本身无法进行沟通，只能设想自身在进行沟通，或者设想另一个意识系统正在思维。因此沟通并非人的心理系统或者神经系统的一部分。类似的，活生生的、有心灵的、有躯体的人可以是沟通的某种启动条件，也可以成为沟通的主题，在沟通中谈及自身的情绪、状态与意图，但同样不是沟通的一部分。因此沟通与意识、社会系统与心理系统处于相互依赖、相互补充，但又各自独立运作的结构耦合关系中。❸

卢曼认为，沟通是社会系统(而非心理系统)的一部分，而且是社会系统的最小单元和基本运作方式。从逻辑环节上看，沟通是信息、发声和理解这三种选择所形成的综合体；通过这三种选择，它不仅构建了自身的意义视

---

❶ 例见丁晓东：《人机交互决策下的智慧司法》，载《法律科学(西北政法大学学报)》2023年第4期。

❷ 参见陈罗兰：《论法院数字共同体的构建：以人工智能辅助司法为视角》，载《法学》2024年第1期。

❸ 参见克内尔、纳塞希：《卢曼社会系统理论道引》，鲁贵显译，巨流图书公司1998年版，第89—91页。

域,也将视域中潜在的意义予以现实化。❶ 从信息这一环节来看,它并非某种现成存在于世界之中的事物,而是观察者从众多混乱而具有丰富意义潜能的材料中选择、指认为具有意义的事物,而剩下的材料则未被观察者注意到。❷ 接下来是发声,发声者在这一环节中从众多信息中选择出特定信息和展现形式,并否定其他信息的发声可能性,从而区别发声与信息这两种不同的选择。❸ 最后,沟通只有在理解这种选择发生的意义上才被实在化,并形成了信息、发声与理解之综合。❹ 在这里,理解并不意味着"理解他人的意图或内心"并因此决定做或者不做某些行动,而是意味着自我(ego)是否可以或者是否接受将告知理解为另我(alter)对特定信息的选择,以及对其余信息的摒弃。因此,尽管从逻辑顺序上,信息与发声的出现以及差别先于理解;但从沟通的发生意义上,归于自我的理解不仅将信息与发声理解为另我造成的差异,也将这两个步骤理解为两种选择,并实现了这三种选择的综合。❺

那么,这种对沟通的界定与行动有什么样的关系呢?在传统社会学语境中,"行动"这一概念发挥着刻画行动者身份和推动叙事向前的双重功能。一方面,行动指向了"事件/身份"的区分,个人的行动因此也被视为个人身份的一部分,担保了可预期性和重复性;另一方面,行动指向了"之前/以后",并

---

❶ 参见 *Communication and Action*, in Niklas Luhmann, *Social Systems*, translated by John Bednarz, Jr. with Dirk Baecker, Stanford University Press, 1995, p. 141;亦参见〔德〕玛格特·博格豪斯:《鲁曼一点通:系统理论导引》,张锦惠译,暖暖书屋文化事业股份有限公司2016年版,第101页。

❷ 参见〔德〕玛格特·博格豪斯:《鲁曼一点通:系统理论导引》,张锦惠译,暖暖书屋文化事业股份有限公司2016年版,第105—107页。

❸ 参见〔德〕玛格特·博格豪斯:《鲁曼一点通:系统理论导引》,张锦惠译,暖暖书屋文化事业股份有限公司2016年版,第108—109页。

❹ See Niklas Luhmann, *Communication and Action, in Social Systems*, translated by John Bednarz and Jr. with Dirk Baecker, Stanford University Press, 1996, p. 148.

❺ 参见〔德〕玛格特·博格豪斯:《鲁曼一点通:系统理论导引》,张锦惠译,暖暖书屋文化事业股份有限公司2016年版,第135—136页。

将前者转变为后者,行动因此成为一种单向箭头,担保了同样的事物不再发生。在此基础上,系统理论则将行动视为特定社会系统或者社会情境的归属(attribution)过程,并追问行动是否以及在何种程度上被归属于个体人类或者特定情境。❶ 在这种视角下,行动是对社会系统中沟通的归属化,并对社会系统的复杂性进行化约:一方面,沟通中的发声需要被视为一种发声行动被归属于发声的另我,另我也因此被视为一个行动者;另一方面,沟通中的信息也可以涵盖其他行动者在特定时空中的行动,并让行动可能成为沟通的主题。❷

社会系统将自身描述为一个行动系统有两方面的优势。其一,与沟通相比,行动更容易被识别和处理。行动本身不包含理解,不需要区分信息与发声两个环节,只需要根据特定社会系统的归属规则判断行动者,因此在对沟通的沟通中,将作为论题的沟通化约为行动,可以缩减沟通本身的复杂性,建立一个简单的衔接点以衔接接下来的沟通和行动。其二,将沟通化约为行动让社会关系获得了时间上的不对称性,从而简化了沟通。这是由于沟通本身作为三个环节的选择是极端复杂的:选择中的每一个面向都有可能由于自我与另我的双重偶联性而被悬置、怀疑以及再度探究。但是将沟通化约为特定时空中发生的一个行动或者行动链条,赋予了沟通方向性:尽管沟通中的理解可以回溯性地拒绝或质疑过往的信息和发声,但是行动却让这些环节在时间中具有了不可回溯性。❸

总之,社会系统在自我观察中将沟通化约、归属、描述为行动,限制了沟通内部三个环节的复杂性,确定了沟通性行动主体,因此让社会系统进一步

---

❶ See Niklas Luhmann, *Instead of a Preface to the English Edition: On the Concepts of "Subject" and "Action"*, in *Social Systems*, translated by John Bednarz and Jr. with Dirk Baecker, Stanford University Press, 1995, p. xliv.

❷ See Niklas Luhmann, *Communication and Action*, in *Social Systems*, translated by John Bednarz and Jr. with Dirk Baecker, Stanford University Press, 1996, p. 166.

❸ See Niklas Luhmann, *Communication and Action*, in *Social Systems*, translated by John Bednarz and Jr. with Dirk Baecker, Stanford University Press, 1996, pp. 169-170.

在沟通中反思性地处理沟通成为可能。❶ 系统理论对社会系统中沟通、行动等基础概念和基本情境的刻画,意味着能动性观念在该系统理论的视角下也需要被重构。在系统理论的视角下,"能动性"并非意味着具有意图、意识、反思能力等本体论上的性质来因果性地引发行动,而是意味着其可以成为一个指涉点或者衔接点,被社会系统归属为特定沟通进程或行动。换言之,能动性意味着社会系统将特定实体构造为"行动者",并在社会系统的沟通中赋予其行动能力、责任、权利以及义务。❷ 这也自然意味着社会系统中的行动者不再局限于传统意义上的人类,而有可能容纳公司、社团等人类集合体,也可能容纳动物、算法等非人类。在这一意义上,本节开始提及的智慧法院建设中的人机互动与人际互动具有了可类比性,以及同样的理论研究基础。

(二)算法何以可能沟通和行动?

在现代社会,人工智能技术,乃至更宽泛的数字算法,早已不像锤子、斧头等工具一样仅仅具有简单、直观的内在机制和功能。相反,人们承认它们的内在机制是不透明的而且难以计算和预测,并因此开始将它们视为黑箱。此时,制度化的社会实践就有可能将某种社会身份和能动性赋予算法,认为它们有可能参与到社会沟通中。这种社会身份和能动性的赋予之所以可能实现,首先源于它是一种处理不确定性和不可预测性的方式。❸ 通过将算法黑箱视为能参与社会沟通的对象,人类与算法之间的对象不再是传统意义上的目的——手段关系或者主客体关系,而是转化为上节提及的沟通中的自我——

---

❶ See Niklas Luhmann, *Communication and Action, in Social Systems*, translated by John Bednarz and Jr. with Dirk Baecker, Stanford University Press, 1996, pp. 175–176.

❷ See Gunther Teubner, *Rights of Non-humans? Electronic Agents and Animals as New Actors in Politics and Law*, 33 Journal of Law and Society 497 (2006).

❸ See Gunther Teubner, *Rights of Non-humans? Electronic Agents and Animals as New Actors in Politics and Law*, 33 Journal of Law and Society 497 (2006).

另我关系，原有的自然因果流程中的不确定性就转变为沟通中理解的不确定性。这样，人类就不会因为不确定算法回应的机制和内容而裹足不前，而是如同我们与其他人类的交流，推断"他人/算法"会根据自己的言行决定如何予以回应，同时我们自己也会根据"他人/算法"的回应选择下一步的沟通方式与内容。人类在与算法沟通的互动中开始将算法"拟人化"，推定它们像人类一样自我指涉性地处理意义问题，从而将行动归因于它们。

当然，算法与人类仍有着内在构造上的明显不同，因此还有三点值得进一步说明。❶ 首先，正如同人与人之间的沟通不是内在心灵或者意识的直接接触，人类与算法的沟通也仅仅发生在人机交互的表层。为了沟通，人类不必了解算法编程的具体内容，算法也不必理解人类的心灵。其次，严格来说，在人与人的沟通中，沟通双方的各方都是基于对对方选择的理解和预测来做出自身的行为选择的，但是在人与算法的沟通中这种相互选择可能只能被人类单方面感知到，但这没有排除沟通的可能性。因为算法的行为可以被设想为被有意选择的，而且可以通过它自身的行为在沟通中被影响的，社会制度就有可能赋予算法以能动者的地位。最后，有人可能会指出，算法看起来可能缺乏理解人类内在心灵的能力。但这可能并不重要，上节的分析已经说明，对系统理论中的沟通的理解不同于一般意义上对内在心灵的理解。即使是在人际沟通中，"理解人类心灵"看起来更多是一种比喻，人类并不会真正地知晓其他人的内心世界。对算法而言，人机沟通进程中的理解仅仅取决于算法的"回答"是否理解了人类的"问题"。

系统理论提出的以社会沟通为核心的能动性观念，还能在一定程度上回应智慧法院建设中人工智能技术嵌入司法组织运作后的责任分配问题。司法实践和法律实践并非任务单一、流程单向的实践。无论是法院工作人员还是法律执业人员，在寻找类案、归纳案件争议焦点、写作法律文书时，都需要

---

❶ See Anna Beckers and Gunther Teubner, *Human-Algorithm Hybrids as (Quasi-)Organisations? On the Accountability of Digital Collective Actors*, 50 Journal of Law and Society 100 (2023).

经过多方面的检索以及反复修改,这也意味着人工智能技术的使用可能并非"一用了之",而是在相关实践过程中被重复递归性地使用。此时,人类和数字算法的行动以及决策相互纠缠在一起,已经不能简单地认为人类是在使用工具,或者人类是在"委托"人工智能技术进行抉择,而是可能将人类—数字技术视为一种联合体承担相关责任与后果。❶

综上,以社会沟通为核心的能动性观念认为,能动性是在社会系统中在特定制度条件下赋予相关实体的,是一种对社会沟通的归属。这要求特定实体能够参与社会沟通,从而成为社会系统中沟通以及行动的衔接点和指涉点。这种能动性观念摆脱了以意向性为核心的能动性观念对心灵和意图的依赖,而是聚焦于人与技术的互动过程及其背后的社会制度背景,将人类面对自然因果性后果的不确定性转换为社会沟通中的不确定性。在通用性人工智能技术(或者说强人工智能技术)尚未出现之前,这一模型与当下以及可预见的未来的技术应用状况可能最为接近,也与人工智能技术的使用场景和使用组织结构契合,用于说明目前智慧法院建设中日益常见并引起关注的人机交互、人机交融情形。

[四] 以行动影响能力为核心的能动性观念

(一)行动者—网络理论视野下的行动体与可供性

无论是否认为人工智能技术有可能获得社会意义上的能动性以及法律意义上的主体资格,不少研究者都开始提及并担忧最新技术的发展对法律人主体性以及法律实践自身的影响。例如,有学者担忧过度依赖 ChatGPT 技术会导致法律人思考能力和语言组织能力的退化,让创造力降低,思维自我

---

❶ See Anna Beckers and Gunther Teubner, *Human-Algorithm Hybrids as (Quasi-)Organisations? On the Accountability of Digital Collective Actors*, 50 Journal of Law and Society 100 (2023).

庸化,同时逐渐丧失了对大数据结论的道德反省能力。❶ 还有学者提出,人工智能在未来很有可能颠覆法律人的职业劳动以及在这种劳动中培育出的"理性法律人格"。❷ 然而,法律实践的工具以及物质载体有可能对法律实践自身产生影响,并非一个独属人工智能技术的话题,其影响也并非单纯是负面的。例如,法律实践从口头沟通到印刷文字的转变,不仅让法律摆脱了人类记忆能力的限制,促成了现代法律的清晰性、复杂性和抽象性,也为法律人的反思提供了稳定的对象❸;而从印刷文字到电子数据在屏幕上的呈现方式,同样有可能培育一种新的法律思维方式,影响法律人的知识追求和"去法典化思维"❹。

而在智慧法院建设的论域中,类似的观点通过"大数据基础设施""智能司法基础设施"等概念表达出来,它们共同关注新兴技术对司法工作的潜在影响甚至支撑性作用。例如,智慧法院建设中的信息技术强化了法院内部的科层化管理、司法判决的形式品质,甚至社会整体的治理结构和秩序生成机制❺,而这些司法服务基础设施又潜移默化地提升了法院的办案效率、公正水平和便民程度❻。从司法智能技术的发展来看,智慧法院建设的进一步升级同样依赖将司法数据结构化为司法知识,从而形成新的司法基础设施为未来的人类司法实践提供知识基础。❼

---

❶ 参见雷磊:《ChatGPT对法律人主体性的挑战》,载《法学》2023年第9期。
❷ 参见余成峰:《从老鼠审判到人工智能之法》,载《读书》2017年第7期。
❸ See Michal Dudek, *Law Without Matter? The Immateriality Thesis: A Critical Commentary*, 36 International Journal for the Semiotics of Law – Revue internationale de Sémiotique juridique 2455 (2023).
❹ 参见〔波兰〕弗朗茨切克·隆查普斯·德·布雷尔:《法律数据库与去法典化现象》,李宇飞译,载《中国应用法学》2017年第6期。
❺ 参见郑戈:《在法律与科技之间——智慧法院与未来司法》,载《中国社会科学评价》2021年第1期。
❻ 参见郑戈:《司法科技的协调与整合》,载《法律适用》2020年第1期。
❼ 参见陈亮、徐明:《从数据到知识:智能司法基础设施的困境反思》,载《交大法学》2022年第3期。

无论我们如何评估以及预测人工智能技术,甚至更一般的技术变迁对法律实践的影响,上述这些研究都表明,在法律实践中不存在单纯的、只涉及人类自身的行动。一方面,人类行动者使用各类工具以及技术来传播法律、思考法律、实践法律;另一方面,人类行动者自身的行为方式、思维方式甚至职业伦理又深受行动中各类物质性技术的影响。这足以让我们转换思考能动性的角度:从来不存在任何孤立的能动者,特定实践中的所有事物,无论是人类还是非人类,在相互"合作"共同促使行动成功的意义上具有同样的地位。

　　以卡隆、拉图尔为首的行动者—网络理论研究者认为,在能够影响行动的意义上,非人类也具有能动性,与人类具有一样的重要性。类似的主张近年来在社会学领域已经不算罕见。在行动者—网络理论之外,互动论、技术变迁理论和文化社会学对各自脉络的理论分析与经验研究均表明,在分析社会互动时必须涵盖非人类实体,这些非人类实体不仅仅包括通俗意义上物质性的物体,也包括宠物、文本、电脑程序等。❶

　　这一主张促使行动者—网络理论用一系列异质性实体构成的网络概念或者联合体(association)概念取代以人类以及人际关系为核心的社会概念,以保持在解释问题时在人类与非人类、社会与自然、实在与表征/代表(representation)之间的对称性。❷ 这些异质性实体被称为行动体(actant),它在这个理论脉络中取代了行动者(actor),并具有了后者的一般含义。众多行动体在行动中相互关联、影响、委派、表征/代表,最终形成了一个行动者网络,并共同让特定行动或者实践在这一行动者网络中发生。申言之,行动者网络中的任何异质性实体,只要它制造了实践中的差异,促成了行动的形

---

❶ See Karen A. Cerulo, *Nonhumans in Social Interaction*, 35 Annual Review of Sociology 531 (2009). 文化社会学中对物质客体及其能动潜能的研究,参见 Terence E. McDonnell, *Cultural Objects, Material Culture, and Materiality*, 49 Annual Review of Sociology 195 (2023)。

❷ See Bruno Latour, *On Actor-network Theory: A Few Clarifications*, 47 Soziale Welt 369 (1996).

成,那就属于这个行动者网络中的行动体。❶

具体而言,在行动者网络中,非人类行动体之"可供性"(affordance)发挥的作用不逊于人类行动体之心灵状态。"可供性"指的是一种在行动体的相互关系中被构造出来的行动可能性,这种可能性既包含了一般意义上的物质属性,也包含了被附着于行动上的符号属性。❷ 作为一种行动潜能或者潜在机制,可供性一方面不依赖人的意识和已经被执行的行动,能够客观地限制或者促进具有不同能力的不同人群的行动可能;另一方面,可供性并非一种构成客观限制的无可分析的"混沌",它具有可辨识的一般化供给方式和行动嵌入机制。❸

非人类行动体正是在具有"可供性"的意义上具有能动性的,能动性是可供性之实现。在行动者网络理论的相关讨论中,非人类行动体在四个重要方面可以被认为具有能动性❹:

(1)非人类行动体提供了形成牢固、持久和大尺度人类社会的必要条件,同时构成了将自己排除在通常社会视野之外的条件。拉图尔用阿基米德的例子生动地说明了这一点:阿基米德制作的滑轮装置本来只是物理力量的转译和放大装置,在展示给国王之后,被用于制造战争中的进攻武器和防御武器,将物理的力量转译为政治的力量;而在战争武器为阿基米德赢得智慧的美誉,把政治的力量转化为科学的力量之后,后者因此能在盛名之下将迎合政治需要和生活需求的技术工作视为庸俗之举,将数学、科学与世俗的体

---

❶ See Bruno Latour, *Reassembling the Social: An Introduction to Actor-Network-Theory*, Oxford University Press, 2005, p. 71.

❷ See James J. Gibson, *The Ecological Approach to Visual Perception*, Erlbaum, 1979.

❸ See Jenny L. Davis, *How Artifacts Afford: The Power and Politics of Everyday Things*, The MIT Press, 2020, p. 11; Mike Owen Benediktsson, *In the Midst of Things: The Social Lives of Objects in the Public Spaces of New York City*, Princeton University Press, 2022, p. 5.

❹ See Edwin Sayes, *Actor-Network Theory and Methodology: Just What Does It Mean to Say That Nonhumans Have Agency?*, 44 Social Studies of Science 134 (2014).

力劳动、政治较量分离开来。❶ 通过非人类行动体，一般意义上的社会关系获得了自然事物的稳定性，得以保存、维持和拓展，没有非人类行为体参与的社会生活是无法设想的。❷

（2）非人类行动体起到了行动网络的中介（mediator）作用。中介者并不只是传递并引导行动者的力量，而是在行动的关联链条中转变、转译、扭曲、调整它们被认为应该携带的意义或元素。因此，中介者有可能将行动引向多种方向，让自己的行动被赋予不同的角色、作出不同的解读，它永远应该被单独考虑。❸ 在此基础上，非人类行动体在进入行动序列后并非一劳永逸地被赋予了特定能力，而是同时要求与之连接的人类行动体具有特定能力，也要求着新的行动模式和力量。行动群体的边界和构成、行动本身的过程和目标都有着极大的不确定性❹，因此非人类行动体所产生的影响并不能通过因果能动性或者技术决定论的框架解释，它们有可能授权、允许、提供、鼓励、批准、阻碍、禁止某些行动❺。由于中介者所具有的这种影响能力，我们也可以通过具有操作意义的追问检验人类以外的实体是否构成行动体，观察它们存在与否是否会改变其他行动者或者行动体的行动过程，是否会影响行动的成功，以及是否有方式检验这种改变或影响。

（3）非人类行动体在行动联合体中有可能具有道德或政治意涵。在这里可以引入兰登·温纳的框架来细化这一观点。一方面，"装置或系统的设

---

❶ 参见〔法〕布鲁诺·拉图尔：《我们从未现代过：对称性人类学论集》，刘鹏、安涅思译，上海文艺出版社 2022 年版，第 225—228 页。

❷ See Michel Callon and Bruno Latour, *Don't Throw the Baby Out with the Bath School! A Reply to Collins and Yearley*, in Andrew Pickering (ed.), *Science as Practice and Culture*, The University of Chicago Press, 1992, p. 359.

❸ See Bruno Latour, *Reassembling the Social: An Introduction to Actor-Network-Theory*, Oxford University Press, 2005, p. 39.

❹ See Bruno Latour, *Reassembling the Social: An Introduction to Actor-Network-Theory*, Oxford University Press, 2005, pp. 27-30, 43-46.

❺ See Bruno Latour, *Reassembling the Social: An Introduction to Actor-Network-Theory*, Oxford University Press, 2005, pp. 70-72.

计或安排的特定特征为特定背景下树立权力和权威的模式提供了便宜之计"❶,在这种情况下,非人类行动体被人类行动体有意或无意地委派了特定的政治、道德或者法律目标。例如,汽车安全带的使用就将一种主体间的政治与道德转译成了客体间的政治与道德。❷ 另一方面,"特定技术的棘手特性使其与权力和权威的特定制度化模式强烈地、可能是不可避免地联系在一起"❸,此时,技术作为一种非人类行动体在行动者网络中不可避免地容纳或者排斥某种道德或政治,从而本身是政治的。对温纳来说,最好的例子是原子弹,它不可避免地要求一种严格集权、等级制的权威行使方式。❹ 无论如何,行动者网络理论并没有试图论证非人类行动体实际上具有做出道德判断的能力,而仅仅是质疑了"道德行动或者政治行动仅仅与人类相关"这一命题。但随之而来的问题是,行动者网络理论并没有回答在道德和政治的行动联合体中,哪些行动体应当为行动负责。❺

(4)非人类提供了聚集其他行动体的能力。当我们再次把目光放回联合体或者网络,可以发现非人类行动体在其中还提供了一种重要的聚集能力,将不同时间、空间和本体类型的行动体聚集并装配起来,促成更大尺度上的行动者网络。在拉图尔看来,非人类行动体的聚集效益及其扩展的行动尺度是现代社会的重要成果,让地方性的网络变成了全球性的网络,促成了一种规模效应。❻ 这样,铁路、电话线路与现代科学知识在一种全球性的宏观尺度上建立了普遍性,但这种普遍性却依赖地方性的铁轨、枕木、电缆、听

---

❶ Langdon Winner, *Do Artifacts Have Politics?*, 109 Daedalus 121 (1980).
❷ See Edwin Sayes, *Actor-Network Theory and Methodology: Just What Does It Mean to Say That Nonhumans Have Agency?*, 44 Social Studies of Science 134 (2014).
❸ Langdon Winner, *Do Artifacts Have Politics?*, 109 Daedalus 121 (1980).
❹ See Langdon Winner, *Do Artifacts Have Politics?*, 109 Daedalus 121 (1980).
❺ See Edwin Sayes, *Actor-Network Theory and Methodology: Just What Does It Mean to Say That Nonhumans Have Agency?*, 44 Social Studies of Science 134 (2014).
❻ 参见〔法〕布鲁诺·拉图尔:《我们从未现代过:对称性人类学论集》,刘鹏、安涅思译,上海文艺出版社2022年版,第239页。

筒、实验室、仪器等行动体在局部的转译、中介与聚集。而这些行动体在局部的聚集却又是人类无法抵制的,因为它们已经在现代生活中被表征为一种自然的、普遍性的力量。❶

(二)行动影响能力作为最低限度的能动性观念

可以看出,行动者—网络理论事实上并不关心如何刻画人类的行动能力或者能动性❷,而试图将能动性的含义多元化,而在这种能动性的多元化背后,则是对主客体二分、对谁/什么在行动、对什么构成了行动的深深不确定性。而行动者网络以"行动体"取代"行动者",以"中介"取代"因果关系",将上述不确定性固定成了一种分析现代社会的方法论❸,致力于清晰地展现所有参与了行动的人类行动体和非人类行动体,并说明它们何以让这种行动得以持久稳定地进行下去❹。

由此可见,这种方法论事实上并没有排除意向性或是社会沟通的能动性观念,而是强调在分析复杂的现代社会和技术现象时,应该有一种更具包容性的方法论主张和最低限度的能动性观念。所谓"最低限度",一方面指的是这一观念通过将能动性的衡量标准"去人类中心化",以试图捕捉到造成或促进其他实体或一个网络发生细微变化的每一个实体❺;而另一方面则指的是它缺乏更多的本体论意义。无论是"能动性"还是"行动体",它们实际

---

❶ 参见〔法〕布鲁诺·拉图尔:《科学在行动——怎样在社会中跟随科学家和工程师》,刘文旋、郑开译,东方出版社 2005 年版,第 214 页。

❷ See Bruno Latour, *On Actor-network Theory: A Few Clarifications*, 47 Soziale Welt 369 (1996).

❸ See Edwin Sayes, *Actor-Network Theory and Methodology: Just What Does It Mean to Say That Nonhumans Have Agency?*, 44 Social Studies of Science 134 (2014).

❹ See Bruno Latour, *Reassembling the Social: An Introduction to Actor-Network-Theory*, Oxford University Press, 2005, pp. 70-72.

❺ See Edwin Sayes, *Actor-Network Theory and Methodology: Just What Does It Mean to Say That Nonhumans Have Agency?*, 44 Social Studies of Science 134 (2014).

上仅仅是空洞的符号学定义,指向被视为行动之源泉的那个东西❶,而不意味着任何特殊的性质或者内在结构。

回到智慧法院建设的语境。需要承认的是,以行动影响能力为核心的能动性观念在行动归因并确定制度化的归责方案等方面的指引能力有限。这一能动性观念认为任何特定行动都是由行动所牵涉的无数人类实体和非人类实体共同作为"原因"而促成的。在这一意义上,这种能动性观念实际上消解了"行动归因"这一概念。在这种视野下,实践网络中的每一个实体都是行动的某种原因,因而我们无法根据这一理论脉络确定什么人、什么事物需要对行动之结果承担社会、道德和法律意义上的责任,而只能诉诸其他理论。

但是,加入这种最低限度能动性观念也并非毫无作用,它可以促使研究者将人工智能技术、数字算法等非人类实体及其背后行动者网络的影响,纳入智慧法院建设中不断变化的司法实践和法律实践的行动考量,而不仅仅将它们视为单纯被人类使用的工具。它启发我们,事先确定某种能动性、主体性、法律主体资格的范围与概念可能并不重要,重要的是在微观经验研究中追踪司法实践和法律实践本身的过程与轨迹,发掘实践中的新技术如何"转译"、调整其人类使用者的意图和力量,观察它们如何选择人类使用者的身份与资格,是否要求着其他配套性的人类或者非人类的参与者,或者带来了新的组织形式以及工作伦理。

综上,以行动影响能力为核心的能动性观念认为,能动性是在实践网络中促成、影响、维持行动进行的能力,这种能力是实践中的不同实体(无论是人类还是非人类)在相互关联与影响中浮现出来的。这种能动性观念摆脱了人类中心主义和技术工具论的观念,试图强调非人类实体对特定实践得以成功的积极贡献,包括为稳固的人类社会提供必要条件、为行动网络提供中

---

❶ See Bruno Latour, *On Actor-network Theory: A Few Clarifications*, 47 Soziale Welt 369 (1996).

介作用、为社会结构提供特定道德意涵以及提供行动体的聚集能力等。作为一种最低限度的能动性观念,它一方面难以为智慧法院的制度建设中的行动归因以及归责问题提供具体的方案,但在另一方面又为我们提供了一套灵敏的方法论,帮助我们捕捉人工智能技术在各个方面带来的细微变化。

[五] 结论:能动性观念序列

事实上,除了前面介绍的三种能动性观念以及与它们紧密相关的理论架构,不同领域的研究者还提出了许多其他种类的能动性观念。这些能动性观念有的能够围绕人类的意图或者心灵能力进行解释,有的需要比拟人类的认知能力,还有的则具有全新的理论背景。这意味着,在人工智能技术日益发展,人力劳动与技术运作日益交融的背景下,我们在讨论人工智能技术或者数字算法的行动能力时,可能需要暂时地摆脱一种以心灵能力为核心的能动性观念,试图通过其他理论模型刻画它们的行动能力,然后再分析这种行动能力与标准能动性观念的关联和区别。

甚至,我们也不必假设同样的人工智能技术在不同的社会领域或者技术应用形式中,将被赋予同样的行动能力或者主体性。如同托依布纳所建议的那样,法律系统可能利用自身内部关于法律主体的多元区分——单纯利益、局部权利和完整权利之间的区分,有限行为能力和完整行为能力之间的区分,个体、公司和其他形式的集体责任之间的区分——为不同的非人类实体赋予不同的法律地位和能动性。❶ 而在司法实践领域、法律实践领域以及其他行业的实践领域中,也将根据自身的需求和条件,为人工智能技术创造出具备不同自身面貌的主体性和能动性。

在这一背景下,本文所讨论的三种不同的能动性观念,可以构成一种序

---

❶ See Gunther Teubner, *Rights of Non-humans? Electronic Agents and Animals as New Actors in Politics and Law*, 33 Journal of Law and Society 497 (2006).

列性的观念工具箱。尽管身处一个观念连续谱中的不同位置,但这三种能动性观念都共同关注智慧法院建设中,各类数字技术,尤其是人工智能技术,如何可能在某种意义上被认为具有能动性,如何在各类司法实践或者法律实践中造成实践上的差异,以及这些实践差异作为行动之后果在什么前提或者语境下被归因与归责。从本文所讨论的观念工具箱内部来看,三种不同的能动性观念尽管各自具备不同的理论背景,但是组成了一种阶梯状的序列,为讨论、归类并分析智慧法院建设中的人工智能技术的应用情况,提供了某种衡量、界定、评估能动性、归因情况、责任分配情况的"尺度"。

其中,以意向性为核心的能动性观念致力于刻画人类行动的内在机制,与日常直觉最接近。不少反对人工智能技术具备法律主体资格的研究者,以及部分对人工智能技术进行司法推理持乐观态度的研究者持这种观点。根据这种能动性观念,司法人工智能技术发起行动,承担社会、组织乃至法律责任的基础在于其有能力对不同的任务目标乃至价值目标进行衡量,而且这种衡量的结果是不可预测的。可以说,它在很大程度上排除了强人工智能技术以外的其他技术具有能动性的可能。但仍需注意的是,这种能动性观念仍与一些法理学内部的流行观点存在紧张关系。

以社会沟通为核心的能动性观念则位于"尺度"的中间。它排除了人类意识状态在解说能动性时享有的核心地位,因此不少智慧法院讨论中提及的"人性接触""人机交互""人机协同"等概念不再是一种拟人比喻,而具有了社会系统理论的基础。在此基础上,这种能动性观念通过重新解说"社会沟通""社会行动"的内涵,为人工智能技术如何可能具有沟通能力以及行动能力提出了社会制度以及日常互动现象等方面的要求——要得到相关社会制度的承认,需要具有一定的不可预测性,要能够延续沟通等。这种能动性观念适用于解说近期可见的未来中人工智能技术与人类在司法制度、司法组织中的协作情形,并强调了行动归因方案与归责方案高度依赖具体的制度安排,具有很强的灵活性。

而以行动影响能力为核心的能动性观念则位于"尺度"的底端。根据这种观念,只要是有潜力在实践中造成差异的实体都可以在实践网络中被认为具有能动性。根据这种观念,几乎所有司法实践中的实体都可以被认为具有能动性,因而它实际上消解了"能动性""行动""能动者""行动者"等概念的重要性,看起来也较难在智慧法院建设方面直接提供参考意见。但这并不意味着这种底线式的能动性观念不具备理论上的价值。事实上,在智慧法院建设研究,乃至更宽泛的法律与科技研究中,关注人工智能技术、司法信息技术对司法制度、司法组织、司法日常工作以及司法观念之重要影响的学者都在一定意义上共享着这种能动性观念,强调具体实践样貌不仅高度依赖司法中的技术,甚至被其形塑。因此,不仅强人工智能技术以及人机协同现象值得关注,司法实践中最为普通的微观事物之间的相互联结,同样值得关注。❶

可能有批评会指出,一套观念序列并不能实质性地告诉我们司法制度中的各类实体——无论是人类的还是非人类的,无论是可能出现的"强人工智能"还是现有的信息技术——到底是如何行动的,造成了什么样的后果,以及我们应该如何在它们之间归因并分配相应责任。的确,本文不可能一劳永逸地提出一整套融贯的实质性主张,因为这种说明与其说是一种理论问题,不如说是一种实践问题——无论研究者个人怎么想,当正式制度或者日常交流已经在某种意义上赋予人工智能技术以能动性或者主体性时,它们就真的具备了能动性或者主体性。而本文所讨论的不同的能动性观念,仅仅是在刻画可能出现的、实践事实背后的观念和理论基础,而并非提倡采纳其中任何一种能动性定义。事实上,定义可能无所谓正确和错误,只有是否具有使用上的恰当性的区别。

除此以外,这套观念工具箱将在以下两个方面有助于后续实质性主张的形成。其一,任何理论视角——即使被视为仅仅是一种描述性方法——都具有潜在的规范性偏向和视域局限。而本文提到的观念序列则试图拓展既有

---

❶ 参见代伟:《法律与科技的社会科学研究何以可能:一个方法论的追问》,载《中国法律评论》2024年第2期。

理论的视域,通过理论框架间的对比,反思并说明不同理论视角的局限性。其二,一套观念序列不仅仅是反思性的,还具有生产性。它不仅允许我们解释经验中的人工智能技术现象,还能为我们提供一套框架,明确序列内不同观念体系的差异,同时试图在不同理论基础之间建立起可通约性(commensurability)。因此,观念序列还可以被视为一种帮助我们明确自身局限、重新说明现象、放大理论差异、连接共识的工具。

人工智能是有思维的智能吗？

——基于游戏 AI 实验的反思

李子硕[*]

摘　要：ChatGPT 的出现诱发了人类对人工智能极速发展的担忧，促进了法律界高速推动全面规制人工智能的立法进程，以法律条款回应人类对机器可能具有智能的担忧。图灵测试是验证机器"智能"的哲学标准，其中蕴含着将对智能的抽象检验转变为模仿游戏的深刻洞见。图灵测试自身随着人工智能的发展不断改变，而模仿游戏的成功与否亦随着社会认知不断变化。本文通过描述 OpenAI 公司在推出 GPT 模型前所致力开发的唯一的人工智能项目 OpenAI Five 的成就与不足，将其作为中观层面的模仿游戏进行细致讨论，以阐释依托模型+数据的鹦鹉型人工智能并不满足图灵所提出的"机器能否思考"的原初构想。在此基础上，本文试图基于图灵测试的智能观对当前人工智能的规制理念加以反思。后续的人工智能立法仍应着重强调人工智能当前应用的场景性与工具性，而对可能产生的"超级智能"秉持谨慎和发展的眼光再行审视。

关键词：人工智能　图灵测试　模仿游戏　OpenAI Five　智能体

---

[*] 李子硕，中国人民大学经济学院讲师。本文系国家社会科学基金年度项目"数据要素收益分配法律问题研究"（项目批准号：24AZD021）的阶段性成果。

[一] 问题的提出：人工智能立法规制的是"智能"还是"工具"？

随着生成式人工智能的兴起，ChatGPT 等跨时代的新兴人工智能展示出极为广阔的应用场景，更彰显后续诱发社会深刻变革的巨大潜力。人类社会从未如此关注人工智能对社会的挑战、冲击与可预见的重塑前景。不仅是自然科学界，社会科学界亦从社会学、语言学、政治学等多个维度对基于大模型的人工智能项目开展深入研究。着眼于人工智能的社会科学研究无论是深度还是广度均远超过去所及。随人工智能技术发展而来的是社会的慎思与担忧，潘多拉的魔盒可能被揭开，毁灭人类的只有人类当前的愚蠢与不作为。就如同科幻小说中描述的人工智能与人类共生的未来，人类文明的主体性在后人类时代被消解，留下机械与冰冷的疮痍。❶

为了避免这种未来，对人工智能加强规制的声浪不断加强，法律部门被迫切身进入这个领域，为技术的发展划定疆域。然而，法学家毕竟不是科学家，出于恐惧的立法很容易陷入"一管就死、一放就乱"的困境。出于对"奇点临近"的恐惧，法律界所制定的规则很容易为人工智能的发展踩下刹车——人工智能发展越快，这种严格规制而将其"关入笼子"的论点则可能越有市场。然而，不同的规制基点会阐发出不同的规制逻辑，对"智能"的规制与对"工具"的规制必然天差地别。"新型智能"会带来对社会的颠覆性冲击，而"科技工具"亦然，但对其所蕴藏的风险维度无法等量齐观。人类对新型"智能"的担忧究竟在何种程度上左右了对人工智能的规制框架？我们究竟是在防范弗兰肯斯坦的诞生还是防范技术破坏性创新带来的风险？本文试图加以反思。

---

❶ 参见於兴中：《后人类时代的社会理论与科技乌托邦》，载《探索与争鸣》2018 年第 4 期。

在开展这种反思之前,本文先说明两种人工智能范式:"鹦鹉范式"与"乌鸦范式"❶,以试图对论述的问题加以说明。鹦鹉范式与当前 GPT 所采用的范式相近,即通过"大数据+大算力+深度学习"的预训练模式,将数据建立在概率统计之上,其并不理解话语的真实语意,也不能"理解"❷其对应的现实逻辑、动机与意图以及人类所孜孜不倦追求的价值判断与权衡。与之相对的是乌鸦范式,通过给予其较小的数据规模,其像童话里乌鸦喝水一般思考如何去完成特定目标,去尝试感知、认知、学习和推理并探索世界中的"常识"然后加以运用。无疑,后者相比前者更加符合人类的智能观。值得一提的是 OpenAI 报告中描述的"涌现"(emergence)概念,即 GPT 在学习海量的数据资源后❸,能够自发出现未经训练的新能力。❹ 然而,"涌现"一词并不完全具有新意,其作为复杂系统(自组织系统)的天然特征已然存在系列研究。❺ 将这种"智识"一味归于涌现现象增加了不透明性,反而阻滞了人工智能的可解释性与深层智能的建构。❻ 人工智能如何学习知识、如何认知因果关系亦有其规律,绝不应当被神化。两种范式并不是严格的分类,但其具有很强的启迪意义——鹦鹉再强大也只是鹦鹉,其内核仍呈现出浓烈的工具属性。

当人工智能的工具能力强大到一定程度时,社会很容易认为其具有"智

---

❶ 这两种范式的区分源于朱松纯教授的访谈。就笔者的观察,朱教授较早提出了人工智能的"乌鸦范式",而其在 GPT 出现后根据 GPT 的特点提出了"鹦鹉范式"用以对比,参见《AI 要有"心"了?!——朱松纯教授谈人工智能》,载北京大学智能学院 2021 年 8 月 10 日,https://www.cis.pku.edu.cn/info/1509/2797.htm。

❷ 这一理解的意涵更在情感层面与智识层面,即 GPT 通过数据训练的类比在很多场景中能告知用户其输入的语句表达了一种什么样的感情,但 GPT 本身并不理解这种感情,其仅仅依托现有的海量范例从概率角度进行回复。

❸ 亦可以表明为 GPT 所采取的参数数量(模型规模)达到一个特定的层级之后。

❹ See Jason Wei et al., *Emergent Abilities of Large Language Models*, https://arxiv.org/abs/2206.07682.

❺ 参见郭毅等:《复杂自组织系统的研究综述》,载《计算机工程与科学》2012 年第 2 期。

❻ 参见尤洋、郭宇:《ChatGPT 与因果性》,载《科学学研究》2023 年第 12 期。

能",将工具性维度上升为智能性维度加以审视。GPT(包括Sora)是当前表现最为突出的"鹦鹉",人类既应当正视其强大的技术进步,或许也应看到其限于某个维度上的"局限性"。诚然,在诸多领域GPT已经超越人类,但其能力仍被限定在"询问—回答"的场景之内,这种给定提示词(prompt)进而获取反馈的方式仍是非交互性的"单向度人工智能"。❶ 更何况人工智能不仅只有GPT一种类型,同样有其他的AI发展范式留待摸索。因此,在审视人工智能的"能与不能"时,或许应跳出ChatGPT所在例证的范畴,探索从其他素材去审视人工智能与人类的切实交互场域。

  本文试图从一个绝佳的范例切入并加以分析,即OpenAI公司在推出GPT之前的另一探索——2017年8月开始、2019年12月结束的OpenAI Five项目。❷ 通过交代这一项目的项目经历与最终结果,从社会科学研究的视角去梳理这一项目的得与失。选取这一项目的理由主要有三点。一是这一项目是OpenAI开发GPT之前的唯一项目,是后续着力大模型建设的"技术基座"与"成功试验"❸,从技术发展史的角度具备特殊的研究意义。二是相比GPT的语言类与非对抗性特征,这一项目更类似AlphaGo,具有人和机器直接交互与对抗的维度,更有利于让人直接判断所描述的"智能"的具体意涵。三是这一项目可被视为在一个中观世界的沙盒中测试,具有明确的试验结果和素材以供反思,有别于GPT处于不断变革中以留待后观的状态。本文认为,对本段历史的梳理提供了人工智能与人类对抗式交互的独特观测视角,相比ChatGPT的非对抗性,有助于更好地理解人工智能的"能与不能",为后续针对各类人工智能的社会科学研究,尤其是基于智能观而非工

---

❶ 参见〔美〕皮埃罗·斯加鲁菲:《智能的本质:人工智能与机器人领域的64个大问题》,任莉、张建宇译,人民邮电出版社2017年第1版。

❷ 可以认为,OpenAI公司在聚焦研究GPT项目之前,也只面向社会公众推出过这一项目,作为对比竞争AlphaGo项目的产物。

❸ 2023年3月23日NVIDIA公司的CEO黄仁勋与OpenAI首席科学家Ilya Sutskever的对谈节目。其中,两人对OpenAI公司的发展历史做出了详细回顾,参见https://www.nvidia.cn/gtc-global/。

具观的规制理路提供反思性的"一瞥"。

本文的论述框架如下。文章的第二部分重点介绍并探讨人工智能观的图灵测试中的"模仿游戏",阐述这一理论的研讨与变迁经历,并将采用其范式研讨模仿游戏人工智能的"成就"与是否认定 AI 智能性。文章第三部分聚焦 OpenAI Five 项目,以项目发展史的视角交代这一特殊项目的主要成就与些许遗憾,指出这一项目在实质维度上可被视为一次特殊的模仿游戏。之后,文章在第四部分基于图灵测试重新反思当前我们所理解的"人工智能",提出应当避免过分神化当前人工智能的"全面性"的思考,并尝试指出部分基于"大数据+大模型"的鹦鹉型人工智能的局限性。

[二] 人工智能与"模仿游戏":变迁与探索

(一)基于游戏的社会科学研究

在介绍 OpenAI Five 人工智能项目之前,本文意图先对游戏项目作为研究对象本身做出简要说明。考虑到任何游戏均依赖规则建构,在规则严谨的游戏场域内,由规则所构建起的整体游戏系统可谓独特的实验场域。❶ 完全可以将这些游戏规则作为一个新世界的"定理",并在遵循这些定理的前提下"戴着镣铐跳舞"。虽然随着技术的发展,各类游戏规则不断改变和精细化,但游戏本质上是在一个虚拟的场域内、遵循有限的既定规则进行交互和博弈的过程。

长期以来,游戏始终被视为社会科学研究的多维载体。荷兰学者赫伊津哈认为,游戏(playing)的功能之重要性等同于具有理性(reasoning)和发明创造(making),其作为一种文化现象贯穿于人类文明发展的法律、战争、

---

❶ 应当承认,真实世界的科学规则可能是无限的,而游戏规则注定是有限且直观的。但同时,随着游戏规则在保障彼此相容不互斥的前提下增加、迭代和层累,其所厘定的场域同样可以不断复杂化和系统化。

知识、诗歌、哲学、艺术等整体领域。❶ 游戏具有悠远的历史,早期的宗教活动中蕴含着多种游戏场景,其隶属纷繁复杂的体育、戏剧、音乐、诗歌等多种社会活动。古代埃及人发明了赛奈特棋,将其比作生者逝世后跨越今生与来世的可怕鸿沟的游戏,其宗教意蕴是死神如同赛奈特棋的对手,虽可怕但亦可战胜,就像《亡灵书》中描述奥西里斯在十次不同的游戏审判中战胜赛特一般。❷ 在希腊社会,体育竞技本身就是彰显社会地位和财力的游戏,甚至审判在特定维度上也是一种受到既定规则约束的、具有宗教形式的比赛(agon)。

规则相对完备的游戏可被视为一种特殊的"思想实验",其提供了一个虚拟的社会环境,可以在其中验证和探索各种社会科学理论和假设。通过观察游戏的多类型交互结果,可以验证理论的有效性或发现新的现象和规律,进而推动社会科学领域的理论发展。❸ 这种思想实验是法律与科幻的中观具象化,是结合想象与部分真实的"另类现实"。❹ 游戏所勾勒出的"虚拟世界"是社会科学和行为科学的新兴领域,其研究包括正式实验、观察人类学以及对经济市场或社会网络进行的定量分析。❺ 同时,基于游戏进行实验的方式赋予了法律秩序研究的独特视角,通过游戏模拟的方式有助于研究者摆脱进入内部视角所产生的风险成本和影响。❻ 由此,应当认可在游戏项目所得到的结论具备理论意义,能够为后续的社会科学研究提供特有佐证。

---

❶ 参见〔荷〕约翰·赫伊津哈:《游戏的人——文化的游戏要素研究》,傅存良译,北京大学出版社 2014 年版。

❷ 参见《古埃及〈亡灵书〉》,金寿福译注,商务印书馆 2020 年版,第 9、76—77 页。

❸ 参见薛少华、王宇轩:《电子游戏如何助力哲学研究》,载《自然辩证法研究》2022 年第 12 期。

❹ 参见陈颀:《未来法学:作为法学思想实验的科幻》,载侯猛、陈颀主编:《法律和社会科学》(第 19 卷第 2 辑),法律出版社 2021 年版。

❺ See William Sims Bainbridge, *The Scientific Research Potential of Virtual Worlds*, 317 Science 472 (2007).

❻ 参见杨安卓:《法律与游戏》,载《中国社会科学报》2023 年 8 月 25 日第 A07 版。

(二)图灵测试中的模仿游戏

在形形色色的游戏中,在社会科学领域被研究最多的莫过于图灵所提出的"模仿游戏"(imitation game),其属于图灵测试(Turing test)的核心内容。❶图灵测试是人工智能领域最为基础的哲学命题,其在人工智能发展的极早期(1950年)即试图融贯哲学与技术两个维度去说明人工智能的"智能观"命题。如何定义、如何理解图灵测试及其背后所代表的机器智能的复杂问题贯通了整个 AI 发展史,而其中的模仿游戏的相关实验亦伴随着验证"机器智能"的发展而演进。

学界普遍承认图灵提出"模仿游戏"是规避"机器""智能""思考"等语词定义模糊可能影响"机器是否能够思考"或者"机器是否具有智能"等哲学判断的重要创新。时至今日,人类仍无法给出一个"智能机器"的标志性定义,试图定义"智能"或"机器智能"是论辩陷入语义学之刺的前兆,而命题本身注定不会有放之四海而皆准的答案。智能机器在某一方面的突出能力(如运算能力或推理能力)并不意味着其能摆脱工具性的束缚,"工具性"与"智能性"的鸿沟若隐若现。图灵测试则通过构建模仿游戏的方式,将"机器是否能够思考"(Can machines think)替换成"另一个与之密切相关且用相对无歧义的词汇表述的问题"。历经多年的发展与迭代,学界主流基本承认了图灵借模仿游戏去定义智能这一进路的正确性,以模仿游戏的结果作为"机器是否具有智能"的技术转化与机械表达——以机器参与模仿游戏的运行机制、步骤和结果为研究对象,在定量比较中给出"机器是否具有智能"的结论。❷

图灵所主张的初期版本(1950年版本)的"模仿游戏"有四个玩家,男人、女人、审问者和机器,审问者可以是任何性别。审问者与男人和女人均不

---

❶ See A. M. Turing, *Computing Machinery and Intelligence*, 49 Mind 433 (1950).
❷ 参见吕其镁、涂良川:《"图灵测试"技术叙事的哲学追问》,载《哲学动态》2023年第3期。

人工智能是有思维的智能吗？

在一个房间内，审问者的游戏目标是确定被提问的两个人中哪个是男人。然后游戏下一步将男人换成机器去观察替换后的结果。如果这种替换不影响提问者的判断，机器完成了一次成功的模仿，则承认机器具有智能。在1952年，图灵将图灵测试修改为如下版本：参与玩家为裁判员、答题者、机器，裁判员对答题者进行提问，并相应地判断他是在跟人还是同机器进行交流。这一修改后的版本一般被称为"标准图灵测试"。

图灵测试自身的哲学价值意涵与其所遭遇的批评密切相关，对图灵测试的批评贯穿了其理论的整个演变史，其中主要包含着行为主义、取消主义、归纳主义三个批评性解读视角。行为主义解读聚焦建构模仿游戏中的行为结果与智能的必然联系，认为可以将机器的思维过程作为黑盒而只用径直追求行为是否能够完成模仿游戏。取消主义解读则聚焦批评模仿游戏作为替换论题的合理性基础，即模仿游戏完成与否并不是智能与否的判断依据，经典譬喻有"布洛克脑"（Blockhead）和"中文屋测试"（Chinese Room）等思想实验。归纳主义解读则试图归纳一种类比性的论证，即只要机器能够完成模仿实验，其在某一维度上一定具有与人类相似的智能，只不过这种智能是一种"机械智能"。❶ 在批判性解读的影响下，图灵测试衍生出了"全总图灵测试"、"足够长时间的图灵测试"、"库格尔测试"等多种变种❷，这些变种虽然基于原版的模仿游戏进行了系列改进，但其仍聚焦"模仿游戏"中的模仿项目与功能的扩张延伸。诚如专题论文集 *The Turing Test: The Elusive Standard of Artificial Intelligence* 中所论述的，尽管模仿游戏这一概念得到了诸多批判，但其真正价值在于其为机器思维这一假说的充分的归纳论证提供了潜在的资源。❸

---

❶ See Robert French, *The Turing Test: The First 50 Years*, 4 Trends in Cognitive Sciences 115 (2000).

❷ 参见高新民、严国红：《"图灵测试"新解及其在计算创造力建模中的应用》，载《科学技术哲学研究》2023年第4期。

❸ See James H. Moor (ed.), *The Turing Test: The Elusive Standard of Artificial Intelligence*, Springer, 2003, preface.

GPT可谓近年来图灵测试哲学意涵所遭遇的最大的现实挑战。2023年7月,Nature发布了一篇宣称ChatGPT打破了图灵测试的文章,对于智能观的检测模式可能需要重构。❶ 文中充斥着对GPT完成测试的反思:GPT虽然面对已完成数据训练所指向的复杂测试表现优异,但一旦略加更换试题类型,其表现性能就大打折扣。图灵测试面对GPT冲击的症结在于,模仿游戏不能完全摆脱基于计算解释加以破解的路径选择,即导致在论证逻辑上始终将计算能力与智能属性牵连在一起。这导致社会重新反思图灵所提出的"替换命题"——模仿游戏应当如何设置才能契合图灵的构想,亦契合当前的时代逻辑。如果过度深究图灵的原初构建,则容易陷入原旨主义(originalism)的窠臼。替换命题作为图灵测试哲学基础的合理性,高度地取决于模仿游戏的设计架构,而在GPT后出现的时代,模仿游戏的变革则理应更为繁复和多维。从历史的维度审视,模仿游戏在20世纪的核心变革方向是从纯粹依赖语言测试的严格限制中解放。早期图灵测试被限制在语言层面的理据众说纷纭,其设想最早可追溯到笛卡尔,即其认为通过恰当的语言表达自身思想是智能的分野。❷ 随着机器性能的提高,图灵测试的内容与难度增加亦属常态。诚如有学者所言,图灵测试中意图证实的智能是一个"情绪概念",其部分依赖机器自身性质,部分依赖社会对机器的反应,机器通过图灵测试的前提应当是其具有与人类相当的社会认知(social cognition)能力。❸

由此,这对于当前的模仿游戏设计提出了更高维度的挑战,模仿游戏的设计理路从"机器能否思考"部分转向"机器能否像人类一样思考"。满足前者(承认功能主义与行为主义的智能观)是具有"智能"的必要条件,而如果

---

❶ See Celeste Biever, *ChatGPT broke the Turing test - the race is on for new ways to assess AI*, SPRINGER NATURE (25 July 2023), https://www.nature.com/articles/d41586-023-02361-7.

❷ 参见王华平:《图灵测试与社会认知》,载《学术月刊》2023年第6期;Darren Abramson, *Descartes' influence on Turing*, 42 Studies in History and Philosophy of Science Part A 544 (2011).

❸ 王华平:《图灵测试与社会认知》,载《学术月刊》2023年第6期。

人工智能是有思维的智能吗？

满足"像人一样思考"，则是图灵所意蕴的"智能"的充分不必要条件。❶ 然而，图灵测试在这种二分中必定倾向后者——承认将行为归纳为机械智能的方式消解了模仿游戏替换命题的哲学基础。由此，图灵测试得以否认暴力破解的路径本身：基于机械分解和暴力破解是模仿游戏设计的失败，而非图灵测试整体的失败。换言之，这同样揭示出如同摩尔定律一般的演化逻辑——模仿游戏必须随着社会技术与社会对智能的认知的进步不断进步，不然会遭遇暴力破解而失去意义。我们应再回头审视图灵在 1950 年的想法，即模仿游戏应当假定最佳策略是提供一个"人类自然会给出的答案"❷。换言之，需要"致力于在需要思维能力的游戏中有效地应对时间、策略和陌生等依赖思维与智能的情形"，这也契合人类对智能的普遍理解。❸ 这种功能不是纯粹意义上的"行为主义导向"，而是将模仿游戏环境预设成人类在面对未知沙盒时的应然相似性。通过探索让人类与机器在类似"无知之幕"的平等起跑线思考，仅仅依赖逻辑运算和算力推理的暴力破解模式不是智能的充分条件。

当考虑前文所论述的鹦鹉范式与乌鸦范式时，就更能审视模仿游戏设置的难度。模仿游戏必须足够繁复以至于不能允许"鹦鹉"通过检验——重要的不是工具性地完成某项工作，而是智能必须"逼近"一种人类所能理解的思维活动。由此，当代的模仿游戏应当被升级为在中观的领域之内（或者说不确定的领域之内），如果机器在模仿游戏中能够表现得和人类智能近似，就应当承认机器具有特定的"智能"。审视当前的技术高度，虚拟游戏所建构的虚拟世界为这一实验提供了可能——游戏场景就是一个测试的沙盒。

---

❶ 参见王阳：《图灵测试六十五年——一种批判性的哲学概念分析》，载《科学技术哲学研究》2016 年第 2 期。

❷ A. M. Turing, *Computing Machinery and Intelligence*, 49 Mind 433 (1950).

❸ 参见吕其镁、涂良川：《"图灵测试"技术叙事的哲学追问》，载《哲学动态》2023 年第 3 期。

(三)交互式与非交互式的"模仿游戏"革新

基于上述论断,图灵测试在图灵提出70余年后,将其聚焦点重新转向了人类智能与机器智能的对比。GPT将这种对比推上了新的台阶,作为一种工具,其强大能力已然在某些维度上超越人类。人类不得不对其加以更充分的审视:这种人类造物还有多少停留在工具的层面,而有多少已经蜕变为智能。特别是在强大的技术能力面前,标准图灵测试所探索的"机器模仿人类思考"面对着"机器在特定领域超越人类智能"的冲击。从AlphaGo的巨大社会震撼中即可看出这一维度对社会的冲击。

这种人机交互式与对抗式的模仿游戏验证充斥着"举重以明轻"的逻辑理路,即人工智能在模仿游戏中无需成功"模仿人类",它如果能够明显比人类"更显智慧",那么就应当视其已经完成了图灵测试的检验。但同样的,为了满足图灵测试中替换命题的哲学预设需求,这种"更显智慧"的标准明显需要更高水准——人类智慧从目标退回为标尺。在这一命题之下,人工智能与人类的交互与非交互性成为模仿游戏新兴的设计要点。随着模仿游戏愈加复杂,在非交互的模仿游戏中对人类与机器难以全面地进行横向比较,而直接交互式的测试则更容易观测到结果并进行判定。

囿于GPT相对局限于言词类交互,GPT虽然实现了人与机器的互动,但这种交互性并非实时,而是其响应人类的要求进行的回应,整体仍呈现出非交互性的特征。在构想GPT参与复杂的模仿游戏场景时,自然会联想到斯坦福大学研究团队所提出的游戏AI小镇(Smallville)。❶ 项目中创设了一个由25个代理者(Generative Agents)❷组成的小型互动社会。每一个代理者需要作为独特的个体在这个虚拟社会之中"模仿人类",不仅模仿人与人的对话与信息交互,也模仿人类个体的生活琐事与个人喜好。程

---

❶ See Joon Sung Park et al., *Generative Agents: Interactive Simulacra of Human Behavior*, https://arxiv.org/pdf/2304.03442.

❷ 在本次实验中,以25个ChatGPT代理者为实验对象。

序为每一个代理者提供了背景设定(包括身份、职业以及同他人的关系),代理者之间可以通过自然语言彼此交流、同环境互动并改变世界中的物体和环境当前的状态,比如可以通过睡觉独占床铺、从环境中寻找材料并修复漏水的浴室等。这 25 个代理者彼此互动并不断交流,进行社会层面的交互,从一个既定的初始状态在沙盒中不断发展,并记录后续"生存状态"用以科研。

　　游戏 AI 小镇项目应当被视为一次契合社会认知的"模仿游戏"。首先,就如同图灵在早期的设想,小镇中居民的交互与信息传递主要依赖语言层面,其实验目的亦在于让这些代理者表现得"和现实中的人一样真实"。其次,这一游戏项目创设出了一个中观的沙盒,它为沙盒内的系统运行设置了一定的规则,并且事实证明在有限规则下人工智能的自我运行与演化是可行的。最后,这一场域明显具有让人类进入并交互的可能留白,即使游戏中的每一个 NPC 均智能化。在某个理想的维度,游戏内的人类玩家就如同始终处于图灵测试的场景下,即其面对并交互的每一个对手方都既可能是人类,也可能是人工智能。然而遗憾的是,在这一模仿游戏中很难得出 GPT 是否具有智能的结论,这囿于项目场景非对抗性的天然限制——在缺乏人类进行对比的情况下,无法直观地描述所谓的"人优于机器"或者"人落后于机器"的可验证维度。

　　由此,建构人机直接交互的模仿游戏可能是当前判断人工智能是否具有"智能性"的理想状态。这一模仿游戏需要足够繁复,以便于验证前述"举重以明轻"的推论:让 AI 在"基于智能而非暴力破解的维度上赢过人类",以承认其通过了契合原初哲学构想的图灵测试。面对这一要求,与 GPT 近乎同源的 OpenAI 游戏人工智能项目在时间上离 GPT 的诞生并不遥远,在技术上其作为 GPT 的技术基座,可能在多个维度上满足了这一要求。在本文的第三部分中,就将对这一直接交互式项目予以重点介绍。

[三] OpenAI Five：游戏人工智能项目作为"模仿游戏"

(一) OpenAI 的 Dota2 人工智能项目简述

OpenAI 公司的 Dota2 人工智能项目于 2017 年 8 月 11 日正式推出。在首席科学家 Ilya Sutskever 的回顾中，当 OpenAI 公司开始寻找扩展模型规模的正确路径时，Dota2 人工智能项目作出了诸多探索：Dota2 人工智能项目是 OpenAI 开展的第一个真正的大型项目，在两年的时间中这一项目做了海量的工作，产出了 GPT 的技术基座，OpenAI 从 Dota2 人工智能项目适用的强化学习(Reinforcement learning, RL)，转变为人类反馈的强化学习(RL from human feedback, RLHF)。❶ 回到 2017 年的历史维度，理解为何 OpenAI 会选择开展这一项目绝非难事：彼时其主要竞争对手 DeepMind 的 AlphaGo 项目风头正盛，通过与世界顶级棋手的博弈，已然攻克围棋这一最为复杂的棋类运动。为了超越 AlphaGo 项目，初创的 OpenAI 只能选择明显复杂于棋类项目的竞技类项目开展研究。

Dota2 是一款由美国 Valve 公司推出的多玩家实时策略竞技游戏(multi-player real-time strategy game)。❷ 相比棋类项目，这一项目存在明显更复杂

---

❶ 参见 https://www.nvidia.cn/gtc-global/。

❷ Dota2 游戏在一个正方形地图沙盒中进行，双方的目的是保护己方基地并试图摧毁对方基地。每一方有五名队员，共计十名队员参赛。每一位队员会控制一个具有独特能力的英雄单位。在游戏进程中，按照游戏规则会出现不受控制的普通单位(creep)推动游戏进程，如攻击敌方单位或敌方基地建筑。玩家从普通单位处收集类似金钱的资源，以购买装备或提高能力。这一游戏的对战双方是实时互动的，有点类似多人参与的实时的而非回合制的军棋游戏。其中包括 100 多名英雄单位和 100 多个游戏道具供玩家选择。本文对游戏进行简要介绍之目的在于，通过对这一游戏的具体形式进行足够的抽象，让读者能足够直观地将其与棋类游戏进行对比，以更好地理解游戏人工智能在项目中的实际表现。

多元和更贴近现实需求的特征,是一个更类似现实世界的沙盒❶:

第一,信息不完备。不像国际象棋或者围棋中参与双方能够获取全部信息,Dota2 中的玩家或者 AI 只能获取部分信息并从中提炼关键信息,基于不完整的数据进行判断。同时,由于设定了信息获取规则,AI 亦必须遵循相关法则去尝试获得有用信息。

第二,战略博弈需求。游戏并不存在一个最佳行动策略,且就如同剪刀石头布一样,玩家可以根据对手的行为使用相对应的战术。这里所描述的战术不同于棋类的根据最大值来选择棋子落点,而处于更宏观的战略的层面。

第三,长期规划需求。游戏在一个长的时间跨度内进行,游戏以每秒 30 帧的速度平均运行 45 分钟,OpenAI 需要执行 20000 步左右的操作,而国际象棋平均是 80 步,围棋则是 150 步。在长时段内,很多因果关系不是一蹴而就的(cause-and-effect is not instantaneous),这点与现实世界非常类似。很多游戏初期所采取的策略可能要到中后期才能出现效果。

第四,高维度的行动空间和实时操作。由于游戏更类似现实世界,玩家的操作具有高度的开放性和任意性。在游戏中,AI 需要在 8000 到 80000 个行动中做出选择,而国际象棋与围棋的对应值分别是 35 个与 250 个。同时,与传统棋盘游戏中玩家区分行动回合并轮流进行的情况不同,玩家必须随着游戏时间的推移实时而不间断地执行行动,并对对手的行为实时进行反馈。为了创造公平的环境,为机器人设定了观察时间和 AI 的反应时间,AI 对信息做出反应的时间随机分布在 167 毫秒到 267 毫秒之间,而人类选手的平均反应时间是 250 毫秒。

第五,AI 彼此之间的团队合作与奖励分配。游戏 AI 的操作依赖游戏博弈过程中奖励函数的构建,即游戏角色完成特定行为在奖励函数中赋予的奖

---

❶ 本特点的归纳主要源于 OpenAI et al., *Dota 2 with Large Scale Deep Reinforcement Learning*, https://openai.com/bibtex/openai2019dota.bib;同时,本文也参考了 DeepMind 所发布的游戏人工智能博客以补充细节,可访问 https://deepmind.google/discover/blog/alphastar-mastering-the-real-time-strategy-game-starcraft-ii/。

励(负面行为则是惩罚)。由于游戏中有五个 AI 角色,五个角色之间需要进行团队合作并在特定时间内完成有利于队友或者团队的操作。OpenAI 设置了一个名为团队精神(team spirit)的指标,并通过团队精神的数值大小来决定 AI 的行为是倾向绝对利己还是团队合作。

第六,游戏规则的不断迭代与更新。游戏中的部分规则会随着游戏版本(类似时间)而有所变化,因此 AI 不仅需要掌握当前版本的知识,也需要将之前版本中有用的知识迭代到当前版本中。

如果说将 AlphaGo 的胜利作为一种任务制 AI 的胜利,那么本项目的难度则远超棋类游戏所需,其规避了棋类游戏的天然弊端——相较于纷繁复杂的真实世界过于简单以至于遭受"暴力破解"。与之相反的是,在一个相对开放的游戏沙盒中,游戏 AI 与人类进行实时交互并试图取胜。这是更为符合社会对 AI 的认知与测试 AI 实际能力的"模仿游戏"。

在 2017 年 8 月,即项目启动初期,OpenAI 发布了一个涉及游戏内 1v1 的游戏 AI,其击败了当时参与世界锦标赛的顶尖玩家。随后,OpenAI 宣布其下一步的目标是开发一个 5v5 的游戏项目。❶其在 2018 年 6 月推出了 5v5 的游戏智能 AI:OpenAI Five。2019 年 4 月,OpenAI Five 击败了 Dota2 世界冠军,这是人工智能系统首次击败电子竞技的世界冠军。2019 年 4 月 18 日,项目开放了为期三天的公共服务器,以便世界上所有的人类玩家与 AI 对战。❷ 制作团队宣称,开放的主要目的是迎接不确定性,进以测试各种突发性情况。AI 与 3193 支队伍进行了 7257 场比赛,胜率为 99.4%,仅在 42 场比赛中输给了世界范围内的 29 支队伍。❸ 在此之后,OpenAI 认为其已经取得了足够的成果并终止了这一项目,转向 GPT 的相关研究。

---

❶ See *Dota 2*, OpenAI (11 August 2017), https://openai.com/research/dota-2.

❷ See *OpenAI Five defeats Dota 2 world champions*, OpenAI (15 April 2019), https://openai.com/research/openai-five-defeats-dota-2-world-champions.

❸ See OpenAI et al., *Dota 2 with Large Scale Deep Reinforcement Learning*, https://openai.com/bibtex/openai2019dota.bib.

(二)Dota2 人工智能的"能与不能"

从技术的角度出发,作为 OpenAI 的首个大型项目,其缔造的游戏 AI 可以具有过程性的意义:其证明了 OpenAI 团队的可能性、获得了融资,证明了基于 RL 的学习路径高效可行,为 GPT 的诞生奠定了技术基础;同时在方法论层面上,其验证了技术团队尽可能扩大模型以产生质变的原初灵感。

但如果从另一个维度上看,可以挖掘这一项目背后的研究意义——在一个足够复杂且不断变化的中层世界中,这个世界就如同图灵设想的黑盒,OpenAI 训练了一个 AI 进入这一世界并要求它尽可能地掌握规则并完成游戏。AI 最终在绝大多数方面完成了任务,但也在部分维度上折戟沉沙。面对既定的游戏规则和相对繁复的世界,AI 在其中尽可能表现得"比人类还要优秀",而目标达成与否则由全世界的人类共同检验。如果从契合社会认知的维度上看,AI 需要理解繁复的规则、达成团队合作、合理分配资源、进行宏观的战略规划,做到社会对高人工智能的期待,或许能够将其作为判定游戏 AI 是否具有智能的特殊"模仿游戏"。

在这场实验中,人工智能的系列表现可被总结出以下特征:❶

第一,人类智慧可以试图理解 AI 智慧并寻找其不足。在前 1000 场比赛之后(约 10 小时),人类仅赢得了三场胜利。但随着人类不断探索 AI 的打法风格,后两天的人类赢得比赛则更为容易,最快的团队仅用 7 分钟即赢得比赛胜利。在面对复杂问题上,人类的想象与创造力或许能够突破 AI 进行大规模自我学习后所建构的疆域。即便 AI 在特定维度具有优越性,但这种优越性依靠人类智慧并非不可战胜。无独有偶,在早已默认被 AI 攻克的围

---

❶ 主要归纳来源于 reddit 论坛中对这一项目的讨论。同时,笔者也结合了国内相关论坛的一些讨论,可访问 https://www.reddit.com/r/DotA2/comments/beyilz/openai_live_updates_thread_lessons_on_how_to_beat/?rdt=43231。

棋界,后续研究者同样找出了AI的运算漏洞。❶ 找到运算漏洞意味着,只要人类玩家遵守既定规则,就有可能轻松赢得比赛。

第二,游戏AI不善于进行欺骗和意思保留。在游戏中,玩家逐渐发现可以利用游戏AI的相关判断。例如,如果它认为当前局势对其有利,就会采取具有侵略性的策略,相反则会显得非常保守。AI的"真意"展现得过于明显以至于能被玩家很好地利用。在发起战略进攻时,AI的态度也非常明显,玩家们可以在第一时间有所判断。这种意思保留能力被图灵预设为:机器故意引入错误答案以迷惑审问者。❷ 在后续针对语言类型的图灵测试变种中,很多机器满足了这一预设。❸ 但这在更繁复的场景下明显要难得多,尤其是这种欺骗行为发生在实时互动的场景下。游戏AI可以制定更为繁复的战术,但若这一点并未通过自我学习得出,人类则很容易理解AI想做什么。

第三,游戏AI并没有很好地理解团队合作。在OpenAI研究报告的Q2部分,其特别指出研究人员在调整团队精神参数时发现的奇怪现象。❹ 在早期训练时,由于满足每个个体最大训练的需要,项目组将五个单位的每一个个体都默认为是最自私的,个体训练完毕后再改变团队精神的参数值,进而要求单位之间保持合作。然而后续研究发现,最终将团队精神设置为0时AI表现最好——换言之,AI并没有训练出可行的团队协作模式。这点可以在开发者的回答中被侧面证明:AI会因为存活而获得极大收益,因此每一个AI都可能避免牺牲。❺ 尤其是在AI的局面处于劣势时,此时可能需要牺牲部分单位来保护其他单位,但AI在这一过程中处理得相对糟糕。

---

❶ See Tony T. Wang et al., *Adversarial Policies Beat Superhuman Go AIs*, https://arxiv.org/pdf/2211.00241.

❷ See A. M. Turing, *Computing Machinery and Intelligence*, 49 Mind 433 (1950).

❸ 有后续研究将此种测试模式称为狡猾测试。

❹ See OpenAI et al., *Dota 2 with Large Scale Deep Reinforcement Learning*, https://openai.com/bibtex/openai2019dota.bib.

❺ 欲了解开发者问答的相关内容,可访问 https://www.reddit.com/r/DotA2/comments/bf49yk/hello_were_the_dev_team_behind_openai_five_we/。

人工智能是有思维的智能吗？

第四，游戏 AI 并不擅长面对突发情况与困境。由于游戏规则设计中的信息不完备，电脑在小部分情况下会遇到突发情况，此时即便是 AI 在规则设计中也无法做出有效反应。此时人类玩家需要临场想出解决办法，但 AI 在项目实验中对于突发情况往往选择直接忽视。即便其人类对手多次复现这种情况，AI 也没有寻找解决办法的相关举措。同时，由于在大多数情况下游戏 AI 与人类对决依托微小胜利而厚积成势，在 AI 明显处于困境时反而显得经验不足，反而加速了失败的到来。

基于上述表现，或许可以为游戏 AI 在这场"模仿游戏"中的表现给出一个公允的评价，并评判所面对的智能对象本身。

游戏 AI 在项目中反映出了一定的局限性，其并没有超越人类的智慧，基于 RL 的技术路线尚未培育出真正的"智能"。游戏 AI 在多个维度超越了人类，但在特定的维度上其尚未超越人类智慧，其并没有"完全超越人类思考的智能"。遵照这种想法的结果是，或许依然无法将游戏 AI 定义为"智能"。AI 测试的结果也能同样对著名的"中文屋测试"❶提供一定回应。可以看到，当规则相对简单时（如完成英文—中文的互译），机器在"模仿游戏"时可以完成其标准化任务。但当规则繁复而构建起所谓的"世界观"时❷，要完成模仿游戏就不能完全依靠计算主义实现——换言之，暴力破解法在面对规则与规则的不断衔接中总会出现纰漏。这种理解世界的能力，了解规则与规则之间如何衔接的能力，应当是"智慧"的核心命题。Yann LeCun 将人工智能

---

❶ 在标准图灵测试的基础上，塞尔假定被关在屋中的是一个对中文一窍不通的美国人。房间里有一本英文的规则书，告诉他收到何种中文时可以用何种中文进行回应。同时房间中准备了足够多的中文卡片，以便塞尔在无需拼写的前提下准备中文回答。由此，如果房间外部的人使用中文进行提问，塞尔机械地按照规则书进行作答，那么外部人员可能认为塞尔懂得中文。但很明显，塞尔并不懂中文。这一譬喻常被用来指出图灵测试的计算主义观存在哲学上的纰漏，即基于计算主义无法得到真实的智能。

❷ 例如，在开源大模型领域，Llama 2 的主要开发者 Yann LeCun 即认为，大模型的下一步工作是要建立世界模型，要试图了解世界为什么以当前的方式运转。了解对 Yann LeCun 的采访，可访问 https://lexfridman.com/yann-lecun-3/。也可参见他关于"世界模型"问题的专题演讲，可访问 https://www.youtube.com/watch?v=4DsCtgtQIZU。

虽然并不了解世界规则,但能够根据先前的经验进行概率预测进而解决问题的模式描述为"浅层理解"(shallow understanding)❶,即机器设计时仅需要满足经验性研究的功能性目的解释,反而无助于完成探究现象本质及其因果关系的详细解释。这种浅层理解的需求忽略了系统中的隐藏信息的深度,将追求真相的路径从直达式的变为迭代式的,这直接呼应了前文中所批判 AI 行为的直观与径行。

以此为基础,OpenAI Five 验证了"机器智能"设想在理论上的不完备性。无论是图灵测试的行为主义还是归纳主义解读,其理论核心均在于试图承认存在一种机器特有的智能模式,而这种智能呈现为黑盒样态而不用满足可解释性——在理论与技术的两个维度中,机器认识都可以是不透明的。❷换言之,当机器能够做出足够高的成就时,人类只需要在意人工智能可以做到特定功能,而一定程度上淡化人工智能解决特定问题的逻辑。这种论断看似界分出人类智能和人工智能,却隐含了这样的一种默认,机器智能无需追求人类所具备的意向性、目的性与自主性,而仅需要从形式化计算、理性推论等角度去研究。❸ 这意味着人类纵然提出了机器智能的概念,但是人类仍然将其视为一种工具。在 Dota2 人工智能项目中,AI 着眼于短期的最大利益实践,表现为基于工具主义和功利主义的维度去审视其游戏项目本身,而当需要进行复杂判断、长期规划、项目合作以及利益偏差分配时,AI 表现出强烈的局限性。显然,浅层理解无法让 AI 了解建构一个周延的世界模型。游戏 AI 可能具有机器智能,但这一智能无法帮助人类深层次地理解世界,也不具备启示性意义。

---

❶ Jacob Browning and Yann LeCun, *AI And The Limits Of Language*, NOĒMA (23 August 2022), https://www.noemamag.com/ai-and-the-limits-of-language/.

❷ 参见董春雨:《从机器认识的不透明性看人工智能的本质及其限度》,载《中国社会科学》2023 年第 5 期。

❸ 参见董春雨:《从机器认识的不透明性看人工智能的本质及其限度》,载《中国社会科学》2023 年第 5 期;何玥、黄尹旭:《人工智能的竞争木马:大模型时代潜在竞争分析范式重述》,载《数字法治》2024 年第 1 期。

总体上看，当 Dota2 人工智能项目被作为模仿游戏加以审视时，我们可以得出三个阶段性结论。第一，在交互式的场域中，人类智能和机器智能的直接交互所比较的维度是多元而复杂的，机器在计算层面与工具层面赢过人类不满足图灵测试的智能观，是工具的进步而非智能的体现；第二，人工智能对中观世界的浅层理解无法满足符合社会认知的模仿游戏的要求，随着规则的复杂与叠加，游戏 AI 行为的工具化和机械化的属性越明显，处理复杂问题和长期规划的能力缺陷则越突出；第三，OpenAI Five 作为交互式的模仿游戏测试类型，其结论对于非交互式的 GPT 项目有一定的借鉴意义，在难以构建一个适合 GPT 的中观世界作为 GPT 的模仿游戏场景时，OpenAI Five 作为模仿游戏为法学界理解 AI 的"能与不能"提供了一个富有意义的窗口。

在这些阶段性的结论之上，我们可以基于对智能观的深刻分析，在将人工智能视为"工具"与视为"智能"的叠合维度上，再审视当前人工智能规制的规制路径，并凝练对当前人工智能阶段规制限度的反思。

[四] 基于图灵智能观的人工智能法律规制再思考

在上述的分析完备之后，文章应当面对法律规制的核心问题本身——我们应当如何正视图灵测试的智能观对当前法律规制的启示性意义？当智能观无法得到精准定义而只能通过建构模仿游戏进行替换描述时，为何不基于更加实用主义和功能主义的立场去审视当前的人工智能项目？对这一问题的回答是后续建构法律规制框架的价值核心。

对第一个问题的回答贯穿了全文。正如前文所述，"智能"是一个抽象且深邃的概念，人类尚无法精准地定义它，只能通过模仿游戏对其进行契合社会基准认知的替代性考察。这不仅要求 AI 能"胜过人类"，亦要求其在"基于智能而非暴力破解"的维度上赢过人类，在此之外只能否认 AI 的智能性而将其视作"工具"。具有争议性的例子好比 GPT 纵然可以通过多种传统的图灵测试，但其具有智能的论点依然无法获得学界共识。基于前文的分析我们可以得出，GPT 能够完成特定任务的根据是其对概率与因果的"浅层理解"，这是模仿游戏设计的失败，而非图灵测试的失败。

人类不得不选择在当下尝试去规制"智能"，这部分出于对未来风险的恐惧，部分出于当前的人工智能对现实生活的冲击与可预见范围内的潜在冲击。对"智能"的规制是对未来风险的预防，其本质上要求人工智能在发展到所谓的奇点之前即陷入停滞，避免真正意义上越过那个风险未知的"奇点"。由此，人工智能的"智能"意涵在规制风险的角度下亦获其意义。智能属性是人工智能被强规制的充分不必要条件，根据 AI 智能程度的不同决定对其的规制水平，但在达到获得相当程度的智能以通过模仿游戏的挑战之前，基于智能的担忧未必进入立法层面。这是规制"智能"理路受阻的理论维度。

同时，考虑视角应兼顾人工智能规制模式竞争的"锦标赛"体制。人工智能规制理念需要有效处理技术规制与促进创新、发展导向的平衡——"不发展就是最大的不安全"。在野心勃勃的欧盟《人工智能法案》中，即提到其立法目的是"促进欧洲以人为本的人工智能方法，并在安全、可信和合乎道德的人工智能发展方面成为全球领导者"。任意人工智能之间都可能是潜在竞争的对象，AI 的通用性与大模型的出现并没有消解竞争，反而将竞争维度变得愈加底层。❶ 在国际竞争中这一维度尤其明显，人工智能的发展并不是为人类社会建设巴别塔，人工智能立法本质上是大国博弈的制度竞争：谁能为人工智能的发展提供好的环境，谁就有可能在国际博弈中获得优势。这是规制"智能"理路受阻的实践维度。

因此，尽管人类社会基于风险预防的意识试图规制"智能"，但源于理论上的局限与实践中的激烈竞争，最后所采取的措施的逻辑本源与着眼之处依然体现为规制"工具"。由此，本文回答后一问题，而这一问题本身可被化约

---

❶ 参见何玥、黄尹旭：《人工智能的竞争木马：大模型时代潜在竞争分析范式重述》，载《数字法治》2024 年第 1 期。

人工智能是有思维的智能吗?

为社会应当如何审视"智能"的工具属性的诘问:人工智能的"工具"属性如何影响人工智能立法?

在理论设想中,人工智能的工具化的终极结果是人类与机器工作分工的根本实现——人类负责处理更复杂的工作,而将被认定为可拆解的、无需价值判断的工作交给机器来处理。在美国哈佛大学法哲学教授昂格尔的构想中,工作可被拆解为规则类与非规则类,前者要求规则明确基础上的重复性、模块化、范式化工作,基于先定的规则重复劳动;而后者则要求在跳出或者否定既有规则的基础上,形成新理念与新发现,其工具的前置性要求是人类所特有的"想象的能力"(the power to imagine)或者"否定性能力"(negative capability)。❶ 可将这种二分的理路推论至弱人工智能与强人工智能的分野,强调弱人工智能的工具属性,而试图承认强人工智能的主体性与责任能力。❷

一方面,基于人工智能的工具性,一种分工秩序被逐步建构,而随着人工智能的发展其边界逐步转换。具体而言,人类在不断解放与发展生产力的过程中,将"非机械化/非规则化"的工作塑造为"机械化/规则化"的工作,并以此作为建构人工智能工具的源生性动力。❸ 然而在实践中,分工的内部边界总是模糊而难以厘清,处于模糊地带的工具性判断往往具备整体规则和部分零散的特殊属性,难以避免监管的寻租问题与"灯下黑"问题。同时基于外部视角,这种工具性的外包很容易遭遇人类主体性丧失的批判,比如形形色色的自动化决策问题,都可以被拓展为不当的规则化与机械化所招致的偏差。

另一方面,对现有人工智能基于实用主义和功能主义的立场审视会推动

---

❶ 参见贾开:《ChatGPT 作为"浅层革命"的进步与局限——兼论通用智能与"人—机关系"》,载《信息技术与管理应用》2023 年第 6 期。

❷ 参见刘宪权:《智能机器人工具属性之法哲学思考》,载《中国刑事法杂志》2020 年第 5 期。

❸ 参见贾开:《超越达特茅斯会议:机器智能的实现与治理》,载《中国科技人才》2023 年第 4 期。

规制模式的高度场景化。当无法适用自上而下的演绎规则时，自下而上的归纳路径则会被优先适用。当社会只关注"AI 能否解决特定问题"时，规制者就可以将 AI 视为一种黑盒。法律对于黑盒的规制既可以依托纯粹的结果主义导向，要求实施者改变侵权性或歧视性结果；亦可以深入至算法或数据层面，基于算法实现的内在逻辑或使用数据的完备度进行调控与规制。❶ 随着诸多领域落向针对具体应用的场景化规制不断涌现，量体裁衣的规制模式势必产生无比高昂的制度成本，同时亦很难真正在降低法律成本的同时实现监管效果的提质。

特别值得强调的是，将人工智能视为工具进行规制的本质结论并未消解人工智能规制的极度复杂性。法律天然地将被工具化的人工智能纳入对生产工具的规制，同时进一步基于新型生产模式的特质调整新形塑的生产关系，完善利益分配和风险承担的经济生产架构。❷ 而在这一过程中，人工智能技术本身将会极大地重塑世界并改造世界，这与此前人类所经历的技术革命并无二致。随着技术的发展，法律治理范式亟须改革与重塑，逐步塑造利益与权利双元共生的有效激励与分配机制。❸ 当人工智能的技术价值分配不公时，在规制垄断与规制不正当竞争的层面，亦会衍生多角度的规制理路与价值平衡。❹ 依托这一理念的人工智能规制立法，应当是促进型的而非抑制型的，其本质目的是推动人工智能背后所代表的新质生产力加快成型，而这一目的也更彰显了所规制对象的工具属性。

而当对人工智能跳出工具性框架进行评判时，此时无论是否承认人工智能的主体性，其重点都在于监管人工智能的世界认知模型（以及其推理能力的正确性）。相比打开算法黑箱，打开这种人工智能认知模型的黑箱可能更

---

❶ 参见苏宇：《算法规制的谱系》，载《中国法学》2020 年第 3 期。
❷ 参见胡凌：《平台视角中的人工智能法律责任》，载《交大法学》2019 年第 3 期。
❸ 参见黄尹旭、杨东：《"利益—权利"双元共生："数据要素×"的价值创造》，载《中国社会科学》2024 年第 2 期。
❹ 参见杨东、李子硕：《监管技术巨头：技术力量作为市场支配地位认定因素之再审视》，载《学术月刊》2021 年第 8 期。

为困难。所幸的是，以图灵测试"模仿游戏"所引发的 70 余年的思辨为前提，我们仍能从最本源的"机器能否思考"这一命题出发去进行区分，在中观世界（就如同 OpenAI 的项目一样）去验证当人工智能了解规则之后，其能否认识世界、发现更为深层的规律，当且仅当这种人工智能出现时，潘多拉的魔盒才可能被真正打开。相比之下，GPT 作为一种新型的算法工具可能冲击了世界的多个维度，但人类依然有办法大致遵循着原有的监管路径对其加以控制，逐步弥合世界遭受的系列冲击。换言之，对 GPT 所代表的"大数据+大模型"的鹦鹉型人工智能的客观规制并未摆脱针对工具性人工智能的规制逻辑，基于本文对 Dota2 人工智能项目的分析中关于 GPT 的对比，就会发现其依然满足系列批评：人类智慧可以试图理解 GPT 的模式并寻找其不足。

综上所述，当人工智能不能在图灵测试的基础上被认定具有足够的智慧时，现行人工智能的规制框架应当主要聚焦针对工具性风险及其异化的规制。实质上这已经是一个极具挑战性的项目，其呈现为算法治理与数据治理的一个并集，在此基础上面对医疗、司法、交通等特殊场景，需要面对场景的特殊监管需求加以细化。在面对风险与不确定性时，通过可解释性、价值对齐、科技伦理等方式去引导人工智能及其开发者向善。❶ 在此基础上应正视科技伦理作为伦理规范的本质，其与法律规范存在实质性差异，并由此引发的治理逻辑的非强制性和功能局限性。❷ 这应当是当前人工智能监管的基础性框架。但在工具性维度之外，学界必须面对人工智能继续发展可能具有的超越性与颠覆性，无论是科学界还是法律界，在实质意义上都没有面对过一个具有"智慧"的人工智能，纵然人类再具有"奇点临近"的恐惧，社会仍设想着不断改进而非封印 AI。或许需要再思考人工智能的根本价值：人机伦理的出发点，就不应是指望机器听命于人，而是利用或仰赖其智慧的指

---

❶ 参见唐林垚：《公司法如何促进模型可信与价值对齐》，载《东方法学》2024 年第 2 期。

❷ 参见赵精武：《科技伦理嵌入人工智能治理体系的路径展开——以自动驾驶应用场景为例》，载《法治社会》2024 年第 5 期。

导,谋求人的利益最大化——全人类的解放。❶ 这应当是人与机器的关系未来被高度期许的新纪元。

[五] 结 语

机器能否思考?本文并不试图彻底回答如此具有哲学性的命题——事实上,这也不可能是一篇文章能够清晰阐释的复杂命题。但本文希望通过对 OpenAI 探索过的 Dota2 人工智能项目的发展史,去勾勒出一次曾经人与 AI 彼此对决并获得些许成功的场景。在 ChatGPT 引发的大模型成为社会关注焦点的背景下,去阐释人类应当如何理解机器的智能性与工具性。

对法律学界来说,我们应当逐步认识到我们意图规制的对象的工具性,这不仅反映在当前高度场景化的规制实践中,也潜藏在基于机器智能解放人类的潜在期许中。人类畏惧制造出一个超越人类的智能,但这一恐惧与风险不应当成为人工智能规制立法的全部。从人工智能这一概念实质诞生的 20 世纪至今,人类基于图灵测试对"机器能否思考"的智能观进行了繁复的思考与迭代。当在模仿游戏与监管沙箱中无法完全认知一个中观世界的世界模型时,法律界应当保持战略定力,不盲目地为技术划定疆域,秉持谨慎和发展的眼光看待机器的智能问题,而反身着眼于实践场景中更为紧迫的命题,让子弹朝向未来的"奇点"再飞一会儿。

---

❶ 参见冯象:《我是阿尔法——论人机伦理》,载《文化纵横》2017 年第 6 期。

法律和社会科学

信息技术应用的法律

信息技术如何缓解合同的不完备性?

陈 楚[*]

摘　要：合同的不完备性问题在实践之中长期存在,在理论上该问题源于有限理性和关系性专用投资,缔约模块化、缔约动态化和缔约关系化是缓解合同不完备性的三大基本思路。基于此,合同生命周期管理、区块链技术和自然语言处理技术可以用于缓解合同的不完备性:合同生命周期管理通过提高合同的协作性和适应性实现缔约模块化和缔约动态化;区块链技术通过促进信任、降低合同履行成本实现缔约关系化;自然语言处理技术可以更准确地描述偶然事件和更有效地监控合同履行情况。信息技术解决方案的综合使用可以有效地缓解合同的不完备性,提升交易的便利和安全水平。

关键词：合同不完备性　合同生命周期管理　区块链　自然语言处理

[一] 问题的提出

法律职业是世界上最复杂和最具活力的专业工种之一。而随着新技术的兴起和信息技术的进步,法律职业正经历着前所未有的变化。2022 年 11 月 30 日,OpenAI 基于 GPT-3.5 架构研发的大型语言模型 ChatGPT 公开亮相,这是近年来人工智能领域最重大的进展之一。令许多法律人士震惊的是,GPT-3 在美国律师职业资格考试的多项选择(MBE)部分的表现开始与人类媲美,其

---

[*] 陈楚,十行法务运营中心负责人,美国哈佛大学法学硕士(LL.M.)。

最高达到了50.3%的正确率,并在证据法和侵权法部分取得了及格成绩,相比之下,受过七年高等教育和专门经过考试培训的人类考生只能正确回答68%的问题。❶ 然而该成绩表现甚至还不是技术所能达到的极限。2023年3月14日,在GPT-3首次亮相仅几个月后,OpenAI发布了其大型语言模型的下一个迭代:GPT-4。❷ 而这次,该模型更是声称以排名前10%的分数通过了模拟律师职业资格考试,相比之下,GPT-3.5的分数位于后10%。这是重新思考法律职业角色的一个里程碑。❸ 近年来的许多新科学技术无疑将对法律行业产生重大影响,同时可为当前面临的许多问题提供新的解决方案。

  合同法是最重要的法律领域之一。在某些行业中,供应商合同所占收入可能占到年收入的90%甚至更多。❹ 在缔约实践中,合同的不完备性却是一个长期存在的问题。不完全契约(incomplete contract)是指那些没有或不能明确约定每一种可能结果或意外事件的合同。如何处理不完全契约一直是法学界和经济学界多年来激烈争论的话题。从法律角度看,传统上,法院使用各种法律制度和规范来填补不完全契约的空白,如诚实信用原则、显失公平制度❺和重大误解制度❻。从经济学的角度来看,合同的不完备性与交易费用理论有着密切的联系,而交易费用理论对于理解公司治理结构的设计

---

❶ See Michael Bommarito II and Daniel Martin Katz, *GPT Takes the Bar Exam*, https://arxiv.org/pdf/2212.14402.

❷ See Cade Metz, *OpenAI Plans to Up the Ante in Tech's A.I. Race*, The New York Times (March 14, 2023), https://www.nytimes.com/2023/03/14/technology/openai-gpt4-chatgpt.html.

❸ See *GPT-4*, OpenAI (14 March 2023), https://openai.com/research/gpt-4.

❹ See Roman Belotserkovskiy et al., *Contarcting for performance: Unlocking additional Value*, McKinsey & Company (2 May 2018), https://www.mckinsey.com/capabilities/operations/our-insights/contracting-for-performance-unlocking-additional-value#/.

❺ See Philip Bridwell, *The Philosophical Dimensions of the Doctrine of Unconscionability*, 70 The University of Chicago Law Review 1513 (2003).

❻ See Eric Rasmusen and Ian Ayres, *Mutual and Unilateral Mistake in Contract Law*, 22 The Journal of Legal Studies 309 (1993).

和市场中企业和个人的行为具有重要的意义。❶

　　缓解合同的不完备性具有重要价值。首先,它有助于最大限度地减少纠纷和降低诉讼成本。明确合同所有关键条款的定义并获得合同各方的同意,可以避免潜在的歧义和误解,从而进一步提高解决纠纷的效率。其次,从经济的角度来看,合同的完备性越强,缔约方之间的信任就越深,双方也就越能建立更长久的合作关系。通过明确列出权利、义务和可能发生的意外事件,合同各方可以更好地管理预期,降低交易成本,并促进合作。最后,完备的合同还可以实现合同起草过程的便利化,从而有助于普及法律服务。随着合同的标准化和全面化,法律专业人员能以更有效的方式帮助更多的客户,最终增加个人和企业获得法律服务的机会。

　　信息技术在缓解合同的不完备性方面发挥着越来越重要的作用。以GPT-4为例,这种先进的技术有可能彻底改变我们起草和解释合同的方式。通过利用其在自然语言处理(natural language processing, NLP)和机器学习(Machine learning)领域的能力,这种模型可以帮助合同各方在签订合同之前识别和解决合同中可能存在的漏洞和歧义。从长远来看,这还有助于避免纠纷、降低交易成本。此外,像GPT-4这样的模型还可以帮助解释履行中的合同,能够帮助理解合同内容,明确各方的真实意图,助力纠纷解决。这可以提高解决纠纷的效率,有助于减轻司法系统的负担。除语言模型外,近年来发展起来的其他信息技术,如区块链和合同生命周期管理技术,同样有助于缓解合同的不完备性。

　　本文采取如下结构安排:第二部分对合同的不完备性的成因进行理论分析,重点介绍有限理性(bounded rationality)和关系性专用投资(relationship-specific investments)这两个核心概念;第三部分基于不完全契约理论,总结了缓解合同的不完备性的三大基本思路,即缔约模块化、缔约动态化和缔约关

---

❶ See Oliver E. Williamson, *The Theory of the Firm as Governance Structure: From Choice to Contract*, 16 Journal of Economic Perspectives 171 (2002).

系化;第四部分阐述具体如何利用先进的信息技术来缓解合同的不完备性,在提出评估框架的基础上依次分析合同生命周期管理、区块链和自然语言处理这三种技术在缓解合同的不完备性上的作用。最后,第五部分讨论在缔结合同的过程中使用技术所面临的困难,并对全文进行总结。

[二] 不完备性与不完全契约理论

合同的不完备性是契约理论中的一个盛行已久的概念,它是经济学领域自20世纪70年代发展起来的一个专门领域。不完备性旨在分析非完美市场之下的合同问题,特别是长期合同。契约理论解决的核心问题有两个:(1)不对称信息下的收入转移;(2)不同风险态度的当事人之间的风险分担。[1]

也即,合同本身的不完备性早就被认识到了。罗纳德·科斯(Ronald Coase)在其于1937年发表的一篇开创性论文中提出合同的不完备性,该论文指出:"由于预测未来的困难,当商品或服务供给的合同期越长时,买方实际上越不可能,也就越不强求明确卖方应履行的具体义务。"[2]根据该观点,威廉姆森(O. Williamson)和哈特(Oliver Hart)等经济学家认识到由于存在有限理性或交易成本等因素,真实世界的合同往往是不完备的[3],在此基础上,他们发展了相关但有区别的理论来解释合同的不完备性。如今,经济学界普遍认同,实践中的合同在某种程度上是相当不完整的。[4]

---

[1] See Oliver Hart and Bengt Holmström, *The Theory of Contracts*, in Truman Fassett Bewley (eds.), *Advances in Economic Theory: Fifth World Congress*, Cambridge University Press, 1987, pp. 71-155.

[2] R. H. Coase, *The Nature of the Firm*, 4 Economica 386 (1937).

[3] See Oliver E. Williamson, *The Economic Institutions of Capitalism: Firms, Markets, Relational Contracting*, The Free Press, 1985.

[4] See Jean Tirole, *Incomplete Contracts: Where Do We Stand?*, 67 Econometrica 741 (1999).

(一) 不完全契约理论

不完全契约理论认为,合同应该被视为不完备的,并且合同各方应该为出现新信息时再谈判的可能性做好准备。格罗斯曼(Grossman)和哈特❶、哈特和摩尔(John Moore)❷的两篇论文通过提出的"数学模型"(formal model)开创了正式的不完全契约理论,通过"买方可能难以事先描述想从卖方那里得到何种商品"的观点❸来论证合同的不完备性。这一模型及其后来演变出的其他模型,如创新管理模型❹,为分析不完全契约和可以用来促进再谈判的机制提供了严谨的理论框架。

尽管文献众多,但不完全契约并没有精确的定义。❺ 不完全契约通常指的是,在合同订立之时,合同各方无法预见未来所有的可能状态,因此也就无法制订一套完备的规则来约束合同各方的行为。与之相反,传统的理论(如委托—代理理论)是建立在契约完备性的假设这一基础上的。二者的根本区别在于,传统理论试图明确合同各方在各种可能的未来状态下的所有权利与义务。具体而言,完全契约假设能够预见未来世界中所有可能发生的情况,因而其重心在于事后监督;而不完全契约则承认且预留了一些无法预先确定的问题,这些问题往往可以在实际情况出现后,通过再谈判来解决,因而其重心在于对事前的权利(包括再谈判权利)进行机制设计或制度安排。❻

---

❶ See Sanford J. Grossman and Oliver D. Hart, *The Costs and Benefits of Ownership: A Theory of Vertical and Lateral Integration*, 94 Journal of Political Economy 691 (1986).

❷ See Oliver Hart and John Moore, *Property Rights and the Nature of the Firm*, 98 Journal of Political Economy 1119 (1990).

❸ See Oliver Hart, *Incomplete Contracts and Control*, 107 American Economic Review 1731 (2017).

❹ See Philippe Aghion and Jean Tirole, *The Management of Innovation*, 109 The Quarterly Journal of Economics 1185 (1994).

❺ See Oliver Hart and John Moore, *Incomplete Contracts and Renegotiation*, 56 Econometrica 755 (1988).

❻ 参见杨瑞龙、聂辉华:《不完全契约理论:一个综述》,载《经济研究》2006年第2期。

让·梯若尔(Jean Tirole)在其研究中认为,合同的不完备性的产生可大致归因于三种成本❶:(1)预见成本,这主要是因为当事人由于某种程度的有限理性而无法预见并确定所有的或然状态;(2)缔约成本,即使当事人能够预见所有的或然状态,想要合同双方以一种双方均没有争议的语言在合同中明确载明这些情况往往也非常困难或成本高昂;(3)证实成本,即合同双方或许可观察关于合同的重要信息,但这些对第三方(如法院)而言是不可证实的,为了强制执行合同,法院或其他第三方需要明确理解合同条款并查明确认合同方是否切实履行了关于未来的事项或行为。

合同的不完备性会导致一系列问题,比如在合同订立之初,由于合同并不完备,某些具体情形下所需要的具体投资无法在合同中明确。而一旦这些情形发生,问题变得更为明显,因为在双边锁定的再谈判过程中,投资人可能会面临被套牢的风险。换言之,投资人所期望的边际回报的一部分可能被合同另一方当事人攫取。不完全契约的影响深远,它对包括法律、经济和商业的多个领域都有重大影响。原因在于,一份不完备的合同可能导致缔约方效率降低、纠纷增多,甚至诱发机会主义行为,合同各方都可能试图利用不完备合同中的模糊性来追求自身利益的最大化。

(二)不完备性的两大成因

本文聚焦于合同设计,而非深入研究与不完全契约理论相关的经济分析。因此,在经济分析的框架内,本文确定了两个核心概念,为后文讨论缔约方法建立基础。

不完全契约理论深深植根有限理性假设。赫伯特·A.西蒙(Herbert A. Simon)认为,人类的认知能力和信息处理能力是有限的,这导致了决策过程的"有限理性"。❷ 在缔约问题上,合同缔约方也因为难以全面说明实际情况

---

❶ See Jean Tirole, *Incomplete Contracts: Where Do We Stand?*, 67 Econometrica 741 (1999).

❷ See Herbert A. Simon, *Models of Man: Social and Rational*, John Wiley & Sons, Inc., 1957.

而遭受损失,也就是我们常说的"当局者迷而旁观者清"。❶ 合同缔约方之所以难以全面说明实际情况是因为其可能面临多种障碍,如信息处理能力有限、记忆形成和存储能力有限、决策时可用时间有限以及计算和评估备选方案的能力有限。从交易成本的角度来看,由于人类具有有限理性,接受合同的不完备性是一种必要的折中,因为这有助于降低与谈判和执行大量详细的合同相关的高昂费用。

不完备契约理论中的另一个重要概念是关系性专用投资。据观察,合同缔约的一方可能需要投入大量资源、时间或精力才能达到合同的实际履行情况。然而,由于合同的不完备性,这种实际情况往往是无法事先完全确定的。而前述的投资,由于缺乏必要的合同约束保护,其在该合同之外的价值可能较低,从而导致了一种被称为资产专用性(asset specificity)❷的情况。资产专用性可能会显著改变缔约合同的双方对具体交易的初始评估,并在一定程度上产生相互锁定的依赖关系。在相互依赖的情况下,合同任一方都可以通过终止合作的方式来惩罚另一方。❸

(三)有限理性和关系性专用投资的挑战

在设计最优合同的过程中,有限理性和关系性专用投资之间的相互作用带来了一系列挑战。一方面,就有限理性而言,主要的挑战在于它与现实世界的复杂性之间的矛盾,而合同缔约方却试图在其合同中全面涵盖现实世界的复杂情况。这种矛盾在合同缔约阶段和合同履行阶段都造成困难。在缔约之时,合同各方试图预见并明确约定尽可能多的不确定因素和意外事

---

❶ See Oliver D. Hart, *Incomplete Contracts and the Theory of the Firm*, 4 The Journal of Law, Economics, & Organization 119 (1988).

❷ See Vincent P. Crawford, *Long-term Relationships Governed by Short-term Contracts*, 78 The American Economic Review 485 (1988).

❸ See Benjamin Klein, Robert G. Crawford and Armen A. Alchian, *Vertical Integration, Appropriable Rents, and the Competitive Contracting Process*, 21 The Journal of Law & Economics 297 (1978).

件,在合同履行阶段,当法院和其他第三方介入合同以填补最初所希望的空白从而提供保护时也是困难重重。另一方面,就关系性专用投资而言,主要的挑战在于由此产生的投机性,这种机会主义可能驱使合同一方压榨另一方。在这种情况下,机会主义通常表现为套牢问题,即当合同一方投入了大量的关系专用性投资后,因为这种投资在关系之外的价值通常要低得多,所以该方在合同中处于较为脆弱的地位,从而更容易被合同另一方利用。

[三] 缓解合同的不完备性的基本思路

在实践中,合同的不完备性普遍存在。为了减轻由此产生的影响,实践中已经探索和发展出了多种缔约方法。本文具体介绍了三种与有限理性和关系性专用投资密切相关的方法。

第一种方法是缔约模块化,其旨在通过将合同分成更小的、更易于管理的组成部分或模块来降低合同的复杂性。合同各方通过集中关注每个模块中的该合同关系的具体内容,可以提高合同条款的清晰度和精确度,最大限度地减少歧义和发生机会主义行为的概率。第二种方法是缔约关系化,它强调信任在保障合同一方的关系性专用投资方面的核心作用。缔约关系化侧重促进合作,通常通过反复互动和对共同目标的相互承诺来降低出现套牢问题和实施机会主义行为的可能性。第三种方法是缔约动态化,它强调合同各方在履行合同的整个过程中动态地再谈判的重要性,而不必在合同开始时就确定所有的不确定因素。第四种方法是激励式缔约。这种方法侧重协调交易各方的利益,通过设定具体的表现标准或结果,并采用奖励或惩罚的措施,来激励合同各方按预期的方式行事。

(一)以缔约模块化缓解复杂性

之所以存在合同的不完备性,部分原因在于有限理性与描述由于交易复杂性产生的所有可能意外事件的需要之间的内在矛盾。随着环境的日益复杂,越来越多的潜在结果受到合同不完备性问题的影响。❶ 有鉴于此,可以利用交易的复杂性来推动降低合同的不完备性的影响。

模块化是解决复杂性问题的一种方法。模块化是一套用于管理此类大规模相互依赖系统的复杂性的通用设计原则。❷ 这一方法将整个系统拆分为独立的模块,这些模块通过标准化的接口或规则与规范进行互动。❸ 当系统规模庞大且组件之间的依赖关系错综复杂,使得集成设计工作变得几乎不可能时,模块化的设计结构显得尤为有效。❹ 换言之,模块化的设计是管理复杂性的一种有效手段。

在缔约时,模块化是一种通过将复杂系统分解为若干子系统(模块)来应对复杂性的手段。这些模块在内部具有紧密的交互(或其他相互依赖关系),而模块之间则保持较少的交互,且这种交互是标准化的。❺ 因而,缔约模块化的特点在于使用标准化的、预先制定好的模块化样板,并将它们有机地组合,从而形成完整的合同。

缔约模块化带来的改进基于模块化本身的性质。首先,模块内的交互是密集的。因此,一个复杂的合同可以被分解为较小的模块,并将其分配给相应的专业人员进行细致管理。这样的分工使得缔约所需的人力资源能够以有机和平行的方式在不同的知识领域中进行协调。其次,模块之间的交互是稀疏的和标准化的。这意味着单个模块能够轻松地加入或在一个复杂的合同中被删除,以适应环境变化导致的需求变化。最后,模块表明了合同各方

---

❶ See Ilya Segal, *Complexity and Renegotiation: A Foundation for Incomplete Contracts*, 66 Review of Economic Studies 57 (1999).

❷ See Sendil K. Ethiraj and Daniel Levinthal, *Modularity and Innovation in Complex Systems*, 50 Management Science 159 (2004).

❸ See Richard N. Langlois, *Modularity in Technology and Organization*, 49 Journal of Economic Behavior & Organization 19 (2002).

❹ See D. L. Parnas, *On the Criteria to be Used in Decomposing Systems into Modules*, 15 Communication of the ACM 1053 (1972).

❺ See Henry E. Smith, *Modularity in Contracts: Boilerplate and Information Flow*, 104 Michigan Law Review 1175 (2006).

在特定商业情景下积累的知识和对于具体商业情境的特定立场。因此,只要底层情境保持不变,开发良好的模块可以在不同的复杂合同中被重复使用和整合。这可以节省重复劳动的成本。

将合同条款标准化变为模块样板的过程,一定程度上是由"学习外部性"和"网络外部性"这两个因素推动的。所谓的"学习外部性",是指从过去条款的使用经验中积累的知识和经验;而"网络外部性"则是指在当前用户群体中共享某一条款所带来的集体效益。❶ 从这个意义上来说,模块样板反映了过去和当前的用户之间的社会共识,以及在当前的用户内部的社会共识。这样的社会共识不仅涵盖了从业者之间共享的最佳实践知识,还包括与之相关且有用的法律规则和其他被普遍接受的规则。应用这些社会共识能够显著降低每一笔交易的成本,并释放更多的资源,从而解决合同不完备性所引发的问题。

(二)以缔约动态化缓解不确定性

除了不可预见的意外事件,合同的不完备性还表现为有限理性导致的不确定性。相反,这种不确定性围绕交易环境中不可预料的、不可预测的变化,这些变化既表现在环境层面也表现在行为层面。❷ 因此,一个事前设计的最优合同往往无法做到时间上的一致性:随着时间的推移,合同双方将同意就这些低效问题进行再谈判。❸ 当然,即使无法在事前预测不确定性,也有一些一般性的机制来解决。例如,广为人知的不可抗力条款❹。当发生合

---

❶ See Marcel Kahan and Michael Klausner, *Standardization and Innovation in Corporate Contracting (Or "The Economics of Boilerplate")*, 83 Virginia Law Review 713 (1997).

❷ See Conrad S. Ciccotello, Martin J. Hornyak and Michael S. Piwowar, *Research and Development Alliances: Evidence from a Federal Contracts Repository*, 47 The Journal of Law & Economics 123 (2004).

❸ See Marco Battaglini, *Optimality and Renegotiation in Dynamic Contracting*, 60 Games and Economic Behavior 213 (2007).

❹ 参见《中华人民共和国民法典》第 180 条。

同各方无法控制的不可预见的事件时,该条款免除了履约责任。然而,这样的机制通常过于笼统和简单,无法充分应对现实世界中各种类型的不确定性和不完备性。

不确定因素,顾名思义,只有在实际发生时才会显现出来,这意味着合同各方无法在合同拟订阶段预料到,也就更谈不上对其具体说明。不同于复杂性问题,不确定性无法被提前预测和解决。因此,处理不确定性问题是一个持续解决的过程,而非一开始就在合同中明确约定。这种持续处理的方法也就是缔约动态化。而事实上,大多数契约关系具有动态的特征,它们涉及委托人和代理人之间长期的、非匿名的互动。❶

除其他因素外,缔约动态化强调调整奖励办法和便利合同方根据情况变化再谈判的重要性。这种方法意识到并承认事前计划具有固有局限性,并强调适应性和合作是实现最优合同的关键。且无论从理论上讲还是从法律上讲,禁止再谈判都是不合理的❷,既然合同具有不完备性,那么当事前的不确定状态实际发生时合同双方进行再谈判就是不可避免的。

为了持续管理不确定因素,缔约动态化的第一个结果是进行再谈判。所谓再谈判是指根据合同订立后出现的新情况或信息而对合同进行修改或更新的过程,而这些新情况或信息在订立合同时是无法预料到的,这种方法允许合同随着时间的推移不断调整,更加灵活。通过采用缔约动态化的方式,合同双方可在合同中事先约定可能开启再谈判的关键因素,如具体触发情形、谈判时间、谈判范围等。值得注意的是,再谈判本身就是事后交易成本。因此,在合同中事先约定分摊谈判成本的条款,并由此平衡合同各方的议价能力,对于确保后续阶段能够公平地再谈判至关重要。

缔约动态化不仅产生了缔约后的再谈判,还促成了激励机制的设计。激励机制主要针对道德风险问题,该风险通常发生在决策权从一个代理人委托

---

❶ See Marco Battaglini and Rohit Lamba, *Optimal Dynamic Contracting: The First-Order Approach and Beyond*, 14 Theoretical Economics 1435 (2019).

❷ 参见杨瑞龙、聂辉华:《不完全契约理论:一个综述》,载《经济研究》2006 年第 2 期。

给另一个代理人的过程中。对此,与普通缔约方法不同,激励式合同侧重为实现某些目标或满足某些业绩指标而设置的具体报酬。这种机制包括奖励措施(如奖金或股票期权)和惩罚措施(如减薪或终止合同)。考虑到缔约日的合同方持有的隐私信息,即使合同各方都对风险持中性态度,激励式合同也是一种值得考虑的选择。❶

总体而言,缔约动态化包含两个分支:再谈判和激励式合同。它们将缔约初期时的不确定因素问题转化为持续监测和机制设计这一可行的任务。这种方法可以用来控制不确定因素引起的合同的不完备性问题。

(三)以缔约关系化缓解投机性

关系性专用投资通常是由合同方在缔约之后进行的。合同一方进行这些投资,实际上代表了该方对履行合同的进一步承诺,但此类投资往往没有事先在合同中约定。这些投资在特定合同关系中具有较高的价值,而这一价值难以在其他合同关系中体现❷,这使得它们很难被自由转移或重新配置到其他合同中。例如,卖方可能必须投资特定原材料、人力资源,甚至是为了买方新设置一条装配线,以交付特定的产品。然而,一旦做出这些投资,若该合同被终止,这些投资的价值在其他合同中可能大打折扣。因此,关系性专用投资不仅改变了投资一方对交易的估值,还造成了该方对合同另一方的依赖。但这种依赖是事后形成的,当事人不可能事先完全预料到,更不可能事先在合同中明确约定。这可能会诱使被依赖的一方采取机会主义行为。就缔约而言,投机性是指当事人以追求自身利益最大化的考虑为主导的倾向。❸ 被依赖的一方可能利用这种关系榨取比最初约定更多的价值,这会产生不确定因

---

❶ See Jean-Jacques Laffont and Jean Tirole, *Using Cost Observation to Regulate Firms*, 94 Journal of Political Economy 614 (1986).

❷ See Oliver E. Williamson, *The Economic Institutions of Capitalism*, The Free Press, 1985.

❸ See Sandy D. Jap and Erin Anderson, *Safeguarding Interorganizational Performance and Continuity Under Ex Post Opportunism*, 49 Management Science 1684 (2003).

素,并因此造成原始合同的不完备性。

促进合同各方之间的信任是遏制机会主义的一种有效方法。在交易中,信任可以作为合同的替代方式。研究表明,当重要信息无法通过市场价格在合同中传递时,企业倾向建立嵌入式联系(或信任)。❶ 理论上,合同是一种正式的、具有法律约束力的协议,它约定了交易的具体条款和条件,并明确了各方的权利与义务。与正式的书面合同相反的是基于信任的非正式社会协议,其建立在合同各方之间对善意、诚实和正直的共同信念之上。当合同双方相互信任时,他们可以采用较为简单的市场治理结构。但在缺乏信任的情况下,他们可能需要采取分层的治理结构以降低投机性的风险。❷ 从交易成本的角度看,信任可以降低事后的交易成本,并鼓励当事人在合同的履行过程中共享信息。❸

就合同设计而言,这种信任可以被设计为缔约关系化。它是一种将合同治理和分层治理相结合的混合结构❹,缔约关系化减少了对详细合同、广泛监督甚至执行机制的依赖,以最大限度地降低交易成本。所谓的关系合同,是指那些"对企业内部个人行为有较大影响的非正式协议和不成文的行为规范"❺。因此,缔约关系化的核心在于强调在当事人之间建立长期关系的重要性❻,这种关系依赖合同方的相互信任、声誉维护以及在"未来阴影"

---

❶ See Brian Uzzi, *Social Structure and Competition in Interfirm Networks: The Paradox of Embeddedness*, 42 Administrative Science Quarterly 35 (1997).

❷ See Oliver E. Williamson, *Markets and Hierarchies, Analysis and Antitrust Implications: A Study in the Economics of Internal Organization*, The Free Press, 1975.

❸ See Jeffrey H. Dyer and Wujin Chu, *The Role of Trustworthiness in Reducing Transaction Costs and Improving Performance: Empirical Evidence from the United States, Japan, and Korea*, 14 Organization Science 57 (2003).

❹ See Oliver E. Williamson, *Transaction-Cost Economics: The Governance of Contractual Relations*, 22 The Journal of Law & Economics 233 (1979).

❺ George Baker, Robert Gibbons and Kevin J. Murphy, *Relational Contracts and the Theory of the Firm*, 117 The Quarterly Journal of Economics 39 (2002).

❻ See Paul L. Joskow, *Contract Duration and Relationship-Specific Investments: Empirical Evidence from Coal Markets*, 77 The American Economic Review 168 (1987).

下对关系的共同理解,而非以特定事件来指导当事人的行为。这种方法在变化的环境中提供了更多的灵活性和适应性,因为缔约方可以合作并调整协议的条款,而不是受限于僵化的正式合同。且缔约关系化通过文化、惯例、行规等非正式制度促进契约的实施,这使得合同的自我实施不依靠法院强制实施的成文契约条款,而是依靠施加一种私人惩罚来约束违约行为。❶

众多实证研究表明,缔约关系化能够有效地保护关系性专用投资不受投机性的影响。例如,有观点认为,专门制定关于关系型交易的规范,并将其与特定交易资产投资相结合,这有助于限制投机性。❷ 因此,当存有关系性专用投资时,人们更加期待通过缔约关系化和关系持续性来保护交易。❸

[四] 缓解合同不完备性的信息技术方案

(一) 缓解效果的评估框架

在评估一项旨在解决或改进合同的不完备性的切实可行的方案时,我们可以参考前文讨论的范围,其中包括:

(1) 从节约成本的角度来看,新的解决方案是否能有效降低因不可预见的意外事件、起草和履行合同而产生的交易成本;

(2) 从情景因素的角度来看,新的解决方案能否应对"有限理性"的假设并确保合同当事人为履行合同而进行的关系性专用投资得到保护;

---

❶ 参见周智敏、黄玉杰:《不完全契约的成因、风险及其应对机制》,载《中外企业家》2007年第12期。

❷ See James R. Brown, Chekitan S. Dev and Dong-Jin Lee, *Managing Marketing Channel Opportunism: The Efficacy of Alternative Governance Mechanisms*, 64 Journal of Marketing 51 (2000).

❸ See Laura Poppo, Kevin Zheng Zhou and Sungmin Ryu, *Alternative Origins to Interorganizational Trust: An Interdependence Perspective on the Shadow of the Past and the Shadow of the Future*, 19 Organization Science 39 (2008).

(3)从解决问题的角度来看,新的解决方案能否缓解由复杂性、不确定性和投机性带来的问题,并分别促进缔约模块化、缔约动态化和缔约关系化的发展。

随着信息技术的快速发展,一系列为法律职业服务的强有力的合同管理工具应运而生。本节将重点介绍合同生命周期管理(contract lifecycle management, CLM)技术、自然语言处理技术、区块链技术的应用情况,分析并讨论这些技术在提高合同完备性方面的作用。

为了全面评估这些技术的效果,本节将采取有机和持续的方式对这些技术进行考察。有机的方式侧重考察它们对合同订立的影响,而不考虑合同生命周期的后续阶段。而持续的方式侧重动态地分析其对合同履行阶段等缔约后各阶段的影响。

总体而言,合同生命周期管理反映了合同模块化的需求,它能够有效应对当事人的有限理性问题;自然语言处理是人工智能的一个分支,它能够识别条款之间的隐含联系和现实中的各种情景,并且在一定程度上,我们可以用机器智能来完善或改进有限理性的局限;区块链是一种去中心化的分布式网络,能够确保在低信任或无信任环境中对关系性专用投资进行保护,这与缔约关系化相契合。此外,这三种技术均有助于推动合同的持续管理。顾名思义,合同生命周期管理采取了一种生命周期方法来管理合同,这有助于再谈判中的合同管理。自然语言处理主要通过其判别式模型帮助将非结构化文本转化为可跟踪和可计算的数据;区块链通过其智能合同的特点,实现某些合同条款的自动执行与不被篡改。

(二)合同生命周期管理技术

合同生命周期管理是一种主动且系统的管理方法,它涵盖了启动、授予、履约和续签整个过程。❶ 实施合同生命周期管理可以大幅节约成本和提高

---

❶ See https://en.wikipedia.org/wiki/Contract_lifecycle_management.

效率。根据一项早期的调查,合同管理的自动化可以减少 25%—30% 的相关费用,并缩短 50% 的合同的缔约周期。❶

合同生命周期管理技术为全面的合同管理提供了一个平台,其带来的好处主要体现在两个方面。其一,在合同形成阶段,合同生命周期管理涉及了多个利益相关者,既有法律、财务、销售和采购团队等幕后的利益相关者,也有来自谈判桌上的直接参与者,如合同的另一缔约方及其代理人。合同生命周期管理技术通过这种方式按不同的利益主体将复杂的合同拆分为不同的模块,体现了缔约模块化的需求,即缔约模块化强调将错综复杂的合同拆分为更易于管理的小模块。其二,从合同的持续管理角度来看,合同生命周期管理是一个涵盖合同整个生命周期的全面过程,即从合同初步意向的形成到合同的谈判、执行、履行,再到后续的终止或争议解决。在此过程中,合同各方能够持续跟进合同的发展,并根据实际情况的变化做出必要的调整。而这一点则反映了缔约动态化的需要,即强调合同进入履行阶段后的激励设计与再谈判。

1. 利益相关方之间的有机合作

合同生命周期管理的一个关键层面就是促进不同利益相关方之间的有机合作,这有助于管理合同的复杂性。合同生命周期管理涉及构建并执行一个高效的组织结构,该架构将复杂的合同拆分为独立的模块化组件,其中每个模块的内部都保持着密集沟通,但不同模块之间的沟通则相对松散且沟通都是标准化的。通常,这样的合同拆分应根据一个具体行业的业务特性和其中涉及的不同专业知识来实现。

合同生命周期管理项目涉及不同职能部门的利益相关方,如法律、信息技术、商务、销售和采购,因为合同生命周期管理与组织内的大部分职能

---

❶ See Aberdeen Group, *The Contract Management Solution Selection Report*, Imany (June 2005), https://public.dhe.ibm.com/software/emea/dk/frontlines/Aberdeen_2005_Contract_Mgmt.pdf.

部门都有关联。❶ 特别是在向客户本地部署软件技术服务的交易中，公司内可能涉及多种类型的利益相关方，具体可能包括：(1) 产品团队，他们负责开发技术服务，并了解能否承诺特定的交付效果。(2) 销售支持团队，他们负责将本地服务部署到客户现有的环境中，并确保将其与客户其他现有软件成功集成。(3) 维护团队，他们负责在合同履行期间且直至合同终止时提供维护服务。(4) 财务团队，他们负责服务的定价、付款处理、收入确认和其他技术服务特定的会计事务。(5) 法律团队，他们负责处理在整个合同生命周期内与该技术服务相关的所有法律事务与产生的权利、义务和责任。

将一项交易的所有相关方面整合并打包到一份合同中可能极其复杂，因为它要求对不同的专业知识领域有深刻的理解。然而，在合同生命周期管理的帮助下，可采取缔约模块化的方法，将复杂的合同拆分为多个有机组合的模块，如订单、销售点、服务标准协议以及维修和支持等。这些模块可以进一步分配给相应的团队，由他们用专业知识进行细节管理。尽管每个模块本身仍然很复杂，但对于专注该领域的团队而言，他们可以更便捷地运用已开发完善的专业知识。换言之，没有人需要成为所有领域的专家。一旦某个模块经过团队的精心设计和优化，能满足特定交易的需要，就可以被有机地整合进全面的合同中。此外，在未来发生类似的经济情境时，这些模块还可以被自动重复使用，从而节省重复劳动的成本。

合同生命周期管理有助于提升并优化资源协作的效率和效果，它体现了缔约模块化的逻辑。采取这种管理方式，复杂的交易连同相应的复杂合同被有效地拆分并交由不同的利益相关者来处理。因此，有限理性的问题也被限定在一个较小的范围里。

---

❶ See Carlos Moreira et al., *Contract Management Technology Selection and Implementation Considerations*, PwC (August 2020), https://www.pwc.com/us/en/library/fit-for-growth/assets/pwc-contract-management-technology-selection-and-implementation-considerations.pdf.

2. 贯穿合同生命周期的持续适应

合同生命周期管理的另一个关键要素是在合同的不同阶段实现持续的适应性调整，这有助于动态地管理合同。这一管理过程涵盖了合同的整个生命周期，包括合同的创建、谈判、执行、监控和终止。采用生命周期的视角进行合同管理，可以有效地监控在合同履行期间可能出现的不可预见的不确定性，并在必要时启动再谈判机制。

合同生命周期管理通过自动化手段简化了合同从开始到结束的整个生命周期。通过将常规管理任务自动化，如跟踪关键日期和期限、处理审批流程和生成相关报告，合同生命周期管理可以帮助节约合同经理和其他利益相关者的精力，使他们能够将注意力集中在更具有战略性的工作上，如寻找能更好协调各方利益的调整或修改机会。合同生命周期管理能够支持合同持续适应的另一个关键点在于，它为利益相关者提供了更多的可视化结果和对合同履行过程的控制。在合同制订阶段之后，合同生命周期管理可以持续跟踪合同中的重要里程碑，并在出现问题时提供实时警报，识别合同各方在合同制订阶段无法预见的不确定性。这一功能使缔约方能够及时迅速地启动必要的再谈判流程，并持续应对合同的不完备性所带来的挑战。

企业在对特定业务的合同进行持续管理的同时，还可以进一步将合同生命周期管理整合进产品生命周期管理系统。并为不同的产品提前制订标准化的、预先编写的且模块化的样板。企业在产品层面使用该模块化样板可将合同管理的环节提至业务流程的前面，这样不仅在整个合同生命周期内增强了模块化程度，而且通过结合缔约动态化和缔约模块化的优势，还有助于解决合同的不完备性问题。

（三）区块链技术

区块链是一种分布式账本技术（distributed ledger technology），它拥有一系列不断增长的记录列表（区块），而这些列表通过加密哈希函数安全地链接在一起❶。区块链最初源于比特币的创新,比特币被设计成一种"点对点电子现金系统",它旨在解决传统金融机构依赖信任这一固有的弱点。❷与传统金融机构相反,区块链系统不依赖信任,其运行的基础是加密证明,它允许任何两个自愿交易的当事人直接进行交易,而不需要可信的第三方。正如中本聪所描述的,区块链本质上是"一种不依赖信任的电子交易系统"。❸

"不依赖信任的电子交易"这一特点能够有效缓解合同的不完备性问题,因为它与缔约关系化的原则相呼应,尽管二者缓解合同的不完备性问题的路径不同。这一特点有助于保护特定关系的投资。从更广泛的意义上讲,这一特点使当事人之间建立起基于技术保证的信任,并就合同的所有条款达成共识。与合同生命周期管理一样,区块链的优势也可以从有机和持续管理的角度来理解。

1. 区块链证据:可验证的共识

在区块链的应用方面,一个唾手可得的成果是区块链证据,它被用于对法律记录进行保护。这项技术已被广泛应用于多个法律实践领域。使用区块链有助于保证日志的完整性,它通过防止任何组织或个人篡改记录来促进审计,从而形成一个透明和合作的网络。例如,区块链可以提供一个高效、低成本、可靠且安全的系统。被用于管理商业秘密的元数据时,其内置的时间戳功能能够按时间顺序链接各个区块。❹ 葡萄牙的司法体系正在考虑引入"司法链"(Justice Chain),这是一个区块链系统,旨在保护司法日志。该系统

---

❶ See Satoshi Nakamoto, *Bitcoin: A Peer-to-Peer Electronic Cash System*, Bitcoin (31 October 2008), https://bitcoin.org/bitcoin.pdf.

❷ See Satoshi Nakamoto, *Bitcoin: A Peer-to-Peer Electronic Cash System*, Bitcoin (31 October 2008), https://bitcoin.org/bitcoin.pdf.

❸ Satoshi Nakamoto, *Bitcoin: A Peer-to-Peer Electronic Cash System*, Bitcoin (31 October 2008), https://bitcoin.org/bitcoin.pdf.

❹ See R. Mark Halligan, *Trade secret metadata and blockchain evidence: a perfect combination*, Reuters (28 September 2021), https://www.reuters.com/legal/legalindustry/trade-secret-metadata-blockchain-evidence-perfect-combination-2021-09-28/.

由区块链组件和区块链客户端组成。前者确保日志的完整性和冗余性,而后者负责在信息系统中保存日志。客户端允许最终用户访问区块链,从而使得以区块链为中介的审计成为可能。❶ 在中国,如果当事人提交的作为证据的电子数据是通过区块链技术存储的,并且该证据经技术验证与实际数据一致,法院可以推定这些记录在区块链上的电子数据未被篡改。❷

通过使用"司法链"这类分布式、去中心化的区块链证据基础设施,合同各方可以在争议发生前将合同以及所有与履行合同相关的电子证据上传到区块链系统。如此一来,若以后任何法院或其他第三方出于继续执行合同的目的,而需要了解合同的条款并核实合同的意外事件,他们就可以直接使用这些已上传的数据。这样就避免了产生梯若尔所指出的可能引发合同不完备性的主要交易成本,也即合同强制执行费用。

同时,区块链证据与传统电子证据的不同是,区块链证据无需进行"证据自认"。这是因为,区块链不需要通过各类证据的组合以及链式论证来验证自身的真实性,它本身就能够完成自身的真实性检验。与之相对应的,传统电子证据便无法做到自身的证成。❸

此外,区块链系统是连接前端、连接合同各方和后端争议解决程序的桥梁。合同各方在决定是用精确的还是模糊的词语来表达其义务时,也就意味着合同各方默示地在前端与后端之间进行了成本分配。❹ 使用模糊的条款实际上是将选择代理的任务交给了后端,这在合同中留下了诸多需要根据实

---

❶ See Rafael Belchior, Miguel Correia and André Vasconcelos, *JusticeChain: Using Blockchain to Protect Justice Logs*, in H. Panetto et al (eds)., On the Move to Meaningful Internet Systems: OTM 2019 Conferences. OTM 2019. Lecture Notes in Computer Science, vol. 11877. Springer, Cham. https://doi.org/10.1007/978-3-030-33246-4_21.

❷ 参见最高人民法院《关于互联网法院审理案件若干问题的规定》第 11 条;最高人民法院《关于民事诉讼证据的若干规定》第 93 条。

❸ 参见张玉洁:《区块链技术的司法适用、体系难题与证据法革新》,载《东方法学》2019 年第 3 期。

❹ See Robert E. Scott and George G. Triantis, *Anticipating Litigation in Contract Design*, 115 The Yale law journal 814 (2006).

际情况来执行的"黑洞"。❶ 但是,借助区块链的这一桥梁,法院和其他监管机构可以制订规则,甚至设计出合同各方应遵循的模板,从而积极地处理这些"黑洞"。在一个诉讼成本高昂的世界中,这种预先填补漏洞的方法可以节省大量执行合同的成本。事实上,如果合同双方严格遵守法院设定的标准,争议可能就不会发生。特别是在小额索赔案件中,由于案件量很大但合同结构和诉求却相对简单,区块链的应用尤为有效。

2. 智能合同:可执行共识

智能合同是一种计算机化的交易协议,它用于执行合同条款。❷ 智能合同的实现与区块链技术紧密相连,它是一种特殊的法律协议,利用分布式账本技术,特别是区块链技术,来促成、验证或执行合同的谈判或履行过程,而这个过程是通过可跟踪的和不可逆的方式进行的,且无需第三方干预。❸ 这种功能最早由以太坊(一个著名的公共区块链系统)引入,其特点是基于网络的区块链验证来实现对交易顺序形成公共共识。❹ 而最初的比特币被设计为点对点交易的数字货币,以太坊则专门被设计为支持智能合同的系统。

以太坊提供了一种表现力更强且通用的编程语言:Solidity。它允许开发人员在以太坊网络上编写和部署复杂的智能合同。此外,以太坊还采用了以太坊虚拟机作为执行这些智能合同运行时的环境,该虚拟机能够支持各种计算任务。得益于这些特点,合同各方可以使用这种技术来起草可执行的更为复杂的合同。

---

❶ See Stephen J. Choi, Mitu Gulati and Robert E. Scott, *The Black Hole Problem in Commercial Boilerplate*, 67 Duke Law Journal 1 (2017).

❷ See Nick Szabo, *Smart Contracts*, https://www.fon.hum.uva.nl/rob/Courses/InformationInSpeech/CDROM/Literature/LOTwinterschool2006/szabo.best.vwh.net/smart.contracts.html.

❸ See Martin Ebers, Cristina Poncibò and Mimi Zou (eds.), *Contracting and Contract Law in the Age of Artificial Intelligence*, Bloomsbury Publishing, 2022, p. 20.

❹ See Vitalik Buterin, *Ethereum: A Next-Generation Smart Contract and Decentralized Application Platform*, https://ethereum.org/content/whitepaper/whitepaper-pdf/Ethereum_Whitepaper_-_Buterin_2014.pdf.

具体而言,智能合同具有以下特点:一是不可篡改性,这意味着一旦智能合同在区块链上部署,无论是合同方还是第三方都不能单方面更改或篡改合同内容。二是自动履行性,即在智能合同中的预定条件成就时,计算机编码将自动履行某些事项(如自动派发货物或支付款项等)❶,而无需依赖中介机构,这大大降低了因人为错误和偏见导致的风险。三是可验证性,即合同各方(必要时包括争议解决机构)都可以获得相同的信息,并可以验证合同条款和执行情况。这些特点共同作用,保护了关系性专用投资免受投机性的影响,并通过提供一个诚信的合同执行环境,减少了套牢问题。通过智能合同表达和传递的任何交易共识都是可执行的。交易一旦完成,合同双方均不能单方面改变合同条款或干预合同执行,确保了交易的可追踪性与不可逆转性。

作为建立在区块链之上的更高层次的应用,智能合同还可以享受区块链证据的优势,从而省去了法院或其他第三方了解合同条款和验证合同的成本。

(四)自然语言处理技术

自然语言处理是一门交叉学科,它结合了语言学、计算机科学和人工智能的知识,涉及计算机和人类语言之间的交互。具体来说,自然语言处理关注如何编写计算机程序来处理和分析大规模的自然语言数据。❷ 在现代自然语言处理的实践之中,机器学习起到了重要作用。作为人工智能的一个广泛的子领域,机器学习致力于理解和构建一种利用数据来优化计算机在特定任务中的表现的方法。❸

用于监督学习的机器学习模型可以大致分为两类:判别式模型和生成式模型。顾名思义,判别式模型主要通过学习区分不同类别的界限来处理分类

---

❶ 参见夏庆锋:《区块链智能合同的适用主张》,载《东方法学》2019年第3期。
❷ See https://en.wikipedia.org/wiki/Natural_language_processing.
❸ See https://en.wikipedia.org/wiki/Machine_learning.

问题,而生成式模型则专注于生成能够满足特定需求的新样本。通过应用这些模型,机器学习可以被应用于开发许多自然语言处理应用程序,如文本分类、命名实体识别、机器翻译等。

自然语言处理技术虽然通常是被设计为处理自然语言的,但在处理结构化和一致性文本上表现也尤其出色,这一点使其成为处理合同文本的合适工具。合同通常由稳定和重复的文本组成,它们由特定领域的专业术语、标准化格式和法律约定构成。这些特征使自然语言处理技术能够有效识别文本之间的关系、理解上下文含义并从以往的案例中学习,从而提高合同相关任务的性能。

1. 生成式模型:公式化制定

生成式模型可用于研究两个可观测变量的联合概率分布❶,或两个事件同时发生的概率❷。联合概率分布有助于模型去理解在训练示例中的不同特征之间的关系,并且模型可以利用该理解来生成具有类似关系的新示例。例如,如果一个生成式模型在许多猫的图片上接受了训练,那么它就可以学习到猫的特征,并创建它从未见过的猫的新图片。通过对数据生成过程的建模,生成式模型能够评估出现特定输入和输出数据组合的概率。

生成式模型在大量且合格的实例训练后,能够学习和识别到一些人类难以识别的隐藏关系,这是因为人类大脑总是受到"有限理性"的限制。而如前所述,有限理性正是合同不完备性的主要原因之一。作为人类,合同方既不能完全预见可能发生的意外事件(或可行的行动),也不能完全预测所有可能的未来状态,这也就导致应对这些不可预见的意外事件和起草合同都需要付出成本。因此,借助生成式模型,人类理性的缺陷可以在一定程度上得到弥补。

---

❶ See https://en.wikipedia.org/wiki/Generative_model.

❷ See Jason Brownlee, *A Gentle Introduction to Joint, Marginal, and Conditional Probability*, Machine Learning Mastery (6 May 2020), https://machinelearningmastery.com/joint-marginal-and-conditional-probability-for-machine-learning/.

生成式模型的一项具体应用是在合同的起草过程中"自动补全"合同条款,该功能能够基于正在起草的合同的内容,提出可能与之相关的词语、短语或完整条款。在模型的训练过程中,生成式模型学会了识别合同范例中使用的常见模式和条款,以及理解不同条款和章节之间的关系。随后,当合同一方开始输入拟起草的合同的一些基本信息时,"自动补全"功能就会使用训练有素的生成式模型,根据合同上下文和当事人的偏好提出可能需要的条款或章节。

缔约模块化等其他缔约方法的目的是通过将复杂性分解到有限理性易于理解的水平简化合同的复杂性。与此相反,生成式模型的目标在于提高合同各方具体说明意外事件和预测不确定因素的能力。通过扩展人类的理性,生成式模型有可能通过增量的方法来提高契约的完备性。

2. 判别式模型:执行中的监控

判别式模型主要用于分类和回归的任务。❶ 与生成式模型不同,它们关注条件概率,或是两件事接连发生的概率❷,即它在已知某些观察变量(训练样本)的情况下,预测未观察变量(目标)的类别标签。简而言之,判别式模型被训练用来根据已经发生的事件来判断一件事发生的概率。例如,当看到一张动物图片时,判别式模型会观察分析图片的不同特征,如耳朵的形状、皮毛的颜色或爪子的大小,并利用条件概率推断出该动物是猫还是狗,以及它们各自的可能性。

判别式模型的分类能力可以用于执行数据提取任务,这是一种从(通常是非结构化的或结构不良的)数据源中提取数据,以便进一步进行数据处理或数据存储的行为或过程。❸ 而合同是用非结构化的自然语言和模式编写

---

❶ See https://en.wikipedia.org/wiki/Discriminative_model.

❷ See Jason Brownlee, *A Gentle Introduction to Joint, Marginal, and Conditional Probability*, Machine Learning Mastery (6 May 2020), https://machinelearningmastery.com/joint-marginal-and-conditional-probability-for-machine-learning/.

❸ See https://en.wikipedia.org/wiki/Data_extraction.

的,这恰好是一种结构不良的数据源。随着现代合同的日益复杂,缔约方越来越难以有效地管理其权利与义务。而通过数据提取,可以通过判别式模型对合同进行分析,识别并提取特定的条款和要素,并将其转换成计算机可处理的数据点。特别是,这种分析为合同各方提供了一个持续监控其权利与义务(如付款条件和最后期限)的机会。这为缔约动态化创造了必要条件,从而有助于解决合同的不完备性问题。

除了进行数据提取,判别式模型还能为合同管理提供一些其他有价值的功能,如命名实体识别❶和异常检测功能❷,这两个功能结合起来可以确保合同条款与业务数据之间的一致性,并将合同管理的任务分配给相应的业务团队在执行过程中进行具体处理。这样一来,一旦未来发生违约或不可预见的不确定因素,合同方可以迅速采取行动进行再谈判,将合同的不完备性可能造成的不利影响降至最低。

[五] 结 语

合同的不完备性是实践中长期存在的问题,法学界和经济学界分别对其进行了研究。从理论上看,这一问题主要源于有限理性的假设和关系性专用投资。在实践中,造成合同不完备性的原因包括不可预见的不确定因素所带来的成本、起草合同的成本和履行合同的成本。基于合同的不完备性的成因,有三种思路可以用于缓解这一问题:缔约模块化将合同拆分为完备性更高的模块来控制合同的复杂性。缔约动态化则侧重处理不确定性,它通过激励机制和再谈判来不断提高合同的完备性。缔约关系化的目的是在当事人之间建立信任,从而解决与合同的不完备性有关的问题。

在对合同的不完备性及相应的缔约方法进行探讨之后,本文进一步研究

---

❶ See https://en.wikipedia.org/wiki/Named-entity_recognition.

❷ See https://en.wikipedia.org/wiki/Anomaly_detection.

了在实践中如何利用信息技术解决合同的不完备性问题。本文聚焦三种解决方案,并进行研究与分析:合同生命周期管理技术、区块链技术和自然语言处理技术。合同生命周期管理技术构建了一个强大的缔约平台,促进了合同各方之间的有机协作和合同整个生命周期的持续适应,这体现了缔约模块化和缔约动态化的理念。区块链技术则提供了两种解决方案:一是通过区块链证据实现可验证的共识,二是通过智能合约实现可执行的共识,这不仅在合同的前端和后端培养了各方之间的信任,还降低了履行合同的成本。自然语言处理技术拥有生成式模型和判别式模型,其中生成式模型使得合同各方能够更详尽地指定更多的偶然事件,判别式模型使得合同各方能够使用结构化数据点来监控合同的履行。综上所述,这些信息技术解决方案在很大程度上响应了前文所提及的缔约方法所确定的要求,并可进一步实施,以有效缓解合同不完备性带来的挑战。

尽管在缔约过程中使用这类信息技术解决方案时,立法、监管和社会限制等问题引发了许多激烈的讨论,但本文并未深入对这些讨论进行研究。这些限制在实践之中是普遍存在的。以区块链为例,在司法环境中区块链证据的可接受性可能取决于特定司法管辖区的具体法律法规,以及对数字证据的认证和接受程度。因此,在法律程序中,在使用区块链证据之前,咨询熟悉相关法律法规的法律专家尤为重要。在自然语言处理上,消费者和其他客户特别关注服务提供者和其客户之间的信息不对称问题,这种不对称反而会因人工智能在缔约过程中的加入而加剧。这引发了一个重要问题:合同法是否应该引入针对合同自由和当事人意思自治的补充或新的纠正机制,以解决人工智能系统所导致的权力失衡的问题。虽然本文并未详细讨论这些辩论,但未来可能需要对这些问题进行深入的研究与考量。

自发声誉系统下个人信息的合理使用

马欣佚[*]

摘　要：数字时代的低成本信息工具使普通人可以自发地组织起来，生产出能够表达并实现其利益诉求的声誉机制。与社会信用体系和平台评分系统相对，本文称之为"社会自发声誉系统"。这类系统在运行过程中会与个人信息保护制度产生冲突。作为数字时代的规范创生机制，社会自发声誉系统承担着信号反馈和规制补充的社会功能。此外，这类系统还是一种不需要财政投入的声誉规制实验。总体而言，社会自发声誉系统对制度优化的贡献大于其可能带来的社会成本。因此，个人信息保护制度应当适度允许这类声誉系统对个人信息的合理使用，并在边际上对引发私人诉讼的社会自发声誉系统进行实质审查。这要求个人信息保护制度在边际上由个体主义转向实用主义。

关键词：社会自发声誉系统　规范创生　个人信息　合理使用　隐私

引　言

本文的问题意识来自一场个人信息保护纠纷：为应对一些逐渐异化为敲诈勒索[❶]或干扰商家正常经营[❷]的职业打假行为，电商平台的卖家建立起反

---

[*] 马欣佚，北京大学法学院博士研究生。
[❶] 如黄勇敲诈勒索案，最高人民法院(2019)最高法刑申435号驳回申诉通知书。
[❷] 参见葛江虬：《"知假买假"：基于功能主义的评价标准构建与实践应用》，(转下页)

恶联盟网站、掌柜查查等数据库,用以汇集职业打假人的信息。卖家如果在交易中遇到职业打假人,就会将相关的买家信息录入数据库。其他卖家如果在之后的交易中遇到同一位买家,就可以获知对方从事过打假活动。有一位职业打假人在网购时频频被卖家拒绝发货,当发现自己的姓名、联系方式、收货地址等信息被打码发布在反恶联盟网站上,并被冠以"打假师""欺诈师""恶人"等称号后,就对反恶公司提起了个人信息和名誉侵权之诉。❶

反恶联盟网站代表了互联网时代兴起的一种分散化的声誉机制,由普通人利用低成本的信息工具建立。本文称为"社会自发声誉系统"。这类系统在运行过程中会与个人信息保护制度产生冲突。如何处理这种冲突,以及如何理解这种冲突背后的规范生产与信息制度之间的张力,是本文紧紧围绕的核心问题。

本文的核心观点是,个人信息保护制度需要将保留数字社会的规范创生能力作为一项重要的政策目标加以考量。在复杂多变的现代社会中,政府或平台无法及时听到每一种诉求,更无法用有限的治理资源——予以回应。低成本的数字技术使声誉信息的社会化生产和个性化投放成为可能,也使普通人可以自发地组织起来,生产出能够表达并实现其利益诉求的声誉机制。通过社会自发声誉系统,个体或组织可以自主地抑制一些可能会给其所在社群的利益造成系统性损害的行为。这体现出数字时代非正式规范的创生性。

当前的个人信息保护制度强调信息的人格属性,将信息与个体之间的关

(接上页)载《法学家》2020 年第 1 期;《"打假"变"假打""职业打假"竟成产业链》,载人民网 2019 年 3 月 18 日,http://finance.people.com.cn/n1/2019/0318/c1004-30980220.html,最后访问日期:2023 年 2 月 28 日;叶知秋:《是时候重新认识职业打假了!——职业打假系列谈》,载微信公众号"市监公社"2022 年 4 月 8 日,https://mp.weixin.qq.com/s/IpJnoREkK-dURtF8w0S7cag,最后访问日期:2023 年 2 月 28 日。

❶ 参见张三诉反恶公司个人信息保护案,广州互联网法院(2021)粤 0192 民初 3434 号民事判决书。

联(信息的可识别性)作为区分信息应否受到法律保护的标准❶,赋予了个体抽象且宽泛的信息控制权❷。即使是社会收益大于社会成本的信息实践,也可能会因难以取得个体同意而无法满足形式上的合规要求。已有相当一部分研究反思了信息隐私制度的个体主义倾向。这些研究主张关注作为治理要素和生产要素的信息❸,认为对个体隐私权益的保护应当与政府治理社会的需要❹以及数字经济发展的需要相协调❺,主张个人信息应当以分享、聚合、利用为原则,以控制和保护为例外。

总体来说,现有研究主要聚焦政府或大型平台的信息处理行为,关注政府或平台与个体之间的信息关系,处理的是信息的人格属性与信息的生产功能和治理功能之间的冲突。不同于现有研究,本文将多元规范的议题和信息隐私的议题结合起来,着眼于个人信息对非正式规范创生(信息作为规范要素)的意义,关注的是普通人之间的信息关系。简要来说,信息隐私制度会直接影响违规行为被发现和被传播的概率,进而决定了相应的非正式规范能否得到有效执行。这为我们反思个体主义信息隐私法提供了一个新的视角。

本文的基本结构如下:第一部分指出社会自发声誉系统与个人信息保护

---

❶ 参见苏今:《〈民法总则〉中个人信息的"可识别性"特征及其规范路径》,载《大连理工大学学报(社会科学版)》2020年第1期;赵精武:《个人信息"可识别"标准的适用困局与理论矫正——以二手车车况信息为例》,载《社会科学》2021年第12期。

❷ 参见刘权:《论个人信息处理的合法、正当、必要原则》,载《法学家》2021年第5期。

❸ 参见刘晓春:《通过个人信息的言论治理——以网络暴力为例》(未刊稿)。

❹ 参见胡凌:《功能视角下个人信息的公共性及其实现》,载《法制与社会发展》2021年第5期;Robert C. Post, *Data Privacy and Dignitary Privacy: Google Spain, the Right to Be Forgotten, and the Construction of the Public Sphere*, 67 Duke Law Journal 981 (2018);戴昕:《"防疫国家"的信息治理:实践及其理念》,载《文化纵横》2020年第5期。

❺ 参见高富平:《数据生产理论——数据资源权利配置的基础理论》,载《交大法学》2019年第4期;高富平:《数据流通理论——数据资源权利配置的基础》,载《中外法学》2019年第6期;胡凌:《商业模式视角下的"信息/数据"产权》,载《上海大学学报(社会科学版)》2017年第6期。

的核心冲突和潜在冲突,从冲突均衡的角度解释社会自发声誉系统虽然"非法"但是依然能够"兴起"的原因,并追问这类系统在互联网时代兴起的主客观条件。第二部分和第三部分讨论的问题是"如何处理社会自发声誉系统与个人信息保护制度之间的冲突"。一方面,社会自发声誉系统对于提升制度活力、助推制度优化具有重要意义。另一方面,这种民间的规范创生能力也兼具破坏性。总体而言,个人信息保护法应该适当允许社会自发声誉系统对个人信息的"合理使用",同时对其施加一些约束。基于此,第四部分讨论的问题是"如何理解这种冲突背后的规范生产与信息制度之间的张力"。社会自发声誉系统的兴起及其所具有的积极的社会功能提示我们思考数字时代法律中心主义扩张的限度,以及个体主义信息隐私制度在边际上转向实用主义的可能,这也是本文论述的理论意蕴所在。

[一] "非法兴起"的社会自发声誉系统

声誉机制的形态会随经济生产、社会组织和技术条件的变化而演进。可以基于两个标准对声誉机制在实践中的各种样态进行梳理:其一,根据不同的组织方式,可以区分出两种声誉机制,分散化的声誉机制具有自下而上的合意属性,中心化的声誉机制具有自上而下的治理属性。其二,根据对互联网技术的依赖程度,可以区分出前互联网时代的声誉机制和互联网时代的声誉机制。结合上述两个分类标准,便可以区分出四类声誉机制(如表1所示)。

表1 声誉机制的四个类别

	前互联网时代	互联网时代
分散化	线下闲话机制	社会自发声誉系统
中心化	银行的金融征信系统 政府的食品安全信用档案	平台评分系统 社会信用体系

在传统农业社会,村社邻里间的八卦与闲话是熟人之间进行社会交往与市场交易的参考,"闲话机制"也成为执行社会规范的重要方式之一。❶ 到现代工业社会,增大的人员流动性降低了重复博弈的概率,提高了陌生人之间收集和传递信息的成本,这使得小规模熟人社群内的闲话机制很难继续发挥决策参考和行为规制的社会功能。而且,信息技术的发展降低了收集、处理和传播信息的成本,扩展了声誉机制生效的范围,也推动原本分散的声誉机制趋向中心化。在前互联网时代,体现这一趋势的声誉机制有政府的食品安全信用档案❷、钻石行会的声誉担保机制❸、银行的金融征信系统等。到互联网时代,特别是随着移动终端的普及,以及大数据和智能技术的发展,构建大规模数字基础设施的条件逐渐成熟,声誉机制进一步中心化。一方面,大型平台开始建构数字评分系统,用以约束用户的行为,维护数字市场的交易秩序。另一方面,政府开始投入建设社会信用体系,用以强化对公民行为的规制,助推数字社会的治理。❹

关于互联网时代的声誉机制,现有研究忽视的一点是,低成本的信息工具不仅可以为平台或政府所用,建构中心化的大规模数字评分系统,还可以为一般个体或组织所用,形成分散化的社会自发声誉系统,而这正是本文关注的焦点。社会自发声誉系统可以分为两类,一类是去中心化的线上闲话机制,另一类是由民间组织或小型商业公司控制的专门数据库。与线上闲话机制相关的信息隐私纠纷包括剧本杀公司为恢复声誉在公众号中公布差评消

---

❶ 参见〔美〕罗伯特·C.埃里克森:《无需法律的秩序——邻人如何解决纠纷》,苏力译,中国政法大学出版社2003年版,第262—263页。

❷ 参见吴元元:《食品安全信用档案制度之建构——从信息经济学的角度切入》,载《法商研究》2013年第4期。

❸ See Lisa Bernstein, *Opting out of the Legal System: Extralegal Contractual Relations in the Diamond Industry*, 21 The Journal of Legal Studies 115 (1992).

❹ 参见胡凌:《数字社会权力的来源:评分、算法与规范的再生产》,载《交大法学》2019年第1期。

费者的包间录像❶,博主与邻居在网络骂战中披露他人的性取向❷,等等。就专门数据库而言,规模较小的如坊间流传的石墨文档或 Excel 表格❸,规模较大的则如商家用以规制职业打假行为的反恶联盟网站。

(一)社会自发声誉系统与个人信息保护的冲突

1. 核心冲突和潜在冲突

宽泛而言,声誉系统的运行有赖声誉信息(特别是负面信息)的生产、汇集与传播,而信息保护制度倾向通过增强个体控制来限制信息的流动与使用。二者之间的核心冲突体现为,声誉系统对信息的处理难以符合告知同意原则的要求。原因在于,如果声誉系统询问个体"是否同意我们发布您的负面信息",那么得到的回答必然是否定的。因此,在不考虑其他因素的情况下,要求一个声誉系统在使用相关信息前取得个体的同意,等同于禁止该声誉系统的运行。

对于社会信用体系和平台评分系统而言,这一核心冲突在实践层面已经基本得到调和。一方面,从制度豁免的角度,政府以及政府委托平台进行的一部分信息处理行为可以落入"合理使用"的范畴,根据《中华人民共和国个人信息保护法》(以下简称《个人信息保护法》)第 13 条的第 3、4 项,不必取得个体的同意。另一方面,从利益交换的角度,平台的声誉机制依托平台的主营业务,如网络销售(淘宝)、生活服务(大众点评)、小额信贷(芝麻信

---

❶ 参见张三诉反恶公司个人信息保护案,广州互联网法院(2021)粤 0192 民初 3434 号民事判决书。

❷ 参见《上海王铁梅女士事件:外来务工者被赶出小区,业主曝光当事人隐私》,载网易网 2022 年 4 月 6 日,https://www.163.com/dy/article/H493FIF90545B9G0.html,最后访问日期:2023 年 2 月 28 日。

❸ 参见《"渣男登记表"疯传!包含大量男性照片、微信号等……》,载微信公众号"南方都市报" 2023 年 4 月 28 日,https://mp.weixin.qq.com/s/xUyyOXhHe8ycm2KrkzbkgQ,最后访问日期:2023 年 5 月 7 日。

用)等。❶ 在一揽子信息使用协议中,用户为获取平台提供的服务,往往会同意平台对相关声誉信息的使用——"一手交信息,一手交服务"。❷

然而,对于社会自发声誉机制而言,绕过告知同意原则基本上是不可能完成的任务。一方面,社会自发声誉机制进行的信息处理不属于《个人信息保护法》第 13 条第 2 至 6 项规定的"合理使用",无法得到制度豁免。在最宽泛的意义上,社会自发声誉机制的运行或许可以构成"为公共利益实施新闻报道、舆论监督",不过也十分牵强。第一,社会自发声誉机制针对的常常是可能会损害"某个/些"社会群体利益的行为,实现的是部分社会群体的利益诉求,而非国家安全、社会秩序、公众健康等具有绝对普遍性与正当性的价值。因此,社会自发声誉机制的存在并不是为了实现典型意义上的"公共利益"。第二,"新闻报道"需要特定的资质,而"舆论监督"的典型适用场景往往和公众人物相关。无论是某一个体在线上闲话机制中提及(常常是批评)其他个体的行为,还是专门数据库曝光某类行为信息的过程,都只能落入"舆论监督"这一概念的半影部分。❸ 此外,无论是线上闲话机制中的个人,还是专门数据库涉及的民间组织或小型商业公司,都没有和信息主体进行利益交换的资本,没有办法像平台评分系统那样依托主营业务取得个体对信息处理的一揽子同意。

在核心冲突之外,社会自发声誉系统在运行过程中还可能与个人信息保护制度存在以下三方面的潜在冲突:第一,社会自发声誉系统过度收集信息,可能会违反信息收集的最小化原则❹以及对敏感个人信息的特殊保护规则。❺ 第二,社会自发声誉系统在运行过程中出现差错,且没有为个人设置

---

❶ 参见《互联网平台分类分级指南(征求意见稿)》。

❷ See Alessandro Acquisti et al., *What Is Privacy Worth?*, 42 The Journal of Legal Studies 249 (2013).

❸ 参见〔英〕H. L. A. 哈特:《法律的概念》,许家馨、李冠宜译,法律出版社 2006 年版,第 12—13 页。

❹ 参见雷继平:《个人征信系统与个人信用信息保护》,载《法律适用》2006 年第 Z1 期。

❺ 参见张鹏:《论敏感个人信息在个人征信中的运用》,载《苏州大学学报(哲学社会科学版)》2012 年第 6 期。

提出异议的通道,这会影响信用信息的准确性。❶ 第三,社会自发声誉系统可能出现数据泄露,给信息主体带来伤害。❷

2. 冲突的均衡状态

一个"非法"的社会事实是,虽然社会自发声誉机制与个人信息保护制度之间存在上述核心冲突和潜在冲突,一些冲突也已经演化为法律纠纷,但是在现实中,社会自发声誉机制依然不断涌现,有一些甚至逐渐发展壮大。一个典型的例子就是反恶联盟网站。其虽然已经在与一位职业打假人的纠纷中败诉,但是依然在公开运营,而且规模越来越大。本文第二部分将对这一社会事实进行规范评价。在此之前,让我们先回到这一均衡状态本身,看看在当前的制度环境下,社会自发声誉机制为什么在"非法"的情况下依然能够"兴起"❸,以及这一状态为什么会是脆弱的、不长久的。

社会自发声誉系统与个人信息保护制度之间的均衡状态体现为:一方面,因为社会自发声誉系统难以做到形式合规,所以相关诉讼中原告提出的删除信息、赔礼道歉等诉求基本上能够得到法院的支持。可另一方面,私人诉讼的影响主要是边际性的,只有选择提起诉讼的个体的个人信息才会被删除,其他按道理同样构成侵权的信息依然不断地被生产、存储和发布出来。私人诉讼增加的成本并不会给社会自发声誉系统的整体运行带来过重的负担。

这一均衡状态的维持需要满足以下三个条件:第一,私人诉讼的水平较低。❹ 虽然由于社会自发声誉机制难以做到形式合规,原告胜诉的概率较

---

❶ 参见李朝晖:《个人征信中信息主体权利的保护——以确保信用信息公正准确性为核心》,载《法学评论》2008 年第 4 期。

❷ 参见白云:《个人征信体系中知情权与信息隐私权平衡的理念》,载《政治与法律》2008 年第 11 期。

❸ 参见胡凌:《"非法兴起":理解中国互联网演进的一个视角》,载《文化纵横》2016 年第 5 期。

❹ 参见孔祥稳:《论个人信息保护的行政规制路径》,载《行政法学研究》2022 年第 1 期。

高,但是因为自发声誉机制发布的关于某个或某类行为的负面声誉信息一般只会在特定范围或领域内产生影响,造成的实际损害比较有限,而且证明起来难度较大,所以原告能够通过诉讼取得的经济利益有限。❶ 更重要的是,诉讼可能会助推负面声誉信息的传播,进一步减损信息主体的社会评价。❷ 因此,权衡提起诉讼的收益与成本之后,大多数信息主体并不会选择提起诉讼。第二,行政机关尚未大举介入。相较于具有相对性的私人诉讼,行政监管能够实现对信息侵权的整体性治理。不过,由于公共资源的有限性,行政机关只能"把好钢用在刀刃上",重点关注大型平台的数据合规情况❸,尚没有余力整治规模较小的社会自发声誉系统。第三,声誉竞争的压力较轻。对于平台而言,信息保护水平的高低会影响到主营业务的市场竞争力。因此,即使私人诉讼和行政监管的水平较低,大型平台为避免用户流量受损也会选择主动进行信息隐私合规。❹ 不过,对于社会自发声誉系统而言,因为被评价者和用户群体往往分属两个存在利益冲突的阵营,比如职业打假人和电商卖家、租客和房东、家暴者和潜在受害者等,所以相关机制是否着力于保护前者的信息隐私并不会影响后者的选择。

不过,这一均衡状态并不稳固。随着社会自发声誉机制的规模扩大、影响增强,加之信息隐私保护力度的提高,构成均衡状态的第一个和第二个条件会发生变化。一方面,可能会出现跟风诉讼或共同诉讼,比如利益受损的职业打假人可能会联合起来对反恶联盟网站提起个人信息保护之诉,这可能会在短时间内给反恶公司带来较重的应诉负担,甚至对其经营造成颠覆性的影响。另一方面,面对组织起来的大规模诉讼或者投诉,行政机关可能会介

---

❶ 参见〔美〕斯蒂文·沙维尔:《法律经济分析的基础理论》,赵海怡、史册、宁静波译,中国人民大学出版社 2013 年版,第 353—363 页。

❷ 参见张新宝、昌雨莎:《已公开裁判文书中个人信息的保护与合理利用》,载《华东政法大学学报》2022 年第 3 期。

❸ 参见张新宝:《大型互联网平台企业个人信息保护独立监督机构研究》,载《东方法学》2022 年第 4 期。

❹ 参见潘静:《个人信息的声誉保护机制》,载《现代法学》2021 年第 2 期。

入,通过关停网站等方式阻断相关信息的传播。❶

(二)社会自发声誉系统兴起的主客观条件

1. 技术前提

声誉系统发挥功能需要满足两个条件:第一,信息能够被稳定地生产并聚合起来。第二,信息能够被及时地传递给需要做出奖惩决策的人。简言之,一个有效的声誉系统由信息的生产机制和信息的传递机制构成。在数字时代,信息成本的降低和生产工具的分散使信息的社会化生产和个性化投放成为可能,这是社会自发声誉系统兴起的客观条件。

一方面,声誉信息的社会化生产不仅要求信息生产工具兼具廉价性和功能溢出性,还需要声誉信息生产架构的建立。社会化生产与市场化和组织化的生产相对,其关键特征在于生产工具的分散占有。在工业社会,以大型机器为代表的核心生产工具价格比较昂贵,主要掌握在少数人手中。其他人如果想利用这一工具的生产力,就只能购买相应的商品或服务(市场化生产),或者成为少数工具占有者的雇员(组织化生产)。到数字社会,个人电脑和智能手机等电子产品逐渐普及,生产工具分散在个体手中。结合无线网络,社会成员可以随时随地参与信息的社会化生产。❷

除却廉价性,数字时代的一些生产工具还具有功能溢出性,这使得生产力的分享成为可能。根据功能的颗粒度,可以将生产工具分为三类:第一类生产工具性能最优且功能最多,能够满足集合性、大规模生产的需要,比如蒸汽机、超级计算机、大型打印机等。不过对于个人来说,购买一整台机器的成本过于高昂,分散性地获取商品或服务是更加务实且合算的选择。第二类生产工具只具有恰好能满足个体需要的特定性能和特定功能,没有多余的可供

---

❶ 参见王锡锌:《重思个人信息权利束的保障机制:行政监管还是民事诉讼》,载《法学研究》2022年第5期。

❷ See Yochai Benkler, *The Wealth of Networks: How Social Production Transforms Markets and Freedom*, Yale University Press, 2006, p. 108.

分享的部分。第三类生产工具介于前两者之间。一方面,它能够实现的功能不及第一类生产工具,也因此价格较低,可以为单一个体所负担。另一方面,这类工具是标准化生产而非个性化生产的产物,具备的功能往往多于个体的特定需求,溢出的部分便是可分享的(shareable)社会生产力。❶ 个人电脑和智能手机便属于第三类生产工具。例如,电商卖家为满足创建店铺、上传商品、与买家联系等经营需求购买了一台电脑。闲暇的时候,这位卖家便可以用同一台电脑到反恶联盟网站上传与职业打假人的交易记录,参与声誉信息的社会化生产。

不过,生产工具的廉价性和功能溢出性仅仅意味着每位个体手中都握有少量可供分享的剩余生产力。这些零散的生产力是有待实现的,只有聚合起来才能发挥出改变社会的能量。互联网时代,信息成本的降低使声誉信息的生产架构得以建立,也使散落在个体手中的信息生产力得以聚合。根据架构理论,赛博空间的生产机制由账户、数据、评分三个要素组成。❷ 声誉信息的生产架构也包括三部分:其一,通过账户实现身份认证与行为追踪。身份认证针对声誉信息的供给者,有助于提升声誉信息的质量。行为追踪针对声誉信息的使用者,有助于根据其需要推送个性化的声誉信息。其二,声誉信息的云存储服务。其三,给评分者评分有助于激励高质量信息的持续供给。常见的措施如对高质量评价的贡献者予以奖励、限制虚假信息提供者的评价权限等。❸

而当声誉信息生产出来后,只有被及时传递给需要据此做出市场交易或社会交往决策的人,才能对行动者形成有效的激励。信息技术的发展带来了两种实现信息个性化传递的方式:一是搜索引擎,个体可以借此用较低的成

---

❶ See Yochai Benkler, *The Wealth of Networks: How Social Production Transforms Markets and Freedom*, Yale University Press, 2006, pp. 113-115.

❷ 参见胡凌:《超越代码:从赛博空间到物理世界的控制/生产机制》,载《华东政法大学学报》2018 年第 1 期。

❸ 参见胡凌:《在线声誉系统:演进与问题》,载胡泳、王俊秀主编:《连接之后:公共空间重建与权力再分配》,人民邮电出版社 2017 年版,第 110—122 页。

本检索到所需要的信息。二是定向推送,即根据已有信息进行预测,个性化地推送个体可能需要的信息。更加精细的个性化信息推送还会考虑到接收方的认知能力。❶ 定向推送有赖声誉信息生产架构对声誉信息使用者的行为进行追踪。相较于搜索引擎,定向推送的信息传递效率更高。

2. 主观动机

技术前提的存在仅仅意味着社会自发声誉系统的兴起是"可能"的,还需要回答的是建构这类系统的动力问题:社会中的一般个体或组织为什么愿意投入成本来建构声誉信息的生产架构,又为什么愿意为这一架构持续地贡献声誉信息?

一方面,可以从两个层次来解释个体或组织自发建构声誉信息生产架构的动力:第一,某类行为会系统性地损害相关个体或组织所在社群的福利。第二,现有的规制路径,无论是法律程序还是平台系统,都无法满足该群体抑制此类行为的需要。❷ 借助声誉系统的决策辅助与行为规制功能,平台企业通过建构评分系统来对平台上的各类劳动和交易活动进行更加有效的管理,政府则通过建构信用体系来治理流动性加剧的社会。而在平台和政府无暇顾及的边缘领域,如果有某种行为系统性地损害到了某一社群的福利,那么该社群中的一般个体或组织就需要自行收集和传播相关的行为信息。

另一方面,有了生产架构,接下来需要回答的问题是:运行声誉系统所需要的信息从哪里来?不同于社会信用体系和平台评分系统,社会自发声誉系统的信息主要来自个体贡献。因此,如果每位个体都选择只使用信息、不贡献信息,即"搭便车",那么社会自发声誉系统将无法持续运转,甚至根本无法被建立起来。问题在于,实践中已经存在相当数量的社会自发声誉系

---

❶ See Omri Ben-Shahar and Ariel Porat, *Personalized Law: Different Rules for Different People*, Oxford University Press, 2021, pp. 92-96.

❷ See Cliff Lampe, *The Role of Reputation Systems in Managing Online Communities*, in Hassan Masum and Mark Tovey, *The Reputation Society: How Online Opinions Are Reshaping the Offline World*, The MIT Press, 2011, pp. 77-87.

统,那么就这些声誉系统而言,相关个体贡献声誉信息的动力是什么? 对此,可以从两个方面进行解释。

第一,从个体收益的角度,重要的不是经济激励而是情绪价值。虽然声誉机制在设计时可能会为个体提供一些物质激励,比如贡献信息可以减免使用声誉机制的费用等,但是这种激励在大多数情况下比较有限。情绪价值才是促使个体贡献信息的主要动力。首先,人们有参与社会合作的偏好,这种偏好在一定程度上独立于市场交易逻辑下最大化己方收益的算计。❶ 其次,报复的心理需求同样可能成为人们参与声誉惩戒的行为动机。❷ 最后,还有研究表明,参与声誉惩戒有助于纾解个体郁结的情绪。❸

第二,从行为成本的角度,为社会自发声誉系统贡献信息的成本较低而且风险较小。其一,电脑和手机的普及性和功能溢出性使人们不需要为上传声誉信息购入额外的设备。而且,生产架构的建立也为贡献信息提供了很多的便利,人们只需要根据预设的结构将自己所掌握的信息输入即可。因此,人们并不需要为贡献信息投入太多额外的成本。其二,因为私人诉讼的水平较低且行政机关尚未大举介入,加之声誉系统往往会尽可能保护信息贡献者的身份信息,所以人们为提供信息而承担的风险目前还是比较小的。此外,集体行动有所谓的加速效应,选择贡献信息的用户越多,单个个体承担的风险就越小。因此,如果一个声誉系统中的信息积累到了一个相当大的数量,就能够更加容易地汇集更多的信息。❹

---

❶ See Yochai Benkler, *The Wealth of Networks: How Social Production Transforms Markets and Freedom*, Yale University Press, 2006, p. 98.

❷ 参见〔美〕琳·A. 史道特:《社会规范与涉他偏好》,载〔美〕约翰·N. 卓贝克编:《规范与法律》,杨晓楠、涂永前译,北京大学出版社 2012 年版,第 20—21 页。

❸ See Lior Jacob Strahilevitz, *Less Regulation, More Reputation*, in Hassan Masum and Mark Tovey, *The Reputation Society*, The MIT Press, 2011, p. 71.

❹ 参见〔德〕汉斯·约阿斯、〔德〕沃尔夫冈·克诺伯:《社会理论二十讲》,郑作彧译,上海人民出版社 2021 年版,第 108 页。

[二] 自发声誉系统的社会功能与负外部性

(一) 社会自发声誉系统的社会功能及其实现

社会自发声誉系统具有规范创生的社会功能。在互联网时代,最具控制力和影响力的两种声誉机制是社会信用体系和平台评分系统,二者均具有自上而下的治理属性。与此相对,社会自发声誉系统的独特性体现在其自下而上的合意属性。不同于法律制度、公共政策或平台规则,社会自发声誉系统创生的社会规范直接来自普通人在社会交往或市场交易中追求各种利益的行动。❶

社会自发声誉系统与中心化治理机制的规范目标之间既可能是相互冲突的,也可能是彼此一致的。当二者的规制目标之间呈现冲突关系时,社会自发声誉系统将与中心化的规范格局形成竞争,提升制度的整体活力,助推制度朝向社会产出更优的方向演化。而如果二者的规制目标是一致的,就可以从规制实验的角度理解社会自发声誉系统的社会功能。

1. 规范竞争

当社会自发声誉系统的规制目标与现有的中心化治理系统存在冲突时,前者所创生的规范将与法律法规或平台规则形成竞争。社会自发声誉系统与中心化治理系统之间之所以存在冲突,是因为信息渠道和动力来源方面的差异。从信息渠道的角度,社会自发声誉系统的信息直接来自在市场交易或社会交往中追求自身福利最大化的个体。而中心化治理系统的信息要么来自统计意义上的意见代表,要么来自专业人士的测算与评估。这意味着,第一,中心化治理系统取得的信息具有一定的滞后性。第二,少数群体的

---

❶ 参见苏力:《送法下乡:中国基层司法制度研究》(第三版),北京大学出版社2022年版,第211页。

诉求可能无法进入中心化治理系统关注的范围。从动力来源的角度,在治理资源有限的情况下,政府或平台会着眼于社会总体福利,重点关注社会风险更高的行为,必然无暇顾及部分群体的一些诉求。❶ 与此相对,特定个体并不需要面临如此复杂的利益权衡,如果某种行为对其权益造成了切实的损害,那么在成本合理的前提下,相关个体总是会有充足的动力来对这种行为进行规制。

在这个意义上,以反恶联盟网站为代表的社会自发声誉系统实际承担着信号反馈和规制补充的社会功能。一方面,社会自发声誉系统有助于提示中心化治理系统在信息获取上的滞后性与有限性。社会自发声誉系统的兴起是一种信号,意味着某类行为正在系统性地损害某个社群的福利,而现有的规制路径,无论是法律制度、信用体系还是平台系统,都无法满足该群体抑制这类行为的诉求。另一方面,在政府或平台无暇顾及部分群体的诉求的情况下,社会自发声誉系统也可以补充中心化治理机制在动力与资金方面的不足。

社会的复杂程度越高,规范竞争对于制度优化的意义就越重要。原因在于,市场和社会越是千头万绪、变化多端,就越难制订出一步到位的规则。借用控制论的语言,复杂环境中的制度需要是一个"自适应系统",这一系统以反馈机制为核心,强调系统在与环境频繁交互的过程中需要具有接收实际性能信息的能力。❷ 对于中心化的社会治理机制而言,社会自发声誉系统恰好可以充当一种反馈机制,不仅可以传递信号,提示某一群体诉求的存在,而且可以补充规制,在一定的限度上回应这一诉求。

2. 规制实验

如果社会自发声誉系统和中心化治理系统的规制目标是一致的,就可以

---

❶ See Danielle K. Citron and Daniel Solove, *Risk and Anxiety: A Theory of Data-Breach Harms*, 96 Texas Law Review 737 (2018).

❷ 参见〔德〕托马斯·瑞德:《机器崛起:遗失的控制论历史》,王晓、郑心湖、王飞跃译,机械工业出版社2017年版,第37—38页。

从规制实验的角度理解这类声誉系统的社会功能。随着信息收集、处理和传播技术的成熟,声誉系统在行为约束方面可以发挥越来越重要的作用,成为传统司法和行政治理方式的补充乃至替代。❶ 然而,建构中心化的声誉治理机制往往需要投入较多的成本,其实际效果则具有较高的不确定性。在这个意义上,社会自发声誉系统其实是一种不需要财政投入的声誉规制实验,可以为后续对相关行为的集中化声誉治理提供成功或失败的经验。

具体来说,社会自发声誉系统可以在两个方面为集中化的声誉治理提供借鉴。一方面,从治理对象的角度,社会自发声誉系统可以试验哪些行为更适合通过声誉系统进行约束。考虑到相对完备的法治体系的存在,声誉治理的目标是在此基础上提供增量。因此,适合通过声誉系统进行调控的行为,往往法律规制成本过高,或者法律规制效果不佳。另一方面,从治理方式的角度,社会自发声誉系统可以试验在特定情境下,一个有效运行的声誉系统需要具备哪些要素。这类经验包括如何持续性地获取信息、如何扩大信息的覆盖面、如何对信息进行筛选、以何种方式呈现和传播信息等。此外,社会自发声誉系统的架构和数据库中的信息也可以在一定条件下为中心化的声誉治理机制所吸纳,有助于节省政府或平台从无到有建立架构、收集数据的成本。比如,民间公益网站、自媒体曝光和统计家暴信息的实践就可以为未来建立全国反家暴信息数据库提供参考。❷

(二) 社会自发声誉系统的负外部性及其成因

上一小节的分析表明,社会自发声誉系统的兴起可以带来规范的创生、

---

❶ 参见胡凌:《数字社会权力的来源:评分、算法与规范的再生产》,载《交大法学》2019 年第 1 期。

❷ 参见《反家暴"低调英雄":民间力量的发展和困境丨报告》,载微博网页版 2021 年 12 月 8 日,https://weibo.com/ttarticle/p/show?id=2309634712087443079171,最后访问日期:2023 年 2 月 28 日;《七成妇女遭遇家暴选择隐忍,专家:建立全国反家暴信息数据库》,载网易网 2021 年 11 月 20 日,https://www.163.com/dy/article/GP8UL3QT05129QAF.html,最后访问日期:2023 年 2 月 28 日。

竞争与实验,有助于提升制度的总体活力,推动其朝向社会产出更优的方向演化。不过,该系统的存在也会带来并不可欲的社会成本,包括机制运行过程中的信息错误、数据泄露、无效率规范的黏滞等。

1. 信息错误

相较于社会信用体系和平台评分系统,以及司法诉讼和行政规制等中心化治理机制,社会自发声誉系统在信息质量、惩戒分寸和修复激励等方面的理性化水平较低,这会增加该系统在运行过程中出现错误的概率。

第一,就信息质量而言,从信息来源的角度,社会自发声誉系统收集到的行为信息和评价信息出现错误的可能性更高。原因在于:(1)相比计算机系统采集的行为信息,大众贡献的行为信息或评价信息更容易存在偏差。❶ (2)社会自发声誉系统涉及两个存在利益冲突的群体,如卖家和打假人、受害者和霸凌者、屋主和好评租客等。双方之间的对抗关系可能会增加情绪化的负面信息。(3)社会自发声誉系统为收集到更多信息而为信息贡献者提供的保护可能会导致出现不负责任的污蔑。比如,允许匿名既会鼓励人们说真话,又可能会放任更多的谎言。❷ (4)社会自发声誉系统对规范模糊性的容忍可能会导向参差不齐的评价标准,这会从总体上降低信息的参考价值。而且,不同于社会信用体系和平台评分系统,社会自发声誉系统一般不会设置对用户贡献的信息进行筛选的机制。缺位的第三方干预会加剧单方评价的压迫性,降低声誉信息的总体质量。❸

第二,就惩戒分寸而言,社会自发声誉系统的惩戒后果的可控程度较低。而且,惩戒强度往往会高于最优水平。原因在于,一方面,分散化的声誉惩戒

---

❶ See Lior Jacob Strahilevitz, *Reputation Nation: Law in an Era of Ubiquitous Personal Information*, 102 Northwestern University Law Review 1667 (2008).

❷ 参见赵尧:《同业竞争:一个被忽视的强制披露的制度功能——以网络借贷市场的秩序生成为例》,载《东方法学》2019 年第 4 期;John Henry Clippinger, *An Inquiry into Effective Reputation and Rating Systems*, in Hassan Masum and Mark Tovey, *The Reputation Society: How Online Opinions Are Reshaping the Offline World*, The MIT Press, 2012, pp. 26-29。

❸ 参见应飞虎:《消费者评价制度研究》,载《政法论丛》2018 年第 1 期。

难以通过特定的程序来测定和校准。❶ 另一方面,在评价标准不明确、惩戒水平不确定的情况下,个体可能会出于恐惧而选择过度遵守。❷

第三,就修复激励而言,社会自发声誉系统往往缺乏信息修复机制,无法为有过负面记录的个体改变行为选择提供边际激励,也难以及时纠正错误的声誉信息。而且,即使可以一键删除机器之"脑"中的数据,人脑中的糟糕印象也可能会长久地留存下去。❸

不过,虽然社会自发声誉系统在运行过程中出现信息错误、惩戒过度、修复失灵等风险的概率较高,但是由于该声誉系统能够调动的惩戒资源限于普通人手中的交易机会,惩戒强度比较有限,相关错误总体而言并不会带来过重的社会成本。需要补充的是,如果将社会自发声誉系统与社会信用体系和平台评分系统进行数据联通,那么借由政府的执法资源和平台的架构权力,社会自发声誉系统的惩戒能力将大大提升。在这种情况下,如本文第三部分第三小节所言,就需要重新评估该系统出现相关错误的社会成本,并基于此调整该系统使用个人信息的合规要求。

2. 数据泄露

声誉系统的运行有赖个人信息的大规模聚合,这将不可避免地增加数据泄露的风险。就社会自发声誉系统而言,这一风险更加值得注意,原因在于:一方面,从成本的角度,运行社会自发声誉系统的社会大众或民间组织并不具备平台或政府掌握的技术能力和资金储备,很难建立起与平台评分系统或社会信用体系同等级的安全保障系统。另一方面,从动力的角度,社会自发声誉系统既不会面临行政问责,又不需要如大型平台一般承担舆论压力❹,因而也

---

❶ See Mark A. Lemley, *The Law and Economics of Internet Norms*, 73 Chicago-Kent Law Review 1257 (1998).

❷ See David Charny, *Nonlegal Sanctions in Commercial Relationships*, 104 Harvard Law Review 373 (1990).

❸ 参见王瑞雪:《声誉制裁的当代图景与法治建构》,载《中外法学》2021年第2期。

❹ 参见戴昕:《平台责任与社会信任》,载《法律科学(西北政法大学学报)》2023年第2期。

不太会主动耗财耗力地保护信息隐私安全。

总体而言,社会自发声誉系统的确会增加相关信息主体因数据泄露而遭遇电信诈骗或身份盗窃的风险。不过,社会自发声誉系统中的数据普通人都能够在日常社会交往或市场交易中直接获取,敏感程度大多不会超出一张未隐名的快递单上的个人信息,因此这类系统可能带来的风险增量其实是比较有限的。

3. 无效率规范的黏滞

无效率的行为规范之所以会出现,是因为一个社群在合意产生规范的过程中,会以最大化本社群福利为目标,少有动力顾及对其他社群的负面影响。在理想的情况下,更有效率的规范会在竞争中胜出,助推规范向有助于提升社会总体福利的方向演化。然而,声誉机制的存在可能阻碍这一进程,进而加剧无效率规范的黏滞效应。比如,我们可以进行一个思想实验,假设保护消费者的平台机制突然崩塌,职业打假人作为公益性买者的作用再次凸显,其行为能够充分发挥惩罚性赔偿的制度功能,有助于弥补消费者维权动力和平台管理能力的不足。然而,由于反恶联盟网站这一社会自发声誉系统的存在,职业打假的成本居高不下,"抑制职业打假"这一无效率的行为规范也就无法及时被淘汰。

[三] 社会自发声誉系统的"合理使用"及其限度

本文第二部分的分析表明,社会自发声誉系统具有一系列积极的社会功能。作为一种规范创生机制,这类系统可以提示某些尚未得到回应的利益诉求的存在,也具有可以在政府或平台无暇顾及的情况下补充规制的社会功能。而且,作为一种不需要财政投入的声誉规制实验,社会自发声誉系统还可以为后续对相关行为的中心化声誉治理积累经验。不过,我们也需要关注这类系统在运行过程中产生的信息错误成本,以及可能造成的规范黏滞和数据泄漏风险。

总体而言,社会自发声誉系统兴起的社会成本小于其对制度活力与优化的贡献。因此,面对社会自发声誉系统与个人信息保护之间的冲突,本文认为应该在总体上允许社会自发声誉系统对个人信息的"合理使用",以发挥其规范创生与规制实验的社会功能。同时,考虑到这类系统运行的负外部性,需要由司法机关对引发争议的社会自发声誉系统进行实质审查,在边际上限定"合理使用"的范围。

(一)"合理使用"的实现形式

可以通过两种方式实现社会自发声誉系统对个人信息的"合理使用"。

第一种方式是对《个人信息保护法》第 13 条第 5 项进行扩张解释。第一,将"公共利益"从宽解释为不仅包括国家安全、社会秩序、公众健康等具有绝对普遍性与正当性的价值,而且包括部分社会群体合理的利益诉求。只要回应该群体诉求的社会收益大于社会成本,就可以认为相关的信息处理行为符合公共利益。❶ 第二,扩张能够代表公共利益进行舆论监督的主体的范围。在群体传播时代,信息的大规模生产与传播不再是少数媒体的特权,手中握有媒介的普通人亦可参与其中。❷ 而舆论监督的对象也不再限于政治官员,还包括娱乐明星等其他公众人物,逐渐扩张到可以通过自己的行为影响他人利益的每一个普通人。❸ 由此,《个人信息保护法》第 13 条第 5 项便可以涵摄社会自发声誉系统的信息处理行为。

这种扩张解释与《个人信息保护法》的规范目标一致,而且并不会导致合理使用范围的过度泛化。一方面,《个人信息保护法》第 1 条表明,该法的

---

❶ 参见高志宏:《个人信息保护的公共利益考量——以应对突发公共卫生事件为视角》,载《东方法学》2022 年第 3 期。

❷ 参见隋岩:《群体传播时代:信息生产方式的变革与影响》,载《中国社会科学》2018 年第 11 期。

❸ See Samantha Barbas, *The Sidis Case and the Origins of Modern Privacy Law*, 36 The Columbia Journal of Law & The Arts 21 (2013).

规范目标是在保护个体信息权益的同时,促进个人信息的充分利用。❶ 可见,《个人信息保护法》本就无意赋予个体对信息的绝对控制权。❷ 另一方面,社会自发声誉系统的信息处理行为处于个人信息规制的模糊地带。如果将不同主体的各种信息处理行为排列成一个光谱,那么一端是自然人在纯粹的个人或家庭活动中的信息处理行为,不受个人信息保护制度的约束,另一端是平台在提供网络服务时或政府在进行公共管理时的信息处理行为,受到个人信息保护制度的约束。❸ 而普通人为执行社会规范而处理他人信息隐私的行为,本就位于光谱中间的模糊地带。因此,无论是否允许社会自发声誉系统对个人信息的合理使用,都只是在边际上进行界权,并不会动摇或侵蚀《个人信息保护法》稳定的根基。❹

第二种方式是维持当下冲突的均衡状态。如本文第一部分所言,正是个人信息保护制度执行过程中的"容错空间"(leeway),保留了社会自发声誉系统兴发与生长的可能性。相比扩张解释进路,不完全执行的进路有助于节省制度转向的成本,并在不增加实质审查成本的情况下,对社会自发声誉系统的信息隐私侵权行为进行边际威慑。

(二)"合理使用"的限定

考虑到社会自发声誉机制可能具有的负外部性,包括信息错误、规范无效、数据泄露等,需要对"合理使用"的范围进行适当的限定。

首先,社会自发声誉系统不应当以错误的声誉信息损害个体的名誉,也不应当侮辱个体的人格。如果出现信息错误或人身侮辱,并造成了法定损

---

❶ 参见高富平:《基于规范目的的个人信息治理规则》,载《中国应用法学》2022年第6期。

❷ 参见程啸:《民法典编纂视野下的个人信息保护》,载《中国法学》2019年第4期。

❸ 参见丁晓东:《个人信息权利的反思与重塑——论个人信息保护的适用前提与法益基础》,载《中外法学》2020年第2期。

❹ "……而法律的稳定性也是一种善品,尽管这不是一种无限的善品。"〔美〕理查德·A. 波斯纳:《法理学问题》,苏力译,中国政法大学出版社2002年版,第119页。

害,且声誉系统没有采取适当的措施,那么该系统的控制者和相关信息的提供者需要承担名誉侵权的责任。❶ 比如,反恶联盟网站将职业打假人称为"恶人",其实就踩在了人身侮辱的边缘。又如,如果该网站将普通消费者错误地标记为"恶人",那么也涉嫌名誉侵权。不过,如果社会规范对职业打假人的评价是部分正面、部分负面的,加之相关声誉信息的传播范围限于电商卖家,并不会对个体的一般社会评价造成过多的影响,那么名誉侵权的实际认定还需要进一步商榷。

其次,社会自发声誉系统应当配备较低限度的数据安全保护机制。如果出现了数据泄漏,社会自发声誉系统又没有设计任何安全保护措施,那么在造成法定损害的情况下,该系统就需要承担相应的损害赔偿责任。而如果该系统已经建立了合格的数据安保机制,那么只需要承担补充责任且可以向黑客等直接侵权人追偿。❷ 这里的合规要求之所以是"较低限度"的,是因为:一方面,社会自发声誉系统需要为降低数据泄露风险而付出管理成本。为实现社会总体福利的最大化,我们应当追求的不是以最高的注意水平获得最低的数据泄漏风险,而是以最优的注意水平实现数据泄漏成本与相关管理成本之和的最小化。如本文第二部分所言,相比平台评分系统或社会信用体系,社会自发声誉系统中的信息敏感程度有限,单次数据泄漏的平均成本较低,根据侵权法的经济分析理论,该系统的最优注意水平也是相对较低的。❸ 另一方面,相比平台或政府,一般个人或组织的经济能力较弱,也无法负担过于高昂的合规成本。❹

最后,社会自发声誉系统执行的实体行为规范应当是可欲的。如果社会自发声誉系统执行的规范无效率,那么允许该系统使用声誉信息不仅会增加

---

❶ 参见李某与北京淘友天下科技发展有限公司名誉侵权责任纠纷案,北京互联网法院(2021)京 0491 民初 1528 号民事判决书。
❷ 参见解正山:《数据泄露损害问题研究》,载《清华法学》2020 年第 4 期。
❸ 参见 Cooter and Ulen, *Law and Economics* (6th ed. 2012),格致出版社 2012 年影印版。
❹ 参见敬力嘉:《个人信息保护合规的体系构建》,载《法学研究》2022 年第 4 期。

无效率规范的社会影响力,还会徒增名誉侵权和数据泄露的风险。在这个意义上,个人信息保护案件的司法判决表面上只和个体的信息隐私权益相关,实际上具有对非正式行为规范进行评估和筛选的社会功能。比如,就反恶联盟网站而言,如果职业打假有助于提升社会总体福利,那么禁止职业打假的行为规范就是无效的,该网站对个人信息的使用就不应得到允许。

(三)社会自发声誉系统的平台化

值得补充的是,社会自发声誉系统可能会发展成平台评分系统,也可能会成为平台评分系统的一部分。平台的核心特征是双边性乃至多边性,这意味着平台服务的用户不仅包括评价者,还包括被评价者。这意味着平台化的社会自发声誉系统可以与个人进行"一手交服务,一手交信息"的利益交换,该系统与个人信息使用的告知同意原则之间的根本冲突就可以得到协调。在这种情况下,个人信息保护制度便不再需要例外地允许社会自发声誉系统对个人信息的"合理使用"。比如,如果反恶联盟网站成为京东或淘宝等电商平台的一部分,就可以基于平台的用户协议合法地收集和使用买家的个人信息。作为买家的职业打假人即使并不情愿,也会为了继续使用电商服务而同意相关的信息使用协议。

此外,社会自发声誉系统在平台化或者接入社会信用体系之后需要为信息质量和数据安全承担更多的责任。原因在于:第一,平台化的社会自发声誉系统对行为的约束不再仅仅依赖个体的自发惩戒,而是可以直接在后台调控用户在平台架构内的行为权限,甚至可以借助政府的执法资源。声誉惩戒的强度增加意味着,在没有信息纠错和修复机制的情况下,错误的声誉信息会给信息主体带来更加严重的负面后果。比如,反恶联盟网站如果并入了电商平台,就可以直接限制职业打假人购买某类商品的权限,甚至予以封号处理。第二,平台化的社会自发声誉系统可以全面监控与分析用户的线上行为,所能获取的信息范围远远大于个体的自发贡献。这意味着,一旦发生数据泄漏,造成的个体损害和社会风险都会更加严重。加之社会自发声誉系统在平台化后盈利能力将有所增强,能够投入更多资源维护数据安全。因此,对于平台化后的社会自发声誉系统的合规要求也应当有所提高。

[四] 余论:信息隐私制度的实用主义转向

本文分析了社会自发声誉系统为何能够兴起、具有何种社会功能、可能带来哪些社会成本,并讨论应当如何处理该系统与个人信息保护制度之间的冲突。基于此,本文最后一部分尝试对这一冲突的历史和理论意蕴进行阐释。信息隐私制度生发于也服务于特定社会历史条件下的多元规范格局。个体主义信息隐私法形成和发展的背景是(新型)法律中心主义的扩张和非正式规范的衰落。而社会自发声誉系统的出现意味着,降低的信息成本使非正式控制机制在数字时代得以再生。如果想要更多地保留这种民间的规范创生能力,同时对其负外部性进行调控,就需要信息隐私制度在边际上从个体主义转向实用主义。在此意义上,社会自发声誉系统与个体主义信息隐私法之间的冲突可以被视为新的(尽管是边缘的)规范生产方式与旧的信息制度之间的冲突。

(一)(新型)法律中心主义与个体主义信息隐私法

二十世纪以来,随着社会流动的加剧和国家能力的增强,法律治理在越来越多的领域取代了非正式控制。在这样的历史背景下,限制社会控制、保护个人自治的个体主义信息隐私法逐渐发展成熟,并得到了越来越多的重视。❶

相比社会自发形成的秩序,中心化的治理在两个方面具有比较优势。一方面,相较于社会力量,专门机关实施的制裁更不容易出现惩戒过度的情况。以羞辱为例,人们实施制裁可能是为了证明自己是好人,而不是为了实

---

❶ 参见〔美〕埃里克·A.波斯纳:《法律与社会规范》,沈明译,中国政法大学出版社2004年版,第333—334页。

现正义,因此并不会太关注惩戒的最优分寸。❶ 另一方面,相较于社会规范,法律制度具有更强的可预测性。Eric A. Posner 认为,社会规范的形成有赖于信号传递。理论上,任何成本高昂的行为都可以作为信号,进而形成统计意义上或道德意义上的行为规范模式。❷ 这意味着,社会规范是流变的,可能会使人们在无意间遭受负面评价,或失去交易机会。❸

  法律中心主义的趋势呼唤隐私制度的出现。逐渐提升的隐私保护水平使社群失去限制个体自由的能力,也使法律成为塑造社会秩序的决定性力量。非正式规范的有效运行需要满足三个条件:其一,社会关系具有持续性。其二,关于过去和当前行为的信息能够在成员之间流通。其三,其他成员有能力对越轨者进行制裁。❹ 隐私制度会直接影响到社群成员获取和传递信息的能力。如果社群成员无法知晓越轨者的行为信息,就无法在当下对其进行谴责或者在未来限制其交易机会,非正式规范也就失灵了。

  二十一世纪以来,通过社会信用体系建设,国家权力得以延伸到原本由社会规范和私人道德约束的领域,形成一种"新型法律中心主义"。❺ 此外,大型平台的架构权力也可以经由两种方式为国家的中心化治理加成。第一,政府可以通过治理平台,实现对其用户行为的间接规制。❻ 比如,如果政府要求平台净化社区环境,平台就会利用其架构权力对部分出现不当发言的用户予以封号处理。第二,政府还可以与平台共享数据、进行技术合作,或者

---

❶ 参见〔美〕埃里克·A. 波斯纳:《法律与社会规范》,沈明译,中国政法大学出版社2004年版,第139—141页。
❷ 参见〔美〕埃里克·A. 波斯纳:《法律与社会规范》,沈明译,中国政法大学出版社2004年版,第25—37页。
❸ 参见〔美〕埃里克·A. 波斯纳:《法律与社会规范》,沈明译,中国政法大学出版社2004年版,第333—334页。
❹ 参见〔美〕罗伯特·C. 埃里克森:《无需法律的秩序——邻人如何解决纠纷》,苏力译,中国政法大学出版社2003年版,第217—220页。
❺ 参见戴昕:《重新发现社会规范:中国网络法的经济社会学视角》,载《学术月刊》2019年第51卷。
❻ 参见郑戈:《算法的法律与法律的算法》,载《中国法律评论》2018年第2期。

通过授权将平台的架构权力直接转化为执法力量。❶ 与这一趋势相对应的是,日益完善的个人信息保护制度几乎限制了所有的信息使用行为,却没有给社会信用体系和平台评分系统的运行增加太多实质性负担。

(二)数字时代的规范创生与实用主义信息隐私法

法律中心主义的扩张趋势一直延续到当下,而且在可以预见的未来,中心化的治理方式依然会在多元规范的格局中占据核心位置,这意味着,个体主义的信息隐私法在统计意义上将依然具有合理性。尽管如此,不应被忽视的是,法律中心主义亦有其内在矛盾。一方面,依托强大的国家能力和技术能力,政府和平台主导的中心化治理系统已经成为塑造社会秩序的决定性力量。为维护这一地位,政府和平台倾向挤压和取代所有分散化的社会力量,消弭任何可能出现的反抗与冲突。另一方面,政府和平台的信息能力和执行能力又必然是有限度的。在瞬息万变的社会生活中,政府和平台无法倾听每一个诉求。即使信息反馈足够及时,政府和平台也无法以有限的治理资源回应层出不穷的社会诉求。因此,为了秩序的活力和社会的稳定,中心化治理系统又需要吸纳来自民间的新信息、新意见、新力量。

本文的分析表明,利用低成本的信息工具,社会成员可以自发地组织起来,生产出能够表达并实现其利益诉求的声誉机制,这一机制将有助于在边际上补充中心化治理系统在信息获取和规制能力等方面的不足,在总体上提高制度的活力。然而,当前的个人信息保护制度具有显著的个体主义色彩,将信息与个体之间的关联作为区分信息应否受到法律保护的标准,主要从形式上、在信息收集环节审查非正式控制机制的合法性。即使是社会收益大于社会成本的非正式控制机制,也可能会因难以取得个体同意而无法满足形式上的合规要求。因此,如果我们将保留数字社会的规范创生能力视为

---

❶ 参见刘晗、叶开儒:《平台视角中的社会信用治理及其法律规制》,载《法学论坛》2020 年第 2 期。

一项重要的政策目标,就需要在边际上转向一种更加实用主义的信息隐私制度:

一方面,将规则建构的重点从信息收集环节转向信息使用环节。现有的个人信息保护制度以及相关的规范讨论集中于信息收集环节,主要关注哪些信息属于个人信息,在收集时是否需要取得个体同意。这会导致个人信息与非个人信息的截然二分。如果某类信息属于个人信息,信息主体就将对其享有知情同意权、修正权、解释权等一系列控制权,信息处理者也需要承担防止泄露等相应的责任。而如果某类信息不属于个人信息,其处理就基本不受限制。❶ 如果我们将目光转向信息使用的实际影响,就可以对信息主体和信息处理者之间的权利关系进行更加精细的界定❷,进而解除知情同意权与其他信息权益之间的绑定关系,更少地在信息收集环节设卡,更多地在信息使用环节对具体信息实践的负外部性进行调控,逐渐提炼和积累特定场景下的信息使用规范。

另一方面,将审查标准从信息对个体权益的影响转向信息使用行为对社会总体福利的影响。个人信息被嵌入纵横交错的社会网络,因此信息使用的后果不仅与信息主体相关,还与和信息主体存在各类关联的其他个体相关。❸ 更重要的是,信息使用行为常常具有超出个体层面的系统的正外部性或负外部性。其中,个人信息使用的正外部性就如各类声誉系统对于维护社会交往和社会交易秩序的意义,负外部性则如数据泄露或转移对国家安全的威胁。❹

具体来说,就社会自发声誉系统而言,一方面,总体上允许社会自发声誉系统对个人信息的"合理使用"。另一方面,通过私人的信息隐私诉讼,由司

---

❶ 参见丁晓东:《论个人信息概念的不确定性及其法律应对》,载《比较法研究》2022年第5期。

❷ 参见戴昕:《数据界权的关系进路》,载《中外法学》2021年第6期。

❸ See Danielle Keats Citron, *Sexual Privacy*, 128 The Yale Law Journal 1870 (2019).

❹ See Solon Barocas and Karen Levy, *Privacy Dependencies*, 95 Washington Law Review 555 (2020).

法机关在边际上对引发争议的社会自发声誉系统进行实质审查。[1] 这一审查可以分为三步:第一步,该系统创生的行为规范是否有效。换言之,通过社会自发声誉系统实现的群体诉求在多大程度上是合理的,是优化了还是减损了社会总体福利。第二步,该系统出现信息错误或数据泄露的风险有多大。第三步,比较该系统带来的社会收益和社会成本。若收益大于成本,则允许个人信息的合理使用。反之,则判定该系统构成侵权。

在此,实用主义信息隐私法具有评估和筛选非正式规范及其执行机制的社会功能,也获得了助推数字时代规范创生与制度优化的社会意义。更进一步来说,相较于从概念或原则演绎而来的个体主义信息隐私法,着眼于具体信息使用行为的司法实践在保留规范创生能力的同时,也保留了个人信息保护制度自身的创生性。

---

[1] 参见王怀勇、常宇豪:《个人信息保护的理念嬗变与制度变革》,载《法制与社会发展》2020年第6期。

大模型技术如何影响著作权?
——一个生产方式的分析视角

郝煜东*

摘 要：讨论大模型技术如何影响著作权时，论者多集中在讨论技术如何影响作品独创性，进而如何影响生成物性质上。这种本质主义的讨论进路存在巨大缺陷。将大模型技术放在具体的生产场景中，我们不难发现，在不同的生产组织方式下，对于大模型技术的生成物是否应当得到著作权保护会有截然不同的判断。这说明，当我们讨论技术对著作权制度的影响时，不能脱离技术所嵌入的生产方式。静态上看，大模型技术并非在真空中运行，而是被吸纳进当前已经存在的各种不同的生产组织中，它们内嵌在不同的生产方式中，这一总体背景决定了作者的生产激励通过何种方式获得满足、承担复制成本的发行主体所负担的成本大小以及回收成本的方式，这构成要不要保护大模型产出作品的主要影响因素。动态来看，大模型技术的出现将会系统性降低文化产品的生产成本，加剧传统文化生产方式的衰落与互联网生产方式的扩张，并系统性地改变著作权制度所起到的作用。

关键词：大模型 生产方式 生产组织方式 奖励 平台生产

---

* 郝煜东，北京大学法学院博士研究生。张鼎、马欣佚阅读了本文的初稿并提出了十分重要的修改意见，特此感谢。文责自负。

引言:请对下列案件作出判断

让我们从一个思想实验开始,请设想如下四个场景:

场景一:"春长影视"是一家电影制作公司,老板为公司购买了一个功能强大且昂贵的自动生成影视片段的大模型的使用权。输入剧情、人物设定、一些氛围形容词,这个大模型就能生产出一部电影,该公司的人员也会根据大模型产出的合意程度,再次输入需求进行精修。某日,这个公司输入一个已经进入公有领域的剧本后,在该公司人员作出很少修改的情形下,模型直接生产出了一部十分卖座的电影,但不幸的是,电影的盗版流出,很快被传播得到处都是。

场景二:假设某共和国有一个重要的政治宣传机构。通过组织绘制生动且富有号召力的宣传版画,并向全国各基层组织分发,它起到了十分重要的政治动员功能。某天,这一政治宣传机构引入了一个功能强大的大模型,在工作人员的精心调教下,这一大模型生产出了一幅气象万千、气势恢宏的超大幅爱国主义宣传画。这幅画很快通过网络不断传播,每个国民的手机里都保存了一张。

场景三:"巨信"是一个国民级即时通信软件。为了丰富软件功能,巨信在聊天与朋友圈界面引入了一个极为便利的大模型表情包生成器。当一个人在朋友圈分享日常生活,或者在同朋友聊天时,可以一键选择是否自动依据内容生成一个表情包。因为功能相对单一且要求瞬时产出,相比专用的图片生成软件,巨信搭载的表情包生成系统生成的图片质量一般,这导致想通过生成表情包/图片赚钱的人基本不会用该生成系统生成的图片。有一天,小赵发现自己在朋友圈发布的随想中的自动配图被"盗",出现在了一个朋友小钱的朋友圈配图里。小赵很气愤,向小钱主张侵权。

场景四:Unstable Diffusion是一个大模型内容生成软件,以门槛高、难度大闻名,如果想通过这一软件生成内容,需要掌握比较复杂的设计关键词,需要设计者投入较多的劳动。同时，这一软件以生成质量高、图片合意闻名。有一群人通过这一平台稳定产出了质量极高的画作，甚至围绕他们形成了一个稳定的艺术品市场。可惜数字盗版的问题依旧没解决，有人未经授权传播，甚至篡改其作品并售卖。

四个场景中都有当今内容生产上的革命者：生成式人工智能，也都有版权问题——至少有"潜在"的侵权行为。用我们朴素的直觉感受一下，很容易发现，虽然都是人工智能生成的作品，但并不是在每一个场景下都值得被保护。在案例所预设的生产组织形式下，我们可能认为场景一、场景四中的作品值得保护；场景二中的作品没有保护必要，至少没有人会主张保护这张图片的信息网络传播权。场景三中的作品是否值得保护可能稍显模糊，我们之后分析，但我的结论可以先摆出来：没有任何值得保护的利益。

知识产权学者的主张，以及法院应用的对"独创性"进行概念分析的进路难以确证我们的直觉，甚至可能得出完全相反的结果。根据部分知识产权学者的主张：首先，创作必须是人的行为，这些作品并非由人创作出来（而是机器），因而不可能给予著作权保护；其次，即便有人的因素参与，它们的生产过程也不属于"创作"，因为人给出的提示词、关键词不属于《中华人民共和国著作权法实施条例》第3条第1款规定的"直接生产……作品"的行为，最多算是"间接"的。❶

在部分已有的零散案例中，法院并不支持这种对独创性的严格定义。在Dreamwriter生成内容著作权纠纷案中，深圳市南山区人民法院指出："从涉案文章的外在表现形式与生成过程来分析，该文章的特定表现形式及其源于创作者个性化的选择与安排，并由Dreamwriter软件在技术上'生成'的创作过程均满足著作权法对文字作品的保护条件，本院认定涉案文章属于我国

---

❶ 参见王迁：《再论人工智能生成的内容在著作权法中的定性》，载《政法论坛》2023年第4期。

《著作权法》所保护的文字作品。"❶ 在所谓"AI 生成图片著作权侵权第一案"中,北京互联网法院认定原告用 Stable Diffusion 软件生成的图片"本质上仍然是人利用工具进行创作……只要能体现出人的独创性智力投入,就应当被认定为作品,受到著作权法保护"❷。法院的论证同样建立在对独创性的本质主义论证上,因而很难回应来自学者的诘难。

事实上,就"有无独创性"或者"什么是作品"进行本质主义的争论,既无必要,也必然让我们陷入困境。把概念放在讨论的核心,只会导致法院作出"全有"或"全无"的法律判断,难以为法院提供更丰富的判决指引。❸ 下文的分析将指出,从社会后果上看,对场景二、场景三中的作品不应提供保护,对场景一、场景四中的作品应当提供保护。导致这一差别的,绝非如何定义独创性,而是文化产品❹身处何种生产方式之中,是如何被生产出来,以及如何被消费/使用的。在大模型技术出现之前,这一道理就已经很明显了。以文字作品为例,写作是否需要经济激励,首先要看作者面向谁进行生产。当文艺作品在一个竞争性市场中被消费,生产者需要版权来回收生产成本并投入再生产,当我们需要市场提供多样的文化产品时,保护著作权的财产性利益尤有必要。如果不是在一个能给作者稳定回报的市场中生产,著作权本身的意义也有限,作者很多时候只求个"名"而不是"财"(高校的学术论文写作不就如此?)。如果是公务员给领导写讲话稿,那连署名都不要有,产出激

---

❶ 深圳市腾讯计算机系统有限公司诉上海盈讯科技有限公司侵害著作权及不正当竞争纠纷案,广东省深圳市南山区人民法院(2019)粤 0305 民初 14010 号民事判决书。

❷ 李某某诉刘某某侵害作品署名权、信息网络传播权纠纷案,北京互联网法院(2023)京 0491 民初 11279 号民事判决书。

❸ 独创性实质上起到利益调整功能。对这一概念的批判梳理,参见李琛:《著作权基本理论批判》,知识产权出版社 2013 年版,第 131—136 页。

❹ 本文用"文化产品"一词指代有可能成为著作权保护对象的表达,概念的外延等同于兰德斯与波斯纳定义中的"表达性作品"(expressive work)。参见〔美〕威廉·M. 兰德斯、〔美〕理查德·A. 波斯纳:《知识产权法的经济结构》(中译本第二版),金海军译,北京大学出版社 2016 年版,第 43 页。

励是以工资或组织内部资源的形式发放的。❶ 此外,独创性分析在很大程度上忽略了出版商和作者之间的差别,当作者在一个市场性环境中进行生产时,往往有更多经济激励需求的是承担作品复制成本的出版商,作者负担的表达成本则有种种替代性激励可以予以弥补。❷ 关于"独创性"的争论忽视了作者本身的生产动机,同时忽视了出版商在文化产品生产中的投入,无法准确看到保护或者不保护到底会给社会带来什么样的成本/收益。❸

　　本文将通过分析指出以下三点:第一,短时段来看,大模型技术并非在真空中运行,而是被吸纳进当前已经存在的各种不同的生产组织,它们内嵌在不同的生产方式之中,这一总体背景决定了作者的生产激励通过何种方式获得满足、承担复制成本的发行主体所负担的成本大小以及回收成本的方式,这构成了判断要不要保护大模型产出的作品的主要影响因素。第二,从较长时间段来看,大模型技术的出现将会在一段时间内系统性降低文化产品的生产成本,这一转变将会加剧传统文化生产方式的衰落、互联网生产方式的扩张,并系统性地改变对著作权制度的需求程度。第三,应当注意,我们在分析中可能会高估大模型技术对著作权制度的冲击,本文的分析还将说明,大模型技术对著作权的冲击在很大程度上依赖平台化生产组织方式,对传统的文化产品生产过程中的著作权规范的冲击有限。脱离平台对资源配置方式的改造,我们很难理解技术对法律秩序有何冲击。

---

❶ 关于这一点更细致的分析,参见 Niva Elkin-Koren and Eli M. Salzberger, *The Law and Economics of Intellectual Property in the Digital Age: The Limits of Analysis*, Routledge, 2012, pp. 69-70。

❷ 请回顾出版商在版权法生成过程中的关键性作用,参见黄海峰:《知识产权的话语与现实——版权、专利与商标史论》,华中科技大学出版社 2011 年版。

❸ 在现有关于大模型作品可版权性的论证中,投资激励的论证大多集中在大模型技术的投资激励上,而非本文强调的文化产品生产过程中需要的投资激励。例如,丛立先、李泳霖:《生成式 AI 的作品认定与版权归属——以 ChatGPT 的作品应用场景为例》,载《山东大学学报(哲学社会科学版)》2023 年第 4 期。

这一分析思路延续了以生产方式分析为核心的政治经济学思路❶，但强调通过引入对生产者与生产组织的微观分析以细化这一分析框架，并以此强化其理论解释力。大模型技术以及其背后的互联网生产方式将我们带到了又一个历史的关口。在上一个关口，《红色娘子军》翻过体制的藩篱，实现商业化、市场化，它背后的著作权争议既是体制改革，又是生产方式重构的体现。❷ 在这一个关口，以大模型为代表的技术只是表象，真正重要的是技术进步是否重构了文化产品的生产方式、影响了生产组织和生产者的选择。第一，必须看到，技术是嵌在不同的生产组织中的，不同的生产组织又嵌在不同的生产方式里，真正的核心是看到生产方式是否有变化。第二，技术进步改变了什么？这一改变重构了生产组织方式了吗？是怎么改变的？如果发生变动，法律的介入会对它们造成什么影响？

[一] 独创性分析有意义吗？

我们从对上述场景的分析开始。本节将说明，从静态意义上看，大模型技术对"独创性"的影响并不重要。虽然大模型技术显著降低了文化产品的表达成本(Expressive Cost)❸，改变了文化产品的生产过程，但其对著作权制度的影响必须放在这一技术所嵌入的生产组织以及生产方式中才能得到理解。片面进行本质主义的概念分析难以得出任何有意义的结论。

---

❶ 参见胡凌：《数字架构与法律：互联网的控制与生产机制》，北京大学出版社 2024 年版。

❷ 参见苏力：《昔日"琼花"，今日"秋菊"》，载苏力：《是非与曲直——个案中的法理（修订版）》，北京大学出版社 2024 年版；冯象：《法盲与版权》，载冯象：《政法笔记》（增订版），北京大学出版社 2012 年版。

❸ 表达成本指创作该作品的成本。参见〔美〕威廉·M. 兰德斯、〔美〕理查德·A. 波斯纳：《知识产权法的经济结构》（中译本第二版），金海军译，北京大学出版社 2016 年版，第 43 页。

(一) 春长影视:对文化工业市场的分析

场景一中,应当保护春长影视所生产的电影的著作权。反对者可能指出:该电影并非由人进行创作,而是由机器根据已经进入公共领域的剧本自动生成的,大模型的使用人仅仅"间接"影响了作品的生成,因而并不是"基于自由意志直接决定表达性要素",不构成创作,因而该电影不能构成作品。其理由在于,作者必须自主选择作品的表达性要素,否则生成的作品中不会包含"聪明才智"、"不具有个性化特征",进而不可能符合独创性的要求。❶著作权所奖赏的就是作者的"聪明才智"或"个性化投入",其唯一目的就是为作者提供的文化产品提供激励,如果作品不包含"聪明才智"或仅仅包含很少的作者劳动,赋予著作权则无法有效激励文化产品的生产,或者,即便生产出来也不具有任何社会价值(因为仅仅是设定好的代码在重复运作)❷,进而会导致立法目的落空。

这种论证的错误之处显而易见。著作权从来都很难被理解为鼓励创造,很大程度上,著作权一直是在鼓励生产❸;与其说著作权在保护作者的原创性投入,不如说著作权更主要是为了保护出版发行商的投资。电影生产所需要投入的成本是昂贵的,作者的"原创性投入"只占其中的很小一部分,且按目前的趋势来看,所占比重也在逐渐下降。电影生产成本可以粗略分为两

---

❶ 参见王迁:《论人工智能生成的内容在著作权法中的定性》,载《法律科学(西北政法大学学报)》2017年第5期。笔者本人没有对这一场景下如何判断发表过意见,故本文的讨论建立在类比演绎的基础上。

❷ 持这种立场的,参见刘银良:《论人工智能作品的著作权法地位》,载《政治与法律》2020年第3期。该文发表于2020年,很可能并未想到ChatGPT等可以基于提示词生成个性化产品的技术的出现。

❸ 关于这两种激励的区分,参见 Niva Elkin-Koren and Eli M. Salzberger, *The Law and Economics of Intellectual Property in the Digital Age: The Limits of Analysis*, Routledge, 2012, pp. 80-83。

部分:一部分是影片制作、发行和放映的成本❶;另一部分是电影出品方在投资作品失败时产生的损失。其中,大模型技术可以显著降低影片的制作成本,但对余下所有成本均无显著影响。制作成本占总成本的比重也在下降,比如,据媒体估算,电影《你好,李焕英》的制作成本仅 8000 万元,而宣发成本在 2.2 亿~3 亿元之间。❷ 如果对春长影视利用大模型的生产行为给予著作权保护,后果只能是春长影视拒绝使用一切可能提升生产效率的新技术,将电影行业隔绝在技术进步之外;或者促使春长影视隐瞒其使用 AI 创作工具的事实,不充分履行披露义务。无论何种行为,都会给电影产业和公众带来额外成本。

就著作权激励创造的立法目的而言,也没有理由认为人们利用大模型生成的文化产品不具有任何社会价值,进而不值得保护。市面上不乏粗制滥造、不忍卒读的"基于自由意志直接决定表达性要素"的人类文化产品,他们难道一定比人们仅仅"间接参与"的大模型作品更具有价值吗?(试想,毕志飞导演的《逐梦演艺圈》)这类产品的著作权就不保护了吗?不大可能。不是因为它是人类创造的就天然具有社会价值或文化价值,而是因为它的"与众不同"让它必然具有市场价值——即便没有文化价值,即便是满足人们的猎奇、审丑需求。核心问题是,"在商业社会之中,任何填补了什么空白的东

---

❶ 我们粗略地把电影产业的从业人员分为制片方、发行方和放映方。制片方负责影片的制作工作,负担电影的制作成本,大模型技术的引入会在极大程度上减少制片方的生产成本。发行方主要负责制作电影的副本(copies),和院线对接,同时负责影片的宣传工作,在当前的电影生产环境中,发行方承担着越来越重要的角色,甚至直接决定了电影票房的高低,甚至,部分影片中发行方的投入远高于制片方。

❷ 参见《为了这 50 亿票房,贾玲团队花了多少钱?》,载澎湃号·湃客"金融八卦女"2021 年 3 月 8 日,https://m.thepaper.cn/newsDetail_forward_11608427。最近兴起的"短剧",其制作成本与宣发成本之间的比例更为夸张,其盈利模式更加高度依赖平台"投流"宣发,参见郭美婷:《一部爆款短剧的诞生:投流占八九成,暴富靠概率?制片人出海赌未来》,载微信公众号"时代周报"2023 年 12 月 11 日,https://mp.weixin.qq.com/s/rSMh3BnPZgpekKjioUWBVQ。

西，不论多么微不足道，在市场上都有其价值"❶。农耕社会中，文化产品的主要功能可能是传递智慧、接续传统；但在商业社会中，文化产品的核心功能是实现现代人的"个性崇拜"，即发展个人兴趣、满足个性化的文化需求。❷价值由此仅仅意味着"不同""多样性"以及市场价值。在这里，独创性标准只能是"和市面上其他产品有所不同"这一最低标准，而不能被理解为关于作品质量的法律要件。❸ 综上，试图通过区分人们是"直接"还是"间接"介入文化生产以论证"人工智能作品不能被赋予著作权"的思路是行不通的。

(二) 某共和国：对政府资助生产的分析

某共和国生成的那幅恢宏的宣传画够有社会价值与文化价值了，但没有人会主张保护，用以政治宣传恰恰是它被生产出来的目的，在网络上的自发传播让政治宣传的能力再上了一个台阶，宣传部的干部们应该正额手称庆。

如果对独创性进行本质主义的理解，我们一定会陷入困境。但熟悉知识产权史的学者可能很快指出一个十分显然，但容易被忽视的道理：某共和国根本没有一个可供消费的知识产品市场，文艺产品的生产与分发都主要是靠政府资助的，自然没有任何市场经济意义下的保护知识产权的必要。试想，改革开放之前的文艺产品《红色娘子军》就是一个典型的例子。恰恰是到了改革开放之后，一个可以利用文艺产品赚钱的"知识产权市场"被打造了出来，关于《红色娘子军》的著作权争议才甚嚣尘上。

这一例子还提示我们思考知识产权的替代性制度。即使从法律经济学的效率视角出发，知识产权在信息产品生产中的优势地位也从来没有被确证过。❹

---

❶ 〔美〕理查德·波斯纳：《论剽窃》，沈明译，北京大学出版社2010年版，第112页。

❷ 参见〔美〕理查德·波斯纳：《论剽窃》，沈明译，北京大学出版社2010年版，第79—81页。

❸ 霍姆斯对法官裁断作品的艺术价值的警惕也能说明这一点，参见 Bleistein v. Donaldson Lithographing Co., 188 U.S. 239, 251 (1903)。

❹ 一个从信息经济学角度的相关梳理，参见 Amy Kapczynski, *The Cost of Price: Why and How to Get beyond Intellectual Property Internalism*, 59 UCLA Law Review 970 (2012)。

从消费者层面考虑,知识产权通过设定垄断性质的专有权可能造成无谓损失(deadweight loss)已经受到了广泛批评,不仅仅因为其所设定的垄断价格往往高于信息产品的边际成本❶,以及维持知识产权制度所需投入的高昂成本❷。从创新层面考虑,也因为其可能造成的重复投入带来租值耗散❸,以及通过将产品价值与市场价格信号挂钩的分配方式对经典作品形成"挤出效应"❹。作为替代性制度,奖励(Prizes)、政府补助(Government Grants)以及税收减免(tax incentives)被认为可以从不同方面弥补知识产权制度的劣势。❺

事实上,在现实生活中,纯粹依据市场运作的知识产权制度也鲜少存在(虽然很多时候已有的分析都分享了这一前见)。例如,医保制度在很大程度上是"专利权"与"基于市场的奖励"(market-based prized)的集合;各类出版专项补贴、电影专项补贴、文化行业税收优惠都可能在事实上起到了文化市场价格控制与创新引导的作用。❻ 后文(第三部分第三小节)将会说明,有很大一部分大模型生成的文化产品将会出现在一个以奖励(prizes)为主的生产方式中,其中,版权所授予的垄断专有权将会被悬置,甚至成为负担,著作权的功能也应该(且必然)发生变动。

---

❶ See Amy Kapczynski, *The Cost of Price: Why and How to Get beyond Intellectual Property Internalism*, 59 UCLA Law Review 970 (2012).

❷ 参见〔美〕威廉·M. 兰德斯、〔美〕理查德·A. 波斯纳:《知识产权法的经济结构》(中译本第二版),金海军译,北京大学出版社2016年版,第21—22页。

❸ 参见〔美〕威廉·M. 兰德斯、〔美〕理查德·A. 波斯纳:《知识产权法的经济结构》(中译本第二版),金海军译,北京大学出版社2016年版,第19—21页。

❹ 这种对产品的社会价值预估同市场价格不一致的情况,例如,Cass R. Sunstein, *Willingness to Pay vs. Welfare*, 1 Harvard Law & Policy Review 303 (2007).

❺ See Daniel J. Hemel and Lisa Larrimore Ouellette, *Beyond the Patents-Prizes Debate*, 92 Texas Law Review 303 (2013); Daniel J. Hemel and Lisa Larrimore Ouellette, *Innovation Policy Pluralism*, 128 The Yale Law Journal 544 (2019).

❻ 对于医保制度的一个分析,参见 Benjamin N. Roin, *Intellectual Property versus Prizes: Reframing the Debate*, 81 The University of Chicago Law Review 999 (2014).

(三)巨信之一:对表情包市场的分析

设定知识产权的经济理由在于通过人为创造稀缺性以补贴文化产品的表达成本,保证生产者的激励。这一理由在表情包市场中并不适用。

小赵向小钱主张侵权,根据《著作权法》第 10 条,小钱侵犯了小赵的信息网络传播权与署名权,又根据第 54 条,小赵需要向小钱赔偿最少 500 元的经济损失。

这不太可能增加小赵出于市场交易目的的生产激励。由于案例中的假定,因为有更好的替代性产品存在,不可能围绕这一软件形成一个稳定的表情包市场;对于小赵来说,表情包只是"偶得",其并不耗费心力去生产,其生产动机主要是社会性的(出于分享目的)。❶ 但这有可能增加小赵为了"法律碰瓷"的生产激励。几番诉讼下来,小赵尝到了甜头,注册成立一家公司,公司名为"表情包中国",核心业务是买一堆显卡,不停生成表情包并在各种渠道发布。他再利用爬虫技术比对网络上出现过的与自己生产出的表情包有些相似的表情包,向对方发律师函索取赔偿。这显然并不创造社会价值,只带来了净损失。❷

即便假定没有人会用法律来碰瓷,这也很可能会大幅增加社会成本。请注意本案的对象——表情包——的社会意涵。❸ 表情包为何能引起相对特定群体的共鸣,乃至创造社会价值,并得到病毒式的广泛传播?恰恰是因为表情包在不断传播流动的过程中被赋予了社会价值。在本案中,著作权毋宁是一个反流动与社会价值生产的机制。当然,批评者还可能指出,如果表情

---

❶ 关于作者生产的动机的多样性,参见 Diane Leenheer Zimmerman, *Copyrights as Incentives: Did We Just Imagine That?*, 12 Theoretical Inquiries in Law 29 (2011)。

❷ 参见互联网早期的撞车党、三面向现象以及热议的版权蟑螂问题。易继明、蔡元臻:《版权蟑螂现象的法律治理——网络版权市场中的利益平衡机制》,载《法学论坛》2018 年第 2 期。

❸ 参见《【讲座实录】胡凌 | 表情包:规范、社会生产与法律》,载微信公众号"塞博谈"2020 年 7 月 24 日,https://mp.weixin.qq.com/s/EfVhSveM0CpCoUqL1Rg_iA。

包真就是这么使用的,那么围绕表情包产生的社会规范会禁止/限制人们行使他们的法定权利。但一方面,法律对社会规范的微妙影响,很可能使得许多人可能出于正义感(毕竟是法律权利!)或者心理上的禀赋效应去积极维权❶;另一方面,社会规范很难影响到上一段讨论的碰瓷者。

这么看来,著作权在这个案例中也可能压根不会被行使,即便行使,很可能起到的是反流动与社会价值生产的作用,但这种限制也不会太大,不管是碰瓷者还是正义者都不大可能长久地存在在这个生产能力极强的"市场"上。这意味着即便赋权,著作权也可能被悬置;著作权的投入,甚至成为社会的无谓损失。

上述讨论还说明,即便大模型降低了表情包市场中的表达成本,也不会影响表情包市场中已经形成的社会规范与著作权被系统性规避的现状。

(四)巨信之二:对玩票市场的分析

可能有反驳者认为表情包市场的假设过于极端,其在著作权宏大的保护范围中仅占小小一块。我们还可以放宽假设。我们假定:围绕一个大模型图片生成软件形成了一个用户社区,我们假定其中所有的用户都是"玩票"性质的非职业生产者,不靠生成的图片吃饭,只会使用简单的提示词。在这样一个受著作权保护的图片社区中,会有更多专业化的版权碰瓷者,会有更多积极主张自己权利的生成者(不像表情包,围绕图片的传播秩序无法形成一个熟人圈层,所以不会受到那么多的社会规范的影响)。对于这些非职业的生产者来说,是否有必要用著作权予以激励?

生成图片并分享有可能给非职业生产者带来价值。试想,为何会出现许多图片分享软件,以及图片分享者?如果作者一开始就不想被人侵权挪用,为何要上传图片到这样的软件中?显然,上传、发布行为对作者来说是有

---

❶ See Cass R. Sunstein, *On the Expressive Function of Law*, 144 University of Pennsylvania Law Review 2021 (1996).

收益的,这种收益包括两种可能:一种是市场性的——主要目的是宣传自己的作画能力,以此吸引潜在的买家与客户进行定制;另一种是私人性或社会性的,作者上传画作的目的是满足自我的特定偏好,或者是为了维持在某一特定社群中的人设/地位。

对于市场化的动机,在这个"玩票"市场中,我们可以合理假设如下场景:由于生产质量很难把控,可能只有在非常偶然或运气好的情况下才能有非常惊艳的作品被大模型生成出来。❶ 这些作品可以流入艺术品市场,被人高价购买。但绝大部分作品价值不大,没有市场。我们可以把这样一个市场称为"运气市场"。我们是否有必要投入法律资源来维持这样一个运气市场的存在? 运气是不是一个妥当的分配因素,是道德哲学上的难题,这可能给这一市场提出道德上的诘难。❷ 但即使不考虑道德哲学的批评,运气市场也很难持续下去。核心问题是,由于单个生产者很难建立可信的生产质量声誉,市场的搜寻成本会变得极高,整个市场可能很快走向衰败。更何况,我们对艺术以及艺术品价值的评定本就有很大一部分建立在作者名声的基础上,这让我们更难想象一个"随机"的艺术品市场。❸ 最后的结果很可能是仅仅形成一个以分享为主的社群,而不可能形成一个亟需著作权保护的图片交易市场。

对于私人性的和社会性的动机,著作权也可能带来激励,不过是以一种微妙的方式产生的。为何开源和知识分享显得如此可贵,有一部分原因恰恰是他们声明放弃了法律给他们的权利,在本来可以收费的地方免费,为分享行为提供了额外的名声。在大模型图片生成社群中,也不乏这样的乐于分享者。他们免费分享生成技巧、提示词以及使用的参数等。但没有著作权,并

---

❶ 从目前的大模型技术来看,两个人即便可能用了同样的提示词与参数,生成的结果也可能不同,因而,我们可以合理假定这个玩票市场接近运气市场。

❷ 关于运气,参见〔美〕玛莎·C. 纳斯鲍姆:《善的脆弱性:古希腊悲剧与哲学中的运气与伦理(修订版)》(第二版),徐向东、陆萌译,译林出版社 2018 年版。

❸ 如果能恰当减少搜寻成本,很可能可以重建一个有力的运气市场,现在的平台就是一个此种市场。但平台依旧会减少对著作权的需求,容后分析。

不见得会特别影响对这些分享者的激励。而且一般而言，更常见的情况可能是，货币激励会减少人们的合作动机。❶

在这个意义上，由于降低了艺术产品的生产成本，大模型技术将会系统地引入大量非职业性的生产者，并扩大这一玩票市场。在这一生产性组织中，生产激励不主要源于著作权制度，而是来自私人性动机或社会性动机。在大模型技术产生之前，玩票市场的扩张就对著作权制度产生了系统性冲击。❷ 引入大模型技术最多增加这一市场的规模，而不会增加这一市场对著作权的需求度。在这个意义上，不论是否重新界定独创性都只会产生十分微弱的影响。

(五) Unstable Diffusion：对艺术品市场的分析

场景四指向一个由职业生产者组成的艺术品市场。强调这一市场是艺术品市场并不是因为其内容物多么高雅，而是为了强调其中生产者的专业性。专业性不直接意味着质量高低，但一定意味着质量的多或少。在这一市场中形成了围绕生产者的稳固"名声"。名声至少意味着生产者的某种个性化特质同作品质量直接相关，生产者在某方面的投入能够转化为其作品的市场价值。

知识产权学者往往会强调保护这类艺术品市场的必要性。核心理由在于，对于创造性的成就而言，职业经验和长期投入往往是重要的。版权制度的功能不仅仅在于保护单个作品，更重要的是投资创作者的职业生涯。❸ 这

---

❶ 关于货币激励与人们分享行为之间的复杂关系，参见 Roland Bénabou and Jean Tirole, *Incentives and Prosocial Behavior*, 96 American Economic Review 1652 (2006); 一项关于社交平台上提供金钱激励反而导致用户评论数量下降的研究，参见 Yacheng Sun, Xiaojing Dong and Shelby McIntyre, *Motivation of User-Generated Content: Social Connectedness Moderates the Effects of Monetary Rewards*, 36 Marketing Science 329 (2017); 关于动机挤出效应，参见 Yochai Benkler, *The Wealth of Networks: How Social Production Transforms Markets and Freedom*, Yale University Press, 2007, pp. 92–97。

❷ 关于这一冲击，参见本文"三、(二)"部分。

❸ See Sean A. Pager and Sunawer Aujla, *The Best Comes Later: Copyright, Career Professionals, and Creative Achievement*, 2022 Michigan State Law Review 1101 (2022).

一观点隐含的前见就是,创作者的创作能力是可以通过训练与经验积累的,他们不都是"天才"。相关的实证研究也支持这一结论。❶ 同时,著作权还有利于激励作者不断改进已有作品,而对已有作品的改进往往是促成经典的重要途径。❷

即便我们承认案涉条件中,创作者使用大模型技术生成图片的行为只是"间接参与",但只要有可能通过积累经验,改进作品生产,那么通过赋予著作权激励高质量作品的生产的可能性就一直存在。❸ 和玩票市场进行对比不难发现,真正重要的区别不在于是否使用大模型技术,而是是否存在职业投资成本,以及我们是否想要相对高质量的文化产品供给。

［二］大模型技术改变了什么?

通过上一部分的分析,本文试图反思当前对独创性进行本质主义分析的趋势。古人谢瑁樵画桃,每每关上门来,屁股蘸上颜料,往纸上一坐便是一桃。这是"任天不任人"之笔,但又恰如李琛教授所精悍指出的,"只要结果是'独'的,其形成结果的行为便成为创作"❹。谢瑁樵画桃与摄影机以及大模型技术没有什么不同。即便作品不由人们一笔一画地绘成,也不意味着其中不存在不能被著作权激励的投资,以及作品没有创造性。纠缠于独创性这个词语的意义也不大。"独创性"这个标准从来没能给法官提供一个足够好的、衡量案件社会后果的裁判标准,反而容易让裁判者以此为由、因循守旧,忽视文化产品被生产、消费的背景,以及其中截然不同的利益冲突问

---

❶ See Sean A. Pager and Sunawer Aujla, *The Best Comes Later: Copyright, Career Professionals, and Creative Achievement*, 2022 Michigan State Law Review 1101 (2022).

❷ 关于维持激励以改进,参见〔美〕威廉·M.兰德斯、〔美〕理查德·A.波斯纳:《知识产权法的经济结构》(中译本第二版),金海军译,北京大学出版社2016年版,第277—284页。

❸ 这一假设也更接近现实的大模型技术的使用情况。参见崔国斌:《人工智能生成物中用户的独创性贡献》,载《中国版权》2023年第6期。

❹ 李琛:《谢瑁樵与独创性》,载《电子知识产权》2005年第8期。

题,以至于让知识产权丧失利益平衡的功能。❶

上文对四个场景的分析还蕴含了这样一个道理:技术到底是在哪种生产方式与生产组织中被使用的才是我们理解大模型技术生成图片的著作权的最佳出发点。基于此,本节将尝试从生产方式的视角出发,展示大模型技术到底改变了什么,影响如何。

(一)不同生产方式中的著作权

文化产品是如何被生产出来的,又将以何种方式被消费,这在传统的著作权制度中似乎无需讨论,在当前却至关重要。

为便于分析,我们可以做如下操作化定义。文化产品的生产过程可以分为如下几部分。首先,由作者(个人/集体)生产出单个作品的原始版本;其次,为分发副本之需要进行宣传与发行工作;最后,生产文化产品的复制品(Copies)。对于长期生产者来说,在这一过程中他还需要负担投资失败的成本,这一成本在艺术品市场中表现为职业培养成本。对于生产者而言,复制品制作为可变成本,其余均为固定成本。

传统针对著作权的经济分析仅仅区分固定成本与可变成本,并将固定成本统称为表达成本、定义为创作该作品的成本,主要包括作者的时间、精力,加上出版商延揽、编辑手稿并录入排版的成本;将可变成本统称为复制成本,定义为实际复制件的生产成本,由每一复制件的印刷、装订和配送成本组成。❷这主要是为了便于分析著作权最佳保护水平作出的妥协。这一妥协将生产者与出版商视为一个整体,因而导致了对生产方式与生产组织形式的忽视。❸ 为

---

❶ 参见于文:《利益平衡的修辞术:"独创性"概念的生成、误读与反思》,载《现代出版》2022年第3期。

❷ 参见〔美〕威廉·M.兰德斯、〔美〕理查德·A.波斯纳:《知识产权法的经济结构》(中译本第二版),金海军译,北京大学出版社2016年版,第43—44页。

❸ 后续的经济分析作品开始逐渐强调这一视角,尤其是互联网兴起后,参见 Niva Elkin-Koren and Eli M. Salzberger, *The Law and Economics of Intellectual Property in the Digital Age: The Limits of Analysis*, Routledge, 2013, pp. 82-83。

了将这一视角纳入分析,本文将表达性作品的生产成本分为三部分:第一,直接投入单个作品原始版本生产中的成本,这一部分成本主要由生产者负担(但出版发行者也会承担部分成本,比如书籍中的编辑、排版等)。第二,间接投入作品生产中的成本,包括为了满足作品再生产而必要的宣传成本、发行成本,以及亏损作品的成本、职业培养成本,这一部分成本(在市场化条件下)主要由出版发行商承担,本文统称为其他固定成本。第三,某一产品的复制成本。

稍微延展上文的四个场景,可以做如下分类:

表1 各类生产组织形式中的文化生产形态

场景		生产者	生产成本	生产激励	其他固定成本	主要投资保障
政府资助/计划		职业生产者为主	随技术进步降低	内在激励/经济激励	发行成本职业培养成本	财政支持
传统市场	文化工业市场	职业集体生产者		经济激励为主	宣传成本发行成本亏损作品的成本	著作权垄断出版发行以吸引事前生产性融资
	艺术品市场	职业个体生产者为主		内在激励/经济激励	宣传成本发行成本职业培养成本	著作权垄断出版发行以吸引事前生产性融资
	玩票市场	非职业个体生产者		内在激励为主	无	无
平台市场		各类型均有		经济激励/内在激励	流量购买成本(相对较低,且投资方式灵活)	奖励以吸引事前生产性融资

计划经济下的政府资助、传统市场以及平台市场构成了三种不同的生产方式。

改革开放前的文艺作品生产是第一种生产方式的典例。虽然1957年,文化部出版事业管理局向国务院报送《保障出版物著作权暂行规定(草案)》，但该法案仅仅规定了署名权和向出版机构获得报酬的权利。❶ 彼时，文艺作品的生成由单位内的报酬与稿酬组成，绝大部分作家被纳入体制，实行等级工资制，以稿酬为额外收入，稿酬还往往与印数挂钩。❷ 生产出来后，国家鼓励发行流通，且对出版社进行补贴，以致1958年专门提到"既要照顾作者……又不至于使出版社亏损太多，或读者负担过重"❸。这一过程没有当前意义上的著作权参与，核心原因不是缺乏作者与销量挂钩的生产激励制度，而是促成文艺作品再生产与传播(包括培养、支撑作者，也包括出版发行)的种种投资不与销量/市场挂钩，而是由政府兜底。

相较于计划经济，传统市场带来的最大变化在生产组织上。著作权在文化产品生产中的核心功能是为事前投资提供可信保障，而不是为作者提供生产激励；在电影工业这类生产成本高昂的文化工业市场中，事前融资还构成生产的必要前提。恰恰是因为文化产品的制作、出版、发行需要大量的事前投资，而这一投资不再由公共财政负担，而必须在制作完成后由消费者付费，所以必须通过著作权垄断以保证人们有足够的预期进行先期投资，而不至于使文化产品无法生产。❹ 这一点对文化工业市场和艺术品市场均适用。由著作权保障，通过市场募集巨额先期投资的后果是，在市场上形成了一系列负责融资与承担风险的中介组织，包括出版商、影视出品发行商、音乐厂牌等。相比可能受到各种非经济激励的生产者，他们对著作权垄断带来的经济激励更为敏感，也成为推动强化著作权保护的核心政治力量。❺

---

❶ 参见李雨峰：《枪口下的法律：中国版权史研究》，知识产权出版社2006年版，第149—150页。

❷ 参见陈伟军：《著书不为稻粱谋——"十七年"稿酬制度的流变与作家的生存方式》，载《社会科学战线》2006年第1期。

❸ 李雨峰：《枪口下的法律：中国版权史研究》，知识产权出版社2006年版，第151页。

❹ See Diane Leenheer Zimmerman, *Authorship Without Ownership: Reconsidering Incentives in a Digital Age*, 52 DePaul Law Review 1121 (2003).

❺ 例如，迪士尼对美国版权法变革的游说，参见 Stacey M. Lantagne, *Building a Better Mousetrap: Blocking Disney's Imperial Copyright Strategies*, 12 Harvard Journal of Sports & Entertainment Law 141 (2021).

平台市场是另一种生产方式,代表了一种新的生产组织模式,从结构上看,其与传统市场的核心区别在于"去中介化"。正是因为其组织形式上的特殊之处,在传统市场中将逐渐成为附带的非职业生产者,会在平台市场所塑造出的一套特殊的生产激励模式与组织激励模式中得到良好的组织与利用。第三小节将会对此详述,在此之前,我们需要先独立考察一下大模型对传统市场中著作权的影响。

(二)大模型技术对著作权制度的影响

虽然本文第一部分用四个案例分析指出,从静态意义上看,大模型技术对内嵌在各种不同生产组织中的著作权界定不会产生本质性冲击,因为其只影响单个文化产品的生产成本,不会立时对生产组织的形式造成冲击。但本节将说明,从动态上分析,大模型技术将对著作权所嵌入的生产方式本身造成冲击。

问题出现在由非职业生产者组成的玩票市场上。脱离互联网对文化生产模式的改造,我们很难理解为何非职业生产者会成为一个"问题",毕竟没有互联网,玩票市场中的文化产品根本不可能"出版发行"。互联网技术的出现极大减少了需要事先融资的其他固定成本,减少了对出版商的依赖,尤其是减弱了出版商在吸引激励和风险管理方面的作用❶,让大量来自"业余人士"的创作也有了成为作品的潜质。生产技术的改进则极大减少了创作者的创作成本,促成了一大批非金钱激励的作品的生产,这导致在当前的市场上,非职业生产者供给的作品越来越多。

但对于传统市场来说,非职业生产者的增加毋宁被理解为一种"损失"。垄断出版发行的著作权代表了一种传统市场生产条件下的均衡。作为一种为了缓解市场失灵而设置的垄断性专有权,在先期投资对文化生产而言不可

---

❶ See Niva Elkin-Koren, *The Changing Nature of Books and the Uneasy Case for Copyright*, 79 The George Washington Law Review 1712 (2011).

或缺时,著作权的功能十分显著。一旦先期投资不再重要,它则会变成一种低效的制度。尤其是当考虑到大模型技术能够让用户定制出几乎任何他们想要的内容时。

第一,随着生产技术的进步,文化产品的生产成本降低,文化产品在市场上的价值也会随之降低,甚至根本不会发生市场性交易,毕竟与其同别人议价购买,还不如自己生产。❶第二,这一成本仍然会高于直接挪用已经发布的作品的价值,虽然对已经发布作品的估价不会超过自己生产的成本,但依旧会诱发机会主义行为。第三,一旦机会主义行为被发现,作者会依据《著作权法》要求侵权损害赔偿,如果固守传统市场下的著作权要求,把行为水平设置在"禁止侵权行为"时,赔偿额度会趋近"作品价值/被发现概率",同时由于《著作权法》规定的最低赔偿额度的存在,上述赔偿额度必然高于自行生产的成本。第四,短期内这一有利可图的"生意"会在市场上促成一批版权维权机构,即便作者没有维权激励,也催生出了一批诸如"三面向系列诉讼"的案件和视觉中国这样的投机牟利者。第五,经过一段时间,如果著作权制度得到彻底贯彻,其结果也无非是所有非职业生产者创作出来的文化产品不能再进行任何形式的流通与再利用,强制所有人自己去定制文化产品。第六,在达至均衡的这段时间内发生的维权行动产生的并不是任何价值增量,也没有促成新的投资,而是社会的净损失。第七,重复生产的各种私人利用的文化产品也仅仅是增加了社会总成本,不过是另一种形式的专利竞赛(patent competition),本因信息边际成本为零而可以避免的重复生产成为常态。第八,这事实上也阻碍了改进作品的可能性,而许多民间生成的经典作品都依赖不断分享、修改;这也阻断了非职业生产者通过积累名声成为职业生产者的可能性。

所以,在组织、激励传统市场组织之外的文化产品的生产上,垄断出版发行的著作权是一种尤其低效的制度安排。这一制度安排想要达至的均衡设

---

❶ See R. H. Coase, *The Nature of the Firm*, 4 Economica 386 (1937).

定在前期投资高昂的基础上,对著作权的贯彻不过是"在新均衡下模拟旧均衡的价值状态"❶,在实践上反而会成为利用信息的阻碍。

由此,大模型技术对著作权制度最大的挑战,绝非如何影响生产过程、如何影响人的主体性地位、如何影响作品的"独创性",而是如何给日益增多的非专业生产者们搭建适合的生产组织,保证他们的生产、分享与激励。而这,并不是一个新问题。

(三) 传统市场与平台市场:从著作权到基于奖励制度的生产

互联网似乎一直是著作权制度的例外。从开源软件到维基百科,互联网中一直存在一个不以著作权为基础的文化生产方式,论者往往称之为共有式同侪生产(common-based peer production)。❷ 平台的出现扩展且稳固了这一著作权制度的例外,建立起了一种以奖励(prizes)制度为核心的大规模文化产品生产传播方式。

奖励一直被认为是知识产权的一种替代性制度。Shavell 和 Ypersele 在 2001 年的论文中系统地阐述了用可选奖励制度(optional-prize system)替代知识产权的可能性。❸ 相较于知识产权,奖励制度主张由政府直接为创新成果支付报酬,创新成果直接进入公共领域以削弱知识产权创造的垄断权力。政府可以通过支付一笔固定奖励(fixed prizes)或者对每次销售予以补贴的方式提供奖励(market-based prizes)。❹ 这一制度为政府增加

---

❶ 戴昕:《犀利还是无力?——重读〈代码2.0〉及其法律理论》,载《师大法学》2018年第1辑。

❷ See Yochai Benkler, *The Wealth of Networks: How Social Production Transforms Markets and Freedom*, Yale University Press, 2006.

❸ See Steven Shavell and Tanguy van Ypersele, *Rewards versus Intellectual Property Rights*, 44 The Journal of Law & Economics 525 (2001). Shavell 与 Ypersele 的文章使用的是 reward 一词,但后来的研究多使用 prize 一词。

❹ 两种的区别,参见 Daniel J. Hemel and Lisa Larrimore Ouellette, *Beyond the Patents-Prizes Debate*, 92 Texas Law Review 303 (2013)。

了信息负担,当政府能够为创新给出恰当定价时❶,这一制度往往被认为更具优势❷。

无论是共有式同侪生产还是平台生产都可以被理解为一种文化产品生产的奖励制度,而不是版权制度,虽然它们显然同沙维尔(Steven Shavell)等设想的、后来主要应用于专利问题上的奖励制度有区别。共有式同侪生产是目前最受关注的互联网生产方式。以自由软件运动为例,参与者不因为自己的投入而主张垄断性著作权,要求程序员将源代码公开,允许所有人传播、运行、改写以及分发改写后版本❸,这一软件开发方式被认为优于传统科层式的专有软件开发方式,促成了早期互联网的组合式创新以及迅速发展❹。在这一生产过程中,激励人们参与信息生产的并非经济奖励,而是被认为满足了人们的利他主义动机或内在动机。❺ 由此,共有式同侪生产可以被理解为一套行之有效的、针对个人社会性偏好的奖励制度。由于激励的分散化、个人性,这套自发自生的奖励机制在成本与效果上显然优于政府提供的事后奖励,但其适用范围显然有限。

---

❶ 这一标准并不一定过于严格,Shavell 与 Ypersele 指出,政府只需要拥有优于创新者在事前评估的信息即可,而政府可以通过事后销售信息弥补信息劣势,参见 Steven Shavell and Tanguy van Ypersele, *Rewards versus Intellectual Property Rights*, 44 Journal of Law and Economics 525 (2001);同时,由于论者往往假设私人依据商业价值对发明做出的评估与发明实际上的社会价值存在较大差距,这一差距也为政府评估提供了容错空间,参见 Benjamin N. Roin, *Intellectual Property versus Prizes: Reframing the Debate*, 81 The University of Chicago Law Review 999 (2014)。

❷ See Joseph E. Stiglitz, *Economic Foundations of Intellectual Property Rights*, 57 Duke Law Journal 1693 (2008); Amy Kapczynski, *The Cost of Price: Why and How to Get beyond Intellectual Property Internalism*, 59 UCLA Law Review 970 (2012).

❸ See *What is Free Software?*, GNU Operating System, https://www.gnu.org/philosophy/free-sw.html, (last visited on 10 February, 2025).

❹ See Josh Lerner and Mark Schankerman, *The Comingled Code: Open Source and Economic Development*, The MIT Press, 2010.

❺ See Yochai Benkler, *The Wealth of Networks: How Social Production Transforms Markets and Freedom*, Yale University Press, 2007.

单纯依靠内在动机激励的共有式同侪生产难以形成大规模的市场,无法把玩票市场中的众多业余生产者生产的内容有效组织起来,发挥其价值。承担起这一功能的是当前互联网生产方式的核心组织者:互联网平台。互联网平台为文化产品的生产者提供了复杂的分层次激励作为奖励,能够为不同层次、动机的生产者提供不同的激励。首先,以满足内在激励为动机的分享行为自不待言。其次,依据作品的播放量、分享、点赞等数据,平台直接为部分作品提供以创作激励为代表的直接经济激励。最后,在平台上播放所带来的流量与名声构成一种极易变现的社会资本,生产者可以通过广告,直播带货,甚至直接融资、出售将其变现,这一现象也被称为"网红经济"。❶ 这一生产组织形式之所以能够良好运转,有赖平台提供的以"账号—数据—评分"为基础的生产机制❷,这一机制极大减少了用户的信息成本,以用户画像为基础促成了文化产品的精准匹配,也客观上确保了生产者能够获得稳定且与之匹配的收益。由此,以平台为基础,形成了一个无需垄断出版发行却依旧能够让生产者稳定获利的生产组织形式。

平台塑造的文化产品生产组织尽管没有能够完全取代需要高额前期投入的文化工业生产组织,但也侵占了后者的部分"领地",并对后者的生产及版权实践产生了巨大影响。一方面,平台提供的经济激励与传统生产组织提供的激励构成竞争,加之大模型等技术导致的表达成本降低,一部分原本需要依赖传统市场中的中介组织生存的生产者转而直接投身平台,近年来兴起的"独立音乐人"就是一例,而随着大模型技术在音乐领域的应用,传统音乐唱片公司的领地很可能进一步消解,最后仅仅保留古典乐、交响乐或明星产业等需要较高投入成本的领域。另一方面,即便是那些因为先期投资成本门槛较高,以至于平台不构成直接竞争的文化产品生产领域(比如电影),也不

---

❶ 关于融资的例子,如 2016 年 Papi 酱获得超千万融资。关于网红经济,参见杨江华:《从网络走红到网红经济:生成逻辑与演变过程》,载《社会学评论》2018 年第 5 期。

❷ 参见胡凌:《超越代码:从赛博空间到物理世界的控制/生产机制》,载《华东政法大学学报》2018 年第 1 期。

得不把各类平台视作最佳宣发渠道,争先与其达成战略合作,允许其无责对自己生产的文化产品进行切片、二创与利用,部分让渡自己的著作权❶,以换取其在流量上的优待。

在传统市场中,部分文化产品的生产者也可以通过名望获益,因而不必然追求经济激励,但这种方式无法支撑起整个市场。约瑟夫·E.斯蒂格利茨(Joseph E. Stiglitz)自述过一个有趣的体验:有一出版社邀请他为一本他的盗版译作写序,他欣然答应;次年,他到中国台湾地区讲学,到书店前还担忧书店里没有他的盗版译作。❷ 如波斯纳(Rihcard A. Posner)所指出的,这些名望以及其所带来的直接金钱利益(比如可能拿更高的工资)很可能远远超过版税。❸ 但传统市场所提供的名望激励仅限于特定少数群体,对那些还挣扎在签订一次性稿费合同的作者来说,通过名望变现尚且只是奢望,这一方面是因为他们不掌握昂贵的出版发行渠道,另一方面受限于过高的交易成本,无法在短时间内聚集起足够多的名望并"变现"。同时,对于那些可以收获名望激励的少数群体,由于交易成本高昂,他们即便想建立以合同为主的私人出版渠道,也不可能竞争过科层安排下更有效率的中介组织。❹ 因而,传统市场不得不依赖这类中介组织,不得不考虑他们在文化生产中的利益。

平台则基于其独特的生产组织方式,将一套去中介化、低成本运作的奖励制度落到实处,"赶走"了出版发行商,不断降低发行成本,同时为名望的积累与快速变现提供了基础设施。正因如此,以平台为基础的生产组织形式

---

❶ 这样的例子数不胜数。例如,抖音宣布与安乐影片、万达影视、光线影业、阿里影业、新丽影业、英皇电影达成战略合作,共同推出"视界计划";抖音与中国唱片集团达成音乐版权合作;抖音与英皇达成音乐版权合作,允许用户利用英皇的歌曲进行短视频创作。

❷ See Joseph E. Stiglitz, *Economic Foundations of Intellectual Property Rights*, 57 Duke Law Journal 1693 (2008).

❸ 参见〔美〕威廉·M.兰德斯、〔美〕理查德·A.波斯纳:《知识产权法的经济结构》(中译本第二版),金海军译,北京大学出版社2016年版,第56页。

❹ See R. H. Coase, *The Nature of the Firm*, 4 Economica 386 (1937).

才能适应因大模型等技术进步而爆发式出现的海量文化产品,而传统市场中要求垄断复制发行的著作权则成为"异端",那些通过版权诉讼牟利的行为的正当性也因此变得晦暗不明。

(四)著作权没用了吗?

文化产品的生产组织方式从传统市场逐渐演变到平台市场,一定意味着我们需要重新审视著作权的功能,但绝不意味着著作权应当被扫入历史的垃圾堆。许多知识产权制度在实践中都并非主要以"保证产品在市场上以垄断价格出售"为核心功能,而是受到各种因素影响,承担非常不同的功能。一个典型的例子是医保谈判与药品研发中的专利权。进医保的药物的价格由医保部门与医药企业通过谈判确定,对于医药企业来说,进入医保意味着获得进入广阔销售市场的门票,但也意味着必须接受医保部门事前确定的底价范围。同时,70%的药品价格由医保基金报销意味着这事实上是一种事后补贴制度,而非单纯地用知识产权激励生产的制度。在这种情况下,专利权起到的核心作用不是创造垄断定价权,以市场交易的方式补足创新者的研发投资并提供激励,这部分功能事实上由政府负担。保留专利权的一些核心理由可能变成防止政府以过低价格征收、激励发明者对成果进行改进,以及在关于发明的社会价值有新信息出现后,确保政府支付的价格能够接近其社会价值。❶

这提示我们,当我们强调平台塑造了一种生产组织方式,并以奖励制度激励生产时,也必须在这一具体情况下讨论著作权可能起到什么样的作用。

第一,著作权原有的核心功能是调整生产者之间的关系,这部分功能可能被平台内部管理机制取代。在传统意义上,著作权的功能是防止未经许可的使用、复制、发行、改编与剽窃,强调任何非合理使用的利用均需付费。但

---

❶ See Benjamin N. Roin, *Intellectual Property versus Prizes: Reframing the Debate*, 81 The University of Chicago Law Review 999 (2014).

在平台上,这些行为的意义和影响都会变得模糊。未经许可的复制发行可能有违人们的正义感,却不见得影响创作者的利益。首先,由于绝大多数内容是免费提供的,单纯的复制下载行为并不会给行为人带来多少收益,况且在内容消费愈发碎片化的当下,仅仅下载单个视频的行为对行为人来说几乎没有意义。其次,如果创作者主要依靠流量奖励变现,由于流量变现具有高度人格化的特性,搬运行为反而有可能增加其曝光度,能够保证被搬运的视频能够简单地再定位到创作者自己的账号上即可。最后,如果搬运到创作者没有账号的平台,甚至可能被理解为帮创作者"开拓市场"。

相较于这一行为对生产者影响的模糊性,其对平台所设定的生产秩序的侵害是更显而易见的。平台面临的困难是,如何将有限的流量资源分配给已经在这一生产组织中,且能够生产出有吸引力的内容的作者,并且保证内容对用户的吸引力(这也要求尽量减少完全重复的内容),进而确保这一交叉补贴的市场能够持续运作。这意味着两种应对方案。第一,对已经在本平台上发布的内容,平台将有动力打击相关搬运行为,如抖音通过建立复杂的内容审核对比机制,将新发布的视频同平台已有的视频进行对比,对于被识别到存在搬运行为的违规账号进行限流、降权。第二,对于将其他平台的内容搬运到本平台上的行为,平台则没有动机严厉打击,直到这些生产者也被整合到自己的平台上。❶

由平台的内部管理规则调整生产者之间的关系,还可能会改变关于抄袭、剽窃、改编的规范。比如,由于群体注意力的集中度更高,翻拍更可能并容易被识别为"戏仿"或者被认为是"创造性模仿";改编的行为不见得再需要作者授权,此时提示原作者即可,原作者对改编行为可能更为乐观……这些细微行为规则的改变都提示我们需要注意著作权在调整生产者间关系上

---

❶ 例如,2021年兴起了长短视频侵权问题,影视行业的各大协会、视频平台、影视公司发布声明要求抖音制止侵权行为,但抖音并没有对许多搬运者作出过于严厉的处罚。参见锌财经:《搬运不止、博主无视、平台纵容,短视频新规出台两月成摆设》,载36Kr网2022年2月14日,https://www.36kr.com/p/1614863705999881。

的功能变化。

第二,著作权在调整平台—生产者间关系中起到的作用不可忽视。对于单个生产者而言,同样面临着和平台竞价的问题,这一问题在多平台竞争的环境下更为严峻。对生产者而言,一个作品同时发布在多个平台上并不增加太多边际成本,而作品生产成本是沉没成本,所以只要平台的出价高于生产者发布的成本,后者就极可能接受平台的出价。如果缺乏著作权制度所能提供的"退出权",生产者在同平台的议价过程中必然处于不利地位。❶

著作权还涉及传统生产者,尤其是文化工业生产者和平台间的利益平衡问题。从数字音乐到长短视频侵权,初期的侵权行为最终都以平台与传统工业生产者之间的战略合作结束,著作权为他们提供了交易的基础。由于在平台提供的激励形式中,事前投资的金额许多时候同流量大小的关系并不显著,所以在激励需要大额事前投资的文化产品的生产上必然力有不逮。著作权仍旧是这类文化产品生产的必要制度。

综上,即便在一个平台化的生产组织中,著作权依旧有其必要性,但这绝非我们惯常理解的会给著作权赋予的那种功能。这意味着我们需要更细致地、经验性地研究著作权对于平台生产者来说到底意味着什么,发挥了何种功能。

[三] 结语:技术、生产方式与生产组织方式

本文主体分为两个部分。第一部分通过对四个场景的分析说明了一个老道理:不管是照相机、摄影机、大模型技术还是谢瑶樵的屁股,生产工具的改进对法律实践的最大影响都不在于"作品"的本质受到了任何影响,纠结这种本质主义的思路讨论独创性问题对于我们理解法律在真实生活中扮演的利益平衡机制角色很难有多大的助益。尤其是,技术进步往往带来的是利

---

❶ 这一点同前文讨论过的医保类似。

益格局的巨变,新的利益者产生与旧的利益者消亡,本质主义的分析进路就更应当受到质疑。第二部分建立在案例分析的种种"发现"的基础上,试图从生产方式与生产组织方式的视角出发,给出理解著作权制度变动的视角。版权法是一套商人的法,它是由组织文化生产的机构推动的,实际参与生产的人反而不一定在意。❶ 这些组织文化生产的机构的变动,恰恰是我们理解技术如何影响著作权的核心线索。从文联、电影制片厂,到出版社、唱片公司、电影公司,再到平台,恰恰是生产组织的变化,改变了著作权制度。当平台所组织的生产建立在一种奖励制度的基础上时,重新思考著作权的功能实在太自然不过了。

  生产组织不会自行变化。生产组织方式变革的动力源自生产方式的改变,技术在这里出场。大模型技术与互联网代表的技术进步,带来了一大批无法被传统市场中的中介机构组织起来的文化产品(无论是盗版还是原创)。把这些文化产品的生产组织起来、供人们消费并创造价值的方式,就是新生产方式。传统生产组织方式的"失能"呼唤着更有效率的生产组织方式,而新的生产组织创造了新的利益群体、诉求,潜移默化地改变了法律制度的功能,也是理解互联网层出不穷的技术创新的后果的一条主线。相较于纠缠概念,这才是理解技术进步如何影响法律制度的更好方式。

---

❶ 参见〔美〕理查德·A. 波斯纳:《法律与文学》(增订版),李国庆译,中国政法大学出版社 2002 年版,第 528 页。

信息科技领域的国际法规范变迁

——从"国际"电信联盟到"区域"数字合作

许新冉[*]

摘　要：就信息科技领域的国际规范变迁来说，其规制主体经历了从国际组织到区域合作组织的分化过程，其规范文本经历了从具效力的国际条约到宣言倡议的软化过程。传统上，该领域由国际电信联盟负责，但在经过1988年世界行政电报和电话大会（WATTC-88）和2012年世界电信大会（WCIT-12）上的两次对抗后，国际电信联盟逐步无力平衡其中的利益冲突。前者的对抗表现为欧洲各国贸易保护主义和美国自由化世界电信市场的矛盾，后者的对抗表现为中俄与美欧关于互联网监管模式的矛盾。在对抗过程中，信息科技领域的国际法规范逐渐发展出技术竞争、贸易竞争和社会价值竞争三个面向。三者间的互动贯穿着信息科技领域国际法规范变迁的始终，影响着国际制度的生成。

关键词：国际电信法　国际科技法史　国际电信联盟　国际互联网治理　数字经济

国际法如何规制新兴科技的发展？这个问题估计要视情境而定，在某

---

[*]　许新冉，上海交通大学凯原法学院博士研究生。本文系国家社科基金青年项目"数字化与'法律创生'原理阐发和机制构建"（项目批准号：23CFX078）的阶段性成果。本文成稿过程中得到陈靓、姜居正、李浩源、韩驰、苏汉廷、曾聪、励颖等学友的建议与帮助，作者特别致谢。

些议题中,国际法能迅速形成一些共识,如核武器、生态安全等,但这些领域往往与人类生存息息相关。对风险和威胁的恐惧迫使各国达成一定程度的底线合作。❶ 而在另一些领域,国际法对技术的治理框架则迟迟难以落地,信息技术就是典例之一。迄今为止,国际上尚未形成具有普遍约束力的"国际互联网法"或"国际数据法"。这并非因为信息技术本身有何特殊性,早期国际法也紧贴通信技术的发展而发展。国际电信联盟(International Telecommunication Union,以下简称 ITU)的前身国际电报联盟(International Telegraph Union)成立于 1865 年,甚至比电话的发明还早了 11 年,被誉为"现存最古老的政府间组织"。❷ 此外,在 1896 年无线电报被发明后,仅过了 10 年就签署了世界上第一份国际无线电报公约。❸ 为何进入信息时代,计算机网络在让全世界变成"全球村"的同时,却没办法形成普遍的国际规范呢?

尽管目前已有了大量的法规文书处理信息时代的诸种议题,但它们要么不具有普遍的国际法规范性(如《欧盟通用数据保护条例》,以下简称 GDPR),要么不具有法律约束力(如《塔林手册》)。因此,信息科技领域可以说是当代国际法逐步分化(fragmentation of international law)与软化的代表。一些既有研究指出了信息科技领域国际规范的这些特征,但往往偏向深描现象本身。❹ 在此基础上,本文试图从 ITU 监管信息科技的变化历程入手,分

---

❶ See Emmy Latifah and Moch Najib Imanullah, *The Roles of International Law on Technological Advances*, 5 Brawijaya Law Journal 102 (2018).

❷ 参见孙南翔:《国际电信联盟》,社会科学文献出版社·国别区域分社 2022 年版,第 1 页。

❸ 参见 Dietrich Westphal, *International Telecommunication Union (ITU)*, Oxford Public International Law (March 2014), http://opil.ouplaw.com, 该条约即《国际无线电报公约》(International Radiotelegraph Convention)。

❹ 如沈伟、赵尔雅:《数字经济和数字博弈双重背景下人工智能的国际法治理》,载《武大国际法评论》2023 年第 4 期;赵骏、李婉贞:《人工智能对国际法的挑战及其应对》,载《浙江大学学报(人文社会科学版)》2020 年第 2 期;古祖雪、柳磊:《国际通信法律制度研究》,法律出版社 2014 年版。

析国际法在该领域分化与软化的历史脉络及其背后的政治经济学原理。在此过程中有两个标志性事件,即1988年世界行政电报和电话大会(WATTC-88)上美国和欧洲各国之间的互动与2012年世界电信大会(WCIT-12)上中俄与美欧之间的互动,它们折射出各国对信息科技管理模式之分歧的凸显与扩大。在科技竞争的背景下,传统以ITU为基础的国际组织体系越来越难以凝聚共识,区域合作成为处理此类议题的新模式。但这并非意味着国际法的失效,相反,它实际上提供了一个观察国际法生成(making of international law)的窗口。就信息科技领域来说,尽管争论往往在政治价值间(如"自由"与"监管")发生,但内核仍是由技术竞争再到经济博弈所驱动,不同的技术和经济优势会带来不同的价值追求,而国际法规范在这些价值间的取舍依赖技术和经济博弈的结果。本文也论述了中国该如何应对这一新常态,从而以恰当的方式介入信息科技领域的国际法规范生成。

[一] 电信时代的国际信息科技规范体系

通常来说,电信是指通过电子手段远距离传输信息。在此基础上,多个用户间相互传输信息的电子系统就构成了电信网络,它可以利用电缆、无线通信、光纤或者其他电磁系统来传送、发射和接收标识、文字、图像、声音或其他信号(具体示例如电话网、电报网)。❶ 计算机网络是电信网的特例之一,它是指通过计算机连接的电信网络,而互联网则是指连接计算机网络的网络。因此,互联网是计算机网络的特例,计算机网络是电信网络的特例,都可以被泛称为信息科技。建构网络的目的是传递各类信息,而数据往往被视为信息的载体。为了让物理机器传递信息,就需要将信息加工成机器能读懂的方式,这个过程被称为编码和解码。编码和解码需要遵循特定的协议或标

---

❶ See Paragraph 1012 Annex to the Constitution of the International Telecommunication Union (ITU), in ITU, *Collection of the Basic Texts of the International Telecommunication Union*, 2011.

准,否则就像用法语词典去翻译德语书籍一样南辕北辙。至于哪种标准或协议更好的问题,则类似哪种语言最好,取决于对"好"的定义。有的标准传输效率高,但不够安全;有的标准传输快且安全,但容量小。需要使用者在不同价值间进行权衡,才能得出"好"的标准。

从上述介绍中不难看出区域合作对电信行业的意义,如果某个区域没有统一的电信基础设施及传输标准或协议,那么信息的互联互通也就无从谈起。因此,在有线电报问世后不久,20 个欧洲国家于 1865 年签署了《国际电报公约》,并促成了国际电报联盟的成立。❶ 后来广播音频的兴起,带来了用统一的国际或地区条约或组织来管理有线/无线通信的需求。于是,1932 年在马德里同时组织了国际电报会议和国际无线电报会议,通过整合既有公约的方式形成了新的《国际电信公约》和现在的 ITU。❷ 随后,依据 1947 年 ITU 和联合国之间的协议,ITU 成为联合国的一个专门机构。❸ 此后 ITU 经过了多轮改组,其中最重要的改革发生于 1992 年。❹ 其被精简为三个部门,分别负责无线电通信(ITU-R)、电信标准(ITU-T)和电信发展(ITU-D)。《国际电信公约》被《国际电信联盟组织法》(ITU Constitution)取代,并制定了一部

---

❶ 参见孙南翔:《国际电信联盟》,社会科学文献出版社·国别区域分社 2022 年版,第 2—3 页。

❷ 即把《国际电报公约》与《国际无线电报公约》合并为《国际电信公约》。在一些研究中,会认为此时 ITU 也是通过合并既有国际组织的方式成立的,如认为 ITU 是由国际电报联盟和国际电话咨询委员会(CCIF)合并而来。但严格来说,这样的表述并不正确。CCIF 与国际电报联盟之间的联系始于 1925 年,但它一直是具独立性的自治机构,正式被纳入 ITU 应是在 1948 年。此外,按照《国际电信公约》第一条的表述,ITU 只是取代国际电报联盟的旧名称而已。更多历史梳理可参见 C. Henrich-Franke and L. Laborie, *Technology Taking Over Diplomacy? The "Comité Consultatif International (for) Fernschreiben" (CCIF) and its Relationship to the ITU in the Early History of Telephone Standardisation, 1923-1947*, in Gabriele Balbi and Andreas Fickers (eds.), *History of the International Telecommunication Union (ITU)*, De Gruyter Oldenbourg, 2020, pp. 215-242;ITU, *Discover ITU's History*, https://www.itu.int/en/history/Pages/DiscoverITUsHistory.aspx (last accessed on 1 March, 2024)。

❸ 同上注,该协议于 1949 年生效。

❹ See Uchenna Jerome Orji, *International Telecommunications Law and Policy*, Cambridge Scholars Publishing, 2018, pp. 59-60.

更为详细的《国际电信联盟公约》(ITU Convention),两份文书对 ITU 的所有成员都具有拘束力。此外,另一份比较重要的条约是 1988 年世界电报和电话行政会通过的《国际电信规则》(ITRs)。该份规则确立了国际电信业务保障和运营的一般原则。❶

值得指出的是,电信技术发轫于欧美国家,但相关国际组织或会议却总是始于欧洲国家。这是由于美国位于独立的大陆,国内使用统一的标准且国内市场已足够广阔;而欧洲由众多国家组成,天然需要联合、谈判与协商。因此,从国际电报联盟发展到 ITU 的这段时期(1865 年到 1947 年),所谓的"国际"电信联盟主要以欧洲为中心,专注于管理欧洲的电信业务;从 1947 年 ITU 成为联合国的一个专门部门开始,ITU 更多受到美国及其在电信技术中主导地位的影响;但从 2000 年代中期开始,ITU 越来越受到发展中国家(尤其是中国)的影响,并开始探索国际互联网治理的新模式。❷ 以此划分三个发展阶段,信息科技的国际治理主要有两个变化节点,对应欧美间的博弈和中美间的博弈。

那么,ITU 是如何对电信行业进行国际监管与治理的呢？这要从电信行业的特色谈起。在电信发展与治理的过程中,"垄断"(国有)和"竞争"(私营)之间的关系是绕不开的话题。一般认为,电信行业具有自然垄断性。所谓自然垄断性,是指某个行业内资源稀缺或存在规模经济效益,此时由某一家公司垄断经营,反而能提高资源利用率。❸ 而电信经营的基础就是覆盖面广的网络基础设施和统一的信息传递标准,因此,一国的电信服务往往由

---

❶ See Article 1(1)(a) International Telecommunication Regulations, Final Acts of the World Administrative Telegraph and Telephone Conference, Melbourne, 1988, (WATTC‑88) (ITU: Geneva, 1989).

❷ See Gabriele Balbi and Andreas Fickers (eds.), *History of the International Telecommunication Union (ITU) ‑ Transnational techno‑diplomacy from thetelegraph to the Internet*, De Gruyter Oldenbourg, 2020, p. 5.

❸ See Rolf W. Künneke, *Electricity Networks: How 'Natural' is the Monopoly?*, 8 UtilitiesPolicy 99 (1999).

国营电信运营商主导。但垄断经营由于缺乏竞争,容易影响新技术的发展。为解决这一问题,需要引入市场竞争机制,包括拆分国营企业、给私企发放运营牌照等。电信治理史上的一个经典案例就是美国 AT&T 公司的拆分。❶但竞争又会带来各标准互不相通的问题,给用户增加了障碍。例如,在 1G 时代的欧洲,存在诸如英国的 TACS、联邦德国和葡萄牙的 C-450、法国的 Radiocom 2000、西班牙的 TMA、意大利的 RTMI 等标准。❷ 由于标准不同,各国间无法实现移动电话漫游,不得不成立欧洲一级的组织来协调,即移动特别小组(总部在法国,故为 Groupe Spécial Mobile,后来发展为 GSM 协会❸)。对电信行业的治理可谓应了那句古话,"合久必分,分久必合"。

此外,在国与国之间同样存在着技术竞争,由于电信行业的自然垄断性,会出现强者通吃的现象。这被学者形象地概括为"网络效应",即消费某特定产品的单个用户,随着消费该产品的用户数的增加而获得增加的效用,换言之,连接到一个网络的价值取决于已经连接到该网络的其他人的数量。❹ 例如,由于微软视窗操作系统(Windows 系统)是最普及的计算机软件操作系统,所以购买新电脑的消费者最可能采用微软视窗操作系统,以便能与更多人进行数据转换、共享和交流。因而,各国都会试图让本国标准成为主导的标准。而一旦某国企业的标准取得流行地位,其他国家在不采取贸易保护政策的情况下便难以与之竞争。可见,国际电信的治理需要处理好企业与企业、国家与企业、国家与国家之间错综复杂的竞争与合作关系。在该领

---

❶ 参见吴军:《浪潮之巅》,人民邮电出版社 2019 年版,第 1—10 页。

❷ 参见王建宙:《从 1G 到 5G:移动通信如何改变世界》,中信出版集团 2021 年版,第 38 页。

❸ GSMA,即 GSM Association(GSM 协会),亦称"全球移动通信系统协会"(Global System for Mobile Communications),是非营利性的行业组织,代表全球移动网络运营商的利益,共有 750 多家移动运营商参与,主要涉及蜂窝网络标准等议题。可访问 https://www.gsma.com/。

❹ 参见〔美〕卡尔·夏皮罗、〔美〕哈尔·R. 范里安:《信息规则——网络经济的策略指导》,孟昭莉、牛露晴译,中国人民大学出版社 2017 年版,第 220—221 页。

域内,自由竞争与滥用市场支配地位、贸易保护与政策强制管制间只有一线之隔。

在国际电信治理的第一个阶段,电信服务被视为一种公共服务,其被分割成国家市场,并受到国内政策的保护。在欧洲(主要是西欧国家),往往将这种公共服务委托给相应部门的垄断供应商(Postal Telegraph And Telephone Service, PTTs),由其提供通信网络和服务。PTTs 往往都是国有企业,兼具商业运营和监管职能。❶ 它们可能承担分配频谱、分配号码、制定技术标准等义务。此时,这种双重角色被视为电信行业顺利发展的基本前提。因此,此时相关的国际规则偏向强调"主权性",将对电信系统的监管和控制视为国内管辖权的体现。❷ 这在当代国际电信法中亦有所遗留,如 ITU Constitution 序言规定"充分承认每个国家均有主权管制其电信……的同时",以及 ITU Constitution 第 37、48 条均有对各国主权的规定。❸ 尤其对于欧洲各国来说,在同一片大陆的小国间有着现实的通信需求和环境,所以相较于主权,它们更重视欧洲内部的普遍联合。在国际电报联盟时期,欧洲各国就通过一系列复杂的双边或多边条约协调欧洲的通信市场,以至于"国际"电报联盟成了"电报领域的国际卡特尔"。❹

但尽管欧洲大陆的电信制度更强调公有化合作,英国和美国的电报和电话系统却交由私人公司运营,这也是为什么这两国并不是国际电报联盟的创

---

❶ See Sabine Schorlemer, *Telecommunications, International Regulation*, http://opil.ouplaw.com (last accessed on 1 March, 2024).

❷ See Sabine Schorlemer, *Telecommunications, International Regulation*, http://opil.ouplaw.com (last accessed on 1 March, 2024).

❸ 《国际电信联盟组织法》,于 1992 年 12 月 22 日通过,1994 年 7 月 1 日生效,1825 UNTS 1826。其中第 37 条第 2 款规定:"但是,为确保其国家法律的实施或其所缔结的国际公约的履行,各成员保留将此类通信告知有权能的主管当局的权利。"第 48 条第 1 款规定:"各成员对于军用无线电设施保留其完全的自由权。"

❹ See Jill Hills, *The Struggle for Control of Global Communication: The Formative Century*, University of Illinois Press, 2010, p. 59.

始成员。❶ 英国于 1868 年加入国际电报联盟,并推动了欧洲各国代表其殖民地行使投票权。而美国则于 1934 年加入《国际电信公约》,并提出了"经认可的私营电信机构"(Recognized Private Operating Agencies, RPOA)这一概念。❷ 也正是在这段时期,公司逐渐成为 ITU 中具有话语权的法律主体之一。但英美两国在国内外电信政策上采用了不同的体系:在国内,两国的电信市场由大公司垄断(美国的 AT&T 和英国的 Cable & Wireless Ltd.),而在国际上则采纳"端到端模式"(end-to-end model)。这是一种无需经过第三方,只在用户之间进行通信的模式。在这种模式中,不同公司可以通过遵守共同的互联标准来进行连接与合作。因此,互联标准由公司商定,而在传统 ITU 模式下,标准则需要由国家来决定。

随着"电信革命"的推进,技术发展带来了电信用户的激增,对新设备、新数据和增值服务的需求急剧扩大。据当时的机构预估,1990 年电信产业的估值会突破 1130 亿美元,是少有的明确增值的产业。❸ 与之相对的,传统 PTTs 缺乏技术创新的动力,而且经常会采取较高的定价,难以适配大众对廉价多样通信方式的需求。❹ 这就导致大量以商业逻辑为主的私营电信服务提供商和供应商诞生,它们天然亲近英美这种利于自由竞争的模式。到了 20 世纪 80 年代,"去管制化、全球化、协同和融合"成为电信治理的新关键词❺,大量的 PTTs 被私有化。不过,去管制论的主要推手是美国和英

---

❶ See Negar Mansoun, *Money, Magic, and Machines: International Telecommunication Union and Liberalisation of Telecommunications Networks and Services (1970s–1990s)*, 11 London Review of International Law 231 (2023).

❷ See Negar Mansouri, *Money, Magic, and Machines: International Telecommunication Union and Liberalisation of Telecommunications Networks and Services (1970s–1990s)*, 11 London Review of International Law 231 (2023).

❸ See *Telecommunications Survey*, Financial Times, 19 July 1989, p. 1.

❹ See Rolf W. Künneke, *Electricity Networks: How 'Natural' is the Monopoly?*, 8 UtilitiesPolicy 99 (1999).

❺ See Kenneth Dyson and Peter Humphreys (eds.), *The Political Economy of Communications: International and European Dimensions*, Routledge, 1990, p. 1.

国,这引发了欧洲国家的担忧。平心而论,放松管制确实是当时电信行业发展的大势,可美国在电信革命中的技术领先地位,及其在第二次世界大战后所积累的国际经济政治影响力使得"放松管制"看起来像是美国的政策工具。尤其是彼时"里根经济学"和"撒切尔主义"正大行其道,又给该主张蒙上了一层意识形态色彩。对许多欧洲政策制定者来说,"放松管制"实际上是美国公司利益的代名词。尤其由于地理位置相近,当英国开始推进国内电信私有化的进程时,其开放的市场政策会诱使他国企业迁往英国,这给西欧政府带来了更大的压力。❶

这些矛盾爆发于 1988 年 11 月在澳大利亚墨尔本举行的 WATTC-88。WATTC 是 1982 年 ITU 内罗毕会议的产物,旨在修订 ITU 关于电话和电报的规定。在内罗毕会议上,各国一致通过了第 10 号决议,并将其附加到当时的《国际电信公约》中。该决议的重点是制定适用于"现有和可预见的新电信服务"的"广泛的国际监管框架"。❷ 对此,引发了两类讨论。其一,"可预见"意味着适用于电报和电话的规则可以扩展到未来所有的电信服务。那么,这些规则是遵循传统范式,还是新的市场化趋势呢? 其二,"监管"一词引发了私营企业的担忧,它们将决议理解为电信管理部门试图捍卫并扩大其管理的范围。❸ 这引发了来自美英的大量批评,他们认为"任何对新领域的监管和统一标准都会减缓科技发展的速度,从而抑制新市场的发展"❹。此外,自由主义者们也认

---

❶ See Kevin Morgan and Douglas Webber, *Divergent Paths: Political Strategies for Telecommunications in Britain, France and West Germany*, in Kenneth Dyson and Peter Humphreys (eds.), *The Politics of the Communications Revolution in Western Europe*, Routledge, 1986, pp. 56-79.

❷ See ITU. General Secretariat, *International Telecommunication Convention: Final Protocol, Additional Protocols, Optional Additional Protocol, Resolutions, Recommendation and Opinions*, Nairobi 1982., Geneva, pp. 238-239.

❸ William J. Drake, *WATTC-88: Restructuring the International Telecommunication Regulations*, 12 Telecommunications Policy 217 (1988).

❹ Preparatory Committee for WATTC-88, *Report R 3: report on the meeting held in Geneva from 15 to 19 December 1986*, ITU, Geneva, 1987.

为,"电信行业已经不再是基础的电报或电话服务,而是与各经济贸易部门紧密联合在一起,不能仅由工程师们决定"❶。这些批评并非没有道理,但解决这些问题或平衡利益冲突则相当棘手。1987年第四次WATTC预备会议只通过了没有共识的电信规则草案(下称WATTC-4 Draft),这在ITU历史上非常罕见,它意味着基于国家监管的传统电信管理范式遇到了挑战。

WATTC-4 Draft作为初步草案,在实质上没能调和矛盾,批评仍在持续。举例而言,当时的争议焦点之一是ITU的管辖范围。该议题又可被具体化为一些子议题,如"电信/电信服务"的定义、新条例的适用对象和其规定的详细程度等。按照第10号决议的精神,许多代表认为可以详细列出新条例所适用的服务。❷ 但美国和英国坚决反对这一做法,认为"详细的清单可能很快在技术上过时,而笼统的清单则可能于事无补"。因此,美英认为应该限制新条例仅适用于 PTTs 和 RPOA,从而给纯私营企业更多发展空间。但法国认为,这会带来不公正的竞争,因为 PTTs 和 RPOA 要受到新条例的约束,其他运营商则没有这种负担。❸ 最终,WATTC-4 Draft 删去了原定的清单,但保留了其适用于"所有实体"。这意味着,向公司或私人提供服务受到新规则的监管,且必须得到政府"授权"。那么,RPOA 仍然面临着 PTTs 的垄断竞争。因此,英美和一些公司的观察代表采用了更为激烈的反对措施。例如,英国在经合组织有关国际商事问题的会议上表达了"在 WATTC 会议上可能出现的增加监管压力的担忧……同时几乎所有发达国家都在去监管变

---

❶ Preparatory Committee for WATTC-88, *Report R 3: report on the meeting held in Geneva from 15 to 19 December 1986*, ITU, Geneva, 1987.

❷ 1984年的CCITT全体会议第15号决议明确要求制定这样一个清单,因此,印度尼西亚、印度、伊朗和坦桑尼亚代表团提出的草案规定:"向用户提供的国际电信服务应包括以下几类服务:语音服务、短信服务、数据服务、视频服务。" See Preparatory Committee for WATTC-88, *Report R 1: report of the meeting held in Geneva from 27 February to 5 March 1985*, ITU, Geneva, 1985, p. 7, 24.

❸ See International Telecommunication Convention, Nairobi, 1982, Geneva.

革,朝自由和竞争去发展"❶。美国的数据处理服务组织协会(ADAPSO)认为该草案"不可接受",要求美国拒绝批准该草案,或至少要有保留地批准。IBM 也支持这一观点,认为其"与美国的国家政策完全相反"。❷ 这些反对意见给会议前景带来了不确定性,为了寻求平衡,ITU 秘书长理查德·巴特勒(Richard E. Butler)提出了新的折中草案,即巴特勒草案(Butler Draft)。该草案做出了大量让步,以第一条为例(见表 1):

表1 ITRs(1988)草案第一条对比❸

WATTC-4 Draft	Butler Draft
第一条:本规则的宗旨 第一款:本规则规定了向公众提供国际电信服务的一般原则。 第二款:在本规则中,"公众"是指一成员全部或部分领土内的人口,包括政府机构和法律机构。本规则应理解为涵盖了提供终端服务的基本国际电信传输手段。 第五款:[......]每种关系中国际电信服务的提供和运营应根据各主管(和经认可的私营电信机构)之间互定的协定进行。 第七款:成员需努力确保在其领土上建立的使用国际电信网络来提供国际电信服务的任何实体应: 第一项:得到成员的授权; 第二项:遵守本规则; 第三项:在成员认为适当的范围内,遵守相关国际电报电话咨询委员会的建议。	第一条:本规则的宗旨和范围 第一款:本规则是对《国际电信公约》有关规定的补充,旨在促进技术设施的发展和高效运行,提高国际电信业务的效率、有用性及对公众的可用性。同时承认每个国家对其电信进行监管的主权权利。 第二款:本规则确立了适用于成员向公众普遍提供的国际电信设施和服务的一般原则,并承认成员有权对专门电信网络、系统和应用作出特别安排,包括国际电信传输的基本手段。 第六款:在实施本规则的原则时,敦促各主管部门(和经认可的私营电信机构)[遵守][应最大程度地遵守]相关国际电报电话咨询委员会的建议,包括这些建议中的任何指示。

对比两份草案的第一条,可以发现明显的变化。首先是新标题使得

---

❶ *Toward Flexible WATTC Regulations*, 11 Transnational Data Report 6 (1988).

❷ *In Inquiry on Proposed Telecommunications Regulations for WATTC, ADAPSO, IBM tell FCC PC/ATTC Draft is Unacceptable; AT&T Says Changes Needed but Warns of 'US Isolation'*, Telecommunications Reports, 21 March 1988, p. 17.

❸ 作者自制。

ITRs 的范围问题与宗旨问题同样重要,且明确界定了 ITRs 的适用范围。巴特勒草案将重点放在了"普遍提供"的服务上,而淡化了对"公共"的理解。同时,其也降低了国际电报电话咨询委员会之建议的重要性。而 WATTC-4 Draft 第 1 条第 7 款中引发争议的"任何实体"规定被完全删去。这两份草案代表了天平的两端,一端是采用行政集中化、内容详尽、侧重监管的制度,另一端则是去中心化、内容概括、侧重自由竞争的制度。

因而最终通过的 ITRs 正式文本是在这两端之间进行了再平衡。正式文本加回了对"公众"的定义,并通过引入成员间"特别协议"的方式满足了新兴公司开拓市场的需求。但又对特别协议的适用条件加以限制,如"应避免在技术上损害第三国电信设施"。总之,私人网络运营商避免了严格的监管,而原来的 PTTs 虽然受到限制,却仍可以继续向公众提供国际服务。

看似一团和气的背后却暗流涌动,给后续信息科技领域国际法的分化与软化埋下了种子。首先,ITU 并没有解决 WATTC-88 上冲突背后的根本矛盾,即技术领先的国家希望放松管制和其他国家试图加强贸易保护的矛盾。从国内视角看,在庞大的信息市场面前,各国都不约而同地加强了政府对市场的干预,尽管有的国家选择拆分垄断,有的国家选择加强垄断,但核心都是希望本国企业能在国际竞争中更加突出(即便政府不考虑,企业也会出于自身利益进行游说)。这种心态到了国际视角,就是希望国际法能在自身强大时鼓励自由竞争,而在自身弱小时加强贸易保护。其次,即便国际制度设计出某种类型的"双全法",也缺乏相应的落实机制。与大部分国际组织一样,ITU 也无法避免技术强国拥有更强话语权的问题。在 ITU 成立的首个百年内(1865—1965 年),其主要的任职人员基本是西欧公民或美国公民,意味着广大发展中国家被忽视。[1] 但即便在美欧之间,彼此的利益冲突也足以影响 ITU 相关议程的推进。如果 ITU 过于偏向某一方,另一方就可以"绕过"

---

[1] 1954—1958 年的秘书长是阿根廷人,这也是唯一的例外,参见 Kenneth Dyson and Peter Humphreys (eds.), *The Political Economy of Communications: International and European Dimensions*, Routledge, 1990, p. 38。

其行事。毕竟当时 ITU 还面临着关贸协定和经合组织对自身管辖事务的竞争,后两者都把自由市场当作核心抓手。从组织利益出发,ITU 也只能通过妥协来换取更多国家的认同与参与。最后,信息科技确实如英美代表所预示的那样,有着超常的发展潜力。在既有的利益拉扯面前,ITU 很难预先处理这些新问题。在 ITRs 签署后不久,互联网就出现了。其与美国间的独特关系给国际监管带来的挑战充分说明了这一点。

[二] 从 WATTC-88 到 WCIT-12:互联网时代的挑战与应对

随着电信技术的发展和国际政治经济局势的变化,原本代表利益平衡的 ITRs 面临着前所未有的新挑战。欧洲各国在强调监管以争夺市场份额、对抗美国科技公司的同时,也在积极谋求欧洲的一体化。欧共体的成立使得其有了足够的实力对抗美国,其立场逐渐转向竞争主义。因此,欧美共同推动了 ITU 的自由化转向。但随着南方国家在全球话语权的增强,他们成为贸易保护的新支持者。"发展"成为与"监管""竞争"对抗的新诉求。而互联网的诞生,以及美国对互联网管理权的垄断加剧了国际电信法的分化。裂痕集中体现在 2012 年的 ITRs 修订谈判(2012 年的世界电信大会,简称 WCIT-12)中,会上各国代表分裂成两个阵营,无法达成最基本的共识,以至于 1988 年和 2012 年的 ITRs 同时生效。

(一) 欧共体的成立与 ITU 的自由化转向

由于美国在 WATTC-88 上未能完全实现自身的利益追求,其采取了转移阵地的战略,即通过贸易谈判来实现目标。❶ 1986 年 4 月,25 个经合组织成员决定将服务贸易纳入乌拉圭回合谈判,这意味着电信服务也会逐步自由

---

❶ See John Braithwaite and Peter Drahos, *Global Business Regulation*, Cambridge University Press, 2000.

化,即"在合理和非歧视的基础上,外国公司可以使用公共网络"。这是美国在 WATTC-88 上的主张的延续,许多国家显然不会同意这点,它们倾向制定单独的电信条款。1994 年签署的乌拉圭回合谈判最终文本包括一项电信附件。该附件承认"电信服务部门的特殊性,特别是其作为经济活动的独特部门和其他经济活动的基础运输手段的双重作用"❶。它要求成员"以合理和非歧视性的条款和条件"向"其他成员的任何服务供应商"提供使用公共电信运输网络和服务的机会。如果成员同意,外国服务提供商有权在其领土上"建立、建设、获取、租赁、运营或提供电信传输网络或服务"❷。此外,最终文本还强调,要在该回合结束后继续就基础电信服务进行深入的谈判。各方都希望通过进一步的磋商,在充分考虑对电信法规体制进行改革的基础上,实现该部门贸易的自由化,于是形成了《关于基础电信谈判的决定》(以下简称《电信决定》)。❸《电信决定》规定要在 1996 年 4 月 30 日前,就基础电信贸易条件达成协议。基础电信谈判组起草了《监管原则参考文件》,其中包括有关竞争保障、监管机构的独立性、互连谈判、许可和透明度的条款。当时获得了 47 个国家的开放承诺,美国对此并不满意,想进一步扩大承诺。❹ 在 9 个月的继续谈判后,共有 86 个国家承诺提供不受限制的电信服务,这占当时全球电信市场的 93%,约 6000 亿美元。❺ 这意味着,ITU 必须面对以 WTO 为代表的自由贸易体系的竞争。在新技术层出不穷的情况下,国家对电信行

---

❶ General Agreement on Trade in Services (adopted 15 April 1994, entered into force 1 January 1995) 1869 UNTS 183, Part VI, Annex on Telecommunication, para 1 (objectives).

❷ See General Agreement on Trade in Services (adopted 15 April 1994, entered into force 1 January 1995) 1869 UNTS 183, Part VI, Annex on Telecommunication, para 1 (objectives).

❸ 参见宋才发:《WTO 规则与中国电信服务业的改革及保护》,载《重庆邮电学院学报(社会科学版)》2004 年第 3 期。

❹ See Sharon K. Black, *Telecommunications Law in the Internet Age*, Elsevier Science & Technology Books, 2001, p. 189.

❺ See Sharon K. Black, *Telecommunications Law in the Internet Age*, Elsevier Science & Technology Books, 2001, p. 189. 关于 WTO 和 ITU 之间具体关联的分析,可参见古祖雪、柳磊:《国际通信法律制度研究》,法律出版社 2014 年版,第四章。

业的控制越来越困难,一种以贸易为基础的国际关系逐渐成为电信强国所考虑的目标。另一个例证是,在美国的游说下,1989年佩卡·塔贾尼(Pekka Tarjanne)成为新的ITU总干事,其开始强调"电信作为一种贸易工具"❶,并确保秘书处能为之提供"低调"的援助❷。那么,随之而来的疑问是,在WATTC-88期间自由竞争主张所面临的阻力为何消失了?

这与欧洲的变化有关。早在1957年欧共体❸成立时,就成立了一个常设秘书处来协调邮电政策,并逐步演化成欧洲邮电管理委员会(CEPT)。不过,CEPT本身类似论坛而非政府部门,因此其决定只具有建议性质。在CEPT的管理模式下,决定的具体执行往往依赖各国的协商一致,因而欧洲各国对本国电信业的自主决定权很大。❹ 但随着欧洲一体化进程的推进,各国必须打破本国PTTs对电信行业的垄断,形成新的欧洲统一市场。改革的过程并不容易,从1967年开始的10年内,欧共体批准了一百多项有关欧洲统一技术规范和行政规则的指令,试图打破行政垄断性的非关税贸易壁垒。电信行业是这些措施的主要目标之一,可改革收效甚微。❺ 在当时,电信行业主要由政府进行公共采购和监管,因为它更多被视为一种基础设施,而非贸易交易产品。但随

---

❶ Pekka Tarjanne, *Telecommunications for Users in the 90s: Tools for Trade*, (Keynote address by the Secretary General of the ITU at World Telecommunication Seminar, organized by International Communications Association and International Telecommunications Users Group, Brussels, Belgium, 13 February 1990), copy held at ITU Library Archives, unnumbered.

❷ See R. Brian Woodrow, *Tilting Towards a Trade Regime: The ITU and The Uruguay Round Services Negotiations*, 15 Telecommunications Policy 323 (1991).

❸ 本文用"欧共体"(European Community, EC)指代欧洲经济共同体。尽管准确地说,在《马斯特里赫特条约》(Maastricht Treaty)之后,欧洲经济共同体才更名为"欧洲共同体"。当时还存在欧洲煤钢共同体和欧洲原子能共同体。参见〔英〕保罗·克雷格、〔爱尔兰〕格兰妮·德布尔卡:《欧盟法:教程、案例与资料》,叶斌、李靖堃译,中国社会科学出版社2023年版,第1页。

❹ See Kenneth Dyson and Peter Humphreys (eds.), *The Political Economy of Communications: International and European Dimensions*, Routledge, 1990, Chapter 4.

❺ See Kenneth Dyson and Peter Humphreys (eds.), *The Political Economy of Communications: International and European Dimensions*, Routledge, 1990, Chapter 4.

着石油危机的到来,各国不得不调整自身的工业结构,寻找新的经济增长点。在欧共体看来,欧洲各国必须在经济上进行更紧密的联合,尤其是要在统一的产业政策的指导下,这样才能更好地渡过危机。❶ 而随着信息科技行业的快速发展,欧洲自然也嗅到了其中的潜力,以及来自美国的竞争。在1979年的一份报告中指出,欧洲在信息科技领域有着深厚的基础(市场份额全球第三),但面临着增长乏力的危险。与欧洲各国相比,美国的优势在于庞大的国内市场,而日本的优势在于连贯的产业政策。欧洲需要将这两种优势结合起来,通过统一且有效的欧洲产业政策来推动信息市场发展。❷ 1981年,欧洲议会提出了两项决议,试图克服欧洲电信市场"巴尔干化"的问题。❸ 但一直到几年后,欧洲各国的市场遇到了美国电信公司的侵占时,才出现了真正的转机。

1983年,美国的AT&T通过与Philips建立合资公司,进入了欧洲市场。与此同时,美国的IBM赢得了联邦德国联邦邮政的价值5000万马克的合同,并和当时的英国电信公司BT签订了当时标的最大的电信合同。❹ 这加强了欧洲各国的危机感,尤其在欧盟委员会的宣传与渲染下,各国政府首脑不得不开始思考合作"御敌"的必要性。❺ 因而,在1983年后,欧洲委员会通过了大量指令和建议,加快了欧洲信息产业的一体化进程。其中较具有代表性的文件

---

❶ 例如,当时欧洲推进的科隆纳计划(Colonna Plan)就是一个典型例子。其指出,共同的产业政策对于欧洲的经济一体化和技术独立而言是不可或缺的。因此设计了一项行动计划,其中概述了五项行动方针,比如消除技术性贸易壁垒、协调法律和税收规则以及通过创建欧洲资本市场支持欧洲企业之间的合作。

❷ See Kenneth Dyson and Peter Humphreys (eds.), *The Political Economy of Communications: International and European Dimensions*, Routledge, 1990, p. 89.

❸ See Kenneth Dyson and Peter Humphreys (eds.), *The Political Economy of Communications: International and European Dimensions*, Routledge, 1990, p. 91.

❹ Dan Schiller, *Telematics and Government*, Ablex Publishing, 1982, p. 149.

❺ 例如,"欧洲人将全球IT和电子元件市场的控制权让给了日本人和美国人,被迫在自己的地盘上采取守势。旧欧洲大陆成了一个盘踞的营地,PTTs的管理人员奔波于战略防御之中"。C. Labarrère, *L' Europe des postes et des télécommunications*, Masson, 1985, p. 199, 转引自Kenneth Dyson and Peter Humphreys (eds.), *The Political Economy of Communications: International and European Dimensions*, Routledge, 1990, p. 105。

是 1987 年的《关于发展电信服务和设备共同市场的绿皮书》(以下简称《电信绿皮书》),在《电信绿皮书》的基础上,欧洲委员会通过了诸如开放电信终端设备市场的指令(88/301/EEC)等一系列旨在取消 PTTs 垄断、开放市场的法律法规,这甚至引起了欧盟内部一些国家的反抗,如法国。这些欧洲国家的贸易保护主义,不仅体现为在 WATTC-88 上反对英美的主张,也体现在欧盟一体发展的阻力之中。但很快,这些国家发现,一体后的欧洲市场大大加强了自身或本国公司在国际信息行业的话语权。举例而言,1987 年,欧盟创立了欧洲电信标准研究所(ETSI),把原来互相竞争的几种欧洲标准统一到 GSM 上,使其成为 2G 时代最成功的全球通信标准。于是,"自由竞争"转而成了欧洲的核心诉求,这使得其默许甚至推进了美国对电信领域国际法规范的自由化改造。

(二) 美国与 ITU 对互联网监管权限的争夺

互联网始于 1969 年的阿帕网,但当时只是在军方和政府内部使用,直到 1992 年,互联网开始商业化后,它才真正"飞入寻常百姓家"。因而,互联网从一开始就是公私合营的,美国政府在其中发挥着重要作用。对于互联网的治理而言,域名(即网址上的.com 和.cn 等后缀)和互联网协议(Internet Protocol, IP)地址至关重要。它们只有遵循统一且标准化的协议规则,才能让互联网有效运行。业内人士将之称为"互联网号码分配"(Internet Assigned Numbers Authority, IANA),这个任务一开始并未受到重视,由一些私营机构负责。但迅速发展的互联网及其背后的商业潜力引起了美国政府的注意。1995 年,在美国国家科学基金会召开的会议上,国防部的一位官员认为,国防部在最初的阿帕网的建设上起到了举足轻重的作用,因此,互联网的域名和 IP 应受美国政府管控。❶ 但与此同时,互联网引起了 ITU 的注意。从法理和历史习惯来说,互联网只是一种新的国际通信媒介,理应由 ITU 加以管理。1996 年,国际

---

❶ See Kal Raustiala, *Governing the Internet*, 110 American Journal of International Law 491 (2016).

特设委员会(IAHC)成立,互联网协会、世界知识产权组织、ITU 等一系列参与者试图建立一个全面的国际互联网治理框架,并达成了一项不具约束力的国际协议,即"通用顶级域名备忘录"(gTLD-Memorandum of Understanding)。❶ 这引起了美国政府的强烈抵制,当时的美国国务卿直接谴责 ITU 在"未经成员政府授权而举行……涉及资源分配和签订国际协议的全球会议"❷。在美国政府看来,与 ITU 分享互联网的治理权限对美国来说并不公平。在 ITU 的多边体制下,美国对互联网治理的话语权和其他国家一样,一国一票,但当时近半数的互联网用户在美国。❸ 不过,美国政府也意识到,随着互联网在全球的发展,想把它垄断在美国政府的手中十分困难。因此,当时的克林顿政府选择将域名系统私有化,认为这样可以"增加竞争,并促进国际参与管理"❹。这也正是 ICANN 诞生的缘由。不过,美国政府通过商务部的国家电信和信息管理局(NTIA)和 ICANN 之间的合同保留了一定程度的干预能力。❺ 尽管 ICANN 的监管职能范围很窄,却异常重要,包括:(1)管理域名空间;(2)确定 IP 地址的分配权;(3)根服务器的管理权。❻ 它们决定了哪些设备可以联入互联网。

虽然美国政府于 2016 年正式将互联网号码分配机构的控制权从商务部

---

❶ See Kal Raustiala, *Governing the Internet*, 110 American Journal of International Law 491 (2016).

❷ Milton Mueller, *ICANN and Internet Governance: Sorting through the Debris of "Self-Regulation"*, 1 info 497 (1999).

❸ See Roxana Radu, Jean-Marie Chenou and Rolf H. Weber (eds.), *The Evolution of Global Internet Governance: Principles and Policies in the Making*, Springer, 2014, p. 5.

❹ National Telecommunications and Information Administration, *Management of Internet Names and Addresses*, 63 Federal Register 31741 (1998).

❺ 关于具体干预的方式和范围,可参见 Lennard G. Kruger, *The Future of Internet Governance: Should the United States Relinquish Its Authority over ICANN?*, Congress.gov, Library of Congress, https://www.congress.gov/crs-product/R44022;刘晗:《域名系统、网络主权与互联网治理》,载《中外法学》2016 年第 2 期。

❻ See Viktor Mayer-Schoenberger and Malte Ziewitz, *Jefferson Rebuffed - the United States and the Future of Internet Governance*, KSG Faculty Research Working Paper Series RWP06-018, May 2006.

移交给多利益相关方机构(multi-stakeholder agency,注意并非国际组织),从而放弃了对互联网核心基础设施的正式监管,但其影响力在互联网架构中仍发挥着作用。多利益相关方机构本身偏向北方国家,尤其是美国的大型平台企业,如 Google、Facebook。❶ 而这些实际控制着全球互联网运作的公司本身就在美国的规范下行事。因此,相较传统国际组织在行事决策中更多考虑多国利益的均衡,多利益相关方机构则更侧重与美国利益相近的价值决策。2018 年联合国关于缅甸罗辛亚种族灭绝的报告中指出了 Facebook 对相应的仇恨言论和虚假信息缺乏监管动力(尽管其在处理特朗普败选引发的政治动乱上展示出了高效处理此类信息的能力)。❷

因此,ITU 和 ICANN 之间经常被视为一种竞争关系,即政府间治理和多元主体治理模式间的竞争。❸ 在 ICANN 体系下,政府只是一个提供咨询和建议的角色,这招致了诸多质疑与批评。政府间治理模式的支持国家(如中国、俄罗斯和巴西)建议将 ICANN 的职权移交给类似 ITU 的国际组织,并制定一项国际公约来治理互联网,建立统一的法律框架。❹ 2003 年在日内瓦举行的世界信息社会峰会(WSIS)上,两派观点针锋相对,各国之间无法达成共识。❺ 为了后续 2005 年在突尼斯举办的第二阶段 WSIS 能达成协议,联合国秘书长于 2004 年任命了一个互联网治理工作组(WGIG)。WGIG 通过广

---

❶ See Madeline Carr, *Power Plays in Global Internet Governance*, 43 Millennium: Journal of International Studies 640 (2015).

❷ See UN. Human Rights Council. Independent International Fact-Finding Mission on Human Rights in Myanmar, *Report of the detailed findings of the Independent International Fact-Finding Mission on Myanmar*, 17 September 2018, A/HRC/39/1 4 Human rights situations that require the Council's attention.

❸ See Roxana Radu, Jean-Marie Chenou and Rolf H. Weber, *The Evolution of Global Internet Governance: Principles and Policies in the Making*, Springer, 2014, Chapter 2.

❹ See Jochen von Bernstorff, *Democratic Global Internet Regulation? Governance Networks*, International Law and the Shadow of Hegemony, 9 European Law Journal 511 (2003).

❺ See Markus Kummer, *The Debate on Internet Governance: From Geneva to Tunis and beyond*, 12 Information Polity 5 (2007).

泛的调研与磋商撰写了一份报告,为《世界信息社会突尼斯议程》(WSIS 2005)中关于互联网治理的条款打下了基础。❶ 其中,最核心的成就是落实了互联网治理中多元主体的参与,即要在私营公司、公民个体和国家政府三者间寻求平衡。具体而言,WSIS 启动了两个对话轨道来促进多元共治。一个是通过联合国设立互联网治理论坛(Internet Governance Forum, IGF),其于 2006 年成立,致力于让"多元利益相关方进行对话";另一个是强调"增强合作进程"(Enhanced Cooperation Process)。但从现实来看,二者都收效甚微。❷ 硬性规范的缺失,使得互联网的跨境监管更多依赖区域性的协定。这些协定中通常体现了美国对贸易自由化的主张,如《美墨加协议》(CUSMA)中规定了禁止数据本地化和促进数据跨境流动的条款。由于美国平台企业所具备的技术与经济优势,这类自由条款进一步加固了其塑造全球规范的能力(尽管这种规范表现为去规范化)。

(三)WCIT-12:南方国家与北方国家的诉求碰撞

在广大发展中国家,因为人均收入水平较低,且存在着严重的财富不平等,大量人口无法使用信息设备,进而难以产生高质量的电信企业。即便有,也往往和垄断与落后技术挂钩,难以抵抗外国企业对市场的抢占或兼并。这带来了一系列的社会问题,在拉丁美洲,曾多次爆发因话费和网费上涨而引起的群众抗议活动。❸ 而 ITU 推进自由化和放松监管则给"非

---

❶ 该份报告即 Château de Bossey 所著的 *Report of the Working Group on Internet Governance / 2005*,可访问 https://2001-2009.state.gov/e/eeb/rls/rpts/othr/49653.htm。

❷ Roxana Radu, Jean-Marie Chenou and Rolf H. Weber, *The Evolution of Global Internet Governance: Principles and Policies in the Making*, Springer, 2014.

❸ See Sybil Rhodes, *Social Movements and Free-Market Capitalism in Latin America Telecommunications Privatization and the Rise of Consumer Protest*, State University of New York Press, 2006.

洲的公共运营商敲响了丧钟"❶。对于新上任的总干事塔贾尼来说,解决这些问题的最好方式仍旧是进一步的市场化改革,鼓励发展中国家创造所谓的"适于外部投资、自由化和放松管制的环境"❷。在 1996 年接受《华尔街日报》的采访时,塔贾尼表示:"最可怕的噩梦是,如果目前市场趋势照旧发展的话,新技术的好处无法被平等共享",不过"政府和行业间新形式合作的明智政策"有助于缩小这一差距。❸ 这也被称为"数字鸿沟"(digital divide),并成为新千年 ITU 主要的工作任务之一。但整个 20 世纪 90 年代,南北世界的差距不减反增。按照世界银行的统计,2001—2005 年,世界人均电话线从 161 条/千人增加到 180 条/千人,但在撒哈拉以南的非洲,人均电话线仅从 14 条/千人增加到 17 条/千人。❹ 这也表明,尽管"发展"作为价值诉求被国际法规范接纳,但缺乏对应的技术或经济支持,其实效性仍然有限。

不过,同样作为发展中国家,中国则走出了一条不同的道路。这可以从国际通信标准的设立上看出来,在 1G 和 2G 时代,国际上有很多通信标准,这促使 ITU 想在 3G 时代推动设立全球统一的通信标准。而由于 3G 的技术标准要求很高,大部分国家或公司难以达到。实际上的竞争者就是美国的 CDMA2000 和欧洲由 GSM 演化来的 WCDMA,而欧洲标准由于在 2G 时代取得了巨大成功,使得与其相对的美国标准有着明显的技术和经济优势,以至于欧洲想说服 ITU 来制定以 WCDMA 为基础的全球统一标准。这引发了美国的不安,因此,其一方面推动对欧洲标

---

❶ Negar Mansouri, *Money, Magic, and Machines: International Telecommunication Union and Liberalisation of Telecommunications Networks and Services (1970s—1990s)*, 11 London Review of International Law 231 (2023).

❷ *Tarjanne's Response to an Enquiry from a Colombian Researcher*, (13 December 1996).

❸ See Pekka Tarjanne, *Electronic Communications Today-and Tomorrow*, Interview with Wall Street Journal, 14 September 1996.

❹ See *The little data book on information and communication technology 2007*.

准的专利战❶，另一方面又试图邀请更多参与者来平衡局势，而中国恰好卡着截止日期提交了自己的标准 TD-SCDMA，因此该标准也获得了美国的支持。最终，在各方利益的博弈下，3G 就有了欧、美、中三个标准。但分到了标准频段并不意味着能成功商业化，即便在中国政府的大力推动下，TD-SCDMA 也才在 2008 年开始商业运营。❷ 不过，一旦开始投入市场迭代，技术的进步就是飞速的。由于 3G 时代的三个标准互不兼容，中国和欧洲就共同设计了 LTE-Advance（欧洲 LTE-FDD 和中国 TD-LTE 的结合），它和美国的 IEEE 共同成为 4G 的两个国际标准。❸ 也正是因为中国通信标准自主权的建立，使中国能在国际事务中更积极地表达自身及广大发展中国家的诉求。

早在 1999 年，俄罗斯就把信息安全议题列入了联合国大会的议程。❹ 到了 2009 年，上海合作组织根据此前俄罗斯的一些讨论正式通过了《上海合作组织成员国保障国际信息安全政府间合作协定》，该协定指出了网络发展中的不平等现象，以及美国等国家滥用技术地位等问题。很快，在 WCIT-12 上，两方发生了正面冲突。尽管当时的 ITU 秘书长哈玛德·图埃（Hamadoun

---

❶ 有关欧洲标准和高通公司之间的专利斗争，可参见 Björn Hjelm, Standards and Intellectual Property Rights in the Age of Global Communication-A Review of the International Standardization of Third Generation Mobile System, https://arxiv.org/pdf/cs/0109105。但除专利战外，欧洲最终妥协的原因之一是 2000 年中国决定让中国的第二大移动通信运营商——联通采用 CDMA2000。这个决定是由美国政府压迫中国开放市场、中国政府想换取美国支持中国加入 WTO，以及高通公司对中国政府高层的公关等因素所导致的。由于担心高通公司将攫取一大块中国市场，爱立信公司决定按照高通公司的条件收购高通公司亏损的系统设备业务（爱立信公司由此也变成了 CDMA2000 的设备供应商），从而结束了与高通公司的争斗。参见路风：《走向自主创新——寻求中国力量的源泉》，中国人民大学出版社 2019 年版，第 295 页。

❷ 具体分析可见《走向自主创新——寻求中国力量的源泉》（中国人民大学出版社 2019 年版，路风著）中"走出中国的主导技术轨道：关于中国自主电信标准的报告"部分。

❸ 细心的读者也许会发现，这一时期中国的盟友从美国变成了欧盟。这恰恰是因为二者需要联合对抗美国新提出的 WiMAX 标准，在这两轮博弈中，中国均通过联弱抗强而争取到了宝贵的发展机会。

❹ RESOLUTION ADOPTED BY THE GENERAL ASSEMBLY [on the report of the First Committee (A/53/576)] 53/70. Developments in the field of information and telecommunications in the context of international security, (A/RES/53/70), 4 January 1999.

Touré)多次表示本轮对 ITRs 的修订不会涉及互联网规制,但多个国家的代表仍然提交了直接讨论国际互联网规制的修订提案。❶ 修订 ITRs 的讨论因增加 ITU 对互联网的司法管辖权和法律控制而受到了很大争议。例如,在中俄的提案中指出"各成员应享有平等管理互联网的权利,包括互联网编号、域名地址和识别资源的分配、指定与回收,并支持互联网基础设施的运营和发展"❷。这引起了美国的激烈反对,在 2012 年美国国会的一项决议中,指出该提案"将从根本上改变互联网的治理和运营(并)试图证明政府加强对互联网的控制是合理的,并且……破坏了当前使互联网得以蓬勃发展的多利益相关者模式"❸。欧盟的立场与美国一致,但试图在提案中加入和人权(如隐私权、个人数据保护)相关的条款。❹ 最后,在 144 个具有投票权的代表团中,有 89 个代表团赞成(签署了修订后的 ITRs,包括俄罗斯、中国、阿拉伯国家、伊朗、巴西、阿根廷和许多非洲国家),55 个代表团反对(没有签署的国家,包括美国、英国、加拿大、欧盟国家、澳大利亚、日本、印度),各国分为由美欧和中俄领导的两个阵营。❺ 欧盟顶级域名注册理事会的一份报告将之称为"数字冷战的开始"。❻ 不过考虑到两份 ITRs 在电信网络监管上的连续

---

❶ 参见 *Internet Society Background Paper: International Telecommunication Regulations*, Internet Society, https://www.internetsociety.org/background-international-telecommunciation-regulations(已失效),最后访问日期:2024 年 3 月 1 日。

❷ ITU, *Saudi Arabia, Bahrain, China, United Arab Emirates, Russian Federation, Iraq and Sudan, Proposals for the Work of the Conference - WCIT-12*, (Dubai, December 3-14, 2012), Plenary Meeting, Document 47-E (WCIT 12/47-E) (ITU, December 11, 2012) p. 7 at Article 3A.2.

❸ United States Congress, *Concurrent Resolution*, 112TH Congress, 2nd Session, S. CON, RES, 50.

❹ See Roxana Radu, Jean-Marie Chenou and Rolf H. Weber (eds.), *The Evolution of Global Internet Governance: Principles and Policies in the Making*, Springer, 2014, p. 65.

❺ See Roxana Radu, Jean-Marie Chenou and Rolf H. Weber (eds.), *The Evolution of Global Internet Governance: Principles and Policies in the Making*, Springer, 2014, p. 14.

❻ See Council of European National Top Level Domain Registries, *World Conference on International Telecommunications (WCIT) 2012-From Saving the Internet to Cold War in Cyberspace*, (December 19, 2012), p. 1.

性,分歧主要还是集中于互联网监管的方式,以中俄为代表的南方阵营试图打破美国和 ICANN 之间的关系,转而以政府部门合作的方式来管理全球互联网。

这无疑也体现了信息科技领域国际规范的分化,不同的利益考量带来了不同的价值诉求。从 ITU 建立以来,其所处理的规范价值就包含了"监管主义""自由主义"和"发展主义"。尽管在一些研究中,会混淆"监管"和"发展"下的主权诉求,但这有细微的差异。信息产业所具有的"网络效应",使得该领域并不存在所谓的后发优势,而是赢家通吃。从中国通信产业的发展就不难看出,如果中国不是坚持要做自己的通信标准,那这片市场必然受到外来垄断企业的操控。而由于后发技术的不完善,就需要行政强制划定国内市场供技术发展迭代,才有可能参与到国际竞争中。这就如同欧洲在产业联合前拒绝美国的市场竞争的主张,联合后又支持一样。因而,在"自由"转向"发展"中所蕴含的主权理念并不仅仅是监管或封闭,而是意味着国家能否控制自身参与国际竞争的节奏,选择合适的时间节点参与竞争。❶ 如果更进一步分析各主张所依赖的现实情境,那么会发现,在信息科技领域主要存在两类影响国际法的生成与发展的因素。一类是美国在互联网治理权争夺中所体现的技术优势,技术优势叠加信息科技领域的"自然垄断性"可以快速转化为经济优势;另一类是中国在介入国际通信领域规范制定后所体现出来的市场优势。❷ 通过市场优势和合适的决策,能够在一定程度上弥补技术差距。这在 WCIT-12 上的信息科技规范演化上亦有所体现。

---

❶ 这个论点源自郑戈教授对中国稀土行业的分析,参见郑戈:《重新理解经济发展与自由贸易——以中国稀土工业为例》,载强世功等:《超越陷阱:从中美贸易摩擦说起》,当代世界出版社 2020 年版,第 253—281 页。

❷ 一些研究表明,欧盟在信息科技国际规范中相对美国的议价权也源于欧盟的市场优势,参见 Blayne Haggart, Natasha Tusikov and Jan Aart Scholte (eds.), *Power and Authority in Internet Governance*, Routledge, 2021, Chapter 8。

[三] WCIT－12 之后：国际信息科技规范向何处去

按照麦考密克(James M. McCormick)的说法，国际组织在国际社会上可以发挥三种作用：作为国家政策的工具、作为国家行为的系统调节者和作为自主的国际行为者。❶ 就 ITU 而言，它从诞生之初就作为欧洲国家间协调电信发展的工具而存在。在进入联合国体系后，其试图成为自主的国际行为者，但电信行业蕴含的巨大利益，反而使之成为冲突的舞台。在很长一段时间内，ITU 都作为各国行为的调节者而存在，这在 WATTC-88 上表现得最为明显。彼时，欧洲各国尚未完成区域市场的整合，因此和美国达成了一种动态的平衡。但随着互联网及信息产业的迅速发展和欧洲一体化进程的推进，原本互相对峙的力量冰消雪融，ITU 有沦为技术和经济强国政策工具的风险。在 20 世纪 90 年代，ITU 所进行的一系列自由化改革就证明了这点。正如有学者所指出的，这种改革"仅遵循供求关系，而忽视社会议题"❷。但事实上，一国一票的传统国际法决策模式在结构上天然抑制这种风险，因为占优势的贸易主张者毕竟是少数，在表决时，其他国家拥有数量上的决策优势。这也是为什么当中国选择将"发展"作为主要价值诉求时，其能迅速扩大自身在 ITU 内的影响力。❸ 而美国应对的方法则是引入多元利益主体，稀释国家在互联网监管上的话语权，而其只需要保证自己的主张与大多数私营主体的利益一致即可。在 WCIT-12 上，分裂的投票结果体现了这两种模式间的冲突。而该冲突之所以难以弥合，是因为其所涉之利益超过了 ITU 所

---

❶ See James M. McCormick, *Alternate Approaches to Evaluating International Organizations: Some Research Directions*, 14 Polity 531 (1982).

❷ Negar Mansouri, *Money, Magic, and Machines: International Telecommunication Union and Liberalisation of Telecommunications Networks and Services (1970s–1990s)*, 11 London Review of International Law 231 (2023).

❸ See Gianluigi Negro, *China and the ITU: A History of Standards*, 29 Global Governance 367 (2023).

能调节的阈值,且国际法本身缺乏强制性,无法落实政治决策的优势。

更重要的是,数据和算法等新兴国际法议题实际上脱离了 ITU 的监管传统。以"跨境数据流通"为例,一般认为 ITU 侧重规范数据跨境的基础设施和技术运作,但数据处理、数据传输和数据安全的标准则由其他一些国际组织负责。❶ 这主要是因为跨境数据的监管重点在于数据所传递之信息是否符合特定价值规范的要求,比如隐私保护或公共安全的规范要求。做个不太恰当的比喻,通信设施之于数据流通,就像管道之于液体传输。ITU 负责的是管道设计与加工,而并不过问管道中通过的液体是什么。就数据/信息自身而言,其流通所遵循的标准更多的是价值标准而非技术标准,这也是为什么国际人权组织在"跨境数据流通"这个议题上有更多话语权。

具体来说,目前跨境数据流动的相关规范以双边或多边贸易协定的规范为主。一项研究表明,截至 2018 年年底,在 275 个区域贸易协定中,约有四分之一(78 个)包含了数字贸易条款。❷ 较为重要的区域数字协定包括《亚太经合组织隐私权框架》《欧盟贸易协定》《全面与进步跨太平洋伙伴关系协定》(CPTPP)《数字经济伙伴关系协定》(DEPA)等。在这些协定中,大体可整理出三种模式,即欧盟基于 GDPR 的"细致的隐私和数据保护制度"、美国"自由的跨境数据流动制度"和中国"主权监管的数据流动模式"。对美国而言,由于其境内信息平台公司本身具有足够的竞争力,所以对数据流动采取低力度监管符合其一贯利益。例如,其可以通过较低的数据合规成本换取企业投资,从而实现将数据汇聚至美国境内的目标。❸ 但随着形势的变化,美国也开始采用一些法案和行政令,从国家安全等角度限定特定主体访问特定数据,如《出口管制改革法案》《出口管理条例》《美国供应链行政令》

---

❶ 参见《国际法委员会第五十八届会议工作报告(附件四 信息跨界流动的个人数据保护问题)》,2006 年, A/61/10 号文件, 第 262 页, 脚注 19。

❷ See Marc D. Froese, *Digital Trade and Dispute Settlement in RTAs: An Evolving Standard?*, 53 Journal of World Trade 783 (2019).

❸ 参见洪延青:《推进"一带一路"数据跨境流动的中国方案——以美欧范式为背景的展开》,载《中国法律评论》2021 年第 2 期。

等。相较来说,欧盟则是意图通过"出口"详尽的数据保护法,进而成为全球数据规则和标准的制定者。❶ 也即阿努·布拉德福德(Anu Bradford)所归纳的布鲁塞尔效应(Brussels Effect),即欧盟通过市场将自身的监管规则传递给欧盟之外的市场主体和监管对象,从而建立对全球市场监管的能力。❷ 从实践来看,2020 年欧盟法院针对 Schrems Ⅱ案的判决裁定欧盟与美国在 2016 年达成的美欧数据跨境的"隐私盾协议"无效,因为美国数据保护水平未能达到欧盟标准。但它并没有完全禁止欧美之间的数据传输,两边仍可以将欧盟的标准合同条款(SCC)作为此类数据传输的单独机制。2023 年 7 月,在美国屡次被迫重回谈判桌后,双方达成了新的数据隐私框架。❸ 这恰恰体现了欧盟旨在通过推动单边监管全球化来夺回"技术主权"(欧盟委员会主席语)的意图。

因而,可以发现,信息科技领域的国际法规范逐渐发展出技术、贸易和社会价值三个向面,每个向面上都会有主导性的国际或区域性组织与条约。以 ITU 为代表的国际通信法体系偏向技术管理,以 WTO 为代表的贸易体系则更偏向市场交易❹,而以 GDPR 为代表的欧盟监管规范则侧重人权价值的保护。需要注意的是,这三者并非线性的演进关系,而是一种互相支持又互相竞争的博弈关系。例如,当下较为流行的"隐私计算"技术能在一定程度上实现在"不暴露原始数据的情况下进行数据处理和分析"❺。如果此类技术

---

❶ 参见金晶:《欧盟的规则,全球的标准?——数据跨境流动监管的"逐顶竞争"》,载《中外法学》2023 年第 1 期。

❷ See Anu Bradford, *Exporting Standards: The Externalization of the EU's Regulatory Power via Markets*, 42 International Review of Law & Economics 158 (2014).

❸ 这是欧盟推进法律域外效力以平衡其在数据领域甚至整体国家政治经济领域的实力劣势的体现。具体分析可参见陈靓:《法律域外适用制度:生成与实施逻辑》,载《中国法律评论》2024 年第 2 期。

❹ 严格来说,《服务贸易总协定》(GATS)为隐私权属留下了例外,可以算作各方诉求平衡的体现。

❺ 王艳红等:《隐私计算技术标准化路径分析与建议》,载《信息通信技术与政策》2024 年第 1 期。

得以完善,那么对隐私权和数据保护权价值的争论的重要性就会降低,从而让重点回归到技术竞争。此外,本文此前对技术标准重要性的讨论也足以说明技术垄断对产业经营的影响。因而,针对信息科技的国际规制往往处于动态演变之中,在相当程度上依赖技术的变化和相关国家对此类技术的看法(如美国之于互联网)。

但这并非意味着此类规范的演化无迹可寻。如前文所总结的,技术优势和市场优势在规范生成的过程中发挥着重要作用。占优势的技术想要获得相应的市场地位,同样需要政策的配合。因此,在强调流量的信息行业,国家要么本身有足够的人口基数,要么只能通过区域化联合来获取更广阔的市场。在这个前提下,国家是选取集中经营来发展相关企业,还是拆分竞争来发展相关企业,则没有单一的成功路径,取决于具体的因素,包括技术发展情况、市场力量、政策惯性等。但随着全球化的铺开,国家还需要面对外来者的竞争,国内法规政策与国际法规政策往往互相影响。这意味着国际/区域发展的主推者需要有足够的能力来维持和推进所选取的特定战略,也即保障自身的自主性。就现状来看,既有的国际组织并不足以平衡这两个相悖的目标。那么,各国/区域间的政策制定与实施,就越来越依赖国际竞争中的具体决策。各国都需要思考如何最大限度地在一轮轮竞争中发挥本国优势,可能是通过放松管制来吸引投资,也可能是政策扶持本国的龙头企业。例如,2024年2月28日,拜登政府依据《国际紧急经济权力法》(IEEPA)发布了一项保护美国人个人敏感数据免遭"受关注国家"利用的行政命令。❶ 根据该命令,美国政府可以切断其与一些国家间的敏感数据的流通,这也预示着随着美国企业在市场竞争中受挫,美国政府并不会坚持其一贯所言的"全球数据自由流动"的主张。因而,就信息科技的国际法规制而言,很难找到所谓长期稳定的"法律确信"。这也就意味该领域国际法规范的变迁前景有赖

---

❶ See Executive Order 14117 (Preventing Access to Americans' Bulk Sensitive Personal Data and United States Government Data by Countries of Concern).

各国的具体决策，也即"世界法律和国际治理的自然发展过程：对抗、妥协，以及秩序的创生"❶。

但可以预见的是，该领域并不会存在一贯的政策立场，这影响了基于"国家实践"和"法律确信"的传统国际法生成模式（该模式有赖国家一贯的政策表态）。❷ 因而，单纯的价值取向并不足以成为国际规范生成的考量对象，技术与贸易、贸易与政治主张之间的关联才是分析该类规范走向的更佳工具。❸ 从"国际"电信联盟到"区域"数字合作变化背后的政治经济博弈历程足以说明这一点，这也给国际法研究带来了更多思考：旧国际法秩序所依赖的普遍性基础是不是特定政治经济结构下的产物，而正是该结构中的一些缺陷导致了现存秩序的分化与软化？❹ 而以信息科技为代表的新兴事物，最终是会被旧秩序归化，还是导向新的秩序？

［四］代结语："发展"作为规范变迁的一种可能

值得指出的是，在技术和市场竞争这条主线的背后隐含了一个共同的价值认同，即经济或技术上的"发展"。无论国家采取何种政策或主义，皆是为了本国能在信息科技领域有一定的发展。分歧在于是发展成果惠于全球还是独善自身。尤其是，当某一国家/区域认为自身可以通过某些措施达到或维持自身在行业的领先地位时，自然不会停下斗争的脚步。因此，新的国际规范只有等新的竞争格局大体均衡后才有可能实现。但旧规范失效的过程，恰恰意味着"秦失其鹿，天下逐之"。中国应当更积极地参与到新秩序的

---

❶ 陈靓：《大国竞争漩涡下 TikTok 案》，载《文化纵横》2023 年第 6 期。

❷ See Alan Boyle and Christine Chinkin, *The Making of International Law*, Oxford University Press, 2007, Chapter 1.

❸ 同样的分析可参见 Anupam Chander, *The Trade Origins of Privacy Law*, 99 Indiana Law Journal 649 (2024)。

❹ 对该普遍性基础的讨论可参见韩驰：《国际法普遍性的建构与解构》，载《国际法研究》2024 年第 4 期。

生成过程中,推动法律规则和行业标准具备域外效力,尤其是贯彻"人类命运共同体"这个抓住"发展"主轴的战略主张。❶

举例而言,前文已经论及 ITU 自由化时期,非洲等发展中国家与发达国家越来越大的数字鸿沟。以发展眼光去看,填平鸿沟本身就是一块极其重要的市场。对于传统南方国家而言,它们是发达国家"处理过时通信设备"的地方,所谓的援助仅仅是"通过联合国资助的电信网络技术转让,而非建立基础设施和设备"❷。发达国家商量通信标准时,也较少过问南方国家的意见。但不同的通信标准有着不同的优势,适应不同的环境。例如,SCDMA 这一标准就有成本低、信号覆盖面广的特点,在一片区域通过一个基站就可以满足基本的通信需求。其非常适于非洲这种地广人稀的地理环境。而对大洋洲的诸岛国来说,信号在不同天气下的稳定性就更加重要。这些因地制宜的特色足以帮助原有的"基础标准"演化为符合当地特色的"特殊标准",成为阻止产业倾销的技术壁垒。也可以称这一思路为"区域性的标准统一"。正如中国自身的成功经验一样,"标准的本土化"有助于加强这些南方国家在国际贸易中的自主权,再进一步提升自身在国际社会中的话语权。当然,发展多极化的力量相当困难,需要在特定国家或区域满足产业扶持、技术援助、抵御外来经济干预等一系列苛刻的条件,才有可能达成。但它却是落实《联合国宪章》的序言中"(各国应)促成大自由中之社会进步及较善之民生"之愿景的最佳途径之一,值得各国为之努力。

---

❶ 进一步分析参见陈靓:《法律域外适用制度:生成与实施逻辑》,载《中国法律评论》2024 年第 2 期。

❷ Negar Mansouri, *Money, Magic, and Machines: International Telecommunication Union and Liberalisation of Telecommunications Networks and Services (1970s–1990s)*, 11 London Review of International Law 231 (2023).

法律与科技研究中的

知识生产

法律与科技怎样教?
——基于"区块链与治理"课程的一些思考

张 巍[*]

伴随区块链、人工智能等一系列新兴科技的涌现,法律与科技[❶]日益成为各家法学院的热门议题。除学术研究,法律与科技课程的教学对法学院而言也占有重要的地位。三年多前,我与同事一起在新加坡管理大学杨邦孝法学院为法学硕士(LL.M.)课程开设了"区块链与治理"(Blockchain and Governance)这门课程。本文基于我的教学体会,简要阐述个人对法律与科技教学的一些浅见。

[一] 立足于科技

我在杨邦孝法学院开设的法律与科技课程的一个重要的目标是探讨对新兴科技的法律及监管导向,也就是如何制定合理的科技监管规则。这首先需要有对作为被监管对象的科技的理解,正如要制定合理的资本市场监管规则必定离不开对资本市场的理解。这里所谓的"科技"是具体的,拿"区块链与治理"课程来说,脱离了对区块链技术的基本认知,自然无法探讨如何对其进行合理监管。虽然,针对特定科技的法律监管未必需要采用特定的新规

---

[*] 张巍,新加坡管理大学杨邦孝法学院长聘副教授、副院长。
[❶] 英文是 law and technology。中文里,数字法学、计算法学等词也有类似的含义。

则,然而,即便要回答是否以及如何适用既有规则或者一般性规则这样的问题,也必须在理解特定科技的特性之后,方才可能加以回答。

面对法学院的学生,有关科技的讲解主要在于阐明基本原理,而非具体细节,需要使用非技术性的语言。而这种深入浅出的讲解则有赖对科技内容的融会贯通。为此,假如法学院教师的科技知识不足以达此程度,那么,与相关科技领域的同事合作也不失为一条有益的途径。当然,由法学领域与科技领域的教师共同讲授一门课程,离不开双方的充分沟通。我们很可能发现同一个术语在不同领域有着不尽相同的含义。比如,"治理"这个词在区块链领域,对计算机科学家而言,更多意味着共识机制可靠运作的技术手段,而对法律人来说,则指区块链社群内的决策权分配问题。因此,只有事先形成一定的默契,才能开展有效的教学合作。我在与计算机系的同事决定合作开设"区块链与治理"这门课之前,已经就区块链问题进行过一年多的讨论,对彼此立足于各自学科的、有关区块链的基本看法有了一定的了解。

在"区块链与治理"课程中,涉及的科技方面的问题主要包括这样几个方面。一是加密机制(encryption)的原理,二是分布式账本(distributed ledge)所依赖的共识(consensus)机制,三是智能合约(smart contract)的技术原理,四是区块链技术框架的层级构造与应用。这些科技方面的知识构成了这门课程的基础,在此之上,方能比较切实地探讨区块链技术产生的社会影响,以及应对此种影响的恰当监管模式。

[二] 还原到社会

理解科技的社会经济属性,是对其施以法律监管的前提,而科技的价值也只有从社会经济的角度进行分析,才真正有可能得以发掘。因此,在法学院讲授法律与科技课程,离不开对科技的社会经济属性的探讨,这一层次的探讨是联通科技与法律的必由之路。

关于区块链技术的社会经济属性,我在"区块链与治理"这门课中主要介绍了两部分内容。一是区块链共识机制的经济学机理。这方面,我借助简单的不完全信息动态博弈模型,向学生们介绍了工作量证明(proof of work)与持有量证明(proof of stake)这两种共识机制共通的成本—收益分析方法,说明了两者的安全性所依赖的前提。在比较两种共识机制的安全性时,我们着重让学生们思考两个问题。一是两者的去中心化程度,二是两者面临空头持仓者挑战的可能性。尤其针对第二个问题,我要求学生从比较做空加密资产与常规证券的成本—收益入手,评估不同共识机制的风险。

此外,我还让学生们思考了所谓"自助性"(bootstrapping)原理在防范区块链攻击中的作用。我们发现,尽管也许在多数情况下,为了谋求特定链上资产而对区块链实施攻击将造成自我毁灭的结果,也就是说"自助性"的确可以为区块链安全提供一定程度的保障,但这也并不足以排除为谋求非链上的利益而发动攻击的可能性。

第二部分则探讨作为一种去中心化的手段,区块链技术在多大程度上有可能推动人类社会经济活动的进一步去中心化。为此,我着重将区块链与传统的去中心化机制——市场——加以对比。以科斯为代表的新制度经济学,对市场以及与之相对照的中心化经济模式——企业,进行了近一个世纪的深入研究。这些研究成果为我们理性看待区块链技术的优势与不足提供了宝贵的参考。

交易成本是市场机制能得到拓展的主要原因,也是以去中心化模式组织经济活动的关键障碍。因此,要判断区块链技术能在多大程度上实现多少去中心化的目标,就要看这种新技术能在多大程度上降低交易成本。❶ 在课堂上,我们从分解交易成本的各个部分入手,探讨了区块链技术的应用前景。我们发现,在交易成本的各个组成部分中,区块链技术最有可能降低的是验证成本(verification cost),而验证成本的降低将有助于交易的执行(enforce-

---

❶ See R. H. Coase, *The Problem of Social Cost*, 56 The Journal of Law & Economics 837 (2013).

ment)。不过,即便对于验证成本,区块链技术能够影响到的也只是在链上生成与传播的信息。至于从链下信息向链上信息的转换,区块链技术就难以对此转换是否真实可靠进行验证。如果基于这样的分析,那么,区块链技术能够推进的经济活动的去中心化程度其实十分有限。区块链世界迄今为止的发展,似乎也印证了我们依据基本的经济学理论作出的判断。

除了对区块链技术本身的社会经济属性加以分析,我们在课堂上还探讨了加密资产的经济属性,其中特别强调了三类加密资产。一是所谓的功能币(utility token),我指引学生考察了消费性资产共通的特征,以此与功能币的特征进行比较。二是所谓的治理币(governance token),对此,我特别介绍了传统治理面临的基本困境,即"搭便车"问题,并激发学生思考区块链及加密技术有没有缓解这一问题。通过这样的分析进路,我试图帮助学生还原治理币的本质。三是稳定币(stablecoin),对此,我主要介绍了传统银行储蓄账户以及货币市场基金(money market fund)的情况,让学生将稳定币的运行机制与此二者加以比较。

在区块链与治理课程中,我们还讨论了"智能合约"(smart contract)的社会经济属性。有关智能合约,我们关注的重点在于合同的自我执行性(self-enforceability)问题。对此,我首先介绍了由于合同欠缺可执行性而引发的一个重要经济现象——"套牢问题"(holdup)。❶ 由此展开,进而分析了合同欠缺可执行性的基本原因,即验证成本问题。我把这个问题拆解为三个部分,即完全履行状态的描述、实际未履行状态的固定以及对这两种状态的差异确认。通过这样的拆解,学生们意识到区块链技术对验证成本的改善主要体现在第二部分——实际未履行状态的固定,而这则要归功于区块链的透明性与不可逆性。

与此同时,我们也探讨了现实中人们可能不希望合同自我执行的原因。

---

❶ See Oliver E. Williamson, *The Economic Institutions of Capitalism: Firms, Markets, Relational Contracting*, The Free Press, 1985, Chapter 1.

这些原因包括:当事人为避免小概率的违约风险,而在事前约定明确的违约标准,以致事前磋商的成本大幅提高;事前约定明确的违约标准可能引发策略性的规避行为,这种情况在以定量标准认定违约时尤为突出;当事人的事前信息有限,因而有意借助事后信息来对合同是否需要执行以及如何执行加以判断。通过对这些原因的解析,学生们看到了利用区块链技术实现合同自我执行,进而解决"套牢问题"所面临的局限。

[三] 提升到法律

在学生了解了区块链及加密资产的技术原理与社会经济属性之后,探讨对二者的法律监管就显得有所依据。这方面的法律涉及多个方面,比如反洗钱、加密资产的财产法规制等。在区块链与治理课程中,我们着重分析了区块链社群的治理规则和加密资产的监管规则,选择这两项议题既基于其对于区块链生态环境的重要性,也出于我本人的知识背景。

针对区块链社群的治理问题,我们的关注点主要在于是否存在一个决策中心,以及社群中是否存在严重的利益冲突问题。这两个问题其实联系紧密。如果确实存在一个决策中心,那么,处于此中心位置的社群成员与其他成员之间的利益冲突就将是治理规则要解决的首要问题。反之,作为一个去中心化的社群,社群成员都可以直接参与决策,此时,治理规则的焦点则是参与机会均等的各成员之间的利益冲突。

要回答上述两个问题离不开具体的经验研究,而这方面的研究仍然比较稀缺,尤其是定量研究。另外,这两个问题在不同的区块链社群中也会表现得不尽相同。为此,我们在课堂上主要探讨的是比特币社群的治理问题。借助比特币区块链曾经发生的几次重要分叉事件,运用案例分析的定性研究方法,我与学生们共同评估了比特币社群的决策集中程度。

从这几个案例来看,总体上很难说比特币区块链社群中存在一个相对封闭的决策中心,社群成员直接参与治理决策,即便是拥有较大挖矿能力的成员,在决策中仍然面临其他具备类似能力的成员的竞争。基于这样的社群生态环境,那些关于设定信义义务(fiduciary duty)的规则建议,似乎就失去了存在的依据——当没有授权决策的时候,社群中并不存在受托人。至于直接参与治理的各成员之间是否存在利益冲突,我们在课堂上讨论的案例无法给出答案。不过,这些案例也确实展现了比特币社群相对便利的退出机制——分叉(forking),这可能缓解了少数派面临压迫的危险。

有关加密资产的监管,区块链与治理这门课主要是从金融产品监管的角度切入的。为探讨监管问题,一方面要理解加密资产的特性——监管规则的设计必须针对被监管资产的特性,另一方面则要理解金融产品的哪些特性需要监管以及需要什么样的监管。而要回答后面这个问题,就有必要对现有的针对几类主要金融产品的监管体系加以梳理,解析其背后的监管逻辑。为此,我构建了一个金融工具监管的三层框架。

第一个层次的监管针对金融工具的创造者(或称发行人)。在这个层次上,监管的根本原因在于,创造者作为卖方与其他交易者作为买方在信息上的不对称。而且,这种信息不对称超越了普通买卖双方对标的物信息的鸿沟,因为创造者还有可能通过自身不为外人所知的行为持续影响金融工具的价值。为此,监管部门的主要法律手段是以反欺诈为中心的信息披露制度。

第二个层次的监管针对金融工具的交易者。交易者彼此之间并不存在如第一个层次的监管要解决的信息不对称问题——没有人基于对金融工具的初始控制权而拥有特别的信息优势。不过,各交易者自主搜寻探测有关金融工具的信息的能力仍有不同。更为关键的是,在探测到相关信息之后,有的交易者可以采用一些有利于自身却损害其他交易者和整体市场效率的交易行为——价格操纵行为,结果使得金融工具的交易价格偏离其真实价值。操纵市场往往有赖市场的单边脆弱性。操纵市场将对市场的准确性与流动性造成伤害,从而导致市场的整体交易成本上升,交易量减少。于是,利用市场融资者的融资成本会相应提高,利用市场对冲风险者的风险配置成本也会升高。❶ 在此，操纵市场者造成的外部性是市场失灵的根源。监管者在第二个层次监管的核心任务是避免金融工具的交易价格与其价值相背离，其基本的法律手段则是反操纵规则。

第三个层次的监管针对金融工具的使用者。严格来说，这个层次的监管已经大幅超越金融监管的范畴，而对绝大部分金融工具而言，也没有必要对如何使用加以监管。这是因为多数金融工具并不具有满足人们具体需求的实际效用，它们的作用只在投资或者分散风险（也许有人认为要加上投机）方面体现。不过，假如不涉及操纵，很难将违法投机与合法投资区别开来。

在第三个层次上，监管针对的问题也不再局限于市场失灵，凡是被一国政府视为不合法的行为，监管机构都要禁止利用货币来实施这些行为。如果要说这第三个层次监管基本的法律手段，那就是反洗钱规则。其实，反洗钱这个词未必有统一既定的概念，对于被一个国家视为犯罪或违法的行为，反洗钱规则都可以用来制止货币用于这些行为。而被一个国家视为洗钱的行为，在另一个国家也可能并非如此。

拿常见的金融工具来说，证券的特性是既有创造者与交易者之间的信息不对称，又有市场深度不足而被操纵的可能性，却没有使用价值。因此证券监管主要在第一个层次和第二个层次上。大宗商品通常没有创造者，而其使用价值只对终端购买者有意义，并且商品的物理属性限定了其可供使用的范围。因此，大宗商品监管重在第二个层次。至于货币，虽然有创造者，但这个创造者是一个特殊的主体——主权国家，所以，对货币创造者的监管超越了资本市场监管的范畴，而进入了宪法、行政法的领域。同时，货币市场相较证券、商品市场更为广阔，交易量也大得多，除了货币的创造者，要在交易行为中操纵货币价格并不容易。然而，货币的用途却不计其数。因此，对货币的监管重在第一个层次和第三个层次，其中第一个层次很可能属于宪法问

---

❶ See Merritt B. Fox, Lawrence B. Glosten and Gabriel V. Rauterberg, *Stock Market Manipulation and Its Regulation*, 35 Yale Journal on Regulation 67 (2018).

题,而第三个层次中,反洗钱规则显得尤为重要。

建立这样一个三层的分析框架之后,就可以根据各种加密资产的具体特征,匹配对应的监管模式。譬如,比特币和以太币根据其目前的属性,很难说存在创造者与交易者之间的信息不对称,因此,并不适合将其视为证券来监管。监管的重心应该放在市场操纵上,于是,将它们定性为大宗商品是恰当的。至于林林总总的所谓治理币(governance token),如果依托一定的中心化组织存在,那显然会存在创造者与交易者的信息不对称,而其有限的市场深度与流动性也足以引发操纵市场的忧虑。为此,将这些加密资产作为证券来监管是有必要的。

[四] 两点总结

以上内容简要介绍了我们开设区块链与治理课程的一个基本思路。其中有两个要点贯穿始终。一是对知识进行纵向上的比较。尽管目下的一些新技术发展迅猛,但是,从人类社会发展的角度看,绝大多数情况下,这些技术对社会生活造成的影响并非突发式的、跳跃式的。很多技术只是为人类社会长期面临的问题提供了某些可能的新的解决手段。为此,纵向探索历史上人类社会遭遇的问题、这些问题的成因、既有技术手段及法律手段如何试图解决这些问题,以及这些手段所具有的局限,就将成为我们认识新技术的潜力,并针对其制定有效的监管政策的一把钥匙。

如前所述,区块链技术试图推进的去中心化进程,其实是一个已经被深入探讨了近一个世纪的问题。经济学针对市场与科层这两种生产组织形式的特性的研究,❶可以为我们认识区块链技术的应用前景提供有力的指引。

---

❶ 这方面的代表性研究有:R. H. Coase, *The Nature of the Firm*, 4 Economica 386 (1937); Oliver E. Williamson, *Markets and Hierarchies, Analysis and Antitrust Implications: A Study in the Economics of Internal Organization*, The Free Press, 1975; Oliver Hart and John Moore, *Property Rights and the Nature of the Firm*, 98 Journal of Political Economy 1119 (1990).

另一方面,深入考察现有的资本市场监管模式,理解其背后的逻辑,将十分有助于明晰思路,构建有效的加密资产监管体系。简言之,针对法律与科技的教学,积极引导学生"温故而知新",意义十分重大。

另一个要点是跨法域的横向比较。针对新技术领域的法律监管往往处于空洞期,未必有现成的监管规则。在我开始讲授区块链与治理课程的前两年中,基本上面临的就是这样的情况。不过,正由于新技术的新颖性,监管领域的政策性分析自然会比规则性分析更为重要。在最近一次讲授此课程时,美国、新加坡和欧洲等地都陆续有了一些针对加密资产的法规或判例。在有限的授课时间内,我不可能去讲解监管规则的细枝末节,而且,这些技术性的细枝末节在脱离具体实践的情况下,也几乎是空洞的、没有意义的。同时,对于从事具体实践的人来说,这些技术细节在操作层面又是可能不断变化的,需要适时调整的。换言之,即使介绍了这些细节,很快也会沦为无用。因此,从课堂教学角度看,即使有了一些具体规则,帮助学生理解政策层面的问题依然是最重要的,而横向比较则能让政策层面的差异得以体现。

例如,关于稳定币的监管,新加坡和欧盟都制定了相关规则。如果仔细分析这两套貌似接近的规则,则可以看到两者的一个重大差异。即新加坡采用的是"提示性"(或称"标签式")监管,不合规的稳定币并非绝对不能进入新加坡市场,而只是不能获得监管机构的背书。而欧盟采用的是"准入性"监管,不合规者不能进入市场。从政策上看,新加坡的规则更多着眼于信息提供,依赖市场主体自身的风险掌控,而欧盟则在更大程度上以政府监管替代了市场选择。如果再往深处看,则是这两个法域面临的市场体量和竞争环境明显不同。

总之,法律与科技的教学需要落到实处,避免虚谈技术或者抽象、空洞的法律概念。法律要调整的归根结底是一定的社会经济关系,因此,法律与科技最终都要落到社会经济关系这个结合点上。从技术角度看,就是新技术会给社会经济关系带来多少改变;而从法律角度看,则是对特定社会经济关系的规制需要立足于怎样的政策目标。因此,对法律与科技的教学必然是一项跨学科的工作,而其所跨越的学科却绝不止于法律和科技,其中至关重要的连接点依然是对社会的认识,尤其是对社会经济关系的认识。换言之,以社会科学视角研究具体部门法经验,对于法律与科技的教学与研究,可谓助益良多。

"法律与科技"研究在中国
——兴起与泛化

谭 萱[*]

摘 要：在中国，"法律与科技"研究领域已经走过了四十余年的发展历程。这一研究的发展脉络紧密地与改革开放以来我国科技的进步、科技政策的演变以及法学领域的兴盛和转型交织。然而，在当前阶段，中国的"法律与科技"研究面临一个普遍问题，即研究数量的增长并未伴随着相应质量的提升，出现了所谓的"泛化"现象。这一现象主要表现在三个方面：新兴科技的合法性论证、法律对科技的规制、技术对法律实践的影响。这些问题的存在，往往源于研究者对科技实质知识的缺乏，以及对"法律与科技"相互作用的社会基础认识不足。从知识社会学的角度分析，法学学科的封闭性、学科规训的约束、研究者的包装策略、学术产品供需关系的失衡，以及法学研究与实务操作之间的脱节，均是导致"法律与科技"研究泛化的关键因素。针对这些问题，新时代的"法律与科技"研究应当深化对科技问题及其社会基础的理解，通过整合法治系统工程和计算法学的方法，推动法学研究范式的创新。同时，研究者需要打破法学领域的封闭性，超越学科规训的限制，并改进学术成果的发表与评价机制，以促进"法律与科技"研究的深入和质量的提升。

关键词：知识社会学 法律与科技 科技法学 科技与社会

---

[*] 谭萱，中山大学法学院博士研究生。本文系研究阐释党的二十大精神国家社科基金重大项目"中国式现代化进程中加强新兴领域立法研究"（项目批准号：23ZDA076）的阶段性成果。

导　论

　　改革开放以来,由于科技进步对社会生活造成的剧烈影响,"法律与科技"较早成为中国法学界所关注的一个研究领域。这一领域早期以科学技术法学(科技法学)的名义体制化,至今已经分化出知识产权法学、网络与信息法学、数字(数据)法学、人工智能法学等新兴学科。

　　经过四十多年的发展,"法律与科技"的研究领域与范式都发生了许多的转变。因此,有必要对这一研究领域的发展历程进行简要梳理,并在此基础上展开对于这一研究领域的方法流变、研究现状的反思。对于一个知识体系的变迁与现状,知识社会学的视角能抓住其背后的社会基础。这一理论视角的核心观点在于:"科学知识本身必须作为一种社会产品来理解,科学探索过程直到其内核在利益上和建制上都是社会化的。"❶法学界内部也存在认为法学知识具有弱真伪性、实践性、立场性等特征的声音。❷ 弱真伪性使得学者更容易利用法学知识来掩盖自己的立场,这使得法学相比更加"客观真实"的自然科学和技术科学会更容易受到其社会基础的支配。通过分析研究的社会基础,可以清晰地看到"法律与科技"领域知识发展背后的学科体制以及科技政策等诸多因素的影响,同时对于法学研究与法律实践的关系能产生更加清晰的认识。

　　在通常定义中,"法律与科技"就是研究科学技术发展对法律的影响和法律对科学技术发展的影响。❸ 不过,知识社会学认为学科及其概念都是流变的,在不同的研究范式下,对于"法律与科技"领域的定义也肯定有所区

---

❶ 刘兵、章梅芳:《科学史中"内史"与"外史"划分的消解——从科学知识社会学的立场看》,载《清华大学学报(哲学社会科学版)》2006年第1期。

❷ 参见李小红:《法学学者的知识权力问题研究》,载《南京社会科学》2016年第12期。

❸ 参见陈柏峰主编:《法理学》,法律出版社2021年版,第319页。

别。为了使本研究的观察对象尽可能丰富,本文对法律采取广义上的理解,涵盖通常被理解为"规制"的内容❶,即平台规则、网络社群的内生秩序等。

[一] 中国"法律与科技"研究的兴起（1979—2015）

（一）"法律与科技"问题的提出（1979—1988）

1978年是中国法学史上的一个极为重要的转折点,中国共产党第十一届中央委员会第三次全体会议之后,法制在国家与社会治理机制中的重要性被充分认识,中国法学获得了独立存在的现实条件和迅速发展繁荣的历史机遇。❷ 法律与科技领域也乘上了这股风。不过,最先关注这一领域的是科学学的学者。在1979年,中国科学院管理学研究员骆茹敏开始关注科学管理中的法学研究。❸ 随后,中科院政研室的于得胜在1980年召开的全国科学学第二次学术讨论会上提出了科学法与科学法学的构想。❹

法学界的跟进也很快,王家福在1981年提出要通过建立专利制度来促进科学技术研究的发展。❺ 接下来,沈铭贤、倪正茂等学者主要关注通过立法来保护和促进科技发展,不过也开始认识到科学技术的发展还会提出一些全新的法律问题。❻ 龚祥瑞与李克强已经意识到了科技进步必然会对法律

---

❶ 参见〔英〕罗杰·布朗斯沃德、〔英〕埃洛伊斯·斯科特福德、〔英〕凯伦·杨主编:《牛津法律、规制和技术手册》,周辉、胡凌、张欣、马允、孙南翔等译,中国社会科学出版社2021年版,第5页。

❷ 参见陈甦主编:《当代中国法学研究（1949—2009）》,中国社会科学出版社2009年版,第79页。

❸ 参见骆茹敏:《加强科学管理法的研究》,载《自然辩证法通讯》1979年第4期。

❹ 参见于得胜:《科学法的几个问题》,载《科学.技术.管理:全国科学学第二次学术讨论会论文集》,世界科学社1980年版,第70—77页。

❺ 参见王家福:《试论专利法的制定》,载《法学研究》1981年第5期。

❻ 参见沈铭贤:《法律与科学技术的相互关系》,载《法学》1982年第7期。

的运行造成颠覆性的影响,并以西方国家的具体实践为例,提出了法律工作计算机化的构想❶。

当时法学的发展主要还是服务中国特色社会主义法治建设,对绝大多数法学问题的讨论起到了促进经济体制改革和法治建设的积极作用。❷ 这说明法学研究在一定程度上还是受制于新中国成立以来盛行的法律工具主义思想的影响,法律被理解为一种服务于经济社会发展的工具,因此可被纳入广义的社会工程学的范畴。

由此,法治系统工程这一学科应运而生,这是我国著名科学家钱学森在1979年提出的新学科,是从法治系统的综合性、相关性出发,通过数量化、电子计算机等方法,以实现我国社会主义法治整体最优化的科学方法。❸ 它一方面是利用行为科学方式研究法学,建立社会行为控制模型;另一方面要推进法律的技术化,建立法制信息库。

这既破除了法律与科技的二元对立,在方法论上打通了两者,把法律纳入系统科学和系统工程学的体系,超越"权利""法条"等对法律传统的想象,把"法制"提升到了科学治理的层次,又是对当时法学界流行的"现代化范式"的反思。所谓的"现代化"其实就是在研究中国法律的时候为中国法律/法制的发展确立了一幅"西方法律理想图景"。❹ 而钱老的"现代化"与法学界西化的"现代化"大相径庭,他嘲弄道:"有那样一种人,专门引进资本主义国家的东西,把它吹得天花乱坠,脱离了中国的实际。"❺为了让法律更好地反映中国实际,学界需要一种科学方法,系统工程学与系统科学正是他们找到的方法。

---

❶ 参见龚祥瑞、李克强:《法律工作的计算机化》,载《法学杂志》1983年第3期。
❷ 参见陈甦主编:《当代中国法学研究(1949—2009)》,中国社会科学出版社2009年版,第9页。
❸ 参见常远:《〈论法治系统工程〉一书简介》,载《政治与法律》1987年第1期。
❹ 参见邓正来:《中国法学向何处去——建构"中国法律理想图景"时代的论纲》(第二版),商务印书馆2011年版,第93页。
❺ 王者香:《钱学森同志谈法学现代化》,载《现代法学》1985年第4期。

法治系统工程在进入 20 世纪 90 年代后影响力已经减弱,到了 21 世纪基本上很少有学者再提起了。但其以自然科学的方式研究法律行为,并且推进法律运行的技术化的基本思想都被后续的研究接受。研究出现断代的原因也许在于:(1)法治系统工程所包含的研究领域过宽,在学科分化的背景下,一门主张以系统工程的技术和方法研究宏观法治系统的学科❶会难以在现有的法学二级学科体系中找到自己的定位。进入 21 世纪后,法学的专业槽逐渐挖深,社会科学内部的法学跨学科研究都受到主流法教义学的挤压,以系统科学为指引的法治系统工程更加难以受到主流法学界的认可。(2)法治系统工程与系统法学一直主张将系统科学和系统工程学引入法学,但是大部分以此为题的文章都停留在概念分析与对方法论的梳理,缺乏足够的具体研究使得这套方法沦为纸面上的"屠龙术"。(3)法治系统工程的技术应用部分,如 GPS-110 报警系统、在逃刑犯识别和追捕工程❷等虽然在实践中得到应用,但都已经和法治系统工程这门学科脱离关系,以"智慧公安""智慧法院"等名义获得定义。(4)当时的技术条件还难以支撑这门学科。法治系统的模型要反映社会真实情况、提供良好的预测离不开大数据和算法的运用。不过,在科技快速发展的当下,有必要重新认识到法治系统在法律与科技融合的过程中可以发挥的巨大作用。

(二)"法律与科技"研究的初步确立(1988—2000)

"法律与科技"研究初步确立的主要标志是科技法的立法工作逐步推进,为科技法学的教义化与学科体制化提供基础。之所以选择 1988 年作为一个时间节点,是因为这一年中国科技法学会成立了。

改革开放后,科技法的立法工作虽然始于 1979 年 2 月 10 日国务院发布《水产资源繁殖保护条例》,但在 1985 年 8 月 21 日至 27 日召开的全国立法

---

❶ 参见杨建广:《法治系统工程 20 年(上)》,载《现代法学》1999 年第 5 期。
❷ 参见熊继宁:《法制/法治系统工程与系统法学》,载《中国政法大学学报》2009 年第 4 期。

工作会议之前,科技立法仍处于萌芽阶段。在该会议的召开后,我国科技立法领域拓宽,数量快速增长。这一时期最重要的两部法律是 1987 年通过的《技术合同法》与 1993 年通过的《科学技术进步法》❶。

伴随着立法工作的开展,体制化的科技法学学科❷也逐步兴起。首先是专业研究者的出现。研究者群体中之前以科学家钱学森以及于得胜、骆茹敏等科学学者之类的跨界研究者为主。而后段瑞春、潘宇鹏等专业的科技法学研究者逐步在 20 世纪 80 年代后期成为研究者的主流。其次是科技法研究团队与学科培养方式的建立,标志性事件有 1987 年上海市政法管理干部学院成立科技法调研室、1988 年中国科技法学会的成立、1990 年 4 月北京大学成立科技法研究中心开始招收研究生和博士研究生。最后是学术刊物与学科教科书的出版。1991 年由国家科委(现科技部)主管、中国科技法学会主办的《科技法学》(现为《科技与法律》)杂志正式发行。❸ 以及赵连玉、倪正茂、赵震江、王河等一批学者主编的科技法学教科书的出版。❹

这一阶段,科技法学界一方面继续深化其学科的基本概念,如在 1991 年 8 月召开的"科技法学理论研讨会"上,来自全国多家高校的 30 多位学者就科技法的概念和调整对象进行了深入讨论。❺ 另一方面是积极参加立法工作,为科技立法提供智力支持。如原国家科委于 1985 年至 1986 年设立了 16 个科技立法软科学课题,由 21 位教授、副教授和科技工作部门的专家承担研究任务。❻ 随着立法逐步完善,基于实践中的具体问题,进行法解释学的研究也逐步增多,这主要出现在容易发生实际纠纷的知识产权领域。❼

---

❶ 参见易继明、周琼:《科技法学》,高等教育出版社 2006 年版,第 36 页。
❷ 学科制度的评价标准参见方文:《社会心理学的演化:一种学科制度视角》,载《中国社会科学》2001 年第 6 期。
❸ 参见何悦:《科技法学教程》,法律出版社 2018 年版,第 10 页。
❹ 参见曹昌祯:《科技法学——新兴法律交叉学科》,载《科技与法律》2007 年第 1 期。
❺ 参见蒋坡主编:《科技法学理论与实践》,上海人民出版社 2009 年版,第 13 页。
❻ 参见何悦:《科技法学教程》,法律出版社 2018 年版,第 10 页。
❼ 如郭庆存:《科技成果权属争议及其处理》,载《科技与法律》1995 年第 4 期。

科技法学的蓬勃发展得益于两大方面：一方面体现在科技政策上，科教兴国和可持续发展两大战略不仅引导学界加强对科技问题的关注，还带动了科技立法的发展❶；另一方面是这一时期也是中国法学研究的复兴和发展阶段，新兴学科(包括科技法学)的建设、法学成果产出的爆发性增长、研究范式的丰富、法学研究队伍的扩大❷，都导致了法学界必须研究、发掘新兴议题。而中国社会科学的知识变迁很容易受到社会、经济，尤其是政治脉络的直接影响❸，新增长的法学学术关注就被科技政策引导到了"法律与科技"领域上。

(三)"法律与科技"研究的浪潮(2000—2015)

1994年4月20日，中国正式接入国际互联网，从此开启了信息时代的新篇章。在1998年已经有学者关注到网络对于法律制度的冲击❹，由此引发了中国"法律与科技"研究的第一波浪潮。

这一波浪潮的特征主要有几点：(1)研究数量的增多，以"法律科技"为主题在CNKI平台上进行搜索，限制搜索范围为北大中文核心期刊与南大CSSCI核心期刊，可以发现论文发表数量是比之前有着明显提升的(特别是2004年开始)。(2)研究领域的丰富。此前的"法律与科技"研究大体上与科技法学的研究领域重合，主要关注的就是法律对于科技活动的调整。关于科技对于法律造成影响的研究数量很少，因此苏力在1999年提出要以科技

---

❶ 参见中华人民共和国科学技术部编著：《中国科技发展70年(1949—2019)》，科学技术文献出版社2019年版，第127页。

❷ 参见陈甦主编：《新中国法学研究70年》，中国社会科学出版社2019年版，第12页。

❸ 参见李钧鹏、周港：《中国社会学的知识积累与遗忘(1980—2022)》，载《社会学研究》2024年第1期。

❹ 如陈燮君、吴惠族：《社会信息化与信息管理法制化》，载《图书馆杂志》1998年第3期；孙铁成：《计算机与法律》，法律出版社1998年版，第220—254页。

对法律的影响提炼法理学的问题。❶ 虽然法理学界以及科技法学界都在20世纪80年代就关注"法律与科技"之间的相互影响❷,但都仅是笼统的分析。进入21世纪后,逐渐有学者进行具体问题的研究,如研究电子法务对司法秩序的冲击❸、网络外挂的法律规制困境❹、科技发展造成的新弱势群体❺等。新兴科技及其社会影响的法律规制和科技对于法律运行的影响这两大领域成为"法律与科技"研究的知识增长点。(3)研究范式的丰富。相较于上一时代中多为立法建构与域外经验引介的研究方式,这一时期的研究范式更为丰富。有社会学视角,如杨丽娟等通过引入技术的社会形成理论,对技术立法的必要性进行了论证。❻ 有经济学视角,如桑本谦引入了法律经济学意义上的"边际威慑"的概念,发现因为科技进步能提升威慑力,所以刑罚才会趋于人道。❼ 还有伦理学视角,如生命法学通过引入生命伦理学的理论作为其价值论据。❽

为什么法律人越来越关心科技问题?从法治发展的社会背景而言:其一,2001年中国加入了WTO,这在科技政策与立法方面产生了重要影响。前者体现在研发补贴、投资和税收优惠、技术标准及其贸易壁垒等方面,后者则是在知识产权的立法中体现了对西方法制标准的接受。❾ 因此,在这一阶

---

❶ 参见苏力:《法律与科技问题的法理学重构》,载《中国社会科学》1999年第5期。

❷ 法理学如赵震江、季卫东:《法律与科学技术》,载《法学研究》1984年第1期;科技法学如倪正茂:《科技法学导论》,四川人民出版社1990年版,第57—64页。

❸ 参见毛立新:《电子法务及对司法秩序的冲击》,载《中国市场》2006年第Z2期。

❹ 参见焦洪涛、刘鹏:《中国科技法学会2005年年会综述》,载《华中科技大学学报(社会科学版)》2006年第2期。

❺ 参见金民珍、张宁、徐亮:《论科技弱势群体的司法保护——以IP电话异常话费的风险责任承担为视角》,载《法律适用》2008年第10期。

❻ 参见杨丽娟、陈凡:《当代科技法形态演化趋势的理论探析——侧重为技术立法》,载《科学学与科学技术管理》2007年第4期。

❼ 参见桑本谦:《科技进步与中国刑法的近现代变革》,载《政法论坛》2014年第5期。

❽ 参见刘长秋:《关于生命法的学科思考——生命法的概念及生命法学学科的现状与问题》,载《科学学研究》2008年第6期。

❾ 参见李哲:《从"大胆吸收"到"创新驱动"——中国科技政策的演化》,科学技术文献出版社2017年版,第157—158页。

图 1　以"法律科技"为主题的论文发表数量

段,如何做到既与西方"法律与科技"的相关立法与学术成果接轨,又要保持自主创新与科技安全,成为推动"法律与科技"领域发展的一大动力。其二,网络信息技术、生物制药技术等新兴技术对社会的影响越来越显著。新事物出现后,为了提升其资源利用效率,往往需要被法律转译为更好控制的"边界对象"❶,这使得出现新的法律关系。比如网络游戏的出现会产生与虚拟财产相关的法律关系,这会对法学的基本概念的预设、原则、运行方式造成冲击。其三,公众对科技风险的认识程度的提高推动了学术界对科技规制的关注。2008 年的三鹿奶粉事件❷、2012 年湖南违规让儿童食用转基

---

❶　See Bertram Turner and Melanie G. Wiber, *Law, Science, and Technologies*, in Marie-Claire Foblets et al., *The Oxford Handbook of Law and Anthropology*, Oxford University Press, 2021, pp. 754-771.

❷　参见陶鹏、童星主编:《风险灾害危机案例集——环境生态灾难》,社会科学文献出版社 2018 年版,第 201—225 页。

因大米事件❶、福岛核泄漏事件影响下出现的 2013 年江门反核电事件❷等涉及科技的公共事件经过舆论发酵，引起了社会的极大关注，公众逐步认识到了科技虽然可以改善生活，但也会带来安全风险。这种风险意识使得"风险刑法"、"风险行政法"等致力于规制科技风险的理论视角得到法学界的重视。

浪潮的冲击使得科技法学在学科建制上发生了变化：其一，1997 年科技法学并入宪法与行政法学后，科技法学丧失独立二级学科的地位，还要在本学科内受到强势的宪法学与行政法学的挤压。❸ 并且，归入宪法与行政法学之后，虽然使科技法或科技法学在行政架构中获得了科技行政系统的一些资源，但最后反而让其理论研究沦为纯粹的政策性或对策性研究，无法获得独立的学术发展与学科认同。❹ 其二，原先属于科技法学的知识产权法学也独立成了一个二级学科。进一步分薄对科技法学的资源投入和学界关注。其三，法学教科书出版的缩减。2010 年之后，继续更新科技法学教科书的学者已经变得很少❺，其他科技法学者都是就具体的"法律与科技"问题进行研究。

科技法学作为独立二级学科解体的根本原因在于其各领域之间的内在关系本来就是疏离的，仅仅是靠法律对科学技术活动的规制而联系在一起❻，当科技逐步影响社会生活，需要法律规制的方面逐渐增多后，它无法容纳这么多的法律规范和研究领域，必然走向分化与解体。而科技法学自身缺乏独特的研究方法与基础理论的学科性质也推动了这一点。

---

❶ 参见颜珂等：《"黄金大米试验"疑云调查》，载《人民日报》2012 年 9 月 5 日，第 4 版。
❷ 参见陶鹏、童星主编：《风险灾害危机案例集——环境生态灾难》，社会科学文献出版社 2018 年版，第 241—245 页。
❸ 参见何悦：《科技法学教程》，法律出版社 2018 年版，第 11 页。
❹ 参见易继明：《开创科技法学研究的新局面》，载《社会科学家》2013 年第 12 期。
❺ 经笔者搜索仅有：孙玉荣主编：《科技法学》，北京工业大学出版社 2013 年版；何悦：《科技法学教程》，法律出版社 2018 年版。
❻ 某种程度上与行政法有一定的相似性，因此把科技法学放到宪法与行政法学中也是较为合理的。

[二] 现阶段中国"法律与科技"研究的泛化

有学者对"未来法学"的研究概况进行了梳理,发现 2015 年是一个重要的时间节点,一方面是国内学界的发文数量呈指数型增长,另一方面是研究关键词的突破,即从 2015 年前主要研究网络犯罪和网络侵权,转为聚焦大数据、人工智能和区块链等主题。❶ 笔者认为,自 2015 年以来,现阶段中国"法律与科技"研究已经有了"泛化"的趋势,这主要是两重含义:

一是"法律与科技"成了"领域法学",彻底打破了部门法学时代的学科隔阂。"领域法学(Field of Law),是以问题为导向,以特定经济社会领域全部与法律有关的现象为研究对象,融经济学、政治学和社会学等多种研究范式于一体的交叉性、开放性、应用性和整合性的新型法学学科体系、学术体系和话语体系。"❷ 而"法律与科技"领域正是如此,它已经成为多学科、多研究进路并存的研究领域。

二是"法律与科技"的研究存在数量高于质量的倾向。自 2015 年以来,法学界接连出现了"人工智能法学热""元宇宙法学热""ChatGPT 法学热"等研究热潮。许多学者都认为这些研究过度泛滥,并提出比较尖锐的批评意见:"(这些研究)对理想的展望多于理性的批判,在技术与产业尚未完全成熟时便急于考虑元宇宙对社会与法律的影响,畅想未来社会的法治之道,但最终只提出老生常谈、可以无差别适用于此前一切新技术的对策与建议。"❸ 为了深入分析目前研究泛化的表现和成因,需要先对目前研究的主要领域和进路进行简单梳理。

---

❶ 参见单勇、王熠:《未来法学研究的可视化分析(2010—2020 年)》,载侯猛、陈欣主编:《法律和社会科学》(第 19 卷第 2 辑),法律出版社 2022 年版。
❷ 刘剑文:《论领域法学:一种立足新兴交叉领域的法学研究范式》,载《政法论丛》2016 年第 5 期。
❸ 邱遥堃:《走出虚拟世界:元宇宙热的批判性解释》,载《中外法学》2023 年第 4 期。

(一)现阶段中国"法律与科技"研究的主要领域及其进路

1. 新兴科技的合法性论证

之所以要讨论新兴科技的合法性问题,是因为它会对社会经济和现有法律制度产生挑战。这一领域中较为显著的问题是法律应该如何对待生命科学,特别是基因编辑技术。这一问题最早始于倪正茂等学者对于生命法学的构建,在2018年贺建奎"基因编辑婴儿"事件后,相关讨论的广度和深度都有了极大的拓展,其中的关键问题之一就是该技术是否有合法性。

一方面是道德哲学(伦理学)的进路,这里面对基因治疗与基因增强进行了区分,大部分学者都反对后者,只有少部分学者提出了支持,比如马驰以父母的亲权为依据,支持父母对子女进行增强性基因的合法性❶。王凌皞与刘叶深虽然都表达了对增强性基因编辑的同意,但是设置了伦理、政治条件进行限制。❷ 反对的观点有:有损人的尊严❸(德沃金的尊严自主论反对这点❹)、基于对生命多元性的理解和对人的自主性反对增强性的基因修复❺、代际权利要求尊重后代人的生物信息完整权❻、容易加剧社会不平等❼等。

另一方面是技术风险的进路。一是否定技术的可靠性,认为技术可能会导致使用者遭受伤害。二是基因科技所带来的基因延续和基因多样性被改

---

❶ 参见马驰:《人类基因编辑的权利基础》,载《华东政法大学学报》2019年第5期。

❷ 参见陈景辉:《基因编辑与人类改进的限度》,载《华东政法大学学报》2019年第5期。

❸ 参见郑玉双:《人的尊严的价值证成与法理构造》,载《比较法研究》2019年第5期。

❹ 参见朱振:《基因编辑必然违背人性尊严吗?》,载《法制与社会发展》2019年第4期。

❺ 参见朱振:《反对完美?——关于人类基因编辑的道德与法律哲学思考》,载《华东政法大学学报》2018年第1期。

❻ 参见刘铮:《人类增强可以作为道德义务吗?——约翰·哈里斯"人类增强进化论"解析》,载《东北大学学报(社会科学版)》2019年第1期。

❼ 参见陈肖东、王国豫:《桑德尔为什么"反对完美"?——基于社群主义对人类增强技术的拒斥》,载《东北大学学报(社会科学版)》2019年第6期。

变的风险。❶ 三是会涉及被不当滥用的风险。不过,陈景辉认为技术风险进路的问题在于无法应对技术成熟所带来的反向挑战。❷ 即虽然可以以技术存在风险从而否定某项技术的合法性,但是技术发展成熟后,自身所带来的风险也可以通过新的技术手段解决,所以只能依靠道德哲学(伦理学)为新兴科技的合法性提供论证。

2. 法律对科技的规制

对新兴技术规制的研究主要是规制理由和规制方式。前者的研究进路可以分为两部分,一部分与上述的合法性研究有相似之处,都是从价值上论证新兴技术的可能危害;另一部分则偏向从实证的进路进行分析,比如规制平台经济的理由,有学者关注到"平台权利异化"的问题,发现平台垄断后,会造成隐私侵犯、信息干扰、身份窃取等恶果❸,还会对经济秩序❹和政治秩序❺造成冲击和危险。

在规制方式上,研究的子领域主要是两个方面:法律规制与多元规制。其中,法律规制可以进一步划分为对策论(立法论)与教义论。虽然这两方面的研究数量多、涉及的领域很广,但模式都较为固定,因此仅就其研究的基本套路进行分析。

对策论的研究非常固定,笔者查看了数十篇此类研究后,总结出一个规律。其题目一般为"××科技问题的立法规制(进路)"。文章结构一般包括:介绍新兴科技、分析科技对社会造成的风险、论证现行法律无法规制科技、引

---

❶ 参见郑玉双:《生命科技与人类命运:基因编辑的法理反思》,载《法制与社会发展》2019年第4期。

❷ 参见陈景辉:《有理由支持基因改进吗?》,载《华东政法大学学报》2019年第5期。

❸ 参见张燕、张祥建:《平台权力的结构、扩张机制与异化效应》,载《社会科学家》2022年第2期。

❹ 参见周文、韩文龙:《平台经济发展再审视:垄断与数字税新挑战》,载《中国社会科学》2021年第3期。

❺ 参见王志鹏、张祥建、涂景一:《大数据时代平台权力的扩张与异化》,载《江西社会科学》2016年第5期。

入外国立法实践作为参考、结合学科理论(如风险刑法)说明规制的必要性、立法的价值选择、提出立法例、考虑立法后的实施方法。这种研究虽然比较丰富,但是正如一些学者所批评的:"失去了体系性研究之后,这种对策论容易违背原理、抛弃原则、颠覆法秩序。"❶因此,许多学者提倡对于科技问题先采取教义论的方式思考,如果无法达成目的再考虑立法论。❷

教义论的研究主力主要是部门法学的学者,研究的主要方式就是涵摄。即检验新兴科技所造成的事实是否满足法律规范的事实构成,由此决定是否要产生该规范所规定的法律后果。比如刑法学中要判定盗取虚拟财产是否构成犯罪需要明确三个问题:①虚拟财产是否属于刑法中的财物?②盗取行为是否属于刑法的"盗取"?③如果前两者不符合,是否能按照数据犯罪处罚?❸

多元规制论也可以进一步再分为多元规范论与多元主体论。以网络法学的多元规范研究为例,最早的理论框架来自莱斯格,即在法律之外,市场、技术架构以及社会规范同样是网络空间中约束行为的基本规制力量,四者在相互影响下共同作用于被规制的网络行为。❹ 这一理论框架进入国内后,国内网络法学者就我国实际情况进行了一定的调整。一种较具普遍性的说法是目前的网络多元规范体系由网络法、平台规则以及网络规范组成。❺ 而胡凌、李晟等学者更加关注规制体系中技术结构(代码/算法)的规范作用❻,对网络领域的多元规制理论体系进行了补充。

---

❶ 如刘艳红:《人工智能法学研究的反智化批判》,载《东方法学》2019 年第 5 期。
❷ 参见傅爱竹:《数字新兴议题专门立法热之反思》,载《法商研究》2023 年第 5 期。
❸ 参见刘宪权:《元宇宙空间非法获取虚拟财产行为定性的刑法分析》,载《东方法学》2023 年第 1 期。
❹ 参见〔美〕劳伦斯·莱斯格:《代码 2.0:网络空间中的法律》(修订版),李旭、沈伟伟译,清华大学出版社 2018 年版,第 135 页。
❺ 参见戴昕:《重新发现社会规范:中国网络法的经济社会学视角》,载《学术月刊》2019 年第 2 期。
❻ 参见李晟:《从互联网法到互联网司法:技术与规范变迁中的多维互动》,载《法商研究》2022 年第 4 期。

多元主体论认为对于科技的规制不能仅仅依靠政府,需要多方主体进行合作治理。如在平台治理中,周辉认为在合作型治理模式下,政府与平台企业发挥各自优势,既能有效避免监管不慎对平台企业产生的不利影响,又能进一步促进网络平台的创新发展,最终实现平台善治。❶ 魏小雨认为,合作治理不应仅限于政府与平台,还应扩展至其他私人组织与平台参与者。❷

总结来看,虽然苏力在20世纪90年代认为法律对科技的规制与其他领域在基本进路上并无不同,即都是通过产权的界定、行为的规制❸(从上文的梳理来看也似乎印证了这个论点,毕竟对策论、教义论等进路在过去的传统法学研究中一直被运用,而多元规范论在被引入我国时也主要用于分析农村社会的观察❹,多元主体论也不是在科技规制中独创的),但也应该看到,科技发展促使了法律概念的革新❺。

3. 技术对法律运行的影响

这一领域的研究主要有三个方面值得关注,一是法律是否会被科技完全替代,比如法律之治是否会代以算法之治。二是司法的技术化,比如互联网司法和智慧法院。三是技术作为规制手段,最有名的例子就是"代码即法律"。

(1)关于法律可替代性的讨论。

这一领域的核心争点在于法律会不会消亡,代之以科技的治理。肯定存在消亡可能性的学者目前也只提出了一些宏观性的构想,如戴昕等提出的

---

❶ 参见周辉:《网络平台治理的理想类型与善治——以政府与平台企业间关系为视角》,载《法学杂志》2020年第9期。

❷ 参见魏小雨:《互联网平台经济与合作治理模式》,载《黑龙江社会科学》2017年第1期。

❸ 参见苏力:《法律与科技问题的法理学重构》,载《中国社会科学》1999年第5期。

❹ 国内研究源于苏力:《法律规避和法律多元》,载《中外法学》1993年第6期。

❺ 参见雷磊:《新科技时代的法学基本范畴:挑战与回应》,载《中国法学》2023年第1期。

"微指令"❶、余成峰提出的"法律的死亡"命题❷。由于距离强人工智能问世还需要一段较长的时间,科技治理对法律的替代仍然是个过于有前瞻性的问题。不过,雷磊认识到这个讨论中蕴含的是一种根本范式冲突:在理解法这一范畴时,究竟应当采取概念分析的进路还是功能主义的进路?❸ 前者是基于基本预设进行的价值论证与概念的推理,先对法律、法治的概念、特征进行定义,这种定义往往带有具有价值性的判断;然后思考算法是否符合这些特征;最后通过算法不符合这些特征,否认其在价值层面取代法律的可能性。另一种是分析算法能否替代法律的社会功能,是否会造成其他的社会问题。由于研究者难以预知未来的算法社会的情况,所以只能基于目前技术所产生的问题,外推其未来的可能结果。比如说从现实中存在算法黑箱的问题,外推到未来算法治理时代会因此造成社会不平等。缺乏科学的未来拟真工具使得这一领域的研究陷入空想讨论的境地。

(2)司法技术化。

在该领域的研究中,主要的研究进路有三种,分别为价值论证、路径设计、实证考察。

在价值论证上,既有研究主要是从正反两方面对司法技术化的价值进行考察。正面价值主要有:司法的公正性、效率、便民性与可监督性❹等,负面价值主要有:损害司法公信力、社会不平等风险、消磨权利意识❺等。因此,有学者提出了司法技术化的价值限制,从公平受审权、法庭神圣性、人类

---

❶ 参见戴昕、申欣旺:《规范如何"落地"——法律实施的未来与互联网平台治理的现实》,载《中国法律评论》2016 年第 4 期。

❷ 参见余成峰:《法律的"死亡":人工智能时代的法律功能危机》,载《华东政法大学学报》2018 年第 2 期。

❸ 参见雷磊:《新科技时代的法学基本范畴:挑战与回应》,载《中国法学》2023 年第 1 期。

❹ 参见汤维建:《"智慧法院"让司法更公正、更高效》,载《人民论坛》2017 年第 4 期。

❺ 参见曹晟旻:《司法人工智能对权利保护的挑战与应对》,载《江汉论坛》2023 年第 9 期。

独特性三个角度提出了限制。❶

路径设计分为抽象与具体两种方向,抽象的方向主要是从法院系统整体的角度出发,主要包括技术方面的安排,如建设司法大数据库、构建法律知识图谱等❷,以及制度方面的安排,如构建算法审查与公开制度、推动跨学科人才培养与培训模式来推进司法智慧化的发展❸等。具体的方向则是讨论法官如何更好地利用技术进行审判。比如丁晓东在司法中的人机交互的研究中,提出了既赋予当事人选择权,又由法院对人工智能权限做最终判断的规则设置。❹

实证研究来看,宏观层面的代表作是郑智航对于智慧司法建设的研究❺,他以实践经验为例论证信息技术与司法组织结构的相互塑造,并且在讨论中对技术社会学的技术决定论、技术社会建构论和互动论三种研究进路也进行了反思。微观层面的研究就是对个体法院的调研,代表的学者是周翔和叶燕杰。前者基于对 87 个智慧法院建设案例的研究,细致描述了法院和法律科技公司所形成的"默契"与上下级法院的互动是如何推动技术对司法的塑造的。❻ 后者基于 B 市智慧司法实践的经验研究,发现了上级规划与下级创新之间、强力推广与有限应用之间、产品使用与系统开发之间存在的三大矛盾,并对此从法院内部的视角进行了成因分析与破解路径研究。❼

---

❶ 参见孙笑侠:《论司法信息化的人文"止境"》,载《法学评论》2021 年第 1 期。
❷ 参见宋晓晖:《"智慧司法"基础设施建设路径探析》,载《人民论坛》2020 年第 31 期。
❸ 参见高鲁嘉:《人工智能时代我国司法智慧化的机遇、挑战及发展路径》,载《山东大学学报(哲学社会科学版)》2019 年第 3 期。
❹ 参见丁晓东:《人机交互决策下的智慧司法》,载《法律科学(西北政法大学学报)》2023 年第 4 期。
❺ 参见郑智航:《"技术—组织"互动论视角下的中国智慧司法》,载《中国法学》2023 年第 3 期。
❻ 参见周翔:《智慧法院的生成机制与未来发展趋势》,载《西安交通大学学报(社会科学版)》2021 年第 3 期。
❼ 参见叶燕杰:《智慧法院建设中的实践难题与破解路径——基于 B 市智慧司法实践的考察》,载《山东大学学报(哲学社会科学版)》2022 年第 3 期。

总体来说，目前对于司法技术化的研究存在重理论轻实践、重结果轻过程、重评价轻事实、重宏观轻微观的倾向。过多进行理论推演而较少运用实证素材、对抽象问题分析过多而对实践问题探讨不足，也较少从政策执行层面加以考察。❶ 所造成的结果是许多文章都难以得到一线法官的认可。他们认为这些文章既不了解司法中的真实情况，更不能解决法院工作的实践问题。

（3）技术作为规制手段。

这一领域中的许多探讨与法律可替代性的问题高度相关，此处不再做过多叙述。值得展开论述的是我国学者对于"架构"（Architecture）的关注。虽然将架构引入规制理论并不是莱斯格的贡献❷，但对我国的影响还是来自其《代码 2.0：网络空间中的法律》一书。胡凌是国内研究架构最深入的学者之一，他发现规范性代码（架构）通过账户、数据和评分来对用户行为与生产方式进行塑造。❸ 在进一步的研究中，他以人脸识别技术为例，分析法律制度（认证制度）是如何通过技术（刷脸）实施的。❹ 在近期的研究中，他分析了算法规则化的内涵、现实意义、理论基础和实施路径。❺ 除此之外，李晟也对算法规则化进行了一定的研究，认为如果公众通过算法获得预期并根据这种预期确定行为，那么算法也成了一种规范。❻

---

❶ 参见叶燕杰：《智慧法院建设中的实践难题与破解路径——基于 B 市智慧司法实践的考察》，载《山东大学学报（哲学社会科学版）》2022 年第 3 期。

❷ 参见沈伟伟：《如何理解网络规制中的"代码"？——兼评莱斯格〈代码 2.0〉》，载《地方立法研究》2023 年第 6 期。

❸ 参见胡凌：《超越代码：从赛博空间到物理世界的控制/生产机制》，载《华东政法大学学报》2018 年第 1 期。

❹ 参见胡凌：《刷脸：身份制度、个人信息与法律规制》，载《法学家》2021 年第 2 期。

❺ 参见胡凌：《作为规则的推荐算法：演进与法律治理》，载《图书情报知识》2023 年第 1 期。

❻ 参见李晟：《从互联网法到互联网司法：技术与规范变迁中的多维互动》，载《法商研究》2022 年第 4 期。

(二)"法律与科技"研究泛化的乱象表现

从上文对于现阶段中国"法律与科技"研究的梳理可以看出,目前的研究中出现了数量高于质量的泛化倾向,这具体体现在研究者缺乏对科技的实质知识与对"法律与科技"社会基础的认知。有学者也对目前"数字法学"研究中的"伪创新"提出了批判,并认为在法学理论上,数字法学并不是一个真实的学术命题。❶笔者同意其提出的核心观点,但认为无论是批评者还是被批评者都犯了同样的错误——太重视法学中的"话语"了。都在讨论数字法学的概念和理论本身,并没有看到数字技术和法学之间在实践中真正的相互融合、渗透和刺激。这具体体现为两个方面:

1. 相关研究缺乏对科技本身及其发展的实质了解

第一,论据、论点的重复套用。例如,在生成式人工智能的讨论中,许多研究与规制算法的研究相比,并没有太多创新之处。这在立法上体现为一种"通用治理"的思路,典例是《生成式人工智能服务管理办法(征求意见稿)》的第9条。该条要求用户提供真实身份信息,这一规定来自《网络安全法》。然而,因为行为人利用生成内容从事违法活动是在其他网站上进行的,第9条的实名制的管理对于追踪此类违法活动并无意义。这体现立法者并未深入地思考已有的治理经验是否对于目前阶段的生成式人工智能的发展具有泛用性。也许是认识到这点,《生成式人工智能服务管理暂行办法》删除"要求用户提供真实身份信息"的规定,增加提供者与使用者签订服务协议的要求。因此,有学者提倡"场景化"立法的思路,重视各个应用模式下的法律关系的变化,有针对性地进行立法论的思考。❷

第二,夸大或刻意渲染现阶段新兴科技的可能风险。很多学者在分析算法相关法律问题时都会提到算法所学习的数据的质量问题会产生算法决策

---

❶ 参见宋维志:《数字法学真的来了吗?》,载《现代法学》2024年第1期。
❷ 参见赵精武:《生成式人工智能应用风险治理的理论误区与路径转向》,载《荆楚法学》2023年第3期。

失误、算法偏见的风险。但是这些问题都会随着数据选取、数据赋值以及数据清洗技术的提升而得到改善。适度警示风险,引起学界、行业和社会大众的关注是有必要的,但如果过度在意这种技术风险,就有可能造成对技术的打压。并且与其以技术所造成的社会风险为理由否定技术的合法性(如因人类增强型基因编辑会加剧社会不平等而对其否定),还不如通过制度构想尽可能消除这些风险,比如可以构造人类增强的平等权。

第三,不考虑规制在技术上的可行性。如《生成式人工智能服务管理办法(征求意见稿)》的第 4 条第 4 项要求生成内容应当真实准确就不具有技术可行性。这是因为一方面人工智能产品往往有数以万亿计的数据,要求其对每一条数据都进行把关、审核是不可能的;另一方面,算法进步对于结果的真实性与准确性的提高也是有限的。❶ 因此,《生成式人工智能服务管理暂行办法》降低了对提供服务者的义务,仅要求其采取有效措施提高生成内容的准确性和可靠性。

第四,法律促进科技的研究视角缺失。目前绝大多数法律对科技的作用之研究都关注法律如何规制科技,极少有研究法律如何促进、保障科技发展的,这与科技法学刚出现的 20 世纪 90 年代形成了鲜明的对比。支振峰所提倡的"激励性监管"可作为借鉴:立法与监管部门必须以更大的谦抑,表达出对市场、创新和产业自主性的尊重,为新技术、新应用的发展留下更广阔空间。❷ 法学研究者也应如此,对于新技术,即使不研究如何促进其发展,也应该在规制中尽量避免损害创新活力。在立法中,其实体现出了促进创新的面向,比如《生成式人工智能服务管理暂行办法》相比征求意见稿,就在第 5 条增加了鼓励创新应用、支持技术发展的内容。

第五,过度对新兴科技进行价值判断。前文可以看到许多研究是从道德

---

❶ 参见王若冰:《论生成式人工智能侵权中服务提供者过错的认定——以"现有技术水平"为标准》,载《比较法研究》2023 年第 5 期。
❷ 参见支振峰:《生成式人工智能大模型的信息内容治理》,载《政法论坛》2023 年第 4 期。

哲学与法学价值的角度对新兴科技进行评价,并由此论证其合法性与规制必要性。但科技有时是难以进行价值判断的。《牛津法律、规制和技术手册》对此提供了几个有说服力的理由:价值本身存在争议、是否会造成价值危机取决于不确定的因果关系、科技进步会改变价值观、多种价值可能在技术变革中冲突、技术发展有难以预测性。❶ 因此,至少不应该在不了解技术以及实践的时候就做出价值判断。一个典例是许多学者都认为线上诉讼会损害当事人的权利,但现实情况是许多当事人根本不在意诉讼权利有无受损,更关心的是诉讼的效率与便利性。❷

　　第六,没有正确对待科学幻想。许多学者否定在"法律与科技"研究中引入科幻的必要性,认为从科幻作品中找到的会是假问题❸,以及科幻作品难以提供法学研究所需要的真实材料❹。笔者认为完全否定有所偏颇,科幻研究者苏恩文认为:科幻小说就是这样一种文学类型,它的必要的和充分的条件就是陌生化与认知的出场以及二者之间的相互作用。❺ 认知性是科幻作品得以作为社会科学研究材料的基础。这要求科幻作品的情节和世界观至少在社会科学的意义上可以成立,才可以其为基础构筑思想实验,进行内推与外推。❻ 而陌生化源于对现实的想象性拟换,即为现实社会增加一些想象的设定。这可以解放研究者,让其可以看到科技发展到极致后的一些可能

---

❶ 参见〔英〕罗杰·布朗斯沃德、〔英〕埃洛伊斯·斯科特福德、〔英〕凯伦·杨主编:《牛津法律、规制和技术手册》,周辉、胡凌、张欣、马允、孙南翔等译,中国社会科学出版社2021年版,第13—16页。

❷ 来自笔者在互联网法院的调研经验。

❸ 参见韩旭至:《人工智能法学研究的批评与回应》,载《中国社会科学报》2020年11月11日。

❹ 参见单勇、王熠:《未来法学研究的可视化分析(2010—2020年)》,载侯猛、陈欣主编:《法律和社会科学》(第19卷第2辑),法律出版社2022年版。

❺ 参见〔加〕达科·苏恩文:《科幻小说变形记:科幻小说的诗学和文学类型史》,丁素萍、李靖民、李静滢译,安徽文艺出版社2011年版,第8页。

❻ 参见陈颀:《未来法学:作为法学思想实验的科幻》,载侯猛、陈欣主编:《法律和社会科学》(第19卷第2辑),法律出版社2022年版。

后果。科幻的预测当然不可能百分之百成立,但相比预测,更有价值的是启发大众关注一些遭到忽视的问题。❶ 比如刘慈欣的《赡养人类》就让大家看到了增强型基因编辑与自由竞争下的市场经济结合后会产生什么样的恶果。简而言之,在"法律与科技"的研究中,可以将科幻作品作为寻找有价值问题的启迪,但不应直接以科幻作品的设定与情节替代科技的实证材料来进行法学知识的建构。

2. 相关研究缺乏对"法律与科技"社会基础的认知

科技是嵌入社会的,科技发展受社会因素的影响,又会作用于社会,推动社会的变革。因此在"法律与科技"的研究中,绝不能隔绝社会来看待科技,同时要反映社会实际情况。而目前的研究中存在着两种错误倾向:

第一,忽视社会基础"为科技立法"。许多学者受到技术风险焦虑症的影响,一方面夸大了技术风险的可能危害,另一方面也高估了法律规制风险的效率。❷ 因此常常企图用严苛的立法对新兴科技进行最严密的控制。然而这抽离了社会基础,片面地看待法律与科技的关系,忽视了科技的社会需求。技术的社会建构(SCOT)理论主张技术发展并非预先决定且先行的,而是偶然且多重方向的,会在社会过程和社会脉络中持续建构,永远处于生成的状态。❸ 如果技术是社会建构的,则反映出新兴技术很可能有对应的社会需求。如果不考虑这些社会需求就对技术一禁了事,需求人最后很可能就会通过"灰色"的方式满足需求。而社会需求产生新科技后,新兴科技又会反作用于社会,对社会的生产关系带来变革。胡凌所提出的"生产性法律"理论认为:法律需要在深层次上对新型生产方式和生产关系进行回应。否

---

❶ 参见〔美〕艾萨克·阿西莫夫:《阿西莫夫论科幻小说》,涂明求、胡俊、姜男等译,安徽文艺出版社2011年版,第76—77页。
❷ 参见傅爱竹:《数字新兴议题专门立法热之反思》,载《法商研究》2023年第5期。
❸ 参见〔新西兰〕史提夫·马修曼:《技术与社会理论》,王志弘、高郁婷译,群学出版社2023年版,第182—183、191页。

则,这些新的生产方式会以"非法兴起"的方式野蛮生长。❶

　　第二,研究与现实和法律实践脱节。笔者对从事"法律与科技"领域的一些实务工作者进行了访谈,他们认为没有太多必要阅读核心期刊上发表的论文,即使实务工作者会引用一些论文,也是比较实用主义的,更多是为了充充门面,展现自己的观点是受到学界支持的。❷ 除认为学术论文难读外,实务工作者主要认为这些研究存在"不接地气"的问题。

　　以互联网法院的法官为例,对他们可能有帮助的"法律与科技"研究论文主要有两类:能够为目前审理的疑难案件提供好的法教义学论证以及能够为法院技术化的改革提供新方向的对策研究。前者的问题在于既适度理论化,又贴合现行法的研究实在是太少。许多研究更多是空洞的立法论和价值论证,对法官解决实际案件没有帮助,因此他们相较于阅读学者的论文,更倾向私下请教或者阅读一些法学类自媒体发布的短小精悍的文章。后者的问题在于缺乏实证,脱离实际情况。读完学界关于"人工智能司法"的文章后再去观察司法实践,然后发现他们推进无纸化办公的改革都费劲时,不由得会生出一种强烈的割裂感。

[三] 中国"法律与科技"研究泛化的成因分析

　　综合上文对现阶段中国"法律与科技"研究泛化表现的描述,使人不禁产生一个疑惑:为何学界在"法律与科技"领域产生了那么多泡沫,并且学术共同体的成员都对此习以为常了?

---

❶ 参见胡凌:《理解技术规制的一般模式:以脑机接口为例》,载《东方法学》2021年第4期。

❷ 美国法官也有同样的做法,参见〔美〕理查德·波斯纳:《各行其是:法学与司法》,苏力、邱遥堃译,中国政法大学出版社2017年版,第222页。

(一)法学学科的封闭性使研究范式难以革新

从上述梳理来看,可以看出虽然"法律与科技"这一研究领域要研究最新的科技问题,但是这种"新"并没有真正促使法学的范式转变。像新兴科技合法性论证所运用的哲学论证、规制新兴科技的研究用到的立法论(对策论)和教义论等方法,传统的法学研究经常使用。对于法教义学来说,无论是传统社会中的事物,还是新兴科技所催生的产物,都仅是一个涵摄的对象而已。而虽然"法律与科技"领域也大量使用了法社科研究的进路,但是这种运用与对乡村法治问题的研究并无不同。这使得"法律与科技"领域的研究能力难以提升,是研究泛化的重要成因之一。❶

为何如此?从知识社会学角度,这体现了法学学科的封闭性。科技的发展对法律造成冲击,而法学界迅速地通过立法论和解释论将这种冲击内部化,由此法学一直处于库恩所说的"常规科学"的阶段,一直没有产生范式变迁的需要。他认为:常规科学中出现了未能解决的新问题(科学危机)是新理论出现的必要条件。❷ 那么为什么法学的封闭性远比自然科学强,能把"危机"内部化?这在很大程度上与法律评价的主观性有关。主观性与自然科学的客观性相对,后者正确与否可以很简单地检验出来,理论无法与实验结果相符即反映出理论可能出现问题。但对法律是否滞后于时代却很难得出一个具有客观性的实验结果,并且也很难对法律与社会的总体情况进行全面判断。这导致法学界内外的观察者都很难发现法学出现了"危机",所以也很难出现范式革新的动力。

---

❶ 这一点别的学者也关注到了,如宋维志:《数字法学真的来了吗?》,载《现代法学》2024年第1期。

❷ 参见〔美〕托马斯·库恩:《科学革命的结构》(新译精装版),张卜天译,北京大学出版社2022年版,第128—130页。

(二) 学科规训影响"法律与科技"领域知识生产能力

"学科规训"是由学科发展而来的一个知识社会学的概念,它是指学科通过教育实践的方式向被规训者植入特定范式中的概念、原理、方法等,使他们能够进行自我规训,内化被公认的范例,获得某一学科或领域的"科学身份",进而能在未来对他人进行规训。❶ "法律与科技"领域主要受制于法学的学科规训,也就是要求学者固守法学的,特别是法教义学的概念、方法、立场,否认新兴科技冲击会实质改变法学,如认为:"人工智能并未对法律基础理论、基本法学教义提出挑战,受到挑战的只是如何将传统知识适用于新的场景,如技术的发展如何影响人类自身的注意义务等。"❷

第一,研究受制于法学的研究场域。布尔迪厄认为:场域可以被定义为在各种位置之间存在的客观关系的一个网络或构型。每个场域都遵循着它们各自特有的逻辑。❸ 而科学场的特征就在于同行中的竞争者同心协力,致力于建立一致的"事实"审核准则与制定对论点或假设宣告无效的共同方法。❹ 这要求一项研究在公开发表之前,必须受到学术体制基于学科共同的审核标准的考察。但"要经受官方的成熟学者团体的细致批评,这形成了智识上的自我约束"❺。而法学的学术场也同样如此,许多学术评审都是以法学的传统评价体系对"法律与科技"的研究进行评价的,这很可能就会造成一些过于创新的研究被"错杀"。

---

❶ 参见孙绪光:《高等教育研究范式变迁:基于学科规训视角的考察》,载《扬州大学学报(高教研究版)》2023年第4期。
❷ 刘艳红:《人工智能法学研究的反智化批判》,载《东方法学》2019年第5期。
❸ 参见〔法〕布尔迪厄、〔美〕华康德:《反思社会学导引》,李猛、李康译,商务印书馆2015年版,第122—123页。
❹ 参见〔法〕皮埃尔·布尔迪厄:《科学的社会用途——写给科学场的临床社会学》,刘成富、张艳译,南京大学出版社2005年版,第37页。
❺ 〔波兰〕弗洛里安·兹纳涅茨基:《知识人的社会角色》,郏斌祥译,译林出版社2022年版,第115页。

第二,研究者受到法学学科体制的规训,这种规训一方面体现在教育对于学科理论方法的传授,另一方面是对学者职业样式的控制,即在什么刊物上发表论文、参加什么学术会议、与什么学者交流等。❶ 这种规训下来,许多研究者只了解法学的理论方法,缺乏科技的基础知识,也未能及时更新研究范式,并且缺乏与科技学者和实务工作者的交流,自然会影响其进行"法律与科技"研究的能力。

第三,过载的知识使学者更囿于小学科。目前还是一个学术信息过载的时代,任何一个热门领域的相关文献都汗牛充栋。阿伯特认为,过量的知识可能起到隔离个体(与知晓其他不同事物的人),或强烈降低他或她知道其他事物的能力。❷ 在学术生产领域,他认为信息的相对过载与客体不断分解携手前行。❸ 就以目前"法律与科技"领域非常热门的数据法学为例,一个研究者面对巨量的文献时,会选择进入某个更具体的领域来减轻负担。但问题在于,专精于小领域,把研究的客体越分越小的结果也许是"只见树木,不见森林",对法学内部关于数据的讨论都难以掌握,更不要说了解数据背后的信息技术原理了。

笔者认为,相较于法社科研究,"法律与科技"领域更难打破法学的学科规训。一是因为相较于社会科学知识,科技知识距离法学更远。这意味着法学学者要了解科技,所需要的时间成本要比了解社会科学更多。二是法学学者与社会科学研究者更容易成为交流与合作者。这不仅是因为二者有更加相似的知识背景,还因为双方有着共同利益,即都需要产出人文社会核心期刊所认可的学术作品。这种共同的利益联系促使了不同一级学科的学者相互引用甚至合作研究。而法学学者与科技学者、科技实务工作者就缺乏这种

---

❶ 参见孙运梁:《"权力—学科"规训下刑事法学科的产生、嬗变及其整合——以"权力—学科—知识"理论考察刑法知识形态的尝试》,载《刑事法评论》2007年第1期。

❷ 参见〔美〕安德鲁·阿伯特:《过程社会学》,周忆粟译,北京师范大学出版社2022年版,第171页。

❸ 参见〔美〕安德鲁·阿伯特:《大学教育与知识的未来》,王桐、陈嘉涛译,生活·读书·新知三联书店2023年版,第205页。

共同利益纽带。

(三) 研究者通过体制化学科"包装"研究

法学作为一个体制化的成熟学科,虽然对于研究者的理论、视野、方法进行了约束,但是也为研究者提供许多可供利用的知识,这些知识很多已经被外化成研究的套路,只要利用这些套路,不需要对科技和社会有多么深的了解就可以写出一篇符合学科规范的论文。

拉图尔通过对科学实验室的研究,发现科学事实其实是由学者建构的。为了掩盖这种建构,科学家需要通过引用前人文献来结盟,来使反对者放弃对建构的事实进行攻击。❶ 法学论文同样要提出有创新性的观点,并对其进行有说服力的论证。许多文章正是通过对前人研究的引用以及对学科成熟方法的运用实现的。由此,一些完全符合法学学术规范和理论运用的研究就应运而生,以此"包装"研究对于实质科技知识的不了解。

而这种包装之所以得以长期有效,是因为在学科规训下,真正能深入研究科技的学者并不多。而学术期刊保证研究质量的方式是同行评议制度,如果其选择的同行本身就缺乏对于科技的了解,那么对于研究的评价就只能更多关注其对于学科知识的正确运用了。至于判断这种运用是否符合所研究科技的真实情况,同行评议对此难以起到实质作用。

(四) 学术产品的供求失衡降低研究的优质率

目前学术生产越来越往商品生产的模式发展了,这使得其同样会受到供求关系的影响。一方面,学者有着快速发表"法律与科技"研究的需求。这除了源于学术评价体系的压力,还有出于追赶热点的目的,这形成了一种内卷化的趋势。一个研究分支刚出现的时候,论文更容易发表。并且在一个分

---

❶ 参见〔法〕布鲁诺·拉图尔:《科学在行动——怎样在社会中跟随科学家和工程师》,刘文旋、郑开译,东方出版社 2005 年版,第 72 页。

支中连续发表多篇论文后,其他学者会认为他已经成为该分支的专家,这可以提升学者的证明储备❶,让自己能够获得更多的学术资源。在学界的"马太效应"的影响下,已发表学者和未发表学者在将来的发表机会的差距会进一步拉大。❷ 这迫使许多学者即使内心不愿意也不得不投入争抢学术热点的行列。而在科技热点出现后,期刊也急切需要相关的研究以显示自己的"与时俱进",实现影响因子的提升,因此也会希望学者多多产出"热点"成果,而不会太在意这些成果是否经过了时间的沉淀。另一方面,"优质"的"法律与科技"研究不是那么容易生产的,除了要求研究者具有深厚的法学基础,更需要对科技以及社会影响的深入考察。而在时间紧迫,同时研究者又饱受各种琐事影响的情况下,这存在一定的实现难度。

因此,这种对于"优质""法律与科技"研究成果的供求失衡使得许多不那么"优质"的研究也获得了发表的机会,造成了"法律与科技"领域的泛化。

(五)法学研究与实务的脱节影响知识生产与评价

目前我国的法学与实务界也走向了"各行其是"的道路。正如苏力所说:"当年曾高度依赖法官司法实践的法学研究者如今有了自己新的学术受众,有了一个新的学术消费市场,不限于,但往往就是,在法学人的圈子之间。法学人的学术事实上已不大依赖法官的司法实践了,自然也就不大在意法官和司法的体制性需求了。"❸这种脱节对"法律与科技"的知识生产与评价会造成不利影响。

生产方面,前文提到研究没有贴合社会实际情况,回应实务界所关注的问题之所以出现,其实正是因为法学学者已经可以通过期刊系统自行评

---

❶ 参见〔法〕布鲁诺·拉图尔、〔英〕史蒂夫·伍尔加:《实验室生活:科学事实的建构过程》,修丁译,华东师范大学出版社2023年版,第214页。

❷ 参见〔美〕R. K. 默顿:《科学社会学——理论与经验研究》(全二册),鲁旭东、林聚任译,商务印书馆2003年版,第627页。

❸ 苏力:《司法改革的知识需求——波斯纳〈各行其是〉中文版译序》,载《法治现代化研究》2017年第1期。

价,不太需要实务界的认可,因此也就不太有必要研究实务中所关注的问题。

评价方面,实务界缺乏对法学知识进行评价的渠道,这会导致知识市场的自由竞争无法实现,致使不符合社会实践的知识难以被驱逐出知识体系。这是因为学界与实务界还是有着一定的信息差,比如在司法方面,"实务界对现实问题的理解总结要丰富得多,但学术界还很难深入进去"❶。因此,仅靠学者互相进行同行评议,在实践相关的问题上,学术批评的深度和广度会存在不足。

[四] 总结与展望

"法律与科技"领域虽然目前已经是法学研究中的一个"显学",但这种"繁荣"中也许隐藏着许多"泡沫"。一方面在研究中泛滥着"伦理"、"风险"、"规制"等话语,但是缺乏对科技本身与其植根的社会基础的深入研究;另一方面虽然已经新建了诸如"人工智能法学"、"数字法学"等新兴学科,但是始终没有实现法学范式的革新。面对这种现状,笔者对中国"法律与科技"研究提出几点展望:

第一,实质了解所研究的科技。究竟应该要求研究者对科技了解到什么程度?最理想的程度是达到所研究的领域中的一般技术人员的水准,但受制于研究者的专业背景和学习时间的稀缺,也许只能把标准定为稍微高于合格使用者,即要求研究者至少对技术原理有一定的了解,原因在于三个方面:一者,只有了解技术原理才有可能洞悉科技的后台。以生成式人工智能为例,仅就其前台进行观察就只能对生成内容的合法性问题进行研究,而容易忽略后台可能产生的数据泄露等问题。二者,新兴科技作为社会的新事物,由于使用面和深度还不足,许多问题还不会在应用层上暴露出来。要进

---

❶ 侯猛:《知识结构的塑造——当代中国司法研究的学术史考察》,载《现代法学》2019 年第 4 期。

行有深度的研究,必须了解技术原理才能尽量了解可能的技术风险。三者,了解技术能使研究者更加客观地看待技术的风险,从而提出具有可行性且不损害创新活动的规制策略。

第二,从社会基础出发,探索新兴科技的法律治理。在立法论上应当理性对待"为科技立法"的理念,恪守法律的谦抑性,寻找技术的多元规制策略。相较于直接对科技进行规制,通过改变其社会基础,促使形成规制科技的社会规范会是解决某些问题更有效的办法。

教义论上也同样需要正确对待"社会",在涵摄的过程中不能仅就新事实与法律规定的要件事实进行对比,还要看到它们的功能在社会中的互动。譬如19世纪美国一家法院就受困于电报公司能否被认为是法律上的公共承运人的问题。问题不在于电报公司是否运送了物品,而是要回到法律所植根的社会现实。公共承运人承担责任是为了减少货物风险,降低交易成本。而发电报虽然也存在信息丢失的风险,但是只要让收信人返回信息就能确认信息是否传达,因此不能把电报公司认定为公共承运人。❶

第三,融合计算法学和法治系统工程,推动法学范式革新。计算法学是将计算科学(如科学计算、计算机技术)、数据科学(如机器学习、数据挖掘)、工程科学(如控制论、系统论)与法学交叉融合的新兴学科❷,因此深切地体现了科技对法学研究的影响。在这门学科中,笔者认为最值得一提的是计算社会科学的行为体建模(Agent-Based Modeling, ABM)技术,它可以模拟出一个具有一定真实性的虚拟社会❸,这可以作为对法律、政策效果进行预测的数字实验室。

---

❶ 参见〔英〕罗杰·布朗斯沃德、〔英〕埃洛伊斯·斯科特福德、〔英〕凯伦·杨主编:《牛津法律、规制和技术手册》,周辉、胡凌、张欣、马允、孙南翔等译,中国社会科学出版社2021年版,第190页。

❷ 参见肖金明、方琨:《计算法学研究范式的阐释与构建》,载《法学评论》2023年第3期。

❸ 参见唐世平:《计算社会科学与科学决策的未来》,载《国际政治科学》2023年第3期。

ABM 技术需要一个科学的模型才能使得模拟的计算机世界具有一定的真实性。模型是对真实世界系统的某些方面进行有目的的表述。❶ 因此,要对法律在社会中的运行进行模拟,首先需要一个关于它的科学模型。而法治系统工程的一大学术贡献就是尝试为法律系统建立数量化的模型,比如吴世宦曾经以客观经济规律信息和经济成本为自变量,指出经济法所追求的物质文明和精神文明为因变量建立了一个经济法的量化模型。❷ 这个模型在当下由于法律修订,已然过时,但是其中所使用的建模方法仍值得当前的研究者借鉴。

第四,打破法学学科的封闭性与学科规训,培养研究者的跨学科研究能力。一来高校应该加强对研究者跨学科研究能力的教育与培训。高校和科研机构应该设置更多跨学科的课程,鼓励法学专业的学生选修科技类、计算机类等相关课程。此外,可以设立跨学科的研究中心或实验室,为研究者提供一个交流与合作的平台,促进不同学科之间的知识共享与融合。二来高校应该设立跨专业的研究项目,通过合作署名的方式鼓励自然科学、技术科学的学者参与到"法律与科技"的研究当中。

第五,改善学术成果的发表机制与评价机制。一方面,无论是期刊还是研究者,都应该摒弃盲目追逐新问题的短视行为。新颖的议题固然能够吸引眼球,但往往容易因为缺乏充分的现实基础和深入的思考沦为空泛的议论。前段时间法学界盛行的"元宇宙热"便是一个生动的例子。这场热潮带来了大量的相关论文,但正如有学者所批评的,这些研究要么老生常谈、可以无差别适用于此前一切新技术的对策与建议;要么显得是杞人忧天、不够脚踏实地的总体性批评。❸ 另一方面,学术期刊在同行评议中也应该更加注重听取

---

❶ See Allen McLean et al., *Agent-Based Modeling: A Method for Investigating Challenging Research Problems*, 68 Nursing Research 473 (2019).

❷ 参见吴世宦:《法治系统工程学》,湖南人民出版社 1988 年版,第 283—287 页。

❸ 参见邱遥堃:《走出虚拟世界:元宇宙热的批判性解释》,载《中外法学》2023 年第 4 期。

科技工作者以及法律实务工作者的意见。现有的同行评议机制往往过于依赖学术圈内的意见,忽视了科技工作者和法律实务工作者的实际经验和专业知识。因此,既可以在外审阶段专门邀请科技专家、实务专家为研究成果把关,也可以在论文发表后建立意见反馈渠道,对负面反映较多并且反对意见通过第三方专家论证的稿件可以给予撤稿处理。

中国"法律与科技"研究的方法反思

金上钧[*]

摘 要：近四十年来，科学技术深刻地改变着我们所生活的社会，这也使得"法律与科技"研究成为法学界的热门话题。通过对文献的梳理发现，法学学者对法律与科技问题最初使用"公式化辩证法"开展研究，存在方法缺失或不成熟的问题。随着学科发展，现今法学学者主要使用"理念"引导下的对策研究方法、教义学方法、社会科学方法和哲学方法开展研究。其中，社科法学方法又分为历史、社会理论、政治经济学和经验研究等进路；法哲学方法主要包括价值分析和概念分析两类。法学学者使用上述多样的研究方法取得了一些成果，但研究方法的应用仍存在方法论自觉不足、经验研究不强、研究方法束缚研究对象拓展、不同研究方法融合不足等问题，导致"法律与科技"研究存在深度不足、概念附会等现象，需要进行改进。

关键词：法律与科技 研究方法 法教义学 社科法学 法哲学

引 言

近四十年来，科学技术深刻地改变着我们所生活的社会，这也使得讨论科学技术成为社会科学研究的热门话题。在法学领域，各派学者对"法律与

---

[*] 金上钧，中国人民大学法学院博士研究生。本文系教育部哲学社会科学研究重大课题攻关项目"百年中国政法体制演进的经验与模式研究"（项目批准号：22JZD014）的阶段性成果。

科技"这一主题也颇有兴趣。法律与科技研究,主要是研究法律对科技的影响和科技对法律的影响两个方面。❶ 在 1990 年前后,"科学技术法学"的概念一度流行。1988 年,中国科学技术法学会成立。❷ 1991 年,该学会开始举办《科技法学》(后改名《科技与法律》)杂志。自 1992 年开始,《中国法律年鉴》开始在"法学各学科发展概况"中专设"科学技术法学"一节。当时,"科学技术法学"研究的内容主要有三部分:知识产权、科技进步(促进)法和学科基本理论❸,主要采取从概念到性质、从历史到发展,从域外到中国的教科书式"对策法学"❹研究方法。

此时的法律与科技研究,"法学"的"味道"还不浓,更类似对策论、政策学。从学术建制看,当时,中国科学技术法学会的主管单位是全国人大教科文卫委员会和国家科委(科学技术部)。从研究内容上来看,科技进步(促进)法更类似法律化的政策;而知识产权也被视为促进科技发展的一种法律工具而纳入了这个学科的研究范畴。当然,独立性的缺失,或许与当时法律制度本身尚未完善密切相关。❺

自 1982 年到 1990 年,《商标法》《专利法》《著作权法》逐步颁布实施,立法和司法实践为学者进行规范分析提供了广阔空间。1993 年,《科学技术进步法》颁布实施。巧合的是,自当年开始,科学技术法学的发展也发生了一些变化。《中国法律年鉴》的"法学各学科发展概况"不再设"科学技术法学"一节,取而代之的是"知识产权法研究"。❻ 大致从 1995 年开始,知识产

---

❶ 苏力:《法律与科技问题的法理学重构》,载《中国社会科学》1999 年第 5 期。

❷ 参见《科技界与法律界结盟 中国科技法学会成立》,载《人民日报》1998 年 11 月 3 日,第 3 版。

❸ 参见《科学技术法学》,载中国法律年鉴编辑部:《中国法律年鉴(1992)》,中国法律年鉴社 1992 年版。

❹ 参见陈瑞华:《论法学研究方法》,法律出版社 2017 年版,第 5—6 页。

❺ 参见苏力:《也许正在发生——中国当代法学发展的一个概览》,载《比较法研究》2001 年第 3 期。

❻ 参见中国法律年鉴编辑部:《中国法律年鉴(1994)》,中国法律年鉴社 1994 年版。需要注意的是,1994 年出版的年鉴反映的是 1993 年的情况。

权法研究的内容也逐渐占据了《科技与法律》杂志的多数版面。即在科技法学的两大分支中,知识产权法的地位已经超过了科技进步法,并有向上层跃迁,取代科技法学的趋势。这一变化也是法教义学的兴起的一个缩影。相较于以讨论对策为主的科技进步法,知识产权法学与司法实践联系密切,学者进行规范分析的素材更多,空间更大,学者也可以与实务界进行互动,更有利于知识生产。《科学技术进步法》的颁布、立法任务的完成,使得更类似政策学的"科技进步(促进)法"方向独立存在的必要性有所降低。20世纪90年代末,国务院学位办将科技法学(主要是科技进步法研究)纳入行政法学范畴❶,官方认可的学科建制消失。

由于前述原因,进入21世纪,法律与科技研究进入一个低潮。但各法学二级学科内还存在对法律与科技问题的零星研究。如刑法学关于网络犯罪❷、证据法学关于DNA等科学证据❸以及民商法学和民事诉讼法学关于电子商务❹、数据电文❺等问题的研究,法理学者的讨论则更为少见。

2015年前后,随着区块链、人工智能、大数据、算法等信息技术蓬勃发展,"法律与科技"研究"热潮"又起,"数字法学""未来法治""元宇宙"的相

---

❶ 参见易继明:《开创科技法学研究的新局面》,载《社会科学家》2013年第12期。

❷ 参见范德繁、于宏:《针对网络犯罪之认定探讨——兼评刑法相应立法的完善》,载《法制与社会发展》2001年第5期;石英:《计算机网络犯罪与刑事司法管辖权》,载《法制与社会发展》2001年第4期;于志刚:《网络犯罪与中国刑法应对》,载《中国社会科学》2010年第3期;于志刚:《网络犯罪的发展轨迹与刑法分则的转型路径》,载《法商研究》2014年第4期;郑泽善:《网络犯罪与刑法的空间效力原》,载《法学研究》2006年第5期。

❸ 参见刘广三、汪枫:《刑事DNA采样和分析中的法理思考》,载《法学杂志》2015年第3期;陈学权:《科学对待DNA证据的证明力》,载《政法论坛》2010年第5期;刘广三、汪枫:《刑事DNA采样和分析中的法理思考》,载《法学杂志》2015年第3期;张南宁:《科学证据可采性标准的认识论反思与重构》,载《法学研究》2010年第1期。

❹ 参见刘满达:《网络商务案件管辖权的实证论析》,载《法学》2000年第2期;高富平:《网络服务合同法律规范的几个问题——易趣欠费案评析》,载《法学》2002年第5期;于海防:《涉网络案件民事诉讼地域管辖问题的一般性研究——以法律事实发生地的空间定位为基础》,载《法律科学(西北政法大学学报)》2010年第5期。

❺ 参见高富平、俞迪飞:《电子记录等同于纸面证据的解决方案——兼论〈电子签名法〉的局限性》,载《法学》2004年第11期。

关文章占据了各大法学核心期刊的版面❶,各大法学院系也开始增设"数字法学"二级学科❷,法理学、民商法、刑法、经济法、知识产权法等部门法的学者都开始关注这一问题。例如,自 2018 年起,《中国法律年鉴》在"法学各学科发展概况"中的"法理学"一节专设"法律与人工智能"这一小节❸,后又设"新兴权利"小节。可以说,沉寂十余年之久的法律与科技研究又迎来了复兴。

热潮之所以兴起,是因为前述新科技对现有的法学知识体系形成了"挑战"。❹ 然而,在"热潮"背后也有不少批判的声音,有学者认为,当前的法律与科技研究(如人工智能法学研究)存在着"概念附会""学术泡沫"等"反智化"现象。❺ 而出现上述问题的原因与研究方法的选择密不可分。因此,有必要对法律与科技的研究方法做一番回顾和反思,并在此基础上进行展望,为更好地应对"挑战"做好准备。

在展开具体讨论前,还是需要对法律与科技这一研究主题进行说明。"科技"一词是科学与技术的简称,在历史发展中,二词的关系逐渐紧密。今天,人们一般认为科学是指以认识世界为目的的社会实践,是一种"知识";技术则是以改造世界为目的之手段或活动,是一种"工具"。直接改变我们生活的是"技术",科学也能通过科学的因果关系的认识对法律制度及其运作产生深刻影响。❻ 纵观相关文献,法学的讨论主要集中在"技术"上,所以,本文所涉及的研究主题,更多偏向法律与技术。同时,本文主要关注的也是法学学者对法律与科技问题的研究。

---

❶ 单勇、王熠:《未来法学研究的可视化分析(2010—2020 年)》,载侯猛、陈颀主编:《法律和社会科学》(第 19 卷第 2 辑),法律出版社 2022 年版。

❷ 参见张译心:《全国高校"数字法学"联盟成立 推动数字法治建设》,载中国社会科学网 2022 年 11 月 15 日,https://www.cssn.cn/fx/fx_zx/202211/t20221115_5564363.shtml。

❸ 参见《法理学》,载中国法律年鉴编辑部:《中国法律年鉴(2018)》,中国法律年鉴社 2018 年版。自此之后,《中国法律年鉴》在介绍法律学学科发展时,均设这一小节。

❹ 陈景辉:《人工智能的法律挑战:应该从哪里开始?》,载《比较法研究》2018 年第 5 期。

❺ 参见刘艳红:《人工智能法学研究的反智化批判》,载《东方法学》2019 年第 5 期。

❻ 参见苏力:《法律与科技问题的法理学重构》,载《中国社会科学》1999 年第 5 期;陈景辉:《捍卫预防原则:科技风险的法律姿态》,载《华东政法大学学报》2018 年第 1 期。

[一] 流变：研究方法的逐渐成熟

(一) 第一波热潮：公式化辩证法与政法法学

前文已述，中国的"法律与科技"研究大致有两波热潮。在 21 世纪前的第一波热潮中，尤其是最初期的一些文章，很难说有成型的研究方法，更多的是对域外资料的译介❶，或是在整理资料的基础上对个人观点的简单表达。❷在此之后，一种"公式化辩证法"，即运用辩证唯物论❸讨论"科技的发展对法律有影响或需求，而法律又对科技有规制或调整作用"❹的写作模式流行开来。当时，"法学基础理论"教科书中"法律与科技"一节便运用该公式进行讨论❺，并延续到现今的《法理学》教材❻。在刊物上发表的论文也几乎是对此公式的"套用"，只是在使用辩证法讨论时多强调了一些科技发展可能给法律带来的负面影响。❼ 在 2000 年前后，相关文章依然可在刊物上寻见。

除"公式化的辩证法"研究方法外，此时的期刊文章还展现出了"政法法学"的部分特征。例如，文章总是从领导人讲话中的部分"提法"展开，然后去探讨法律制度如何设计。❽ 与政法法学研究的发展趋势一样，此类研究中政治或意识形态话语的使用逐渐减少。❾ 但从"提法"展开分析的思路却保

---

❶ 参见龚祥瑞、李克强：《法律工作的计算机化》，载《法学杂志》1983 年第 3 期。
❷ 参见童振华：《论法律与科学技术》，载《法学研究》1983 年第 3 期。
❸ 参见罗玉中：《科技法学研究的方法》，载《科技与法律》1994 年第 3 期。
❹ 苏力：《法律与科技问题的法理学重构》，载《中国社会科学》1999 年第 5 期。
❺ 苏力：《法律与科技问题的法理学重构》，载《中国社会科学》1999 年第 5 期。
❻ 如"大红皮"《法理学》教材在第六编"法治与法治中国"专设"法治与科技"一节，参见张文显主编：《法理学》(第五版)，高等教育出版社 2018 年版，第 383—392 页。
❼ 沈铭贤：《法律与科学技术的相互关系》，载《法学》1982 年第 7 期；赵震江、季卫东：《法律与科学技术》，载《法学研究》1984 年第 1 期。
❽ 参见倪正茂：《科技进步与法制建设的辩证关系》，载《现代法学》1998 年第 3 期。
❾ 参见苏力：《中国法学研究格局的流变》，载《法商研究》2014 年第 5 期。

留了下来,只不过"提法"变成诸如知识经济❶、互联网(网络)和人工智能❷关键词下产生的理念。

在苏力看来,这种方法是稚嫩的。因此,他从法理学科"根本性"的研究特征和历史进路出发,运用社会分析方法,考察了科学和技术对法律制度、原则的各种构成性影响,给出了一种可以探究"根本性"的研究框架。❸ 这一带有历史社会学特征的分析框架或许是一条可行之道,但这种分析方法后来仅被少部分学者借鉴。❹

(二)第二波热潮:"理念"引导下的对策研究、法教义学与社科法学

或许是第一波"热潮"中,科技对我们的社会只是构成影响而非挑战,当时的法体系也给予了足够的应对,实践的匮乏难以为法学学者提供研究的素材,法教义学的发展则积压了"公式化辩证法"的生存空间,中国的法律与科技研究逐渐归于平淡。但在2015年之前,仍有一些学者运用法教义学的方法研究科技发展带来的网络犯罪、电子商务等问题。

2015年前后,随着"挑战"的到来,关于法律与科技的讨论又开始兴起。经过十余年的发展,中国法学的研究方法逐渐成熟、多样,这也使得学者研究此问题的方法有所改变。公式化的辩证法已不再出现于法学核心期刊上。大致来看,方法可以分为四类。第一类研究是"理念"引导下的对策研究,继承了前代政法法学的研究方法,带有对策法学的特征,并进一步发展成熟;第二类研究是法教义学研究,但也并不封闭,一定程度上接纳自然科学和社会科学的知识;第三类研究运用社会科学方法,从历史、社会理论、政治经济学等进路入手,也有部分经验研究,侧重描述和解释,一些研究还尝试给出疑难

---

❶ 参见付子堂:《论知识经济时代法律对科技行为的调控功能》,载《法商研究(中南政法学院学报)》2000年第1期。
❷ 参见张保生:《人工智能法律系统的法理学思考》,载《法学评论》2001年第5期。
❸ 参见苏力:《法律与科技问题的法理学重构》,载《中国社会科学》1999年第5期。
❹ 参见桑本谦:《科技进步与中国刑法的近现代变革》,载《政法论坛》2014年第5期。

问题的解决思路;第四类研究运用法哲学方法,侧重分析,又分为价值分析和概念分析两种进路。笔者将在下一章节进行细致讨论。

[二] 回顾与反思:多样的研究方法

(一)"理念"引导下的对策研究

"理念"引导下的对策研究脱胎于政法法学。政法法学与政治意识形态联系紧密,一个表现是,官方有什么样的政治法律政策,政法法学就进行相应的演绎与发挥。演绎与发挥的对象,一般是政策中的某些"提法",如"中国特色社会主义法治道路"等。❶"理念"(conception)一词意指思想观念,强调对目标、原则、方法等的认定和追求,含有一定的主观色彩,"提法"的背后或其本身就是"理念"。当然,"理念"不是"理论",后者可以被视为前者的高级形态。随着历史的发展,用政治话语批判极"左"政治的任务已经完成,法律制度的完善也使法学家变得"有米可炊",政法法学也逐渐放弃对"提法"的简单演绎,转而从学术角度深化对党和国家政策的研究。此外,这种方法也被运用于其他"理念"之上,法律与科技研究尤甚。

此类研究通常以如下的方式展开:首先,作者会以较为简短的篇幅介绍、分析提出某种理念的背景。其次,作者将会介绍"理念"的意涵、优势等。最后,作者将会从"理念"出发,与一些疑难问题相结合,叙述自己的对策建议。❷

---

❶ 参见徐爱国:《论中国法理学的"死亡"》,载《中国法律评论》2016 年第 2 期。

❷ 如张文显:《构建智能社会的法律秩序》,载《东方法学》2020 年第 5 期;齐延平:《数智化社会的法律调控》,载《中国法学》2022 年第 1 期;马长山:《数字公民的身份确认及权利保障》,载《法学研究》2023 年第 4 期;马长山:《司法人工智能的重塑效应及其限度》,载《法学研究》2020 年第 4 期;韩旭至:《司法区块链的价值目标及其实现路径》,载《上海大学学报(社会科学版)》2022 年第 2 期;杨东:《论反垄断法的重构:应对数字经济的挑战》,载《中国法学》2020 年第 3 期;张凌寒:《数字正义的时代挑战与司法保障》,载《湖北大学学报(哲学社会科学版)》2023 年第 3 期。

在行文过程中,作者会运用大量的事实材料,广泛引用经济学、信息技术等跨学科著作,并用规范、历史、社会等视角论证分析。文章的重心,往往是"理念"以及之下的对策。但对策所针对的问题,却不一定是已形成的真问题,还有诸多预测性的分析。

正如政法法学在 20 世纪八九十年代发挥了重要作用一样,在特定的时间条件下,此类研究也能发挥重要作用。例如,当人工智能等新技术带来的挑战刚刚开始,法学界对此未能给予足够重视,抑或无法从整体、一般角度了解可能的变革之时,相关研究的背景部分对事实的梳理可以起到明晰"挑战"大致为何的作用,而"理念"及相关对策也可启发学者们的进一步思考,预测性的分析可在实践中得到检验并进一步修正。或是技术发展到了一定程度,需要对法律如何应对技术的经验做一个总结和预测。

但是,相关学者们似乎并未给"理念"一个发展和被检验的空间。在相似的背景下,假设性的问题被不断制造和放大,新技术对现行法律制度还未有整体性的冲击。然而,学界各种"理念"和对策层出不穷,甚至从实践领域向法学教育领域蔓延。一个例证是有关司法人工智能的研究。在学者们对司法人工智能的正当性、规制和责任承担等问题进行热烈讨论的同时❶,却忽略了国内许多法院连最基础的庭审录音转文字都无法实现,智能辅助办案平台应用范围小、效果差,所谓"智能"一定程度上也是部分司法机关为了"追热点"所打出的宣传噱头。甚至在部分文章中,作者也承认上述事实,但在后文也还是坚持开展讨论。更重要的是,在最高人民法院将人工智能的角色定位为"辅助"后,此类文章依然不断见刊。❷

此外,与此相关的学术批判也并非基于实践,因为理论已经远超实践。

---

❶ 参见张琳琳:《人工智能司法应用的责任归结困境与解决路径》,载《当代法学》2023 年第 5 期;彭中礼:《司法裁判人工智能化的正当性》,载《政法论丛》2021 年第 5 期;周尚君、伍茜:《人工智能司法决策的可能与限度》,载《华东政法大学学报》2019 年第 1 期;李训虎:《刑事司法人工智能的包容性规制》,载《中国社会科学》2021 年第 2 期。

❷ 参见《最高人民法院关于规范和加强人工智能司法应用的意见》,法发〔2022〕33 号,2022 年 12 月 9 日发布。

相关学者往往使用一些国外畅销著作或作者自身的假设分析解构原有"理念",改换新的"理念"。从经验层面看,五年过去了,科技的进步速度似乎也没有那么快,很多"理念"对应的场景和问题尚未出现,2018 年的文章❶似乎也能完全应对 2023 年的挑战。在实践背景基本不变的情况下,"理念"的泛滥,以及相关的对策可以被视为一种同义反复。正如胡凌所指出的,此类研究更像"幻想文学"。❷ 当然,也可以说这类研究部分没有方法,在内容上看也是"屠龙术"。

而进一步分析"理念"的来源的方法,则更能暴露此类研究方法的局限性。这些研究看似运用多学科知识旁征博引,但在具体问题上的讨论十分浅显。以"理念"提出的背景为例,作者常常强调某某科技具有某种风险。判断这些风险的依据往往是一些关于某科技的译著,或是一些碎片化的事实。作者似乎已经抛弃了对某科技基础知识的了解,以及对风险是否存在的真伪讨论,而直接进行下一步作业,导致研究的基础并不稳固。还是以司法人工智能为例,岳林早在 2017 年便指出,进入法院的人工智能在很长一段时间里将是"弱人工智能",无法代替人类法官,尚不足以形成真正的"挑战",更值得关注的是人如何应用技术,而不是技术如何"自主"地影响人类。❸ 然而,相关研究却仍围绕"强人工智能"展开,甚至一些研究干脆不区分强人工智能与弱人工智能,采取泛泛而谈的方式。左卫民也曾指出,现有关于人工智能的研究还浮于表面,缺乏从算法这一人工智能的核心要素切入的深入研究,究其原因,法学界对人工智能技术的理解有欠缺。❹ 实际上,若是单独对

---

❶ 如马长山:《人工智能的社会风险及其法律规制》,载《法律科学(西北政法大学学报)》2018 年第 6 期。

❷ 参见《法律科幻问答》,载侯猛、陈颀主编《法律和社会科学》第 19 卷第 2 辑,法律出版社 2022 年版,第 396 页。

❸ 参见岳林:《机器人法官的用途》,载苏力主编、葛岩执行主编:《法律和社会科学》第 16 卷第 2 辑,法律出版社 2017 年版。

❹ 参见左卫民:《热与冷:中国法律人工智能的再思考》,载《环球法律评论》2019 年第 2 期。

某科技带来的影响进行讨论,都可单独成为一篇文章。

(二)法教义学方法

作为方法的法教义学(或者称为"教义法学"),是指受权威拘束的思维形式和对现行实在法进行解释、建构与体系化的作业,围绕法律规范展开是其重要特征。❶ 在法律与科技研究中,此种方法主要为部门法研究者所使用。

在早期的研究中,学者主要使用意义阐释,即法律解释和法律续造,对部门法运行中所遇到的具体问题进行讨论。例如,在涉网络案件管辖权的文章中,学者主要从文义出发,利用体系解释、目的解释等手段,结合有关自然科学知识,对刑法、民事诉讼法上涉及管辖的犯罪地、侵权行为发生地等概念进行解释,再将"服务器所在地"等归入上述既存概念,有的文章在最后提出若干政策建议。在这当中,也不免涉及法律解释的方法。2015年以后,此类研究仍不少,尤其是在刑法领域。❷ 而为了应对新技术的挑战,学者在讨论责任分配等问题时,对自然科学和社会科学知识,尤其是风险社会、规制理论、经济分析原理等知识的引入较多。

前述研究方法相较于空洞的"理念"研究,自有其优势。首先,此类研究能实实在在地为我们应对"挑战"提供思路或策略,部分回应了司法实践中的急迫要求。其次,其对法学知识体系也有所贡献。但是,这种研究也带有"新瓶装旧酒"的特征,解释和续造无法解决"挑战"带来的所有问题。

由此,另外一些学者运用法学建构方法展开了一些工作。较为典型的是民商法学者对"个人信息权"展开的讨论。初期,一些学者也试图将数据和

---

❶ 雷磊:《法教义学的方法》,载《中国法律评论》2022年第5期。
❷ 参见付玉明:《自动驾驶汽车事故的刑事归责与教义展开》,载《法学》2020年第9期;龙敏:《自动驾驶交通肇事刑事责任的认定与分配》,载《华东政法大学学报》2018年第6期;刘艳红:《人工智能时代网络游戏外挂的刑法规制》,载《华东政法大学学报》2022年第1期。

个人信息纳入民法中的财产权、人格权(隐私权)等概念,或是在这两个大概念下建构一种新的"个人信息权"概念❶,或是在宪法中基本权利的概念下进行讨论❷。之后,有学者提出,单一的公法和私法保护都具有局限性。❸ 而对经济学"权利束"理论的引入,则为个人信息权概念的建构提供了新的视角。❹ 并且,相关学者也开始对个人信息权进行事实归入和解释,研究已成体系。

法教义学对待法律与科技问题的态度是开放的,所产出的成果也有较高的实践价值,是值得肯定的。需要注意的是,虽然有诸如个人信息权和数据权利这样突破原有分析框架的成果,但"新瓶装旧酒"的解释论研究更多。且即使是前两个领域,也还有众多学者坚持民法或宪法的分析框架。此外,虽然有众多部门法学者参与到法律与科技问题的讨论之中,但善于使用法教义学分析方法的学者仍是少数,不少学者仍沉迷于前述"理念"引导的对策研究当中,忽略了对自己最擅长的研究方法之应用。

(三) 社科法学分析方法

在苏力看来,社科法学十分适合为法律与科技这类"新问题"做出贡献,因为这些问题的研究"很难以法条为主,导致了不能以诠释为主,而是必

---

❶ 参见张新宝:《从隐私到个人信息:利益再衡量的理论与制度安排》,载《中国法学》2015 年第 3 期;王利明:《论个人信息权的法律保护——以个人信息权与隐私权的界分为中心》,载《现代法学》2013 年第 4 期。

❷ 参见姚岳绒:《论信息自决权作为一项基本权利在我国的证成》,载《政治与法律》2012 年第 4 期。

❸ 参见丁晓东:《个人信息的双重属性与行为主义规制》,载《法学家》2020 年第 1 期。

❹ 参见戴昕:《数据界权的关系进路》,载《中外法学》2021 年第 6 期;王利明:《论数据权益:以"权利束"为视角》,载《政治与法律》2022 年第 7 期;丁晓东:《个人信息的双重属性与行为主义规制》,载《法学家》2020 年第 1 期;闫立东:《以"权利束"视角探究数据权利》,载《东方法学》2019 年第 2 期。

须高度关注现实的制度变迁"❶。如前文所述,在第二轮"热潮"中,使用经济学等社会科学知识分析问题的部门法学者已十分常见。❷ 然而,社科法学学者(尤其是法理学背景的学者)对法律与科技问题的讨论却没有部门法学者热烈,实证和经验研究这一具有显著法社科特征的研究方法被运用得也较少。这或许意味着法理学者还能在这一领域有较大的拓展空间。粗略看来,社科法学学者主要从历史、社会理论、政治经济学、实证和经验四种进路❸研究法律与科技问题。

1. **历史进路**

在社科法学中,经验研究的方法常被强调。但"经验材料"的获得却不一定要通过实地的探访和调研,也可从历史材料中发掘资源。法律和社会研究的历史进路,即用社会科学的理论和方法去研究历史上的法律及相关社会现象,探讨背后的理论问题,既回望历史又关照当下。20世纪初,瞿同祖所开创的"法律社会史"研究就是经典范例。❹ 当然,本节中所提到的有关研究与此相比也存在一些区别,如并不太重视通过历史档案等对史实的发掘,而主要利用成熟的史料开展分析。但从框架上而言,相关研究仍可归属于此。

在法律与科技领域,运用上述研究方法的典范是苏力在1999年发表于《中国社会科学》上的《法律与科技问题的法理学重构》一文。他在论述"科学对法律的影响"和"技术对法律的影响"时,使用了大量历史材料,说明了诸如科学对因果关系的明晰如何影响法律制度设计,科学技术的发展甚至会促使专利制度这一全新的制度产生等问题,指出了通过科学技术所获得的信

---

❶ 苏力:《也许正在发生——中国当代法学发展的一个概览》,载《比较法研究》2001年第3期。

❷ 如黄尹旭、杨东:《超越传统市场力量:超级平台何以垄断?——社交平台的垄断源泉》,载《社会科学》2021年第9期。

❸ 进路(approach)和方法(method)具有相似性,前者一般被视为更为整体性的一种描述,包含了方法以及理论视角等。

❹ 参见尤陈俊:《中国法律社会史研究的"复兴"及其反思——基于明清诉讼与社会研究领域的分析》,载《法制与社会发展》2019年第3期。

息对法律发展的作用,并提供了一套优于"公式化辩证法"的分析框架。❶ 但是,此种分析框架在后来却未得到较多运用,较有代表性的是桑本谦于 2014 年发表的《科技进步与中国刑法的近现代变革》❷一文,该文分析了科技进步如何改变法律决策者对传统法律两难问题的利弊权衡。

鉴于在第二波"热潮"中,似乎没有相关研究发表,笔者在此便不做过多评论。事实上,在近二十年里,科技的发展在一定程度上已经改变了法律制度或影响着司法实践。我们已能明显感受到证据法和劳动法等领域的变化,历史进路的方法大有可为,笔者将在下一章继续讨论。

2. 社会理论进路

所谓理论,是一种一般化、普遍化的陈述,具有经验导向。而社会理论则旨在寻求解释"社会"的性质。❸ 在社科法学领域,理论研究常与经验研究相提并论,前者主要是从宏观的视角,从经验和已有法律社会理论学说的基础出发,提出或改进一些分析框架❹,有的研究还分析在框架下提出相应对策。不难发现,此类研究似乎与前文所提到的"理念"引导下的对策研究具有相似之处。但"理念"与理论存在很大差别,前者所依靠的基础往往薄弱,带有较强的主观性和随意性,在法律与科技问题下也没有得到多少检验;后者的生产需要经历目光在实证资料、学说资源与问题意识之间往返流转的过程,且有较多的经验材料作为支撑,并具有整体认知框架、因果分析中介、试错发展纽带等功能。❺

---

❶ 苏力:《法律与科技问题的法理学重构》,载《中国社会科学》1999 年第 5 期。
❷ 桑本谦:《科技进步与中国刑法的近现代变革》,载《政法论坛》2014 年第 5 期。
❸ 参见〔英〕大卫·英格里斯、〔英〕克里斯托弗·索普:《社会理论的邀请》,何蓉、刘洋译,商务印书馆 2022 年版,第 8—9 页。
❹ 彭小龙:《法实证研究中的"理论"问题》,载《法制与社会发展》2022 年第 4 期。
❺ 参见彭小龙:《法实证研究中的"理论"问题》,载《法制与社会发展》2022 年第 4 期。

在法律与科技问题下,使用社会理论进路的学者们既讨论诸如权力关系❶、社会自治❷、法治❸、信任等经典命题,同时为部分科技的规制和法律发展的未来搭建分析框架。❹ 当然,作者在分析时,可能使用系统论、历史学、经济学甚至哲学的方法。在经验和细致分析的支撑下,这些研究也实现了对一些"理念"的批判,如郑戈通过对智慧法院建设的回顾发现,智慧法院建设强化了中国司法系统的科层式控制,而不是削弱了❺;这与一些学者对"数字正义"的平等想象❻并不相符。此类研究所提出的分析框架或对策,由于有既有学说和经验的支撑,也展示出一种可发展性和可批判性。但是,此类研究一定程度上也存在着"抢热点"的现象,导致一些研究的经验材料和既有研究基础不足。并且,2015 年后,这些研究的内部对话依然较少,所提的分析框架是否具有因果分析中介功能也有也有待检验。可以说,此类研究也可能陷入前一部分"理念"研究的困境。

3. 政治经济学进路

所谓政治经济学,是以历史的生产关系或一定的社会生产关系为研究对

---

❶ 参见周尚君:《数字社会对权力机制的重新构造》,载《华东政法大学学报》2021 年第 5 期。

❷ 参见何跃军、张德淼:《自治与立法的双重逻辑:法律多元理论视角下的互联网发展——360 和腾讯纠纷案引发的思考》,载《北京行政学院学报》2011 年第 2 期。

❸ 参见张骐:《在技术理性与法治之间——交错时空中的人文主义法学立场》,载《法商研究》2023 年第 6 期。

❹ 包括李晟:《略论人工智能语境下的法律转型》,载《法学评论》2018 年第 1 期;李晟:《人工智能的立法回应:挑战与对策》,载《地方立法研究》2019 年第 5 期;季卫东:《人工智能开发的理念、法律以及政策》,载《东方法学》2019 年第 5 期;季卫东:《人工智能时代的司法权之变》,载《东方法学》2018 年第 1 期;郑戈:《人工智能与法律的未来》,载《探索与争鸣》2017 年第 10 期;郑戈:《在法律与科技之间——智慧法院与未来司法》,载《中国社会科学评价》2021 年第 1 期;郑戈:《在鼓励创新与保护人权之间——法律如何回应大数据技术革新的挑战》,载《探索与争鸣》2016 年第 7 期;戴昕:《数据界权的关系进路》,载《中外法学》2021 年第 6 期;戴昕:《作为法律技术的安全港规则:原理与前景》,载《法学家》2023 年第 2 期。

❺ 参见郑戈:《在法律与科技之间——智慧法院与未来司法》,载《中国社会科学评价》2021 年第 1 期。

❻ 参见张吉豫:《数字法理的基础概念与命题》,载《法制与社会发展》2022 年第 5 期。

象的经济学,即将社会生产关系及其发展规律与生产和再生产中人和人的关系作为自己研究对象的学科。在法学研究中,政治经济学研究与法律的经济分析存在较大差别,前者的视角集中于宏观、整体视角,强调政治、经济与法律的交互关系,后者则一般运用新古典主义经济学方法分析某一具体的法律制度或案件。

在法律与科技问题下,胡凌等学者运用政治经济学关于生产方式研究的知识,搭建了诸如"非法兴起"的分析框架。❶ 实际上,分析框架的搭建使用的就是前述社会理论研究的方法。由于政治经济学并不属于社会理论,所以笔者将其单独作为一类。与社会理论研究相比,政治经济学方法下展开的研究,其分析框架已经得到了一些检验,产生了迭代❷,且有一些作品在这一方法下开展学术对话❸。但对话的规模仍然较小。此类研究的较大贡献或许是通过政治经济学进路解释了有关技术对法律影响的"本质"或"基本逻辑",揭示了经济因素在这当中所发挥的作用,而非"就技术谈技术"。因此,相关研究对未来立法应规制的方向是可以起到提示和引导作用的。

4. 实证研究或经验研究方法

实证研究或经验研究❹方法(以下称"经验研究"),即运用社会调查、社

---

❶ 如胡凌:《网络安全、隐私与互联网的未来》,载《中外法学》2012年第2期;胡凌:《"非法兴起":理解中国互联网演进的一个视角》,载《文化纵横》2016年第5期;胡凌:《人工智能的法律想象》,载《文化纵横》2017年第2期;胡凌:《数据要素财产权的形成:从法律结构到市场结构》,载《东方法学》2022年第2期;胡凌:《不正当竞争规则如何影响数字生产方式变迁:互联网司法的启示》,载《南大法学》2023年第6期;胡凌:《两种数据秩序及其法律回应》,载《社会科学》2023年第4期。

❷ 参见胡凌:《互联网"非法兴起"2.0——以数据财产权为例》,载《地方立法研究》2021年第3期。

❸ 如邱遥堃:《法社会学视角下的算法规避及其规制》,载《法学家》2023年第3期;邱遥堃:《送法上网:网络空间司法主权的建构、困难与出路》,载《西安交通大学学报(社会科学版)》2023年第4期。

❹ "实证"在国内更多意指"定量研究","经验"更多意指"定性研究"。参见侯猛:《实证"包装"法学?——法律的实证研究在中国》,载《中国法律评论》2020年第4期。

会统计、田野调查、个案分析等方法分析法律现象,或更进一步,从经验事实中提炼出理论命题。❶ 重视经验是社科法学区别于法教义学的一个重要特征。但并非运用了经验材料就是经验研究,经验研究需要基于田野观察、实地调查和第一手资料来进行因果关系(前因后果)的分析。❷ 以这种标准来看,整个法学界对于法律与科技研究的经验研究实在太少。

目前,较好的研究主要围绕"智慧法院"这一主题展开,关注信息化技术对法院运作的影响。较早的研究有侯猛于2018年发表的《互联网技术对司法的影响——以杭州互联网法院为分析样本》一文❸,由于该文发表时互联网法院刚刚建立,经验材料积累有限,导致文章也只能在有限经验材料的基础上做了一些推测,也提供了不少学术对话的空间,但也仅有自正法等部分诉讼法学者从规范和经验两个角度对此进行回应❹。叶燕杰则通过个案观察,将技术放入制度,展现了智慧法院建设中的一些困境。❺ 此后,唐应茂、刘庄、陈亮、程金华等人从"智慧法院"中的庭审直播、工作量测算等具体角度切入,说明了技术对司法的可能影响。❻

---

❶ 参见侯猛:《法的社会科学研究在中国:一个学术史的考察》,载《社会科学》2023年第3期。

❷ 参见侯猛:《实证"包装"法学?——法律的实证研究在中国》,载《中国法律评论》2020年第4期。

❸ 参见侯猛:《互联网技术对司法的影响——以杭州互联网法院为分析样本》,载《法律适用》2018年第1期。

❹ 如自正法:《互联网法院管辖网络刑事案件的可能与限度》,载《宁夏社会科学》2020年第3期;自正法:《互联网法院的审理模式与庭审实质化路径》,载《法学论坛》2021年第3期。

❺ 参见叶燕杰:《智慧法院建设中的实践难题与破解路径——基于B市智慧司法实践的考察》,载《山东大学学报(哲学社会科学版)》2022年第3期。

❻ 参见唐应茂、刘庄:《庭审直播是否影响公正审判?——基于西部某法院的实验研究》,载《清华法学》2021年第5期;陈亮、程金华:《智慧法院如何测算审判工作量——中国司法语境下的困境反思与模式重构》,载《中国法律评论》2023年第5期。

(四)法哲学分析方法

总体来看,法哲学学者目前对法律与科技问题主要采用概念分析和价值分析两类方法。所谓概念分析,即在语言层面上,通过区分概念和范畴的逻辑结构或必然与本质属性来探求我们的世界的某些方面的真。❶ 例如,陈景辉在《算法之治:法治的另一种可能性?》一文中讨论"算法的统治到底是不是法治"这一问题时,首先对法律的算法化的具体含义以及法治的基本要求进行深入讨论,然后才进一步检验法律的算法化是否能够满足法治的要求❷,采取的是一种后设的思路❸。

而价值分析方法,则是强调法律的道德性(包括内在道德与外在道德),通过价值衡量、价值解释、价值推理和价值论证评判法律现象,或者为我们的行为选择提供指引。❹ 例如,朱振、王凌皞和郑玉双关于基因筛查、基因编辑的研究便在用"伦理道德"和"人性尊严"对前述科技手段进行价值分析,并得出对这些科技手段使用范围应该如何限制的结论。❺ 值得注意的是,目前,一些价值分析学者也开始在研究中使用概念分析的作业手段。例如,郑玉双在《破解技术中立难题——法律与科技之关系的法理学再思》一文中进行价值引导下的模式选择前,也先对"什么是技术"以及"技术中

---

❶ 参见邱昭继:《法学研究中的概念分析方法》,载《法律科学(西北政法大学学报)》2008 年第 6 期。
❷ 参见陈景辉:《算法之治:法治的另一种可能性?》,载《法制与社会发展》2022 年第 4 期。
❸ 参见陈景辉:《法理论与后设伦理学的连结点:一个导读或导论》,载《人大法律评论》第 34 辑,法律出版社 2022 年版。
❹ 参见谢晖:《论诸法学流派对法律方法的理论支援》,载《法律科学(西北政法大学学报)》2014 年第 2 期。
❺ 如朱振:《基因编辑必然违背人性尊严吗?》,载《法制与社会发展》2019 年第 4 期;郑玉双:《生命科技与人类命运:基因编辑的法理反思》,载《法制与社会发展》2019 年第 4 期;王凌皞:《基因筛查违背伦理道德吗?——从受益原则到亲子美德伦理》,载《法制与社会发展》2023 年第 6 期。

立"这一概念的功能、责任和价值等的意涵进行了分析。❶

使用法哲学方法对法律与科技问题进行探究的学者和文章数量不算很多。但从陈景辉、郑玉双等学者的文章❷的被引数据来看,相关研究也得到了部门法学者的认可。可以说,运用法哲学研究方法的文章,透过严密的逻辑分析,在理论层面做出了根本性、一般性的贡献,同时一定程度上也对其他法理学者和部门法学者的研究起到纠偏作用。但是,法哲学学者纠偏的对象大多不是国内学者,即使"纠偏"也不是直接批判,而是以"澄清"为主,批评意味不浓。反而,敢于指出法律与科技研究领域存在"反智化"倾向的是部门法学者。❸

[三] 展望:研究方法如何精进?

(一) 共性问题:方法何在?

在结束了对各类研究方法的反思与回顾后,不难发现,中国法学界对法律与科技问题的研究虽有诸多成果,但在研究质量上还有可以进步的空间。上述问题与方法在研究中的应用密切相关。虽说"法无定法,式无定式",但完全没有方法的研究注定无法深入。比如前文提到的"理念"引导下的对策研究,很多时候只是停留在思辨层面。法教义学方法虽然成熟,然而使用这一方法的学者较为有限,更多的部门法研究者则转向了前述对策研究。社科法学方法虽然呈现多元发展的态势,但在细分领域下,能发挥独特作用的研究方法主要还是政治经济学进路,运用实证或经

---

❶ 参见郑玉双:《破解技术中立难题——法律与科技之关系的法理学再思》,载《华东政法大学学报》2018 年第 1 期。

❷ 高被引文章如陈景辉:《人工智能的法律挑战:应该从哪里开始?》,载《比较法研究》2018 年第 5 期;郑玉双:《破解技术中立难题——法律与科技之关系的法理学再思》,载《华东政法大学学报》2018 年第 1 期。

❸ 参见刘艳红:《人工智能法学研究的反智化批判》,载《东方法学》2019 年第 5 期。

验研究方法的作品太少。从整体上看，中国"法律与科技"研究的方法论自觉还需加强。在法教义学、社科法学、法哲学等研究方法在国内已经较为成熟，且有专门讨论研究方法的著述之时，加强方法论自觉，简单来说就是在研究问题时必须明确使用的方法是什么，并评估这种方法是否合适。❶具体来说有两点。第一，在写作之前，明确自己需要使用的方法，用选定的方法去深挖问题，分析问题。第二，在写作时，需要依据选定的方法展开思路，而不是"天马行空"地思辨。

此外，加强方法论自觉，还需要回归法律文本和法律实践，这对法学学者，尤其是部门法学者而言尤其重要。但在法律与科技领域，特别是关涉数据、人工智能的法律法规的制定过程需要时间，故才出现了"理念"引导下的对策研究泛滥，或是很多研究更类似思想实验或"科幻文学"的情况。不过，近年来，有关新技术的法律法规逐步颁布。在法律层面有《个人信息保护法》《数据安全法》，部门规章层面有《生成式人工智能服务管理暂行办法》《互联网信息服务算法推荐管理规定》《汽车数据安全管理若干规定（试行）》《区块链信息服务管理规定》等。最高人民法院在司法解释和有关文件中也涉及算法规制、司法人工智能等，如《最高人民法院关于审理侵犯商业秘密民事案件适用法律若干问题的规定》《最高人民法院关于规范和加强人工智能司法应用的意见》（法发〔2022〕33号）等。与此相关的行政审批实践、行政执法实践和司法实践已经积累到一定程度，此基础上运用法教义学方法开展意义阐释、法学建构和体系化研究大有可为。运用社科法学方法开展实证或经验研究也具备了素材。

（二）经验研究还需加强

法学探究法律与科技问题的基础就是描述和分析法律与科技互动的过

---

❶ 参见侯猛：《实证"包装"法学？——法律的实证研究在中国》，载《中国法律评论》2020年第4期。

程,并揭示二者关系。不难发现,无论是"理念"引导下的对策研究,还是社会理论进路的研究,都需要大量经验材料的支撑,否则只会沦为空谈;而政治经济学研究也不能再停留于宏观层面,同样需要在成熟的经验研究上做工作。

经验研究大致存在三个层面的追求:一是对经验事实的描述;二是结合理论对经验事实进行分析;三是从经验材料和学说资源中改进或提炼理论。❶ 从研究现状来看,首先需要完成第一层面、第二层面的追求。

经验事实从何而来?在法律与科技领域,我们可以关注的方面其实很多,如智慧法院建设、淘宝、京东等大平台的在线纠纷解决机制(ODR),数据和个人信息保护相关立法,互联网社群,互联网言论,科学证据在司法中的使用,平台经济对劳动者的影响等。但目前现成的经验材料大多是碎片化的,对法律与科技互动过程的揭示完全不足。而在之前已经有所发展的互联网领域,新情况、新问题也层出不穷。例如,由于通信技术的发展和智能手机的普及,电信诈骗已经呈现高发频发的态势。而正是由于此类犯罪主体呈现松散、开放的特征❷,对一些为诈骗集团提供手机卡、银行卡等帮助的行为人处罚存在困难,故《刑法》修改时设立了帮助信息网络犯罪活动罪,大多数刑法学者认为,这是"共犯行为的正犯化"❸。以上都是"技术影响法律"的案例。但运用社科法学方法,从经验角度阐述司法、立法过程或两者间互动过程的研究却极为少见。

2015年至今已有九年,法律与科技的互动应该已经产生了足够多的经验材料,从相关问题出发,选择田野点运用民族志方法进行研究尤为必要。当然,田野也有可能存于虚拟的数字空间之中。前文所提到的历史进路研

---

❶ 参见贺欣:《法律与社会科学中的概念与命题》,载《中国法律评论》2020年第1期。

❷ 孙少石:《电信诈骗是如何"组装"的——对犯罪组织及其形成机理的考察》,载《法律和社会科学》第2卷,2018年版。

❸ 陈兴良:《共犯行为的正犯化:以帮助信息网络犯罪活动罪为视角》,载《比较法研究》2022年第2期。

究,也可以使用民族志方法;在劳动法、证据法等领域,也可以尝试通过司法档案❶找寻相关材料。

而针对第二个层面,需要注意的是,在进行经验材料的收集前,必须要对前人研究或学说资源有一定了解,并在此基础上开展工作。否则,在写作中,便容易出现碎片化、单纯描述的倾向。在英语世界,法学学者们借鉴 STS 研究(science and technology studies)中的行动者网络理论❷,运用人类学方法开展的一些研究可给予我们启示❸。当然,从国内已有的"理念"或社会理论研究提出的分析框架入手,检验其适用性不失为一条可行之道,且更可能完成第三个追求。这样,也能较好实现学术对话。

(三) 拓展研究方法的应用范围

目前,在国内的法律与科技研究中,存在着研究方法和研究内容深度绑定的现象。例如,"理念"引导下的对策研究,关注数字正义、数字治理等"大词"。使用法教义学方法的学者,一般关注个人信息权利、数据权利、自动驾驶、算法等对象,且关注领域与相关学者相应的部门法细分领域背景密切相关。走政治经济学进路的学者,主要关注互联网。使用实证或经验研究方法的学者,主要的关注对象是智慧法院建设。"这种研究方法适合这种研究对象"或许是对上述现象的一个合理解释。法教义学借鉴权利束框架在个人信息权以及政治经济学进路在互联网方面

---

❶ 参见尤陈俊老师关于历史材料中民族志研究的发言,见《用文字打败时间——法律和社会科学年会纪要》,载微信公众号"法律和社会科学"2023 年 11 月 17 日,https://mp.weixin.qq.com/s?src=11&timestamp=1725941347&ver=5497&signature=iYQk8nWvnm0tRDK*cRG1Kh79aa51wx*R1fKwfPjCi*LHWDZMlN*xvHj5p-0mMHLvZvJ4 ZayKlOqBZlWPnALdvTdGA6NYZmp0sLmg1kUrwulZs7ymrIjsdwn1**9a76cY&new=1。

❷ 关于行动者网络理论的介绍,参见〔英〕大卫·英格里斯、〔英〕克里斯托弗·索普:《社会理论的邀请》,何蓉、刘洋译,商务印书馆 2022 年版,第 315—345 页。

❸ 对英语世界 STS 研究的整理与讨论,参见代伟:《法律与科技的社会科学研究何以可能:一个方法论的追问》,载《中国法律评论》2024 年第 2 期。

的研究所取得的成就有目共睹,但这并不意味着相关方法只能在这一范围内应用。拓展某一研究方法的应用范围,或许可为法律与科技问题的研究带来更多的学术推进。

而要实现研究方法应用范围的拓展,大致有两个可行路径。第一种路径要求熟悉某种方法的学者拓展自己的研究对象,使用熟悉的方法去研究一些新鲜的问题。当然,对此有一种可能的批评,即受制于学者自身的知识,贸然拓展研究领域可能导致讨论的不成熟、不深入。对此,笔者认为,可以采取循序渐进的方法。例如,就擅长以经验方法研究智慧法院的学者而言,在拓展研究对象时,可以先关注法院内的法律实践,如在线庭审等对当事人权利义务的影响,法院如何办理涉众颇多的互联网犯罪案件等,之后再进一步拓展研究对象,可在一定程度上规避上述风险。第二种路径则要求熟悉某研究对象的学者拓展自己的研究方法,使用新鲜的方法去研究熟悉的对象。相较于第一种路径,学习新方法的成本并不算太高。实际上,法教义学在个人信息权上所取得的成果就要归功于权利束框架的引入,这也可以归入第二种路径的成功实践。学者使用新方法研究熟悉的领域,切换视角或可带来不一样的发现。当然,需要注意的是,对新方法的学习千万不可浅尝辄止,而需要持续深入。比如说,如果只是生搬硬套社科法学分析方法中的政治经济学进路,所产出的成果可能就与早期法律与科技研究中的"公式化辩证法"如出一辙。而为了彰显"实证"而做数据,则有可能陷入"'实证'包装法学"的境地。[1]

(四)加强研究方法的融合

加强方法论自觉,明确研究方法尤为重要。但是,这并不意味着在研究时对已被选定的研究方法外的其他方法的排斥。其他方法虽不是引领研究

---

[1] 侯猛:《实证"包装"法学?——法律的实证研究在中国》,载《中国法律评论》2020年第4期。

的主体,但依然可以在分析过程中发挥作用,帮助学者分析问题。而这便需要各种研究方法在一定程度上互相借鉴,互相融合。具体而言,本文中所讨论的研究方法或可从以下方面改进。

对于"理念"引导下的对策研究来说。在科技发展水平有限的情况下,应该放弃实质上为同义反复的"理念"创新,并向法教义学、社会理论研究和法哲学进行转向;抑或在经验材料、历史材料的基础上首先完成对已有"理念"的发展。而社会理论研究则要防范重蹈"理念"研究的覆辙,一个可行的方案是,调整学说资源与经验材料在研究中的比重,使研究更多基于经验展开。

对于社科法学研究而言,正如社会科学知识被部门法学者使用一样,重视经验研究不代表对规范分析的抛弃。规范分析所包括的探究法律渊源、法律解释的方法对法理学者而言也是重要工具。如在前文所述的民族志研究中,如果研究者所关注的对象是司法过程,大概率便会涉及对此类方法在实践中的运用,在分析时,也可能需要研究者自行作业。当然,相关方法也可能为社科法学学者带来启发,诸如法官和部门法学者在进行规范分析时,是单纯遵从司法三段论的模式,抑或背后有利益衡量或后果考量?算法和互联网的发展是否使得法官将一些平台规则也作为裁判依据或事实上的法律渊源,如果是,法官又是如何自圆其说的?而要探究此类问题,也需要社科法学学者储备更多关于规范分析的知识。而关于法教义学如何与社科法学互鉴的问题,从加强经验研究出发或许是一个可行路径,这里不再赘述。

对于法哲学方法而言,值得肯定的是,法哲学对人工智能、算法和区块链等技术可能给法律带来的"挑战"有清醒认知,在一般和普遍层面上彰显了法学,尤其是法理学的价值。在对抽象问题上已产出较好成果的基础上,学界更需要的或许是其在具体法律问题上与部门法的学术对话和学术批评。从作业对象上看,概念分析在关注后设(元)问题外,或许也直接将部门法研究所运用的一些概念,或前文所提到的"理念"作为对象进行学术批评。而价值分析如果能以某些轰动或疑难问题(案件)以及具体法律规范为对象展开分析,如以贺建奎"基因编辑婴儿"案及《刑法修正案(十一)》加入"非法植入基因编辑、克隆胚胎罪"❶等展开,则可能拉近其与部门法和法律实践的距离,并更加直接地回应法律实践。这应该能产生可观的学术增量。

---

❶ 较好的研究如张婷婷:《科技、法律与道德关系的司法检视——以"宜兴胚胎案"为例的分析》,载《法学论坛》2016年第1期。

《数字架构与法律：
互联网的控制与生产机制》
书评

互联网 3.0 时代的转折与出路

贾　开[*]

如果以 20 世纪 90 年代万维网的发明及随后展开的互联网商业化进程为起点,在延续至今的三十余年里,我们大致可以认为当前正在进入"互联网 3.0"时代。以开源软件、门户网站为标志,互联网 1.0 时代的关键词是开放、连接,"端对端"的网络技术架构改变了人类社会的信息生产与传递方式,孕育出基于"公地"的大众生产模式的同时,也带来了新生数字平台"非法兴起"的冲击与繁荣。以网约车、支付、短视频平台为标志,互联网 2.0 时代的关键词是平台、劳动、资源,智能终端支持了移动互联网生态的迅速崛起,超级平台的出现既稳定了新的生产秩序,也在改变生产关系的过程中招致了普遍的质疑乃至"反冲"(techlash)。不难看出,所谓的互联网 1.0 或互联网 2.0 的分野并不仅局限于技术层面(虽然在此过程中成体系的数字技术一直飞速发展),区分二者的关键同样体现于生产层面,即互联网作为价值生产与再生产组织工具、场域进而形成稳定模式的差别。在后者的意义上,互联网 1.0 时代主要围绕信息、知识本身的生产或流通展开——无论其是否追求直接的经济价值(体现为开源软件与门户网站的差别);而互联网 2.0 时代则围绕线下劳动及资源的线上化组织、匹配展开,其更集中体现了商业化导向与偏好,并因此在附加资本的过程中强化了对价值生产、再生产过程的管理,最终演化为稳定的生产与再生产模式。

---

[*] 贾开,上海交通大学国际与公共事务学院长聘副教授。

生产模式的演化与变迁必然要求生产关系有相应调整,后者既是回应利益分配结构变化的必然需要,也是进一步维系、稳定新生产模式的必然需要。正是在此意义上,我们可能正在进入互联网 3.0 这一新时代,其核心特征不再局限于生产模式的转变,而体现为生产关系的调整,以及生产模式在此基础上在未来的进一步演化。当前围绕数据要素制度框架的探索、对数字平台治理体系的调整,以及全球层面围绕数据跨境流动、数字税收、数字货币、人工智能等新兴技术或业态的全球治理的争论,都体现了相较于互联网 1.0、互联网 2.0 时代"安全港"原则或以"非法兴起"为主要特征的生产关系的重大转变。这一新阶段的主要任务不仅在于对在前两个阶段,即在互联网奔腾向前的过程中所形成的不合理的生产、分配结构的再调整,其更重要的任务还在于奠定下一阶段互联网生产模式能够持续演化的基础。

但这一任务并不容易。相较于生产模式,生产关系的调整可能更为隐秘、缓慢且不确定,这不仅源于其作为政治博弈过程所具有的斗争性和妥协性,也源于生产关系自身的内涵及形式的复杂性与多样性。事实上,我们很难把握生产关系的全貌及要点:生产关系调整的对象是什么?其包含哪些内容?影响此种调整的因素是什么?调整的方向与目的是什么?我们有哪些可供选择的形式与工具?此类问题一直存在于互联网 1.0、互联网 2.0 时代,却尚未得到充分讨论。历史上涌现的诸多引导性概念不仅可能转瞬即逝,也在不同程度上误导了对此类问题的严肃探讨。举例而言,正如《数字架构与法律:互联网的控制与生产机制》(以下简称《数字架构与法律》)一书所恰当指出的那样,"'失控''连接一切''分享'等新概念的层出不穷容易导致对赛博空间原初问题的偏离和遗忘,从而陷入并追随流行的意识形态"[1]。所以,面对从互联网 1.0 时代、互联网 2.0 时代向互联网 3.0 时代的转折,我们究竟该如何解释已然形成的互联网生产模式,并如何面对当前与未

---

[1] 胡凌:《数字架构与法律:互联网的控制与生产机制》,北京大学出版社 2024 年版,第 11 页。

来调整生产关系的迫切要求？胡凌教授的《数字架构与法律》一书无疑给出了我们正好需要的答案。

对上述问题而言,《数字架构与法律》一书给出的简明扼要的回答就是"架构"。这一核心概念缘起于劳伦斯·莱斯格,但在胡凌教授的书中得到了与时俱进的、新的生命力。其反映的并非基于演绎的理论沿袭,而是根植于互联网(尤其是中国互联网)生产模式演化实践的理论建构。具体而言,在莱斯格教授笔下仅仅被视为"网络架构设计的政治性和控制性"的问题,需要被转化为胡凌教授笔下的"经济价值的生产和社会控制权力关系的生产"问题。❶ 对于这种理论视角的转变与发展的深刻性,可能需要借用罗伯托·曼加贝拉·昂格尔(Roberto Mangabeira Unger)在 2019 年出版的《知识经济》(The Knowledge Economy)一书中的类似表达才能得到更全面的认识。昂格尔指出,"理解技术的最佳方式,是将其视为'人类改造自然的实验'与'重构人类合作方式的实验'的结合的实体化呈现",正因为此,"判定某个生产力(生产方式)是否更先进的标准便在于其能否更好地结合并促进这两类实验,人类在其中一类实验中吸取的经验能够被用于改善另一类实验,反之亦然"。❷ 如果考虑到这两类实验毕竟不同,二者的结合与相互借鉴需要被置于同一框架下才能加以对话的话,"架构"概念便提供了这样的对话框架。

提出概念是一回事,建构概念又是另外一回事。毫无疑问,胡凌教授在过去十余年里陆续公开发表的系列成果,都已经为此做好了铺垫,当前的成书不仅水到渠成,更是在整体层面的提炼与升华。基于前述讨论,如果要将"架构"视为解释互联网生产模式与生产关系变迁进而指导未来进一步调整生产关系、生产模式的视角与框架,那么至少以下三个问题是需要得到回答

---

❶ 参见胡凌:《数字架构与法律:互联网的控制与生产机制》,北京大学出版社 2024 年版,第 307 页。同时,该书也将此种转化高度概括为"(代码/架构理论)从控制性的代码工具转向生产型的架构空间",见该书第 15 页。

❷ Roberto Mangabeira Unger, *The Knowledge Economy*, Verso, 2019, p. 107.

的:"架构"如何形成与变迁?"架构"包含哪些内容? 基于"架构"概念我们能够发现、获得何种未来改革的启示? 而恰好相对应的是,《数字架构与法律》一书的三个部分正是对上述问题的回答。

  从内容来看,短短一篇评论肯定不可能对全书主要内容进行整体性概括,但可能的一种阐释方式是就读者自身的阅读体会展开论述,并在此基础上概括对前述三个问题的简要思考。首先,"架构"本身是在互联网商业业态不断拓展的基础上演化而成的,并在此过程中形成了横向、纵向的体系结构。在某种意义上,"架构"的形成可被视为万维网发明人蒂姆·伯纳斯—李(Tim Berners-Lee)的"不完美"创造,旨在促进开放的原初设计反而忽视了分离程序与数据的重要性,并因此在一定程度上导致了"数据竖井",同时奠定了当前"架构"以围绕用户身份与行为数据识别与处理为核心的持续演化。❶ 其次,"架构"的微观机制可被视为围绕"账户—数据—评分"框架的具体展开,这又具体体现为九个基本要素,以及外化为网络、算法、基础设施三个层次的体系内涵。❷ 不过更需要强调的(也正如胡凌教授在公开讲座中反复强调的)是这些微观机制对内或对外所起到的稳定生产模式的积极作用。换言之,正是依靠这些微观机制,互联网才真正奠定了"架构"作为一种稳定生产模式所扮演的基本角色,并服务资本价值的生产与再生产。当然,在此过程中,我们才进入了互联网 2.0 时代,并逐渐远离互联网 1.0 时代"基于公地的大众生产模式"。最后,正如前文指出的,互联网 3.0 时代要求生产关系的适应性调整,这在《数字架构与法律》一书中便直接体现为第三部分对于"架构"未来的反思性思考。如果再次回到昂格尔的思考,在互联网 2.0 时代扮演着稳定生产模式积极作用角色的"架构",在互联网 3.0 时代却并不一定能够"更好地结合并促进两类实验"。具体而言,旨在稳定内部要素流动的架构体系反而阻碍了更大范围的要素流动,并因此难以回应分

---

❶ 参见贾开、胡凌:《合作的互联网》,商务印书馆 2024 年版,第 77—79 页。
❷ 参见胡凌:《数字架构与法律:互联网的控制与生产机制》,北京大学出版社 2024 年版,第 49 页。

配改革的迫切要求,以及未来生产力(如生成式人工智能)的发展愿景。

当然,对《数字架构与法律》一书的简要回顾并不能代替整体性阅读,相信每个读者在结合自身思考的同时,都能从这本书中获得不同的裨益与启发。最后,笔者想讨论的是,虽然并不一定作为这本书的主要线索,却隐于全书并具有同等重要的地位,但同时又可能被读者忽略的两个重要主题。

[一] 数字经济从简单系统向复杂系统演化的机理是什么?

互联网从 1.0 时代、2.0 时代到 3.0 时代的演化过程,事实上也是数字经济从简单系统向复杂系统的演化过程。正如胡凌教授在书中所指出的,"架构"事实上提供了对此演化进程的一种简要解释视角和理论。❶ 在平常的诸多研究或分析中,我们往往会提到"农业时代向工业时代再向数字时代"转变的线性历史演化逻辑,而对于支撑、推动这一历史演化进程的因素,研究者也往往将其简化为"农耕技术向工业技术再向数字技术"的简单发展逻辑。诚然,技术是推动历史进程的重要因素,计算机、互联网、大数据、人工智能、区块链等数字技术的演化进程,必然是推动数字经济系统从简单到复杂的重要动力。但我们要反思的问题却在于,除了技术还有无其他因素?或者,更准确的问题是,技术难道是外生于、独立于经济系统而产生作用的吗?

从架构理论来看,答案当然是"并非如此"。在微观机制层面,书中提出的"账户—数据—评分"框架是"架构"的基本要素,而围绕形成与稳定这些要素的需求又自然要求技术的演化与完善。举例而言,正是在试图对用户进行越来越精准的画像以完善"账户"的过程中,数字平台企业才积累起海量数据,并基于海量数据积累实现人工智能技术跃迁的能力。在此意义上,技

---

❶ 参见胡凌:《数字架构与法律:互联网的控制与生产机制》,北京大学出版社 2024 年版,第 317 页。

术的演化逻辑同样需要被置于"架构"的生产逻辑下才能得到很好的解释,而这便避免了传统思路的简单化倾向,有助于我们对互联网的演化进程形成更完整的思考。

当然,沿袭这一分析思路,我们自然会提出的问题便是,除"架构"外,是否还会有其他因素或其他分析框架应被纳入对此历史演化进程的解释?或者说,问题的另一种提出方式是:我们仍然停留于"架构"理论框架中,但除了架构中较明显体现出的技术、法律因素,是否还会有其他因素应被纳入对此历史演化进程的解释?

在一定程度上,《数字架构与法律》一书以较为隐蔽的方式对该问题作出了回答,而胡凌教授与笔者同期合作出版的另一本著作《合作的互联网》则可被视为对此问题的延续性讨论,并以"技术—结构—规则—理念"的四要素框架展开了更明确的阐释性工作,而这也可被视为不同著作之间的内在关联。❶

[二] 除了分配,我们还应关心什么?

当前围绕互联网 3.0 时代的生产关系的调整的主要讨论,实质上都可被概括为分配问题:数据要素确权是为了回应用户参与网络价值生产的收益与回报问题,平台间的互联互通是为了打破架构间壁垒以促进要素的更平等流动,算法公平、算法透明、算法责任等制度探索都试图在不同程度上实现算法化社会中的实质正义或程序正义价值。但此处想提出的问题在于,除了分配,我们还应关心什么?

《数字架构与法律》的第三章"当架构变得智能"讨论了人工智能兴起后架构的演化与变迁,该章的一个主要贡献是提醒我们要将人工智能的相关讨论置于现有的互联网底层架构和商业模式中,而非以孤立的视角将之视为指

---

❶ 参见贾开、胡凌:《合作的互联网》,商务印书馆 2024 年版,第 77—79 页。

代不明的"主体性技术"。❶ 但除此主题外,笔者以为,胡凌教授在书中提出的另一条暗线同样值得关注。他指出,"作为直接生产者的 AI 无疑会大量增加网络公共资源的供给,避免出现人类生产者动力不足的公地悲剧问题。然而,人类的同侪生产过程,同时承载着沟通交流与合作的关系与纽带,而不简单表现为纯粹的劳动和价值交换。AI 生产的增多可能会逐渐减少这类活动的文化、社会意义,使经济性成为最主要的衡量标准,同时意味着平台对公共资源池的掌控能力更强"❷。换言之,即使我们能够有效控制 AI 的治理风险并释放其生产潜能,也并不一定意味着我们便可"高枕无忧"。正如前文所引用的昂格尔的论述,真正的先进生产力应该是"人类改造自然的实验"与"重构人类合作方式的实验"的最佳结合。我们不应仅关注 AI 带来的生产结果的丰富性并在此前提下去讨论分配问题,同样不能忽视的,是生产过程中人类合作方式的变革以及伴随着的人的价值的提升。事实上,这同样是互联网 3.0 时代的核心主题之一。

互联网 1.0 时代的核心价值,并不局限于对人类信息的生产、流动结构的变革,开源软件的巨大价值并不局限于其所生产出的海量软件产品;更为重要的是,在开源软件的生产与组织过程中,每个开源生产者自身能力的提升与价值的实现,以及在此过程中所形成的丰富的、包容性的合作机制与模式。正是在此意义上,乔纳森・齐特林(Jonathan Zittrain)才将其称为"生产性互联网",而尤查・本科勒(Yochai Benkler)将其称为"网络的财富"。但互联网 2.0 时代的商业化、平台化转型,在很大程度上以经济动机、市场逻辑挤压、限制了非经济动机、非市场逻辑的其他人类生产合作模式的空间。对于此种转变的潜在风险,我们有理由保持合理的谨慎态度,即尽管我们迎来了真正意义上的数字化转型与数字经济,但这是否同样会引来波兰尼意义上的

---

❶ 参见胡凌:《数字架构与法律:互联网的控制与生产机制》,北京大学出版社 2024 年版,第 51 页。

❷ 胡凌:《数字架构与法律:互联网的控制与生产机制》,北京大学出版社 2024 年版,第 57 页。

"大转型"冲击？——就像齐泽克、本科勒的反思一样。换言之，互联网 3.0 时代的重要任务并不能局限于分配问题，如何将互联网 1.0 时代的"合作"精神带回来，使之与互联网 2.0 时代齐头并进，可能是同样重要的乃至根本性的问题。正如胡凌教授同样指出的那样，我们需要"回到架构理论的原初问题：赛博空间中的我们如何在微观机制和宏观架构上争取更多的自由和控制力？"❶在此意义上，从政治经济学的角度讲，我们需要讨论的不仅仅是分配问题，还有经济民主问题。❷

1994 年 4 月 20 日，中国通过一条 64K 国际专线全功能接入互联网，从此开启了中国互联网激荡人心的新时代。2024 年是中国互联网的"而立之年"，在此节点梳理、理解、阐释中国互联网的发展过程，并以此为镜对比世界互联网的转变历程，于中国、于世界可能都具有特殊的时代价值。在此意义上，《数字架构与法律》一书既可被视为对历史的传承与纪念，同样更应被视为对未来的期许与变革的新起点。

---

❶ 胡凌：《数字架构与法律：互联网的控制与生产机制》，北京大学出版社 2024 年版，第 69 页。

❷ 参见崔之元：《经济民主的两层含义》，载《读书》1997 年第 4 期。

如何认识数字架构的生产机制？

陈天昊[*]

感谢胡凌老师抬爱,邀请我为他的新书《数字架构与法律:互联网的控制与生产机制》(以下简称《数字架构与法律》)撰写书评。数字技术的蓬勃发展,在很大程度上撕碎了人的注意力,即便在学术界也能感受到深度思考正日渐稀缺,胡凌的这本书则是一份难得的例外。

在这本书中,胡凌尝试发展 Lawrence Lessig 提出的架构概念,强调其在原生的"控制性功能"之上,还存在"生产性功能"。这既包括对经济价值的生产,也包括对社会控制权力的生产,并基于中国互联网的发展史勾勒了互联网作为架构发挥生产性功能的具体机制,他将此概括为"账户—数据—算法—评分"机制,从而以明确的概念为当今互联网所支撑的平台企业及政治国家的运作提供了简洁的描述性框架。

何谓架构? Lawrence Lessig 的定义是"世界的存在或世界在某些特定方面的存在形式"。物理世界的架构既有人为的,如一个只有一扇门的房间,也有注定的,如光的速度。在 Lawrence Lessig 看来,架构与法律、社会规范、市场共同约束人的行为:一个人要进入这个房间,只能通过这扇门,除非将墙凿穿。而在物理世界之外,随着互联网等数字技术的发展,端对端的普遍链接营造了新的赛博空间,这里的架构就不再由物理规律决定,而是由被专门设计的代码(code)决定。对此,Lawrence Lessig 特别指出,不同于法律、

---

[*] 陈天昊,清华大学公共管理学院副教授、清华大学科技发展与治理研究中心主任助理。

社会规范、市场、架构(无论是物理架构还是数字代码)对人之行为的规制具有事前性、自动性、客观性。由此,在 Lawrence Lessig 看来,赛博空间是什么样,关键看它是如何被设计的:它既可能生长为自由的乌托邦,也完全可能成为"最具规制能力的空间"。❶ 要知道,一旦进入赛博空间,人的行为便逃脱不了代码的约束,这种约束是事前的、自动的、客观的,这就是《数字架构与法律》一书所称的数字架构之"控制性功能"。

仅仅停留在数字架构的控制性功能并不足以描述当今互联网所支撑的赛博空间,《数字架构与法律》一书的贡献便在于明确提出了数字架构的生产性功能,即数字架构也塑造了新的生产方式。概括而言,数字架构将物理空间中的各种资源进行数字化,并通过账户识别,进而在赛博空间中调配,让更广泛的资源通过更高的流动性进行更精准的匹配,最终实现对世界更深程度的商品化。由此,远超传统产业的经济价值不断涌现。同时,人、物也被纳入了更加全面且更为细密的控制。❷ 此即数字架构的经济生产与控制生产,这具体是通过"账户—数据—算法—评分"四方面的要素发挥作用的。

1. 账户

《数字架构与法律》一书对账户的定义是:"一种获得使用特定数据库或资源的资格,这种资格通过用户协议得以确认。"❸ 任何人要进入赛博空间,就必定要通过一个账户。回溯互联网的发展史,账户已日益由下线/上线来回切换转变为永远在线,并由动态分布转向稳定集中:人们越来越永久地连接上了服务,并在不同的场景中保持着稳定的单一账户。"所有人生活在这一数字架构中,不存在真正退出的问题,其中稳定的连接点就是

---

❶ 参见〔美〕劳伦斯·莱斯格:《代码2.0:网络空间中的法律》(修订版),李旭、沈伟伟译,清华大学出版社2018年版,第38页。
❷ 参见胡凌:《数字架构与法律:互联网的控制与生产机制》,北京大学出版社2024年版,第124页。
❸ 胡凌:《数字架构与法律:互联网的控制与生产机制》,北京大学出版社2024年版,第104页。

账户。"❶促成这一转变的底层逻辑是政治的与商业的,二者殊途同归。对于政治国家而言,掌握一个人的基础信息并能够追踪这个人的行动给了政治国家对个人进行身份认证的动力,而这仅需要掌握基础身份。对于市场主体而言,它并不关心这个人的真实身份,而更关心在不同场景中都出现的数字虚体是不是同一个主体,以期通过把握不同场景中各自主体背后的稳定性来掌握特定主体行为的连续性,从而让数据获得累积,让精准推送成为可能。在这里,《数字架构与法律》一书特意区分了认证与识别,与之对应的便是基础信息与次级身份。每个人都有稳定的符号,而每个人又在不同场景中与他者发生着不同程度的连接,前者便为基础身份,后者则是以此为基础而不断再生产的次级身份;前者为政治国家施加控制提供了充足的基础能力,后者则为市场主体的价值创造提供了不竭的源泉。

2. 数据

在数字时代,"数据"已成为一种独立的生产要素,《数字架构与法律》一书将其构成概括为四个方面:信息内容、痕迹数据、默会知识、认证信息。随着赛博空间与物理空间日益紧密结合,由架构记录、分析、生产而获得的痕迹数据、默会知识无疑会越来越多,进而形成日益精准的用户画像。此种数据所引发的法律争议的关键不在于产权的法律结构本身,而在于其生产属性所带来的利益再分配问题,即"如何重新划定生产资料和收益的产权疆界问题"❷。而要解决该问题,就需要回溯数字时代的生产本身具有哪些独有的特征?在《数字架构与法律》一书看来,以架构聚合数据形成数据池,并运用算法整体性地开发数据池,构成了数字时代的大生产。由此,数据的持续流动、广泛汇聚,便成为数字时代不断扩大再生产的关键。基于此种对生产方式的根本性把握,胡凌提出了"以数据池为基础而非以个人为基础的信息产

---

❶ 胡凌:《数字架构与法律:互联网的控制与生产机制》,北京大学出版社2024年版,第105页。

❷ 胡凌:《数字架构与法律:互联网的控制与生产机制》,北京大学出版社2024年版,第110页。

权"的主张。❶ 在他看来,个人性的信息产权已经不符合以数据流通、聚合为本质需求的(至少是在生产意义上的)数字时代。相反,一种以架构为基础的集体性信息产权才是可欲的未来。

3. 算法

对算法的理解要超越算法本身。在《数字架构与法律》一书看来,其嵌入数字时代的生产逻辑。因此,与其讨论算法的黑箱与可解释问题,不如去问在数字时代我们需要算法发挥什么样的功能。要言之,算法要发挥直接的生产功能与对生产的辅助功能,而其发挥上述功能的具体机制便是作为规则为人提供预期、施加约束。通过算法直接达成交易、生产内容,便是算法作为规则在发挥生产功能。通过算法对主体进行认证、匹配、评分,便支持了前述交易的达成与内容生产,发挥了生产的辅助功能。正是在这样的生产逻辑之上,才会延伸出对其黑箱予以解释的要求。当然,对算法的规制不限于可解释性,推荐的准确性、匹配的公正性等都是在生产逻辑的视域下能够被开放出来的议题。那么,算法规则具体是如何形成的呢?《数字架构与法律》一书给出了初步的提示:社会主体通过诉讼、监管部门通过立法、平台企业通过内部规则共同推动算法规则的演化。特别对于监管部门的介入程度,《数字架构与法律》一书试图发展政治经济学领域中用来解释央地关系的行政发包制,提出监管部门对平台企业的发包,进而提出根据不同的发包情形,监管部门会对平台企业的算法提出不同程度的要求。

4. 评分

所谓评分,即通过对个人的行为进行评价,进而将评价结果与个人行为的自由空间进行强关联的一种规训机制。在《数字架构与法律》一书看来,这构成了在数字时代将个人束缚于数字化生产的主要手段。需要注意的

---

❶ 参见胡凌:《数字架构与法律:互联网的控制与生产机制》,北京大学出版社2024年版,第163页。

是,无论是政治国家还是商业平台,都有内驱动力去强化对个人行为进行评价:"对商业力量而言,平台企业需要评分机制塑造私人化的市场基础设施,从而约束管理平台上发生的各类劳动和交易活动;对政府而言,需要依托信息技术的广泛应用将既有官僚机制下的行政权力转化成能进一步适应更大流动性社会的平台。"而上述大规模的、精细化的评分实践之所以可能,前提便在于数字技术对个人生活的深度侵入大大降低了实施评价分析的成本。鉴于评分机制的普遍扩张,Lawrence Lessig 的四维约束系统甚至发生了改变,其转化为法律、社会信用、平台权力的三维约束系统,既往的社会规范与市场力量皆被政治国家与平台企业通过评分机制转化,这便是我们普遍观察到的国家对社会实施的信用惩戒,以及平台基于评分施加的广泛权力。要言之,数字技术极大地强化了"系统"的力量,无论是政治系统的还是市场系统的,而社会则被消解为沉浸在各自茧房中的原子化个体,有鉴于此,胡凌便提出,有必要推动和激活社会基层的线上与线下社会组织建设,推动多元社会秩序和规范的平衡,增强社会和公共领域自身的力量。在《数字架构与法律》一书看来,此为扩张对抗系统、维护个人自由的根本性屏障。

  对数字架构发挥生产性功能的具体机制进行简洁描述的价值在于为我们深刻把握数字时代的规范对象——数字架构——提供了便捷的分析工具。要知道,对数字架构施加规范本身存在两难:一方面,人的自由无疑遭受了数字架构的前所未有的侵害;另一方面,数字架构的快速发展又前所未有地为人之自由的更好实现赋能。因此,从维护人之自由及尊严的立场出发规范数字架构,既不能简单地以法律赋权个人对抗平台企业,也不应遵循所谓"一鲸落,万物生"的逻辑消灭平台。前者如个人信息"告知—同意"的立法,其在实践中徒增成本、流于形式;后者如运动式平台反垄断,其拉大了我国数字技术及产业与竞争对手之间的差距。学者研究若不见矛盾、不探精微,而只讲看似正确的废话,落到实践中便难免遭遇客观规律的"报复"。而《数字架构与法律》一书的可贵之处,正在于努力探索并把握数字生产的内在规律。立基于书中提出的"账户—数据—算法—评分"这一对数字架构生产性机制的描述,我们将有机会进行更为精细的规范创设,并进行更具整体性的监管执法。当然,如何具体做到上述的工作,书中尚着墨不多。我相信这应是胡凌老师正在开展的研究,令人期待。

中国数字法学研究的学术自觉

陈　颀[*]

> 不应该忘记,法和宗教一样是没有自己的历史的。[❶]

近年来,数字法学逐渐成为中国法学研究的显学,并逐步获得了学科建制的合法地位。2023年2月,中共中央办公厅、国务院办公厅印发《关于加强新时代法学教育和法学理论研究的意见》,明确提出加快发展数字法学等新兴学科。在此背景下,数字法学的学科体系、学术体系与话语体系"三大体系"的研究和构建,成为当下中国数字法学的核心议题。不过,当下许多冠以数字法学名义的研究,往往停留在运用部门法教义学分析数字科技的零散新场景或新对象的应用层面,缺乏技术视角和理论原创性的学术自觉,深入剖析数字科技对法律规则和社会生活的变革性影响的研究尚属稀缺。

就学术体系而言,数字法学的独特概念、领域、方法和理论是什么?数字法学是在特定领域对传统法学知识的新型运用,还是引发了法学研究范式的真正变革?数字社会是否"未来已来"?数字科技如何重塑法律?对于网络法、数据法和人工智能法等数字法体系的核心部分而言,其底层逻辑与内在关系是什么?[❷] 这些基础理论问题,亟待学者贡献自己的学术智慧。就此而

---

[*] 陈颀,中山大学法学院副教授。

[❶] 〔德〕马克思、〔德〕恩格斯:《德意志意识形态》(节选本),中共中央马克思恩格斯列宁斯大林著作编译局编译,人民出版社2018年版,第80页。

[❷] 近期出版的一本有代表性的数字法学著作兼教材,将数字法学分为网络法、数据法和人工智能法三大板块。参见姜伟、龙卫球主编:《数字法学原理》,人民法院出版社2023年版。

言,胡凌教授"十年磨一剑"的《数字架构与法律:互联网的控制与生产机制》(以下简称《数字架构与法律》),可谓中国数字法学研究中最具有学术自觉的一部著作。❶ 本文将从理论自觉、方法创新与学术洞见三方面展开评述。

[一] 《数字架构与法律》的理论自觉

"(数字)架构"是书中的基础和核心概念,既能回应传统法学"马的法律"的典型质疑,也能承接、对话和发展劳伦斯·莱斯格《代码2.0:网络空间中的法律》(以下简称《代码》)一书的经典范式。网络空间(cyberspace)不同于现实空间,前者中的法律规制的最大特点是数字架构的规制功能,这也决定了数字法学需要将架构纳入学术体系。在研究内容上,《数字架构与法律》一书不仅在生产语境中从宏观角度讨论了数字架构的发生学、一般原理和基本要素,而且在各章节细致分析了数字账户、数据、算法、评分机制等微观架构机制,进而讨论技术的法律规制模式的选择和架构的开放与封闭等"未来法治"问题。相较于莱斯格"代码即法律"的"控制性"架构1.0版法律理论,《数字架构与法律》一书从数字经济的"生产性"维度建构和论证了架构2.0版法律理论:互联网如何通过数字架构实现对社会的控制和生产。

基于中国语境的历史唯物主义理论自觉,《数字架构与法律》一书的架构理论是一种数字架构与法律制度的互动理论:网络空间的数字生产和再生产对法律产生根本性影响。同时,法律及其背后的政治意志也积极塑造网络空间的基础架构和控制体系。一方面,数字生产和再生产对法律的基础和决定性作用的理论命题集中体现在互联网架构的"非法兴起"、数据产权、算法架构等内容中。不同于传统法学将数字技术的兴起视为一个有待规制和约束的法律应用问题,架构2.0版法律理论揭示了,网络—数字经济作为一种

---

❶ 参见胡凌:《数字架构与法律:互联网的控制与生产机制》,北京大学出版社2024年版。

新型生产方式，不断组织连接线上与线下各类生产性资源，对既有经济结构和利益产生破坏性影响。在这个"非法兴起"的过程中，反映传统生产方式和利益的法律规则受到挑战，数字经济的组织和生产方式要求新的法律规则，以承认和保护新型数字经济的合法性和利益。比如，书中第七章讨论了互联网免费模式通过用户协议和避风港规则分离数据/信息的所有权与使用权实际上削弱了传统法律中的信息财产权和隐私权。不仅如此，新数字经济要求一种新型的数据产权，这种产权的形式为"数据池"或"权利束"，而且有别于传统财产法理论要求的"数据确权"。❶另一方面，"互联网不是法外之地"，面对不断扩展的数字经济和网络架构，国家意志和法律（联合平台）塑造了作为网络架构底层基础的电信基础设施和域名与备案系统，以及网络账户——数字身份的认证与识别、"通过软件治理网络"、算法规制与信用评分等微观架构。

《数字架构与法律》一书以架构理论为核心，构建了中国数字法学研究的理论框架，为中国数字法学的研究确立了新的理论坐标和学术标杆。作者提出的架构2.0版法律理论，将对架构的分析从单纯的技术层面提升到了社会层面，揭示了数字架构在塑造社会秩序和权力关系中的重要作用，为中国数字法学的研究提供了新的理论视角。在这个互动过程中，架构2.0版法律理论通过引入政治经济学的生产要素，从学理上回应了莱斯格《代码》一书未尽的问题：网络空间的法律、社会规范、市场与架构等主要力量之间的关系。总之，架构2.0版法律理论不仅揭示了数字经济对法律的挑战和重塑，也深入探讨了法律如何积极适应和回应这种挑战。

---

❶ 这一思路得到2022年12月公布的《中共中央 国务院关于构建数据基础制度更好发挥数据要素作用的意见》（又称"数据二十条"）提出的"探索数据产权结构性分置制度"的政策回应。

[二] 《数字架构与法律》的方法创新

在方法论上,《数字架构与法律》一书可谓胡凌的上一本著作《探寻网络法的政治经济起源》的学术发展和理论成熟。❶ 正如欧树军在序言中所言,《探寻网络法的政治经济起源》最重要的理论贡献是对"互联网无需规制"的"网络乌托邦"的反思和祛魅,并在政治经济学意义上解释了数字经济的"非法兴起"及其对传统法律和组织规范的挑战。

相比《探寻网络法的政治经济起源》,《数字架构与法律》最主要的方法创新,是基于历史唯物主义和当代中国的数字实践,创造性提出数字架构 2.0 理论。

第一,《数字架构与法律》一书坚定地立足于历史唯物主义的马克思主义法学立场,在数字生产和再生产的维度中,厘清数字经济与数字法治的决定与被决定关系,这就跳出了传统法学的思维定式,从更广阔的政治经济学视角重新审视数字法治问题。作者认为,互联网法律的生成和演进,实际上深深地嵌入了数字经济发展的进程。互联网巨头们为了获得更大的控制和利益空间,往往会主动塑造和推动法律规则的变革。因此,如果脱离了这一现实语境,单纯停留在实证主义的法条分析层面,就难以深刻把握网络法治的内在逻辑。无论是互联网的"非法兴起"、数据产权的分置,还是平台的"私权利",都是数字经济的生产方式和组织形式得到国家和法律承认的结果。一如马克思和恩格斯在《德意志意识形态》中所言:"每当工业和商业的发展创造出新的交往形式,例如保险公司等等,法便不得不承认它们都是获得财产的方式。"❷

第二,《数字架构与法律》一书力图对互联网架构的控制和生产机制

---

❶ 参见胡凌:《探寻网络法的政治经济起源》,上海财经大学出版社 2016 年版。
❷ 〔德〕马克思、〔德〕恩格斯:《德意志意识形态》(节选本),中共中央马克思恩格斯列宁斯大林著作编译局编译,人民出版社 2018 年版,第 81 页。

进行系统梳理和提炼,追求数字法学的一般理论。作者没有满足于对单个法律问题的解释(尽管书中讨论了众多网络法/数据法/数字法/人工智能法的具体问题),而是在生产性架构与法律的互动中努力探寻贯穿其中的一般性规律。既有数字法学研究大多将视角集中在如何对网络行为进行外部规制,较少考察数字规则的内生形成机理。《数字架构与法律》一书重点分析了互联网架构中蕴含的微观控制机制和宏观生产机制,揭示数字法治规则是如何在技术和商业力量的驱动下内生并演化的,实现了从外在规制到内生逻辑的转换。正如架构理论 2.0 所揭示的,互联网平台通过账户、数据、算法、评分等技术手段,实现了对用户行为的精准把控和价值提取。《数字架构与法律》一书对这一微观机制的阐述,可谓细致入微,并由此上升到宏观法理的高度,在很大程度上回应和解决了数字法学的学科属性问题。概言之,数字法学虽然可以是一个新兴的部门法领域,但其更大的功能和意义存在于法理和方法论层面。

第三,《数字架构与法律》一书在研究方法上既坚持广泛吸收域外经验和理论,又始终立足中国实践,关注本土语境下的独特问题,为明确中国数字法学"三大体系"的建构与借鉴"人类法治文明有益成果"的关系,树立了一个有益的范本。其一,在借鉴域外理论时,《数字架构与法律》一书并非简单地照搬照抄,而是立足中国语境,对其进行创造性的吸收和改造。比如,在引介"代码即法律"的观点时,作者深入剖析其背后的政治经济逻辑,并结合中国互联网发展的独特路径,提出了基于数字经济生产性的架构 2.0 本土化命题。这种理论资源的创造性转化,既彰显了中国问题意识,也丰富了全球数字法治的知识谱系。其二,全球视野与中国方案的结合。互联网法治问题具有很强的全球性,但不同国家在数字治理上又呈现出多样化的模式和路径。❶ 对此,《数字架构与法律》一书在高度关注域外实践的同时,更加注重

---

❶ 对美国的算法规制和网络分歧问题,参见〔美〕凯斯·桑斯坦:《标签:社交媒体时代的众声喧哗》,陈颀、孙竞超译,中国民主法制出版社 2021 年版。

总结中国经验及其理论意义。比如,针对算法规制这一全球性的难题,作者在考察欧美做法的基础上,重点分析了中国监管部门的"平台发包制"及其他一系列制度实践,特别是网络言论内容、数字基础设施、劳动者权益和消费者权益等领域中算法规则化的表征及其原因,并在规制进路中思考算法规则化的法理意义。

[三] 《数字架构与法律》的学术洞见

除在理论自觉和方法创新方面的贡献外,《数字架构与法律》一书还针对众多数字法学的前沿议题提出了诸多学术洞见,为数字法学的学术发展和相关立法、司法实践提供了有益的启示。

在人工智能和算法的问题上,《数字架构与法律》一书没有简单地停留在人工智能体的法律人格等表象性问题上,而是深入分析了人工智能在互联网架构中的功能和价值定位。传统法学和伦理学视角往往纠结与争论人工智能体是不是独立的法律对象,事实上,人工智能更多是作为互联网架构的一部分或入口,服务平台的特定利益。因此,规制人工智能,不能脱离其所处的技术和商业架构,需要更加关注人工智能背后的平台的控制力和责任问题。这一洞见对于我们正确认识和规制人工智能具有重要启示和意义。

在个人信息/数据保护问题上,《数字架构与法律》一书指出,在互联网时代,个人信息正在某种程度上取代隐私,成为一种新型的、可利用的数据资源。传统法律将隐私视为一种人格权益,强调对个人私密领域的保护。但在数字时代,个人信息已经成为互联网企业竞相追求的生产资料。互联网的生产模式使个人信息成为重要的生产资料,平台通过对海量用户信息的汇集与分析形成"数据池",进而占有数据生产资料,但个人对自身信息的权益却难以得到保障。这一困境反映了数字财产权所有权与使用权的分离带来的结构性矛盾。《数字架构与法律》一书认为,面对以数据产权为代表的"非法兴起"2.0 版本,法律需要在努力维持新的生产方式的同时保持资源使用权的合法性,帮助形成若干愈加封闭的、有边界的公共资源池,以便发现更好地适应创新、维护秩序的规则,在数字市场的稳定性与创新性之间保持适度的平衡。❶

在平台治理问题上,《数字架构与法律》一书以信用评分为切入点,揭示了互联网平台的治理逻辑和规则体系。在数字时代,平台已经成为一种新型的治理主体,通过算法、数据分析等手段对用户行为进行规训。这种平台治理模式一方面提升了社会运行效率,另一方面带来了规则正当性、用户权益保护等问题。对此,《数字架构与法律》一书提出通过"私人治理的公共化"等路径,加强国家对平台治理的引导和监管,以及适度披露评分算法和使规则成文化,接受司法审查和公众参与,发挥评分机制的规范再生产和统合动能。

在技术与法律的关系领域问题上,《数字架构与法律》一书以脑机接口技术(BCI)为例,运用架构 2.0 理论分析了 BCI 架构如何"非法兴起",将使用者纳入信息/数据的生产过程,并逐步确认平台架构模式下的技术的合法性。因此,若进一步讨论技术架构的法律规制,则需要关注技术生产的劳动价值和公平分配问题,这才是中国语境下的"数字民主"和"数字正义"。就此而言,正如《数字架构与法律》一书在最后一章强调的,数字架构是一种新型政治经济利益,法律需要审慎应对架构的开放与封闭问题,以真正实现数字生产性资源的流动性整合,调和数字市场的秩序与连接功能。

[四] 余 论

《数字架构与法律》一书的出版,标志着中国数字法学研究进入了一个新的发展阶段。该书以其学术自觉和理论创新,为数字法学研究树立了新的

---

❶ 参见胡凌:《互联网"非法兴起"2.0——以数据财产权为例》,载《地方立法研究》2021 年第 3 期。

理论坐标和学术标杆。数字架构 2.0 理论突破了将数字法治简单等同于管控新技术的狭隘视野,揭示了数字架构作为一种新的生产关系对法律制度变迁的深层影响。在这一理论框架下,互联网的"非法兴起"、数字架构的智能化、平台规则的强制力、数据要素的权属界定等现实问题都获得了全新的解释力。可以说,架构 2.0 理论的提出,不仅丰富和发展了数字法学的理论体系,更在方法论上实现了从技术领域到社会领域、从个案分析到一般理论的重大跨越。由此,《数字架构与法律》一书也为未来的数字法治实践提供了极具启发性的指引。

不过,作为一部开创性的著作,《数字架构与法律》一书在某些方面的讨论仍有待进一步深化。比如,对于国家意志和法律对数字架构的塑造和规制,该书的讨论还不够深入和系统;又如,面向数字法治实践,该书对相关法律规则的具体创新和制度设计的讨论也有待加强。特别是对于部门法学者而言,书中的某些讨论可能显得过于依赖社会科学的分析方法,与法律规范的结合不够紧密。尽管如此,这些问题恰恰凸显了数字法学研究的广阔空间和进行深入探索的必要性。可以期待,随着中国数字法学研究的不断深化,这一领域必将迎来更多具有原创性的理论成果。在此意义上,《数字架构与法律》一书不仅是数字法学领域中的一部开创性著作,更是推动法学研究转型发展的重要起点和标志。

数字法学的底层逻辑

邱遥堃*

胡凌老师的新书《数字架构与法律:互联网的控制与生产机制》(以下简称《数字架构与法律》),用他另一篇著名论文的标题来表述,即"超越代码(理论)"。此书以劳伦斯·莱斯格提出的经典代码理论为对话对象,批判性地发展了这一理论,在宏观与微观两个层面为我们揭示了互联网的控制与生产机制,为当下,乃至未来的数字法学问题的研究提供了有益的理论视角。然而相比已成此书一章的《超越代码:从赛博空间到物理世界的控制/生产机制》一文,此书不仅展开论述了以账户、数据、算法、评分为四要素的新架构理论,而且检讨了架构的政治经济学基础并展望了架构未来的发展,可谓对"超越代码"的又一次超越。

评价此书提出的新架构理论,一方面可从具体研究与实务指导的角度切入,以层出不穷的数字时代新问题检验其解释力、洞察力与穿透力,另一方面可从一般理论与学科建构的角度切入,考察其对当下热议的数字法学(或网络与信息法学、数据法学、智能法学等)独立学科地位问题的意义。总体而言,该理论具有良好的中层理论性质,可以将宏观层面的政治经济学视角与微观层面的法学分析结合,阐明数字技术的经济基础与法律影响,并为未来的法学研究与法律实务的理论底层逻辑奠定坚实的基础。

---

* 邱遥堃,上海交通大学凯原法学院、中国法与社会研究院副教授。

[一] 回到问题本身

数字时代的法学新问题层见叠出，持续不断地要求我们予以回应；对此，以账户、数据、算法、评分为四要素的新架构理论可资指导。例如，对于数据权益保护问题，部门法学者往往就应否确权、如何确权争吵不休，背后仍然是根深蒂固的物权法教义思维的体现，但新架构理论另辟蹊径，根据互联网经济的运行现实，区分要素财产权与架构财产权，并指出平台事实上并不在意权属问题，而更关心其生产与控制的架构能否保持稳定，从而源源不断地发掘数据潜在的生产价值。与之相关的个人信息保护问题亦然，对展示性信息与辅助性信息的区分亦有助于理解个人信息对于公共功能的实现意味着什么，因而在法律上如何予以适当的规定，从而更有利于促进信息流动及其公共性的实现。❶

实际上，自互联网诞生以来，新概念与新话语便层出不穷，让人眼花缭乱、应接不暇，但背后的技术与商业逻辑是否发生变化的问题，却受到掩盖。共享经济的概念曾经异常火热，我们现在的生活也离不开网约车、共享单车，但对比此时与彼时，我们作为用户的感受已经截然不同。它们初兴时的低价仿佛真是互联网技术调动了闲置生产资源所激发的效率飞升，但不受规制所隐含的社会风险与掠夺式定价必然伴随的垄断价格，甚至套现离场，在后续发展过程中亦充分显示了自身。于是从事后观之，也许共享经济并没有那么神奇，虽然确实形成了新的数字平台商业模式，但在其背后，国家与资本的影响仍然强大，资本主义的发展逻辑并未被推翻。而同样的故事在包装了新的概念与话语后，仍将再度上演。

当互联网行业的发展进入存量竞争阶段，"新衣"的炮制越发频繁且明

---

❶ 参见胡凌：《功能视角下个人信息的公共性及其实现》，载《法制与社会发展》2021年第5期。

目张胆,但人们对美好生活的期待仍使自己受到蒙蔽;对此,新架构理论就是一把利剑,可以刺破面纱、直达真相。例如,转瞬即逝的元宇宙,明明仅是对现有信息技术的汇总与综合,代表了互联网发展的一个阶段,甚至只是虚拟世界的另一种表达,尚未构成技术质变,却利用故弄玄虚的概念表达、在疫情期间兴起的线上工作与生活习惯,将自己包装成崭新的突破式技术。但其发展的直接目的仍是金融资本增殖,根本目的是再造独立网络架构从而争夺用户数据,因此仍然遵循互联网非法兴起、架构分层与资本运作的基本逻辑,并可能导致加深对技术的不信任、加速互联网的不互联、加剧社会不公平的深层影响。❶ 于是,在新架构理论的透视下,许多问题与研究看似前沿,但其本质的肤浅性显露无遗。

当下受到热捧的技术是生成式人工智能。但在新架构理论的审视下,其技术突破是否代表了一种新的商业模式,甚至社会结构?事实上,生成式人工智能实乃数字平台模式的继续发展:由于对零散社会资源的调配仍存在效率上限,而新信息技术的潜力尚未被充分发挥,因此以匹配为核心的数字平台模式具有向以生产为核心的模式转型的趋势。平台一方面需要通过数据分析与广告宣传不断激发用户的消费欲望,另一方面需要通过不断整合生产资源,使之组织化,从而更为高效地生产。对信息而言,这意味着不能仅仅提供信息集合,而最好直接提供答案;对商品与服务而言,这意味着临时工最好成为全时工。所以,数字平台对效率的持续追求,可能导致其双边性被其信息性扬弃,最终成为主动提供信息、商品与服务的单边平台,进而需要生成式人工智能的技术支持。

其实,对于许多具体问题而言,新架构理论不过意味着让我们回归常识,回到问题本身,而非追逐所谓新技术制造的新概念与新话语。许多平台企业在外宣工作与游说过程中,都会从议程设置开始就谋求有利于自己的叙

---

❶ 参见邱遥堃:《走出虚拟世界:元宇宙热的批判性解释》,载《中外法学》2023 年第 4 期。

事结构。当现有平台发现自己无法在新领域与新平台竞争,甚至可能由于被引流而管道化时,其最自然的反应即号召政府与行业对新问题进行强规制。当现有平台发现规制与反垄断的利剑即将落下时,又将立即论证其自然垄断地位及其效率乃至规制上的优势,力图在公共权力与舆论面前假装自己仅仅是无害的绵羊或公众的帮手。没有一句话语是无用的,也没有一个概念是生造的。话语即平台的软权力,配以生产控制机制的硬权力,形成从外到内的总体控制。❶

从本质上看,新架构理论的底色仍是政治经济学,亦即太阳底下已重复一遍又一遍的故事。生产社会化的潜力被互联网平台充分发掘,社会化生产在信息技术的支持下既广泛又精密,生产力得以大大提高。但互联网平台终究归私人所有,而非国家或全民所有。因此,平台背后的资本攫取了高效生产的绝大部分收益,并在物质与精神两方面剥削着任何意义上的平台劳动者。于是,生产过剩必然发生,资本主义矛盾必然爆发。就此而言,所谓互联网的"非法兴起"不过是资本主义在信息时代的历史重演。

[二] 重构数字法学

数字法学的独立学科地位是当下热议的法学研究话题。虽然《关于加强新时代法学教育和法学理论研究的意见》提到加快发展数字法学,《研究生教育学科专业简介及其学位基本要求(试行版)》已正式将"网络与信息法学"列为法学二级学科,各大法学院系亦已早早开设数字法学、数据法学或智能法学等专业。现实方面对数字法学学科地位的承认并无阻力,但理论上如何进行论证仍成问题。学者们或认为它是现代法学的重构与升级❷,或认

---

❶ See Joseph S. Nye, *Soft Power: The Means to Success in World Politics*, Public Affairs, 2004, pp. 5-10.

❷ 参见马长山:《数字法学的理论表达》,载《中国法学》2022年第3期。

为它是数字技术与法学理论的交叉与融合❶,或认为它是数字社会催生的法学新领域❷,力图在理论上证成这一法学新二级学科的诞生,从而反驳数字法学仅仅是数字问题的部门法研究之反对意见❸。

但从理论上对该问题进行探讨,不论是辩护还是反驳,最有力的论证仍然来自二十多年前的"马法之争"。《数字架构与法律》一书的导论部分即开门见山地回顾了这一论争:反对派伊斯特布鲁克法官提出的当时初兴的网络法研究不过是既不懂法律,也不懂技术的交叉学科研究,而且如同马的法律一样只是把某一领域的现象单拎出来,看不到本质,还可能以僵化的思维与规则限制互联网发展的批评,时至今日仍然成立。而莱斯格针锋相对地以"代码就是法律"论证网络空间与网络法的独特性,认为技术因素可能对法律在网络空间中的规制效果产生重要且超出人们通常预期的影响,由此进一步发展了传统的多元规制理论,令代码与架构成为与法律、社会规范、市场并列的重要规制手段。

代码理论虽然经典,却已相当古早,二十年间不仅技术发展"风云变幻",而且理论研究亦突飞猛进。当下对数字法学问题的研究,或植根于部门法教义,或借助社会科学理论。除非专门反思代码理论,否则鲜有学者再度提及。其中一个重要原因或许是代码理论本身的贫瘠,用《数字架构与法律》一书的话说:"未能深入讨论商业/政治力量利用代码实施控制的动机和微观机制,特别是未能延伸至当下大数据与智能算法时代;这一理论也没能解释法律与代码之间此消彼长的动态过程,即当赛博空间蔓延时,为何传统法律会退却,以及如何转变。"❹在理论层面,代码理论亦不过是对多元规制

---

❶ 参见胡铭:《数字法学:定位、范畴与方法——兼论面向数智未来的法学教育》,载《政法论坛》2022年第3期。

❷ 参见彭诚信:《数字法学的前提性命题与核心范式》,载《中国法学》2023年第1期。

❸ 参见陈景辉:《数字法学与部门法划分:一个旧题新问?》,载《法制与社会发展》2023年第3期。

❹ 胡凌:《数字架构与法律:互联网的控制与生产机制》,北京大学出版社2024年版,第100页。

或法律和社会规范理论的发展,甚至以架构进行规制的思想都并不新颖,只是在数字时代被突出了而已。❶

新架构理论是对代码理论的超越,亦可接替代码理论成为数字法学独立地位的新论据,虽然作者提出这一理论意非在此。这一理论在微观层面由账户、数据、算法、评分四大要素构成;账户是认证与识别个体的连接点,数据是生产资料,算法是生产工具,而评分是规训行为的工具。四大要素结合,更深入地阐释了互联网如何控制个体并使之成为稳定的生产者,从而建立新的平台经济模式;各要素之间的互动、新技术的引入也揭示出平台经济未来的发展方向。在宏观层面,这一理论又是带有政治经济学色彩的。架构要素是国家或平台控制与实施生产的工具,使其所欲秩序、所需利益得以实现。在这一独特的生产控制机制之下,数字社会乃至数字法学的独特性被充分展示。

诚然,从既有法学学科甚至社会科学的角度切入研究数字法学问题亦不乏洞见,但如果要对相关问题形成整体性、体系性思考,一般理论建构不可避免,而这正是新架构理论的最大贡献。个人信息与数据、算法和人工智能、平台、社会信用,乃至区块链、元宇宙作为单独的数字法学问题与领域,在新架构理论中被整合为一个有机的整体,成为架构财产权、智能架构、平台架构等,并由此与架构背后的国家与平台权力相联系,进而影响对具体问题的分析与解决。在这个新的体系中,数字法学能够摆脱传统法学教义带给数字社会问题的桎梏,真正作到实事求是、形成体系性且一事一议地理解并解决问题,而非削足适履,从而促进互联网产业进一步发展,并形成中国互联网的独特理论与制度优势。

事实上,由于数字技术正在全面改造我们的生产生活,线上与线下之间的界限逐渐模糊,未来或许不会再有除数字空间外的社会空间,亦不会再有除数字法学外的法学研究。于是,数字法学成为法学本身。由此观之,新架

---

❶ 参见戴昕:《犀利还是无力?——重读〈代码 2.0〉及其法律理论》,载《师大法学》2018 年第 1 期。

构理论的一般理论建构意义更为宏大，其为整个法学研究的转型与升级奠定了理论的基础。

[三] "人"今安在？

郑戈老师在评价胡凌老师与贾开老师合著的另一本新书《合作的互联网》时，提到人的教育问题："当务之急是在已经被我国的公共政策所强调的'数字素养'教育中引入对互联网'多重可能性空间'的教育，否则，具备数字素养的人无非就是在现有的资本与技术合力打造的空间中游戏、消费和劳动的人。她们将强化而不是改变现有的空间架构。"❶

就《数字架构与法律》一书而言，我同样想强调人的重要性，但不认为未经充分数字素养教育的个体只是完全被动的、有待被教育与拯救的群氓，而是认为他们已经在与数字权力的互动与博弈过程中具有了自己的想法并积累了有益的经验；架构及其背后的国家与资本并非自上而下、毫无阻力，而是在与人的交互过程中接受了自下而上的改造后，方才形成了当下的网络空间秩序。

以内容治理为例：国家与平台想方设法通过各种技术手段净化网络内容，但网络用户总能设计意想不到的手段然后规避，或利用数据壁垒与信息不对称、或以合法形式掩盖非法目的、或用信息洪流蒙混过关。❷ 当平台与国家想通过举报或投诉来补充治理的信息来源时，个体亦可借助这一制度，转而"绑架"治理者，将小问题炒作为大问题，要求法律予以正式解决，错失非正式的多元解纷机制可能带来更佳的社会效果。

由此可见，这个版本的架构正如上个版本的法律，是可以被规避的，且规避起来并不困难，其仅仅是影响个体决策的一个因素，并非不可逾越的限制

---

❶ 郑戈："推荐序"，载贾开、胡凌：《合作的互联网》，商务印书馆 2024 年版，第 vii 页。
❷ 参见邱遥堃：《法社会学视角下的算法规避及其规制》，载《法学家》2023 年第 3 期。

条件。因为架构也只是法律与规范秩序的影响因素之一,其本身并没有改变社会的独立力量:受架构支持的法律与规范固然效率更高、刚性更强,但强化治理也无法解决根本性的社会问题,无法将处于对立面的规范完全压倒。只要社会矛盾仍然存在,规避行为乃至违法行为就不会消失而只会转变形式、转移阵地,甚至向更极端、更剧烈的形式转化。创新与革新从来都不会停止,也不会被完美执法阻却,其只会改变形态,要求社会付出不同的代价,这一代价或高或低。因此,受架构影响的个人也许并不需要受到太多教育,他们与数字权力之间已存在"道高一尺,魔高一丈"的复杂关系,是比我们的预想更聪明的"坏人"。❶

在这个意义上,也许生成式人工智能的发展对人而言并非坏事,而是意味着更大限度的赋权与自由。我们失去的是机械重复的、无意义劳动意义上的工作,但获得的是借助技术实现的更全面的自我发展。面对仍然想控制我们的架构及其背后的国家与资本,我们可能具有更大的权力、更高的能力与之抗衡,在被它们改变的同时改变它们,而新的数字社会秩序将在这一互动过程中继续自生自发地形成。

---

❶ See Oliver Wendell Holmes, Jr., *The Path of the Law*, 10 Harvard Law Review 457 (1897).

从生产到控制：
理解中国互联网法律的两条理论动线

徐 斌[*]

[一] 从控制到生产：网络法的兴起

"所有制关系中的每一次变革，都是产生了同旧的所有制关系不再相适应的新的生产力的必然结果。"[❶]生产力的变革不仅推动了生产关系的变化，而且推动产生新的所有制关系与相应的法律制度。在迈向新法治的过程中，冯象分析了各类政法策略的转型带来的冲突与斗争。县委书记的名誉权取消了言论的政治伦理地位[❷]；版权法在一次次回溯中建立起产权关系[❸]；人格的商品化不断消解原有的伦理共识[❹]。互联网作为一种新生产力，同样在迈向新法治——网络法的过程中，在各种架构中展开新的生产关系、所有制关系与政法策略。胡凌正沿着这一唯物主义的路径展开网络法的政治经济学研究。如果说互联网法律的开山鼻祖劳伦斯·莱斯格提出的代码治理是控制性架构，那么，胡凌的研究是要揭示出架构从控制到生产的一条隐藏的

---

[*] 徐斌，中国社会科学院法学研究所网络与信息法研究室助理研究员。本文系国家社科基金重大项目"建设中国特色社会主义法治体系的理论基础和实施"（项目批准号：23ZDA073）的阶段性成果。

[❶] 〔德〕恩格斯：《共产主义原理》，载《马克思恩格斯选集》（第一卷），中共中央马克思恩格斯列宁斯大林著作编译局编译，人民出版社1995年版，第230—247页。转引自冯象：《我是阿尔法——论人机伦理》，载《文化纵横》2017年第6期。

[❷] 参见冯象：《政法笔记》，江苏人民出版社2004年版，第182—184页。

[❸] 参见冯象：《政法笔记》，江苏人民出版社2004年版，第65页。

[❹] 参见冯象：《政法笔记》，江苏人民出版社2004年版，第84页。

运动路径。❶

胡凌新著《数字架构与法律：互联网的控制与生产机制》同样延续了旧著《探寻网络法的政治经济起源》的基本观察与判断：互联网的"非法兴起"。"非法兴起"意味着互联网作为一种"生产方式上的变革"，为立法者和执法者提出了如何在法律上确认新生产方式的合法性以及利益分配的具体问题，同时也凸显出新经济内部自我颠覆的关键问题"❷。"非法兴起"的概念是互联网从新生产力的角度对"旧法治"的挑战。所谓"兴起"，指的是互联网从凭借"免费+广告+增值"、数据挖掘、"连接一切（互联网+）"、"云—网—端"、"分享经济"等商业模式到意识形态的建构，完成了新的生产力的兴起："以低成本获取免费内容或劳动力。"❸在这种新生产力中，用户不仅通过免费途径成为消费者，同时成为免费的劳动者，变成了产消一体的大众生产链中的一个个比特数据。互联网连接一切，也将一切生产要素变为数据，加速数据流转而产生经济价值。"通过信息技术平台，这些生产要素被抽离出来，在超越传统生产组织的更大范围内加以利用，提升了使用效率。同时，平台也逐渐成为由算法驱动资源流动的新渠道和新组织。"❹在此过程中，传统生产力掌握的金钱、劳动力和实物资源逐步被整体纳入互联网平台的链条，生产资源不断从既有组织流向互联网的组织，不可避免地引发了新旧生产组织的冲突。

网络法正是在这种新旧生产力的变革过程中成为协商、分配与重组各类

---

❶ 参见胡凌：《数字架构与法律：互联网的控制与生产机制》，北京大学出版社 2024 年版，第 13 页。

❷ 胡凌：《探寻网络法的政治经济起源》，上海财经大学出版社 2016 年版，第 13—14、74—75 页；胡凌：《数字架构与法律：互联网的控制与生产机制》，北京大学出版社 2024 年版，第 25 页。

❸ 胡凌：《数字架构与法律：互联网的控制与生产机制》，北京大学出版社 2024 年版，第 22—23 页。

❹ 胡凌：《数字架构与法律：互联网的控制与生产机制》，北京大学出版社 2024 年版，第 24 页。

利益、价值的场域。这就是"非法"而非"违法"的含义。新生产力的兴起必然对基于传统生产力的各类生产关系总和的"旧法治"进行"由点到面"的照会。在版权法、信息财产、隐私、劳动法、反垄断法等法律领域中,它们或是冲突,或是妥协,或是征服,或是沉默。

以隐私权为例。互联网生产机制的基础在于对用户数字身份的创设与认证。基于数字身份收集的大量数据成为平台企业宝贵的新兴生产资料。在传统法律中,这些数据被纳入隐私的法律概念,从人格权的角度确保隐私主体的物理空间不被打扰。但是互联网的"连接一切"彻底打破了隐私所依赖的私人封闭空间,将其数据化为个人信息。不同关系与场景中的个人源源不断地生产数据并使其流动。对于平台企业而言,这些个人数据作为生产资料要求有不同于隐私的法律关系。新的法律关系要符合新生产力的要求:降低个人敏感数据的合规成本;确认数据池的产权;确认数据再生产的权利;与现实世界区分开以达至各类权力的平衡。个人信息的新法律概念的创设正是为了满足上述生产力需要。在平台账户与架构中,个人信息不仅保障数据不脱离生产架构而被违反隐私地使用,而且可以通过一系列的授权协议被平台纳入数据池从而不断被生产、处理与开发。"在个人信息权的法律界定过程中,用户对于账户(以及赛博空间)本身的孱弱控制力和话语权最终确保了平台企业的数据财产权利。"❶最终,个人信息权替代了隐私权成为新生产力的网络法表达。

又如,基于数据池的使用权与所有权分离。在传统生产关系中,所有权处于法律体系中的基础性与优先性地位。占有、使用、收益和处分是所有权的物权表现形式。但是,新生产力开创了基于云计算与云存储的免费商业模式。"对平台而言,重要的是对数据池的占有,通过大数据挖掘调动更多财

---

❶ 胡凌:《数字架构与法律:互联网的控制与生产机制》,北京大学出版社 2024 年版,第 144 页。

产和劳动,排他地为平台定向生产。"❶用户个体数据的所有权并不重要,重要的是平台对数据池的控制。通过收集、存储、分析、交易与控制,数据池不断为平台生产新的经济价值。面对新的生产力要求,传统著作权和人身权铸就的以个人为基础的绝对信息产权理论需要做出变革。对个人信息数据与数据池中的数据进行所有权与使用权的分离是主要解决方案。"通过用户点击同意授权,取得信息/数据的永久使用权,而用户仍然留有他们的所有权。"❷法律上,基于"选择加入"模式的用户协议与"避风港原则"是完成两权分离的两道保障。通过用户协议,平台拥有了一项永久和免费的数据使用权,保障互联网生产资料不会枯竭,而用户在保留了数据所有权的同时变为数据池数据的生产者。"避风港原则"所确立的"通知—删除"制度不仅加速了对现实世界内容的数字化,为平台提供了原始积累,而且阻断了传统权利在网络世界"溯及既往"的效力。

这种免费的商业模式使得平台的竞争集中在应用层和代码层。竞争目标在于看谁能提供更为优质、快速的网络信息服务。一旦平台技术竞争结束,在内容层的竞争不仅围绕"信息网络传播权"展开新旧生产力之间的利益分配,而且成为新商业模式的生产壁垒。在内容层的网络竞争同样要求法律的确权,除各种版权大战外,新兴场域就是各大平台的网络剧之争。自制网络剧不仅是内容之争,也是"免费+收费"商业模式的实践对象。在2019年12月,网络剧《庆余年》的热播吸引了大量观众,许多人为了能够提前观看剧集,选择成为爱奇艺的VIP会员。然而,爱奇艺和腾讯视频在同年12月11日推出了新的"超前点播"服务,允许VIP会员额外支付50元,以获得额外6集的观看权限。这种"免费+收费"的"视频网站套路"是新生产力的商

---

❶ 胡凌:《数字架构与法律:互联网的控制与生产机制》,北京大学出版社2024年版,第115页。

❷ 胡凌:《数字架构与法律:互联网的控制与生产机制》,北京大学出版社2024年版,第152页。

业模式。❶ 在该商业模式的司法诉讼中,北京互联网法院尽管判决"超前点播"违反了用户协议,但是清醒地论证了新生产力商业模式的合法性。"网络技术的发展,打破了地理隔绝,联结了不同群体的需求,支撑起面向不特定个体的服务模式。作为在互联网时代产生的、满足社会公众多元观影需求的服务型网络平台,基于用户需求、技术发展、商业运营等因素,适时调整服务内容、更新服务模式,有其行业必要性和现实合理性。"❷传统合同法中的格式合同条款的严格责任在新商业模式的合法性面前也需要改变。"合同当事人通过合同条款,为自己保留单方面变更合同的权利,属于当事人合同自由的组成部分。有鉴于此,网络服务平台基于其服务模式的特点,以格式条款的方式,约定单方变更条款,形式上并无不妥。"❸

这场围绕网络法的生产力变革远未结束,它们在各个微观场域中进行了权力的博弈,完成网络架构的生产性重组。运动视角从控制性到生产性的转换为我们揭示出互联网"非法兴起"带来的新法治、新观念与新权力。网络世界也不再是"无需法律秩序"的乌托邦。

[二] 重回《网络独立宣言》

巴洛的《网络独立宣言》是思考网络法的原点。胡凌新著中的分析同样以宣言的解读为序幕。在他看来,《网络独立宣言》是典型的赛博空间无政府主义宣言,因为政府缺乏两种对网络世界而言重要的管制力量,道德权利

---

❶ 参见〔美〕克里斯·安德森:《免费:商业的未来》,蒋旭峰、冯斌、璩静译,中信出版社 2012 年版,第 23—24 页。

❷ 吴某某诉北京爱奇艺科技有限公司网络服务合同纠纷案,北京互联网法院 (2020) 京 0491 民初 3106 号民事判决书。该篇由该院院长亲自撰写的判决书获得了第四届全国法院"百篇优秀裁判文书"奖。

❸ 吴某某诉北京爱奇艺科技有限公司网络服务合同纠纷案,北京互联网法院 (2020) 京 0491 民初 3106 号民事判决书。

与物理强制。前者基于正当性,后者基于恐惧。❶ 由此,代表未来的网络世界可以拒绝代表过去的工业世界的政府:"我们不欢迎你们,我们聚集的地方,你们不享有主权。"❷但是,因为资本与政府在诸领域的介入,单纯由技术人员组建的代码控制与网民的自我规制马上瓦解。"影响社会主体在线行为的法律/架构就不单纯是规制性的,也是生产性的,其基本指向在于如何确立新生产方式合法性、解决新旧利益群体的冲突,并帮助建设更具公共性的数字基础设施。"❸这种从控制到生产的架构转变正依托了各种社会认证与国家认证能力的发展,工业世界的政府同样可以通过账号认证将恐惧施加于虚拟世界中的"我们"。❹ 疑惑的是,《网络独立宣言》中的"道德权利"是否也在架构转换中得到了虚拟世界的重建呢?

政府统治的道德权利来自社会契约。巴洛首先要检讨社会契约论是否适用于网络世界。在社会契约论架构中,统治的正当性来自被统治者的同意。现实世界的政府并未获得网络世界的同意,后者也非政府的公共项目,而是一个自然形成的集体行动。换言之,网民的社会契约让网络世界从一种自然状态转变为社会状态,从而拥有了文化、伦理与不成文"法典"。这"法典"既是网络世界的"宪法",也是代码。"我们正在达成我们自己的社会契约。"概言之,这不是一个无政府主义者的宣言,而是一篇网络建国的宣言。只不过,网络世界的国家与现实世界完全不同。

巴洛为我们勾画出网络世界的自然状态。我们每一个人都是一个驻波,形成信息的传输、互动与思想本身。在驻波信号的个体存在上,网络社会契约呈现出两个特点。一是平等,网络撇除了种族、经济、武力或国籍的特权

---

❶ 参见胡凌:《数字架构与法律:互联网的控制与生产机制》,北京大学出版社 2024 年版,第 4 页。

❷ 〔美〕约翰·P. 巴洛:《"网络独立宣言"》,李旭、李小武译,载高鸿钧主编:《清华法治论衡》(第四辑),清华大学出版社 2004 年版。

❸ 胡凌:《数字架构与法律:互联网的控制与生产机制》,北京大学出版社 2024 年版,第 11 页。

❹ 参见欧树军:《国家基础能力的基础》,中国社会科学出版社 2013 年版。

与偏见,向每一个网民开放社会契约。二是自由,任何人都可以表达信仰而不害怕被强迫。自身作为信号享有绝对言论自由。"所有人性的情感与表达,无论是低贱的卑微的还是高贵的纯洁的,都是一个不可分割的整体即全球范围的传统对话的组成部分。"❶现实与网络的两个政治共同体呈现出截然不同的法律概念。现实世界的法律概念奠基于物质实体,或是有形的财产,或是人类的躯体。这种物质实体是政府得以发挥强制力,形成基于恐惧的统治的前提条件。与此不同,网络世界的政治秩序建立在绝对的道德规范的基础之上。"我们的治理将生成于伦理、开明的利己以及共同福利。"❷

但是,这种道德规范并非完全是大型对话的产物,它仍然有一个原初的伦理根基,作为道德律法的基础规范。❸ "我们内部的文化世界所共同认可的唯一法律就是'黄金规则'。""黄金规则"是新教文化中的互惠性道德,是耶稣在登山宝训中所教导的原则:"所以,无论何事,你们愿意人怎样待你们,你们也要怎样待人,因为这就是律法和先知的道理。"❹从这种宗教性的"内部文化世界"出发,《网络独立宣言》建构了一个基于肉身的现实世界,也对应建构了一个基于灵魂的网络世界。言论、思想、驻波共同构成了灵魂的不同表达方式。如果说,现实世界的政府只掌握针对肉身的强制力,那么针对灵魂的道德规范只在虚拟世界中。由此,"我们的成员可能分布各地,跨越你们的不同司法管辖区域"。甚至,一种跨越星际的宇宙网络未来展现在我们面前:"我们将跨越星球而传播,故无人能够禁锢我们的思想。"巴洛的宣言实际上建构了一个网络技术带来的政教分离的

---

❶ 〔美〕约翰·P. 巴洛:《"网络独立宣言"》,李旭、李小武译,载高鸿钧主编:《清华法治论衡》(第四辑),清华大学出版社 2004 年版。
❷ 〔美〕约翰·P. 巴洛:《"网络独立宣言"》,李旭、李小武译,载高鸿钧主编:《清华法治论衡》(第四辑),清华大学出版社 2004 年版。
❸ 参见〔英〕H. L. A. 哈特:《法律的概念》,许家馨、李冠宜译,法律出版社 2006 年版。
❹ 《马太福音》,7:12。

新方案,指明了心灵文明的未来。"我们虚拟的自我并不受你们主权的干涉,虽然我们仍然允许你们统治我们的肉体……我们将在网络中创造一种心灵的文明。但愿她将比你们的政府此前所创造的世界更加人道和公正。"

正是从这种心灵文明的角度出发,巴洛大加指责的美国日渐衰落的信息工业靠着在全世界推行诸如版权法这样的法律而苟延残喘。这种法律竟然将人类的思想贬低为工业产品。换言之,莱斯格所谓的东、西海岸的"法典"(code)之争,不只是两种新旧生产方式的斗争,更是两种文明形态的斗争。只不过,互联网带来的文明并不是巴洛期盼的心灵文明。网络中的各种思想、驻波更多的是意见,既非"宝训",也非真理。"那些爱声响和爱观赏的人喜欢动听的声音、漂亮颜色、图像以及一切由诸如此类的东西组合起来的事物,然而,他们的心灵却没有能力看到并且喜欢上美的本质。"❶新的生产力正是在网络的"意见洞穴"中建构新的控制与人的重塑。

[三] 从生产到控制:规训用户

要考察现代网络文明带来的道德规范,我们就需要将架构的视角逆转为从生产到控制。法律在其中发挥了重要作用。胡凌在新著中提出了法律演变的理论模型,有助于我们思考网络架构从生产到控制的转变。伴随着国家能力与社会秩序的提升,法律作为治理工具与意识形态也在演化。胡凌将功能主义视角的法律演化划分为四个阶段:简单规则阶段、复杂规则阶段、规则从外在强制转向默认设置阶段、柔性评分机制阶段。前两个阶段是法律社会学的经典模型,即熟人社会向陌生人社会转型而催生出道德、习俗之外的法律机构、行政机构与技术辅助措施,帮助国家治理从事后

---

❶ 〔古希腊〕柏拉图:《理想国》,王杨译注,华夏出版社 2017 年版,第 205 页。

走向事前。在规则从外在强制转向默认设置的阶段,信息技术的发明,提高了正式规范对执行能力的需求。无论是在物理世界还是赛博空间,事前的默认设置成为传统法律规范与司法机构之外更值得仰赖的治理模式。这种无法选择的默认设置降低了治理成本。这就是代码治理为赛博空间搭建的架构 1.0(控制性)。最后的柔性评分机制阶段将国家权力、社会权力隐藏在了日常行为评分的引导与测评中。每时每刻的行为评价替代了暴力,成为可见的治理机制。❶

如果说,前两个阶段还停留在物理世界中,法律的作用对象是人的肉体,那么后两个阶段已经发展至网络世界,并形成了网络治理所独有的柔性评价。福柯曾把这种作用于肉体的法律治理称为规训的权力技术学:"它通过在习惯、行为中留下的痕迹,施展训练肉体的方法。"❷监狱、工厂、医院,甚至学校,都成为规训的监督中介,在规范化的目光注视下,完成对肉体行为进行定性、分类和惩罚的检查。在网络世界,这种检查机制借助信息化技术完成了空前的发展。通过架构的生产性运动,弥散在网络世界的各大平台成为检查的中介。默认设置与日常评价共同构成了网络治理的独特控制方式。"商业/政治力量看到了赛博空间不断扩展,试图应对流动性开发出更加日常化的控制机制,使大众在赛博空间中的行为变得更加可预测,得到规训和有效治理。"❸通过数据的收集、流动与分析,完成了个体每时每刻的规训。只不过,网络的规训权力技术学不是通过肉体达至思想的纪律化,而是直接作用于诸多网络场域中的心灵。从架构生产性的角度看,互联网"非法兴起"所要塑造的是免费劳动者。从架构控制性的角度看,免费商业模式所要规训的是始终在线的消费者。由此,架构的生产性与控制性共同形成了产消合

---

❶ 参见胡凌:《数字架构与法律:互联网的控制与生产机制》,北京大学出版社 2024 年版,第 119—120 页。

❷ 〔法〕米歇尔·福柯:《规训与惩罚》,刘北成、杨远婴译,生活·读书·新知三联书店 1999 年版,第 147 页。

❸ 胡凌:《数字架构与法律:互联网的控制与生产机制》,北京大学出版社 2024 年版,第 102 页。

一的用户身份。账户、数据、算法、评分成为权力运作的各种微观机制。❶ 我们以账户与评分为例说明。

第一,数字账号。账号不仅是国家认证的基点,也是网络规训的连接点。基于私人基础设施的账号不仅是实体身份的认证,也是对网络历史行为的记录与连接。个体数据通过账号在各种具体场景中产生的时空数据被立体化为用户画像。一个潜藏在账号背后的数字人就此成为权力技术运作的对象。在空间上,随着实名认证、共享经济、物联网的发展,现实生活场景中的个体行为转变为账号数据;在时间上,APP 永久在线记录了个体不断创造的历史数据;在场景上,各大平台通过数据交易与账号共享整合个体在不同场景中的数据,最终形成不断成长的数字人。一方面,国家通过基础身份认证与平台型国家建设来推动身份认证。另一方面,商业平台通过虚拟基础身份和用户协议形成多元数字身份。❷

第二,声誉评价。基于数据的评分机制是低成本的自我规训机制。传统社会依赖的社会规范、道德准则与职业操守已经无法适应高速流动的信息化社会。平台的评分机制要重新完成规训的功能:引导、惩罚与预防。商业市场对数据存储、支付结算、物流、认证、信用、金融服务、纠纷解决与行为管理的数据进行整合形成了对用户的全方位评价,将用户的线上/线下行为统一纳入评分系统。评分算法的半透明状态指明了用户进行自我规范的方向,评分算法对行为的分类、归纳与实时打分更是将规范自动化为用户的每个行为前置。不仅如此,对于各类意见的评分同样具有思想的规制功能。观看、点赞、收藏、转发的各种量化数据,乃至对评论的支持与对反对数量的清晰归类都在精细地规范每一个思想的表达。用户身份的等级化划分与符号化表达不仅是免费商业模式的"氪金"套路,更是对用户行为进行极致规制

---

❶ 参见胡凌:《数字架构与法律:互联网的控制与生产机制》,北京大学出版社 2024 年版,第 104 页。

❷ 参见胡凌:《数字架构与法律:互联网的控制与生产机制》,北京大学出版社 2024 年版,第 128—146 页。

的检查方式。外卖平台设置的各类青铜、王者等级是骑手无限规划自我时间的显示。

架构的规训为新生产力塑造了合规的产消用户。当然,炒信、推手等逃避规训的方式会一直存在。这并不妨碍评分机制让大家都成为有策略的声誉管理者。"在线声誉的出现也是现代社会整体上'量化自我'进程的一部分,声誉和个人信息终于从主体身上被剥离,变成不受自己控制的自我监控的外在手段。"❶在量化自我的过程中,每一个个体也从生命主体变为声誉机制评价的客体。

[四] 网络法的理论品格

法学教学系统中,网络法是一个尴尬的存在。法学教学科室的分类以学科为标准。学科的分类以独立的研究对象与研究方法为标准。而网络法在过往常常是法理学、民法与知识产权法的"侵犯"对象。从理论品格来看,网络法仍没有独立的理论、完整的理论基础与研究方法,这也使得网络法无法获得足够的学术尊重,尽管它已然成为学术研究的热点。在后者看来,胡凌的两本著作以磅礴的气势努力提升网络法的理论品格。

从"代码即法律"的学术洞见中,胡凌进一步深化了莱斯格的架构理论,试图在架构理论、社会生产理论和创生性理论之外为中国网络法学的研究提供一个新的理论框架。在提出"非法兴起"这一独创概念后,胡凌展示了一个更为宽广的理论视野。架构不仅是一种社会契约意义上的宏大范畴,还是新生产力与传统生产力之间的妥协,更是平台、政府与

---

❶ 胡凌:《数字架构与法律:互联网的控制与生产机制》,北京大学出版社 2024 年版,第 244 页。

用户之间的各类弥散化的微观权力运作关系。换言之,架构理论不仅提升了网络法的理论高度,更在研究对象上拓宽了部门法的研究对象。本文正是在这个框架中,试图梳理理论发展的两条线索。无论是从控制到生产,还是从生产到控制,架构理论已然为中国网络法的研究奠定了政治与哲学的品格。

生产性架构的内在意蕴及当代展开

王淑瑶*

摘　要：在政治经济学的视野中，架构应当放到数字资本主义的生产方式与生产关系中理解。从功能分析出发，架构的生产性功能与控制性功能之间存在某种张力。架构的生产性依赖其控制性，架构的控制性以生产性为基础。即便在某个特定的时刻和特定的区域中存在着与控制功能和生产功能均无关的架构，它们终将会逐渐被纳入数字资本主义的生产和控制范围，成为数字资产主义的组成部分或者被数字资本主义抛弃，成为数字资本主义演化的淘汰品。从结构限制出发，生产性架构受到法律逻辑、市场逻辑、平台逻辑的多重限制。代码以数字身份认证机制构成生产与控制的基础，以信用机制当作数字市场的保障，以评分机制促进数字资本主义的形成与再生产。

关键词：架构　代码　生产　控制　数字资本主义

"架构"是关于互联网治理的一个隐喻。互联网架构从代码出发，像触手一样，延展到算法、数据、评分等机制，构成赛博空间治理的整体结构。未来学家马克·古德曼（Mark Goodman）曾言，"如果你控制了代码，就可以控制整个世界。这就是等待我们的未来"。《数字架构与法律：互联网的控制与生产机制》（以下简称《数字架构与法律》）一书是胡凌老师在互联网治理

---

* 王淑瑶，中国政法大学民商经济法学院博士研究生。

领域深耕多年的成果集锦,围绕"架构"这一互联网原初概念,作出中国语境下、人工智能新时代的重新解读和深入阐释。经过重新编排与修订,网络架构治理的研究更加具有体系性与全面性。《数字架构与法律》一书最具原创性、最引人深思与最核心的论证观点是"生产性架构"。传统的"代码"与"架构"更多着眼于"控制性"功能,即代替或者协助法律实施社会控制的工具。但胡凌老师不局限于"控制性"功能的代码1.0版本,而是"在'控制性'功能基础上挖掘其'生产性'意蕴,主张代码本身就是一种新经济的价值生产过程"。在数字资本主义时代,社会组织生产的方式和社会生产权力的机制发生了根本性的改变。在代码的帮助下,要素生产过程和辅助生产要素安全有序流动的市场逐渐适应数字经济的生产方式。架构不断自我重构和再生产,衍生出新的架构和新的权力机制。"架构—行为数据—算法"的底层逻辑架构,构成数字时代法律、社会规范、市场共同起作用的基础,并延伸出新的权力结构。

本文对"生产性架构"的研究视角和学术框架抱有高度的认同,特别是在互联网与数字经济的实践中,架构具有生产性功能是毋庸置疑的。正如胡凌老师在其书中的"序言"中指出的,互联网技术发展背景下,作为资本主义生产方式的架构,需要被放在经济价值的生产与再生产过程中理解。由此产生的互联网权力结构与互联网生产、控制机制,深刻影响着互联网时代的法律演变。那么作为一种崭新的、自创生的生产方式,代码架构是否已然从"控制"走向"生产"?代码的"生产"与"控制"功能之间具有何种张力?在功能分析的基础上,代码在社会中处于何种结构关系中?这种结构关系将对代码的功能有何限制或者促进作用?在对架构这一概念作出解构之后,应当如何理解代码与法律的关系,为未来代码技术的发展提供方法论上的指引?本文希望初步探讨、继续深入思考"生产性架构"这一研究范式的研究旨趣和延展空间。首先,本文将解读"生产性架构"的论证逻辑,将其放在马克思主义法学与架构治理的整体研究框架中,指出代码的"生产"与"控制"功能之间是一个一体两面的关系,某一特定的架构在控制过程中创造新的生产资料,也在生产权力的过程中实行对用户的控制。其次,本文将研究"生产性架构"的社会结构,特别是在架构的生产与控制过程中,如何与其他机制协同发挥作用。代码的这种社会结构,将如何限制与促进代码功能的发挥。这一问题在《数字架构与法律》一书中的许多章节都有间接的探讨,但并未进行体系性的梳理,本文将尝试就这一问题作出整体性的梳理和进一步的说明。最后,本文将尝试对"生产性架构"这一概念作出延展,对"生产性架构"与"自创生法律"之间的制度变迁作出展望。

引言：以网络规制主义为基础的中国式架构研究

"架构"是网络法学中的经典命题。架构理论的提出,顺应了美国早期网络自由主义与"互联网能否被规制"问题的探讨。早在1996年,约翰·巴洛(John Perry Barlow)就曾在网络上发布《网络独立宣言》指出网络空间应当是自由和自治的(freedom and self-determination),政府规制欠缺有效且合理的权力来源。❶ 随后,伊本·莫格林(Eben Moglen)发表了《网络共产主义宣言》(The dot Communist Manifesto),借用共产主义反对资本主义的进程和宣言,指出在网络中"废除一切形式的私有财产,撤销所有形式的独家许可,实现每个人的平等通信权权利"❷。考虑到互联网的匿名性和跨司法领域的特性,很多学者认为互联网本身是不能被规制的,且是根本属性(the nature of the space)上的不能规制。❸

劳伦斯·莱斯格教授则认为:"自由的发展,恰恰因为其被置于某种有

---

❶ See John Perry Barlow, *A Declaration of the Independence of Cyberspace*, Electronic Frontier Foundation, https://www.eff.org/cyberspace-independence (last visited on 24 May, 2024).

❷ Eben Moglen, *The dotCommunist Manifesto*, https://cyber.harvard.edu/is03/Readings/Manifesto.pdf (last visited on 24 May, 2024).

❸ See Lawrence Lessig, *The Law of the Horse: What Cyberlaw Might Teach*, 113 Harvard Law Review 501 (1999).

意的国家控制之中。"❶进而,莱斯格教授提出,在现实世界和网络世界中,实现社会控制的手段有四种:法律、社会规范、市场和架构。❷法律通过强制约束人们的行为,对不遵守法律规范的人施加惩罚;社会规范的实现机制同法律类似,但依靠非中心化的社群机制运行,而非中心化政府的强制力;市场通过价格机制实现公平交易、优胜劣汰。❸而架构指的是"物理世界的样子",甚至有可能是"在我们发现时,物理世界已经被设计成的样子"❹。例如,社区的分布结构❺、产品的基本架构❻、互联网的代码架构等。代码架构在设计之初,已经内嵌了设计者的价值观,用以限制某些行为、允许某些行为,所以设计和运用代码的过程本身就是形成控制的过程。❼当然,有学者认为,"架构"与"代码"之间存在细微的差距。例如,"代码"可能只包含编程算法,而"架构"还包括互联网的物理基础设施。❽但其实这两种指称之间并非存在根本性差异,没有数字

---

❶ [美]劳伦斯·莱斯格:《代码2.0:网络空间中的法律》(修订版),李旭、沈伟伟译,清华大学出版社2018年版,第4页。

❷ See Lawrence Lessig, *The Law of the Horse: What Cyberlaw Might Teach*, 113 Harvard Law Review 501 (1999).

❸ See Lawrence Lessig, *The Law of the Horse: What Cyberlaw Might Teach*, 113 Harvard Law Review 501 (1999).

❹ Lawrence Lessig, *The Law of the Horse: What Cyberlaw Might Teach*, 113 Harvard Law Review 501 (1999).

❺ 例如,高速公路将社区分开将影响社区融合的进程,参见 Lawrence Lessig, *The Law of the Horse: What Cyberlaw Might Teach*, 113 Harvard Law Review 501 (1999).

❻ 以香烟为例,香烟的架构指如何设计、制作和使用香烟。如经过尼古丁处理的香烟更容易让人上瘾,受到更大约束;气味强烈的香烟只能在部分地方吸食。参见[美]劳伦斯·莱斯格:《代码2.0:网络空间中的法律》(修订版),李旭、沈伟伟译,清华大学出版社2018年版,第104—105页。

❼ See Lawrence Lessig, *The Law of the Horse: What Cyberlaw Might Teach*, 113 Harvard Law Review 501 (1999).

❽ 参见沈伟伟:《如何理解网络规制中的"代码"?——兼评莱斯格〈代码2.0〉》,载《地方立法研究》2023年第6期。

社会的基础设施,互联网代码难以有序运行,更何况,代码作为互联网时代的架构,自身本来就具有衍生性,具体内涵和外延在不同时期并非完全相同。因此,本文将不对"代码"与"架构"两种表述再次作出区分,采取广义的"代码"与"架构"的定义。

在互联网架构的研究中,中国学者与美国学界的历史传统与制度性起点便不尽相同。受立法传统和思维方式的影响,"网络自由主义"思潮并未引起我国学界的广泛关注。实际上,互联网技术在中国发展伊始,我国立法就有意关注互联网技术的控制问题,尽管这种关注在早期显得并不充分。早在2000年全国人大常委会发布的《关于维护互联网安全的决定》中,就要求对威胁互联网运行安全、国家安全和社会稳定、社会主义市场经济秩序、个人及组织人身财产合法权利等犯罪和行政违法行为,依法追究刑事、行政、民事责任。此后,我国监管部门先后出台了《互联网文化管理暂行规定》(2003年、2011年)、《互联网新闻信息服务管理规定》(2006年)、《互联网视听节目服务管理规定》(2007年)、《即时通信工具公众信息服务发展管理暂行规定》(2014年)等多部法规,全国人大出台了《关于加强网络信息保护的决定》(2012年),最高人民法院、最高人民检察院发布了《关于办理利用信息网络实施诽谤等刑事案件适用法律若干问题的解释》(2013年),共同应对互联网对现实社会的冲击。随后,《国家安全法》(2015年)、《网络安全法》(2016年)、《数据安全法》(2021年)、《个人信息保护法》(2021年)等法律的出台,标志着我国对于互联网的治理进入新的时期。与立法的网络规制主义相对应的是,中国学界并未将研究重点落在"网络能否规制"这一问题上,而是在"网络空间应当得到规制"这一命题的基础上,研究应当如何应对、解决互联网治理的新问题。因此,中国学界在某种意义上也关注网络法的"马法之争",但这种讨论更多集中在互联网的线上线下规则是否存在差异,是否有必要对现有法律作出解释或者修改,以解决新的互联网法治问题。例如,互联网线上市场的支配地位与线下市场传统垄断企业的支配地位的认定是不是一致❶,应如何规制、惩处线上的新型犯罪行为❷,以及互联网规则的整体构建问题❸等。

因此,中国的互联网治理和架构研究,仅关注美国的网络自由主义理论是不够的,应当立足于中国自身的问题和理论。我国互联网的起步与西方国家比较晚。一般认为中国互联网发展元年为 1994 年,这一年我国通过一条 64K 国际专线,首次接入互联网。而西方国家的互联网技术起源于美苏冷战的军备竞赛期间。20 世纪 60 年代,美国率先开发出计算机,尝试将计算机和区域网运用在军事领域。随后,计算机和网络技术逐渐向民用和社会公共领域延伸。尽管起步较晚,但我国互联网技术像病毒一样飞速再生与蔓延。我国的互联网普及规模空前大。2024 年第 53 次《中国互联网络发展状况统计报告》显示,截至 2023 年 12 月,我国网民规模达 10.92 亿,较 2022 年 12 月新增网民 2480 万人,互联网普及率达 77.5%。我国数字经济的规模快速膨胀,甚至出口到国外,成为经济增长的重要推动力。《数字中国发展报告(2022 年)》中指出,2022 年我国数字经济规模达 50.2 亿元,总量稳居世界第二,占 GDP 比重提升至 41.5%。此外,Tik Tok 已经进入超过 150 个国家,是目前唯一累计下载量超过 30 亿次的 APP,中国式的直播带货模式在海外也引起热烈反响。中国互联网的发展规模、创新的发展方式,以及网络规制思维都决定着西方的架构理论已不再适用于此时、此地的中国互联网发展。因此,有必要从马克思主义政治经济学的视角出发,借助马克思的经典命题——"生产—控制"视角,结合"生产—控制"的结构性与功能性思考,以中国互联网技术演进为范本,对架构理论作出进一步阐释。

---

❶ 例如,焦海涛:《"二选一"行为的反垄断法分析》,载《财经法学》2018 年第 5 期。
❷ 例如,刘艳红:《网络犯罪的刑法解释空间向度研究》,载《中国法学》2019 年第 6 期;刘宪权:《网络犯罪的刑法应对新理念》,载《政治与法律》2016 年第 9 期。
❸ 例如,周汉华:《论互联网法》,载《中国法学》2015 年第 3 期;徐汉明、张新平:《网络社会治理的法治模式》,载《中国社会科学》2018 年第 2 期。

[一] 政治经济学视角：
从"控制性架构"走向"生产性架构"

"社会的物质生产力发展到一定阶段，便同它们一直在其中运动的现存生产关系或财产关系（这只是生产关系的法律用语）发生矛盾。"❶在马克思主义政治经济学看来，事物之间的相互关系构成了社会实在矛盾，推动了新旧社会关系的更迭。❷ 在所有的矛盾当中，经济关系，即"一定社会的人们生产生活资料和彼此交换产品（在有分工的条件下）的方式"，对社会历史起决定性基础作用。❸ 在生产力与生产关系的经济矛盾中，"生产—控制"是观察与描述事物相互关系的经典命题。

"控制"视角渗透在马克思研究的各个主题中，"统治者"的控制与"被统治者"的反抗构成了社会变迁的主要动力。马克思虽然未曾以"控制"为主题作出系统性论述，但在马克思研究的各个内容中都渗透着"控制"的思想，如人对自我的控制、人对自然的控制、统治阶级对被统治阶级的控制等。在阶级斗争理论中，各阶级轮流争夺统治阶级的控制权，能够控制庞大的政府机器是胜利者的勋章。❹ 在资本主义理论中，资本主义生产方式渗透了个体生产者联合的社会，让生产者丧失了对生产关系、社会关系的控制❺；而在

---

❶ 〔德〕卡·马克思：《〈政治经济学批判〉序言》，载韦建桦主编：《马克思恩格斯选集》（第二卷），中共中央马克思恩格斯列宁斯大林著作编译局编译，人民出版社2012年版，第2页。

❷ See Natalia Delgado, *Marx on Law and Method*, in Paul O'Connell and Umut Özsu (eds.), *Research Handbook on Law and Marxism*, Edward Elgar, 2021, pp. 540-541.

❸ 参见付子堂：《马克思主义法律思想研究》，高等教育出版社2005年版，第121页。

❹ 参见〔德〕卡·马克思：《〈法兰西内战〉初稿（摘录）》，载韦建桦主编：《马克思恩格斯选集》（第三卷），中共中央马克思恩格斯列宁斯大林著作编译局编译，人民出版社2012年版，第137页。

❺ 参见〔德〕弗·恩格斯：《反杜林论（欧根·杜林先生在科学中实行的变革）》，载韦建桦主编：《马克思恩格斯选集》（第三卷），中共中央马克思恩格斯列宁斯大林著作编译局编译，人民出版社2012年版，第653页。

资本主义社会的末期,由于失去了对社会生产力的控制,资产阶级可能会呈现摧枯拉朽的颓败之势❶。在社会主义理论中,一旦社会占有了生产资料,个体为生存而产生的斗争停止了,生活条件才能重新受人们支配和控制,人类才在社会和自然中成为自觉和真正的主人。❷ 即便马克思主义法学在西方法学界未曾获得主流地位,甚至有许多学者公开反对、批判❸,但许多著名的学者与思想家仍不可避免地受到马克思"控制"视角研究的影响。例如,福柯并不是一名典型的西方马克思主义学者,他曾经加入法国共产党,后因与法共的理论相左而退出,但他仍直言"常从马克思那里援引概念、文本和成语",即便这种援引无需加入"证实性标签"与"颂扬性话语"。❹ 福柯权力研究中的"权力",虽然与马克思认为的权力指向不同,是一种"弥散的权力"❺,但在权力规训与社会治理的研究中,仍然能窥见马克思的理论的影子。例如,福柯认为,社会等级的划分、权力关系的沟通以及分配功能的实现,共同建构着空间的架构,这本身就是"控制"视角在社会治理中的映射。❻

西方传统的架构研究以"控制"为视角,将架构当作互联网有序发展的约束和助力。在莱斯格教授看来,四种社会规制方式是殊途同归的、可以相互替代的。他提出了经典命题"代码即法律"(Code is law),认为在互联网的

---

❶ 参见〔德〕弗·恩格斯:《反杜林论(欧根·杜林先生在科学中实行的变革)》,载韦建桦主编:《马克思恩格斯选集》(第三卷),中共中央马克思恩格斯列宁斯大林著作编译局编译,人民出版社2012年版,第537页。

❷ 参见〔德〕弗·恩格斯:《反杜林论(欧根·杜林先生在科学中实行的变革)》,载韦建桦主编:《马克思恩格斯选集》(第三卷),中共中央马克思恩格斯列宁斯大林著作编译局编译,人民出版社2012年版,第671页。

❸ 例如,凯尔森曾经在《共产主义的法律理论》中系统地批判马克思主义法学。参见〔奥〕凯尔森:《共产主义的法律理论》,王名扬译,中国法制出版社2004年版。

❹ 参见任岳鹏:《西方马克思主义法学》,法律出版社2008年版,第207—210页。

❺ 参见〔法〕米歇尔·福柯:《无名者的生活》,李猛译,王倪校,载《社会理论论坛》1999年总第6期。

❻ 参见〔法〕米歇尔·福柯:《安全、领土与人口》,钱翰、陈晓径译,上海人民出版社2010年版,第13页。

治理问题中,控制代码便可以控制网络,甚至认为相较于美国东海岸的法律,美国西海岸的代码在互联网规制中能发挥更大价值。当然,他也未曾否认网络空间需要规制这一前提,强调法律规制的能动性和政治干预的必要性。莱斯格的架构理论曾经在相当长的一段时间内对网络法理论产生了深远影响,并在此基础上衍生出新的网络法理论。例如,创生性理论❶、创新架构理论❷以及"算法即规则"命题❸。以上理论尽管部分关注到了互联网本身的创造力、生产力,但均未脱离"利用架构控制社会"的窠臼。

除了控制视角,政治经济学研究对生产的强调是毋庸置疑的,生产概念是对现代性法权观念最为深刻的批判,是揭示不自由与不平等的钥匙。❹ 马克思在《政治经济学批判》中指出,在生产、分配、交换、消费这一链条中,生产应当是居于核心地位的,"生产既支配着与其他要素相对而言的生产自身,也支配着其他要素"❺。胡凌老师选择了马克思主义研究的另一视角——"生产",这也是在马克思主义理论中更浓墨重彩的、更具有优先性的一个视角。对互联网架构的认识应当回到互联网的生产过程和生产关系中。与传统的资本主义生产方式不同的是,在数字资本主义中的劳动方式主要是非物质劳动。非物质劳动以网络或者流动的形式存在。这种组织形式相对

---

❶ 该理论认为现代互联网技术具有创生性,信息技术的进步生成了表达形式的非凡进步,人人都可以利用计算机技术表达自身想法、实现艺术创造。但互联网技术有可能会发展过度,因此需要对互联网技术作出有效限制,但同时要尽量不损害互联网创生性的积极性,参见 Jonathan L. Zittrain, *The Generative Internet*, 119 Harvard Law Review 1974 (2006)。

❷ 该理论对架构进行进一步分类,分成端对端架构(end-to-end architecture)、部分控制架构(partially controllable architecture)、全部控制架构(fully controllable architecture)、核心导向架构(core-centered architecture),并分析各种互联网架构对创新的不同影响,参见 Barbara van Schewick, *Internet Architecture and Innovation*, The MIT Press, 2010, pp. 287-289。

❸ 该理论强调算法是数字世界的普遍规则,并对社会主体、社会构造产生深远影响,参见张吉豫:《数字法理的基础概念与命题》,载《法制与社会发展》2022年第5期。

❹ 参见武建敏:《马克思对现代性法哲学的批判与超越》,载《法学杂志》2011年第1期。

❺ 参见《〈政治经济学批判〉导言》,载韦建桦主编:《马克思恩格斯选集》(第二卷),中共中央马克思恩格斯列宁斯大林著作编译局编译,人民出版社2012年版,第699页。

松散与灵活,只存在于特殊的时间段或者特定空间之内,一旦生产周期结束或者生产任务完成,劳动者又重新融入网络与流域;而一旦出现了新的生产任务或者生产中心,他们又重新受数字资本主义的聚合。❶ 在这种劳动组织方式下,劳动者的工作时间与休息时间、生产过程与消费过程之间的界限变得模糊,劳动具有不稳定性与机动性,但仍然具有传统劳动的过度剥削与层级性。❷ 在数字经济中,数字生产过程生产着数字消费的对象、方式与动力。❸ 数字分配过程是数字生产工具的分配和社会成员在数字生产能力上的分配,是数字经济生产和扩大再生产的过程,且受数字生产关系结构的影响。❹ 数字流通过程和交换过程的组织结构由数字生产过程决定,且其本身也是数字生产过程的一部分。❺

《数字架构与法律》一书系统地梳理了胡凌老师关于架构的相关研究,认为将"架构"放在互联网时代的生产过程中,"代码"或者"架构"推动了"经济价值的生产和社会控制权力关系的生产"。2016 年胡凌老师出版了一本《探寻网络法的政治经济起源》,收录了他 2016 年之前的近 40 余篇文章。这本书的关注重点更多在物理世界对"网络乌托邦"的祛魅,即现实世界的政治经济关系如何影响网络世界的发展,但也已初步关注到了"架构"的力量与"创生性",技术架构成为分布式信息垄断的工具,"连接一切"锁定

---

❶ 参见〔意〕莫利兹奥·拉扎拉托:《非物质劳动》,霍炬译,张历君校,载许纪霖主编:《帝国、都市与现代性:知识分子论丛(第 4 辑)》,江苏人民出版社 2006 年版,第 142—144 页。

❷ 参见〔意〕莫利兹奥·拉扎拉托:《非物质劳动》,霍炬译,张历君校,载许纪霖主编:《帝国、都市与现代性:知识分子论丛(第 4 辑)》,江苏人民出版社 2006 年版,第 142—144 页。

❸ 参见《〈政治经济学批判〉导言》,载韦建桦主编:《马克思恩格斯选集》(第二卷),中共中央马克思恩格斯列宁斯大林著作编译局编译,人民出版社 2012 年版,第 692 页。

❹ 参见《〈政治经济学批判〉导言》,载韦建桦主编:《马克思恩格斯选集》(第二卷),中共中央马克思恩格斯列宁斯大林著作编译局编译,人民出版社 2012 年版,第 696 页。

❺ 参见《〈政治经济学批判〉导言》,载韦建桦主编:《马克思恩格斯选集》(第二卷),中共中央马克思恩格斯列宁斯大林著作编译局编译,人民出版社 2012 年版,第 699 页。

用户,构建"高科技封建主义"。❶ 作为一种新的生产方式,架构正在重塑互联网时代的生产关系与控制关系,并由此影响着互联网时代的法律规范。例如,在代码刚刚兴起的时期,新经济的生产方式与旧经济的生产方式之间发生龃龉,传统经济体依据传统的法律规则和商业习惯,向法律与主权者求助。基于促进新经济发展等政策考量,法律和司法体系对传统经济体的保护力度是不充分的。最为典型的是,支付的赔款与实际的侵权收入之间存在巨大鸿沟。传统经济体只能"打落牙齿往肚子里咽",最终不得不向新的生产方式低头,选择自己与平台企业合作或者进入互联网领域,"非法兴起"的互联网模式得到漂白。

[二] 功能分析视角:"生产"与"控制"功能之间的张力

"功能分析的理论框架明确地要求对那种一定社会事项或文化事项在其中有功能的单位予以具体说明。"❷社会事项之所以存在,是因为他们对维系社会或者整合社会发挥着特定的功能。❸ 对架构的研究需要跳出法律中心主义的视角,将研究重心转向对架构功能的剖析。资本主义发展到数字资本主义时代,生产方式、生产关系发生了深刻变化,但架构本质上仍是资本主义市场扩展的结果,仍带有"生产"与"控制"两种功能的深刻烙印。在数字生产方式中,从"控制性架构"走向"生产性架构"这个命题听起来很具有吸引力。但仔细思考,数字架构的生产性功能与控制性功能之间自带某种张力。像传统资本主义生产方式一样,数字资本主义在生产过程中控制劳动

---

❶ 参见欧树军:《走出"网络乌托邦"》,载胡凌:《探寻网络法的政治经济起源》,上海财经大学出版社2016年版,(序言)第7—8页。

❷ 〔美〕罗伯特·K.默顿:《社会理论和社会结构》,唐少杰、齐心等译,译林出版社2006年版,第103页。

❸ 参见马姝:《论功能主义思想之于西方法社会学发展的影响》,载《北方法学》2008年第2期。

者,也在控制劳动者的过程中实现生产方式与生产关系的再生产。

(一)架构的生产性依赖其控制性

生产性架构并未脱离控制功能,控制功能是生产过程产生和不断持续的保障,也是进一步扩大再生产的依托。当资本"捕获"劳动者之后,必须将劳动者纳入特定生产过程或局限于特定生产关系,才能保证劳动力得到充分利用。❶ 作为劳动过程与价值形成过程的统一,劳动者通过控制生产资料和生产工具生产着商品;作为劳动过程与价值增值过程的统一,资本家控制着价值增值过程中的劳动者,产生和再生产着资本主义。❷ 劳动过程本质是一个控制活动,为了达到想要的生产结果,劳动者执行着劳动流程,利用劳动工具加工着某个劳动对象,并对劳动对象和劳动工具加以改造,产出能够满足人们直接需求的产品和保障劳动过程不断延续的工具。❸ 引入资本概念之后,劳动过程转换为资本家消费劳动力,工人在资本家的监督下劳动,工人的劳动和由其创造的孳息——产品,均归属于资本家。❹ 资本主义劳动中的统治与从属关系虽然代替了奴隶制、农奴制等社会制度下的从属关系,但只是"形式上的转化"。❺ 尽管工人的劳动受自身生存需要的驱使而非奴隶主的

---

❶ See Chris Smith, *The double indeterminacy of labour power: Labour effort and labour mobility*, 20 Work Employment and Society 389 (2006).

❷ 参见《卡·马克思〈资本论〉第一卷(节选)》,载韦建桦主编:《马克思恩格斯选集》(第二卷),中共中央马克思恩格斯列宁斯大林著作编译局编译,人民出版社2012年版,第180页。

❸ 参见[法]路易·阿尔都塞:《论再生产》,吴子枫译,西北大学出版社2019年版,第87页。

❹ 参见卡·马克思:《〈资本论〉第一卷(节选)》,载韦建桦主编:《马克思恩格斯选集》(第二卷),中共中央马克思恩格斯列宁斯大林著作编译局编译,人民出版社2012年版,第174页。

❺ 参见《政治经济学批判(1861—1863年手稿)摘选》,载韦建桦主编:《马克思恩格斯选集》(第二卷),中共中央马克思恩格斯列宁斯大林著作编译局编译,人民出版社2012年版,第828页。

威胁,实际上其承担着强度更高、更不间断的生产任务。❶ 传统农业与手工业中自给自足的独立生产消失了,劳动者处于资本主义生产方式的统治及从属关系之下。❷ 劳动者接受资本家的工作安排,通过延长工作日产生的绝对剩余价值和缩短必要劳动时间、改变工作日产生的相对剩余价值绝大多数均归属于资本家而非劳动者自身。

在数字资本主义中,其生产过程也与控制过程紧密联系。在互联网"原始积累"和架构形成初期,资本控制了电子制造业工人与科技公司员工,搭建起互联网的基本架构。一方面,互联网的生产性有赖可以实际控制的互联网基础设施。胡凌老师指出,互联网的纵向分层包括数据存储与分析、物理层、传输协议/域名系统、内容层、应用程序、操作系统、硬件终端/传感器和用户。这些架构的各层以相关的互联网基础设施为基础,如干线技术、数据服务设施、用户设施等硬件设备和数据库、客户端软件等软件。另一方面,互联网的生产过程以对相关人员的控制为基础。基础设施的建设凝结了制造业工人与科技公司员工的劳动成果。互联网生产模式控制工人的生产过程,数字资本主义以低廉成本增加劳动者的劳动时间,压榨劳动者的劳动能力,确保在短时间内构筑起互联网的基础设施。电子制造厂工人的生存状态与原始资本积累时期的奴隶的状态有一定的相似性,以富士康为代表的工厂成为全国劳动力的中转站,工厂宿舍恶劣的生存条件、"防跳网"等"资产保护"措施,形成对劳工的全方面控制。❸ 数字资本主义将其理念、态度变成代码和架构,通过控制程序员的程序设计过程,使程序员的认知标准化,借由程序员

---

❶ 参见《政治经济学批判(1861—1863 年手稿)摘选》,载韦建桦主编:《马克思恩格斯选集》(第二卷),中共中央马克思恩格斯列宁斯大林著作编译局编译,人民出版社 2012 年版,第 831 页。

❷ 参见《政治经济学批判(1861—1863 年手稿)摘选》,载韦建桦主编:《马克思恩格斯选集》(第二卷),中共中央马克思恩格斯列宁斯大林著作编译局编译,人民出版社 2012 年版,第 829 页。

❸ 参见邱林川:《告别 i 奴:富士康、数字资本主义与网络劳工抵抗》,载《社会》2014 年第 4 期。

的设计将数字资本主义的理念传播到整个网络社会。科技公司的软件工程师、程序员是互联网架构的直接设计者,但并不能真正决定架构向哪个方向发展,只能顺应数字资本发展的逻辑,对软件作出"永远的测试"与"没完没了的调试"。❶ 而在人工智能飞速发展的时期,数据标注员成为某种新兴的职业,这种认知劳动也同样在数字资本的控制下,通过认知标准化、认知反馈与认知加速,使数据标准员本身的自然认知转换为标准化的生产性认知,从而扩大数字资本主义的影响。❷

(二)架构的控制性以生产为目的

控制性架构借助生产过程扩大影响,并以生产为目的,否则单纯的控制便失去了可持续的动力。在互联网基础架构搭建起来后,架构通过互联网平台的连接功能、算法的评分机制直接控制了相关劳动者。以外卖骑手、网约车司机为代表的平台劳工,被迫接受平台的控制规则或者放弃平台提供的工作另谋出路。相较于传统的用工模式,互联网用工不再以签订劳动合同的方式雇佣员工,不再为此类劳动者缴纳社保,而是采用"众包"等分布式的用工模式,即将一项庞大的工作任务分解、定价,通过"按件计酬""按时计费"等方式雇佣非固定劳动时间的"零工",并对其工作作出考核、付费。❸ 以"众包"为代表的平台用工一方面削弱了资本对劳动者的控制。被雇用的劳动者不再经过面试、入职、培训、协作、考核等一系列复杂且漫长的雇佣过程,无需在特定的时间工作,甚至可以随时辞职"离开",其人身依附性减弱。❹ 劳

---

❶ 参见贾文娟、颜文茜:《认知劳动与数据标注中的劳动控制——以 N 人工智能公司为例》,载《社会学研究》2022 年第 5 期。

❷ 参见贾文娟、颜文茜:《认知劳动与数据标注中的劳动控制——以 N 人工智能公司为例》,载《社会学研究》2022 年第 5 期。

❸ 参见侯海军:《互联网平台经济模式下用工关系多样性分析及分类化调整》,载《法治现代化研究》2023 年第 6 期。

❹ 参见吴清军、李贞:《分享经济下的劳动控制与工作自主性——关于网约车司机工作的混合研究》,载《社会学研究》2018 年第 4 期。

动者自己控制生产资料。例如,网约车司机的汽车与骑手的摩托车一般是自己租用或者购买的,劳动者的经济依附性减弱。在"任务独立""自愿接单""按件计酬"的背景下,骑手似乎获得了劳动的自主权,包装出网约车司机与骑手"自主劳动"的表象。❶ 这部分控制减弱的原因是,此类控制不再与生产挂钩,即便降低此类控制,仍旧可以通过其他方式实现对生产过程的控制。且放弃传统用工中的人身控制,节省了保护劳动者的成本,降低平台雇佣单个劳动者的人力成本,有助于其将成本与精力更多放在以生产为目标的控制中。

但是,平台对网约车司机与外卖骑手生产过程的控制也在加强,这种控制集中体现在"评分机制"与智能派单系统的控制中。在信息社会的初期,制造业减少、服务业增加显示着信息社会的繁荣。❷ 但信息社会发展到今天,信息已经渗透进制造行业与服务行业的方方面面,改变了制造行业生产、服务行业运转的整体逻辑。以生产过程为例,平台收集大量的事实信息,实现对生产过程的紧密控制;制定奖惩机制,约束并激励劳动者按照资本中意的方式工作,推动资本主义生产方式的再生产与繁荣。骑手使用的智能手机中的 GPS、无线网和蓝牙记录骑手的一举一动,包括何时到达商家、在商家停留的时间、配送的实时位置、预估送达时间等,这些均成为智能派单系统的"原材料"。❸ 智能派单系统将网约车、骑手的个人特征与订单的客观情况汇总到数据库,通过数据模拟分析,给不同的订单分配适当的司机、骑手。❹ 平台的奖惩制度及对订单的全过程监控,实质上控制着司机与骑手,保证司

---

❶ 参见邹开亮、王霞:《算法控制下外卖骑手劳动关系的去离、回归与协调》,载《大连理工大学学报(社会科学版)》2022 年第 5 期。

❷ See Frank Webster, *Theories of the Information Society (2nd Edition)*, Routledge, 2003, p. 14.

❸ 参见陈龙:《"数字控制"下的劳动秩序——外卖骑手的劳动控制研究》,载《社会学研究》2020 年第 6 期。

❹ 参见冯向楠、詹婧:《人工智能时代互联网平台劳动过程研究——以平台外卖骑手为例》,载《社会发展研究》2019 年第 3 期。

机与骑手服从平台要求,不断提高订单效率、扩大再生产。此外,互联网社交平台上的宣传,诸如抖音上"跑滴滴到底赚不赚钱""滴滴司机行驶报告"等,放大跑滴滴"不用看老板脸色""多劳多得"等优势,而对滴滴司机与平台之间的"恩怨情仇"闭口不谈,使下沉平台中的农村劳动力被吸引到城市中。借助相对廉价的劳动力,平台能够扩大再生产。

(三) 架构演进以生产与控制为导向

在互联网发展的某些阶段和节点,存在与控制过程和生产过程无关的互联网架构。在互联网发展的初期,自由主义盛行,无论是主权逻辑还是商业资本逻辑都未渗透进互联网架构,因此可能存在"纯粹"的互联网架构。尽管从互联网技术演进的整体性过程来看,即便某种架构设计的最初目的完全与生产和控制无关,一旦这种架构能够为互联网生产力和生产关系所用,最终均将走向互联网生产关系与控制关系;如果不能为互联网生产力和生产关系所用,最终会被互联网技术的迭代抛弃和淘汰。

在互联网 1.0 时代,网络是客户端发起的单向通信模式,此时互联网架构尚未发挥生产与控制的功能,主要以传播为目的。在这一阶段,门户作为一种商业模式,向用户传播未经许可的数字化内容,扩大其影响力。❶ 进入互联网 2.0 的社交网络时代,内容生产者和消费者彼此交互,构成了网络社区导向的双边平台。❷ 在社交媒体上,生产与消费的界限不断融合,互联网架构便超越了原有的传播功能,开始向生产与控制的功能演进。数字资本主义不断优化其生产架构,以吸引更多的用户生产和消费其信息产品。用户成为互联网时代的"产消者"(prosumer),用户被网络吸引,自动参与

---

❶ 参见胡凌:《分享经济中的数字劳动:从生产到分配》,载《经贸法律评论》2019 年第 3 期。

❷ See Sean Michael Kerner, *Web 2.0 vs. Web 3.0 vs. Web 1.0: What's the difference?*, TechTarget, https://www.techtarget.com/whatis/feature/Web-20-vs-Web-30-Whats-the-difference (last visited on 24 May, 2024).

数字资本主义的生产;用户的个人信息、隐私成为生产的"原材料"和平台凝聚力的来源,个人的"独处边界"不断被打破。"不被打扰"的权利为信息交换、良好社交的需求让位。❶ 例如,小红书、微博、哔哩哔哩、大众点评等平台依赖具有广泛影响力的社交媒体意见偶像和普通用户们的主动分享、披露个人生活、个人信息乃至个人隐私,用户被吸引并凝聚在特定平台中。但"产消者"并非意味着数字媒体用户被赋予了新的权利,实际上,新媒体经济将分配过程与生产过程相融合,用户在这一过程中仍然被排除在核心的分配体系之外。❷ 到互联网 3.0 时代,代码架构向前演进,计算速率提高,社交网络向外扩展,虚拟现实、元宇宙等新技术更新迭代。❸ 以网络游戏为典型代表的虚拟现实依靠"非人民币玩家"或"玩工"吸引用户注意力,激励用户花精力修补游戏漏洞或制作游戏的改良版,但主要知识产权与利润收益仍被紧紧地控制在网络游戏公司手中。❹ 例如,2021 年,顶着"元宇宙"第一股的(Roblox)成功在纽交所上市并风靡全球。区别于传统的游戏发布平台,Roblox 平台并未直接参与游戏创作,而是构建、管理、运营平台业务,允许用户对游戏模式作出自主开发与设计,以虚拟货币对开发作出激励,吸引用户参与,完成公司商业化链条。但 Robux 货币系统完全由平台掌控,平台可从每次销售中获得约 75.5% 的收入,而开发人员仅能获得很少的收入,甚至没有收入。❺ 可以说,从互联网 1.0 到互联网 3.0 演进的全过程,是

---

❶ See Richard A. Posner, *The Right of Privacy*, 12 Georgia Law Review 393 (1977).

❷ See Julian Kücklich, *FCJ-025 Precarious Playbour: Modders and the Digital Games Industry*, https://five.fibreculturejournal.org/fcj-025-precarious-playbour-modders-and-the-digital-games-industry/ (last visited on 24 May, 2024).

❸ See Keshab Nath, Sourish Dhar and Subhash Basishtha, *Web 1.0 to Web 3.0 - Evolution of the Web and its various challenges*, in 2014 International Conference on Reliability Optimization and Information Technology (ICROIT), published in February 2014.

❹ 参见邱林川:《新型网络社会的劳工问题》,载《开放时代》2009 年第 12 期。

❺ See Samed Kadirogullari, *Roblox Accused of "Exploiting" Young Game Developers*, https://screenrant.com/roblox-accused-exploiting-young-game-developers/ (last visited on 24 May, 2024).

新的生产架构对既有生产架构的迭代,而在这个迭代过程中,从未放弃的是对社会成员的控制,从未改变的是为数字资本主义生产服务的目的。

表 1　互联网迭代的历史进程

互联网 1.0(push)	互联网 2.0(share)	互联网 3.0(live)
只读的静态网络	读写的交互网络	读写的可信与智能网络
公司导向的网站	社区导向的网站	个人导向的网站
计算机设备	移动设备	个性化设备
点对点架构/中心辐射架构	服务为中心的架构	网络为中心的架构
静态的数据连接	交互的数据连接	广泛的数据连接

[三] 结构限制视角:"生产性架构"与其他机制的互动关系

"结构在社会系统再生产过程中的具体呈现——既作为媒介也作为结果。"❶社会结构"产生了在人类自然冲动的认知基础上无法预见的新动因"❷。社会结构会限制某些动因的变化,同时又激发一些新的动因。因此,社会诸要素在结构上的相互依赖,限制了社会制度变迁的功能选择。❸功能分析应当正视社会结构的限制,在社会结构脉络的限制范围内,观察事物的功能变迁。本部分将分析架构在社会中所处的结构位置,以及这种结构将如何影响架构生产性功能的生效。架构是资本主义生产方式的集大成者,法律、市场、平台权力共同塑造了代码架构,架构又促进了以市场逻辑和

---

❶ 〔英〕安东尼·吉登斯:《社会理论的核心问题:社会分析中的行动、结构与矛盾》,郭忠华、徐法寅译,上海译文出版社 2015 年版,第 116 页。
❷ 〔美〕罗伯特·K. 默顿:《社会理论和社会结构》,唐少杰、齐心等译,译林出版社 2006 年版,第 212 页。
❸ 参见〔美〕罗伯特·金·默顿:《论理论社会学》,何凡兴、李卫红、王丽娟译,华夏出版社 1990 年版,第 141—142 页。

平台权力为核心的资本主义生产方式的再生产。

在莱斯格经典的代码1.0框架中,法律、市场、社会规范与代码/架构共同直接作用于社会主体,代码可以替代法律,直接对社会主体产生规制效果。(见图1)当然,劳伦斯能够在互联网发展的初期注意到架构问题并展开详尽分析,是具有前瞻性与先进性的,但以目前互联网与平台经济的发展状况来看,此种模型与其说是对互联网中的架构的结构性描述,不如说是对互联网权力机制的简单列举,远不能对架构所处的结构位置作出准确描述。胡凌老师结合平台权力、社会信用权力、评分权力,对社会主体的规制权力作出了重新描述,认为评分作为数字社会的新兴权力,对其他社会权力产生了整合性影响(见图2、图3、图4)。

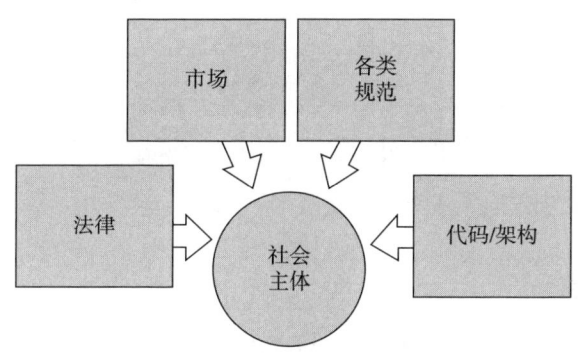

图1 四种规制权力模型

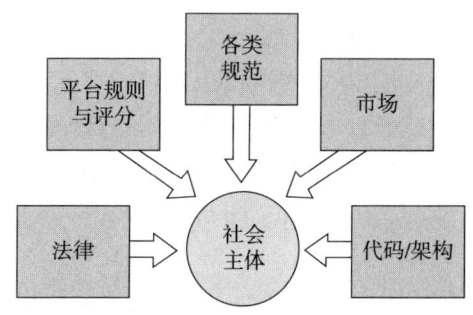

图2 平台权力的地位

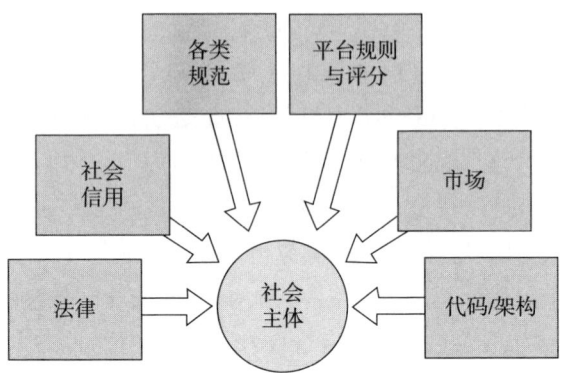

图3 社会信用权力机制的地位

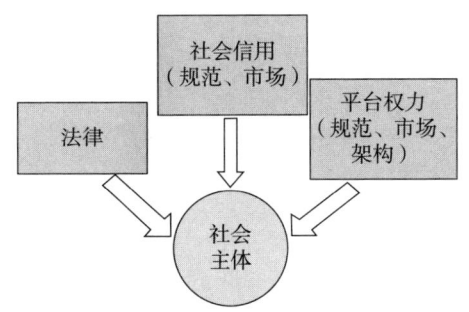

图4 评分对其他权力的整合

本文认为,上述结构在特定的语境下均有启发性意义,但均只描述了互联网社会规制权力的一个侧面。如图5所示,从架构在互联网治理中的整体结构来看,没有预先确定代码技术的痕迹,反映着设计者、用户特定的价值观。❶ 而法律、市场与平台权力共同塑造了这些价值观,影响着代码架构。数字身份认证、社会信用机制、评分规则是平台权力发挥作用的规制工具,借助这些工具,代码控制了网络生产过程的参与者。例如,平台通过评分机制和声

---

❶ See Julie E. Cohen, *Between Truth and Power: The Legal Constructions of Informational Capitalism*, OUP USA, 2019, pp. 3-4.

誉机制,形成超越地域和区域化场景的统一规则,控制了数字用户和社会大众。当然,需要说明的是,图5的这种结构并非说明法律、市场、社会规范只能通过代码作用于市场主体。以法律为例,法律规范可以直接作用于市场主体。例如,商家在线上交易时仍需要遵守部分与线下交易一致的法律规范,如消费者权益保护要求、税收登记要求等。法律规范也可以借助代码作用于市场主体,如可以要求平台,如果不上传税务登记、工商登记证明就不能开展相关业务,或者通过相应代码认证才能销售物品,这样法律仍需通过代码"验证"执行效果,即便这种方式并不是平台的主流做法。法律法规的部分监管要求,诸如禁止"大数据杀熟""强制搭售"等行为,因违法行为本身就借助了代码架构的力量,所以在履行监管要求时也不得不借助代码的力量。❶

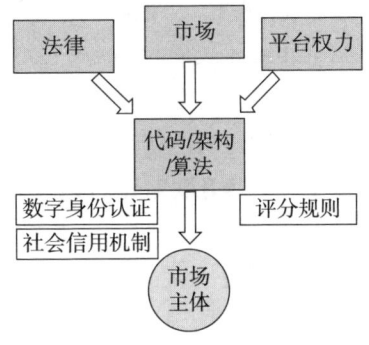

图5 代码的社会结构模型

(一) 法律、市场与平台权力对架构的整合

架构自身的更迭受制于法律主权逻辑、市场竞争逻辑与平台权力逻

---

❶ 例如,"刘权、北京三快科技有限公司侵权责任纠纷"一案中,法院采纳平台方关于"爆单"状态的抗辩,认可在商家、商品、收货地址一致的背景下,平台仍可就配送费用作出调整,因而不属于"大数据杀熟"。这是对平台经济的定价模式的认可。参见刘权诉北京三快科技有限公司侵权责任纠纷案,湖南省长沙市中级人民法院(2019)湘01民终9501号民事判决书。

辑。法律主权限定架构的功能范围,将架构限定在各国主权控制之下;市场竞争指明架构功能的发展方向,以获得竞争优势地位为导向,优化互联网架构;平台权力决定架构的功能机制,权力扩张的范围决定着架构将如何发挥作用。

1. 法律逻辑:法律主权对互联网架构功能范围的限定

互联网自由主义的乌托邦早已破碎,各国纷纷希望扩大自己主权的网络辐射范围,但均不希望本国的网络主权受到他国干涉。最终结果是,"本来不存在国界的网络空间中,重新划上国界"❶。时至今日,全球互联网的治理格局仍然是"'单边主权,分层分治'的模式,即:美国的单边治理、各国的有限自主和国际组织的社区自律"❷。斯诺登事件之后,美国被迫将互联网域名和数字地址的分配权、控制权移交给互联网名称与数字地址分配机构(Internet Corporation for Assigned Names and Numbers, ICANN),但互联网主服务器的运营管理权仍控制在美国手中。各国均对在本国的平台企业的经营行为作出了一系列规范。例如,欧盟制定《通用信息保护条例》《人工智能法案》,对谷歌、亚马逊、Meta、微软等互联网公司提出监管审查;美国推出《无尽前沿法案》,利用舆论、政治等多种力量极力推动"Tik Tok"的剥离;印尼禁止 Tik Tok 的直播带货,并在与印尼最大的互联网科技公司 GoTo 集团达成电商战略合作后,重启直播带货。对于各国来说,代码架构首先不能构成颠覆主权与民主的力量。❸ 各国对互联网平台和架构具有天然的不信任感,特别是对他国互联网企业创设的架构。在经历了剑桥分析等事件后,互联网架

---

❶ 〔美〕劳伦斯·莱斯格:《代码2.0:网络空间中的法律》(修订版),李旭、沈伟伟译,清华大学出版社2018年版,第327页。

❷ 欧树军:《灵境内外:互联网治理简史》,上海交通大学出版社2023年版,第165页。

❸ See Karl Manheim and Lyric Kaplan, *Artificial Intelligence: Risks to Privacy and Democracy*, 21 The Yale Journal of Law & Technology 106 (2019); Danielle K. Citron and Robert Chesney, *Deep Fakes: A Looming Challenge for Privacy, Democracy, and National Security*, 107 California Law Review 1753 (2019).

构的威胁性启发感知更为明显。❶ 因此,各国主权范围内,各国均出台互联网代码生态治理的有关规定,只能在各国划定的法律框架之内安排活动。以我国为例,除了规定互联网基本规则的《网络安全法》《数据安全法》《个人信息保护法》,还有专门针对代码设计的《互联网信息服务深度合成管理办法》《互联网信息服务算法推荐管理规定》《生成式人工智能服务管理办法》等法律法规为代码的活动范围划定法律边界。

2. 市场逻辑:商业模式有序竞争下架构功能的更迭

数字资本主义生产方式是资本主义市场逻辑在数字时代的新表现。架构功能的更迭遵循市场经济优胜劣汰的基本规律。一方面,互联网企业之间的相互竞争,激励着平台不断开发更智能、更便捷、更有利于隐私保护的架构。例如,2023年5月,苹果公司发布了互联网广告"力保个人信息,这很iPhone"("Privacy. That's iPhone."),甚至明说"隐私是每个人的基本权利,同时是我们的一项核心价值观。因此,我们设计产品和服务的理念就是保护隐私,并坚信这才是真正的创新"❷。与之相反,谷歌和Facebook一再被曝出大规模泄漏数据信息和侵犯隐私权问题,与苹果公司形成了鲜明的对比。❸ 对个人信息与隐私的架构性保护构成苹果公司的重要竞争力。在商业模式的市场竞争中,代码架构不断自我革新,以求被更多消费者接受、占据更多市场份额。另一方面,市场竞争决定着处于不同地位的商业参与者对代码监管的诉求也不同,互联网平台"巨头"们竭尽全力推动代码监管朝着对他们有利的方向发展。行业内处于领先地位的企业希望加强代码的知识产权保护、提升代码的政府监管标准、提高行业的准入门槛与进入难度。知识

---

❶ See Orla Lynskey, *Grappling with "Data Power": Normative Nudges from Data Protection and Privacy*, 20 Theoretical Inquiries in Law 189 (2019).

❷ 苹果官网中关于隐私保护的界面,可访问 https://www.apple.com.cn/privacy/,最后访问日期:2024年5月24日;《苹果隐私保护宣传广告》,载腾讯视频2023年5月30日,https://v.qq.com/x/page/a3516gwbmez.html,最后访问日期:2024年5月24日。

❸ 参见郑戈:《数字社会的法治构型》,载《浙江社会科学》2022年第1期。

产权本身是一种"独占性权利",提高代码的保护力度,会让"后发企业"更难跟上"先发企业",形成行业内的"事实性垄断"。一旦监管的标准提高,互联网企业往往就要承担更重的义务和合规要求,而大公司具备更多的资金、管理人员和管理经验,更容易满足合规要求,部分不能满足合规要求的小公司只能选择退出竞争。

3. 平台权力逻辑:权力扩张决定代码发挥作用的机制

在法律规范中,权力(power)是一方对他人的特定法律关系的强制性"支配",另一方具有履行该支配的义务(Liability)。❶ 若一方的积极主张另一方无权拒绝,该主体就具有了实质的"权力"。近年来,"权力"的概念已经超越公法规范的范畴,数字权力❷、数据权力(data power)❸、平台权力(platform power)❹已经成为网络社会兴起的新权力。平台控制了数字资本主义的生产过程,通过用户协议、代码架构获得了支配用户的权力。代码构成数字平台的基础设施性力量,成为市场准入的守门人,形成了平台权力;代码扩大网络效应,聚合市场参与者,以杠杆力量放大平台权力;代码与大数据协同,聚集并挖掘了海量信息,成为生产经济组织活动的主要动力,使得平台权力和数字资本主义架构不断再生产。❺ 平台权力的延展范围决定着平台架构发挥作用的机制。代码架构表面上看是程序员自主设计的结果,实际上平台会选择更有利于平台权力产生与扩张的方向,代码架构是平台权力自我再生产的必然结果。平台权力破坏了原有的根深蒂固的集体公共安排与市场

---

❶ See Wesley Newcomb Hohfeld, *Some Fundamental Legal Conceptions as Applied in Judicial Reasoning*, 23 Yale Law Journal 16 (1913).

❷ 参见孙笑侠:《数字权力如何塑造法治?——关于数字法治的逻辑与使命》,载《法制与社会发展》2024年第2期。

❸ See Isabel Hahn, *Purpose Limitation in the Time of Data Power: Is There a Way Forward?*, 7 European Data Protection Law Review (EDPL) 31 (2021).

❹ See Kenneth A. Bamberger and Orly Lobel, *Platform Market Power*, 32 Berkeley Technology Law Journal 1051 (2017).

❺ See Lina M. Khan, *Sources of Tech Platform Power*, 2 Georgetown Law Technology Review 325 (2018).

结构,引入新的社会类别与选择机制,以代码架构重组了价值体系与经济组织方式。❶ 可以说,平台权力的扩张需要推动着代码架构的自我再生产。

(二)代码社会结构对其功能的限定与再生产

"新的交换和生产关系在由完全不同的生产关系统治着的社会形态内部得到无可争辩的、不可逆转的实际巩固。"❷代码架构获得统治地位之后,借助数字身份认证、社会信用机制、评分机制,扩大其影响范围,实现代码功能的限定与再生产。

1. 数字身份认证构成架构生产与控制的基础

互联网的数字身份认证系统是代码发挥功能的基础,数字身份系统的完备程度决定着代码发挥功能的程度。整体而言,数字身份认证机制是互联网具有可规制性的基础。在互联网发展初期,有学者认为,屏幕和密码构成了互联网的"天然屏障",没有人能够越过这种客观实在的边界,互联网被分隔形成了新的区域(space)。❸ 而随着互联网身份认证系统的不断繁荣,"互联网不是法外之地"的宣言深入人心。具体而言,不同的身份认证架构结构指向不同的功能目的,架构省略什么步骤或者增加什么步骤,始终围绕着数字资本主义的生产目的与控制目的。部分社交平台,诸如 Facebook、微信、微博等,需要代码对我们的身份作出认证,如绑定手机号、电子邮箱等实名认证账号之后,才能使用所有服务。除了身份认证,用户还需要接受披露部分个人信息的架构,以正常接受互联网服务。2022 年 4 月,"清朗·整治网络直播,短视频领域乱象"专项活动展开,抖音、微博、小红书、微信公众平台、视频号、b 站等多个社交平台强制显示用户的 IP 属地,且用户不能主动开启或

---

❶ See José van Dijck et al., *The Platform Society: Public Values in a Connective World*, Oxford University Press, 2018, pp. 46—48.

❷ 〔法〕路易·阿尔都塞:《论再生产》,吴子枫译,西北大学出版社 2019 年版,第 323—324 页。

❸ See David R. Johnson and David Post, *Law and Borders: The Rise of Law in Cyberspace*, 48 Stanford Law Review 1367 (1996).

关闭 IP 属地。这种认证与公开机制一定程度上限制了网络谣言、网络暴力的滋生,但又给用户保留了一定的"匿名性",方便用户短暂将自己与现实身份相隔离,激发用户参与互联网讨论的积极性。而在一些涉及资金交易的、与身份关联度更高的程序中,如微信、手机银行、微信支付、美团月付等,需要通过身份证件、刷脸或者其他人协助才能获得代码认证。这种设置,将增加用户的"安全感",解决用户使用的"后顾之忧",维护用户的资金安全,进一步扩大此类交易方式的市场,实现数字资本主义的再生产。

2. 互联网信用机制构成数字架构市场的保障

信任是化解信息不对称和不确定行为的策略工具。线下市场转移到线上之后,信任关系与信用机制发生了转变。传统的信任包括人格信任与系统信任,人格信任基于信任特定个体,系统信任则专指依靠某特定的权威机构和社会系统的信任,如"百年老字号""百强企业名录"等。❶ 在现代社会从依靠人格信任的熟人社会走向依靠系统信任的陌生人社会后,互联网架构的首要问题就是如何在陌生的网络社会形成新的"信任机制",以此推动数字市场与数字经济的繁荣。斯蒂菲克(Mark J. Stefik)曾经提出"可信系统"(trusted systems)的构想,即用数字版权语言编写规范。这个代码系统是数字财产管理和运营的基础,包括可信播放器、可信服务器、可信打印机等配件。❷ 如今的互联网信用机制更加丰富、灵活与个性化。一方面,互联网主体参与交易时,通过个体智慧、借助代码架构验证信息的真实性。例如,在闲鱼中用户要求卖家作出复杂手势与商品一同拍照,以确定交易的真实性;调查卖家的头像、简介、销售记录和产品介绍等内容,以明确交易对手方的具体身份。❸ 另一方面,代码技术的发展,为社会信用机制的革新提供了技术基

---

❶ 参见〔德〕尼克拉斯·卢曼:《信任:一个社会复杂性的简化机制》,瞿铁鹏、李强译,上海人民出版社 2005 年版,第 50—62 页。

❷ See Mark Gimbel, *Some Thoughts on the Implications of Trusted Systems for Intellectual Property Law*, 50 Stanford Law Review 1671 (1998).

❸ 参见董晨宇:《当代年轻人"下单前"的半小时》,载界面新闻网,https://www.jiemian.com/article/11195540.html,最后访问日期:2024 年 5 月 24 日。

础。区块链技术构成分散的、去中心化的安全交易的基础。区块链技术作为一种公共账簿,其网络中的每个节点均是平等的,均能看到经验证的、相同的交易记录,以化解互联网交易中各方的不信任难题。在此基础上的比特币,是去中心化支付系统的重要应用。借助密码技术和分布式记账技术,比特币令所有节点都具有知情权和验证能力,无需银行或第三方中介的信用背书,货币点对点的交易成为可能。❶

3. 评分机制构成资本主义架构再生产的依托

评分机制是数字资本主义维系与再生产的依据。由于所分配的资源的稀缺性,平台将评分与资源分配直接挂钩,构成对劳动者的实质性控制。智能派单系统不仅以最合适的"供求"标准匹配订单,还基于司机和骑手评分而派单,对违背平台规则的司机和骑手施加"惩罚性"派单,即派发既辛苦又收益低的订单。司机以何种态度面对乘客、为乘客提供哪些额外服务、每天工作多少时间、获得多少好评与差评等因素均决定着对司机的评分。❷ 互联网平台制定了一系列惩戒和激励的规则。例如,如网约车出现中途甩客、故意绕路等一系列操作,经乘客举报和后台查实后,司机可能面临罚款、封号等一系列惩罚。而司机只有在某一平台积累足够多的信用分,算法才会在分配订单时给其分配更简单、收益更高的订单。通过这种评分机制,体验生活或者"玩票"性质的顺风车司机被排除在资本主义的生产过程之外,以网约车为业的司机被紧密地控制在生产过程中,甚至难以从一个生产平台转换到另一个,因为其必须重新在新的平台中积累新的信用分数据以接到性价比更高的订单。由此,数字资本主义得以通过更高效、成本更低的方式扩大再生产。

---

❶ See Christopher Leonard, *Blocking the Blockchain*, 35 International Financial Law Review 58, 58 (2016).

❷ 参见吴清军、李贞:《分享经济下的劳动控制与工作自主性——关于网约车司机工作的混合研究》,载《社会学研究》2018 年第 4 期。

余论:"生产性架构"与"自创生法律"

"法的关系正像国家的形式一样……它们根源于物质的生活关系。"[1]生产性架构是数字资本主义时代的产物,在原有的社会生产方式与生产关系的矛盾中诞生。市场主体并非只能被动地接受数字资本主义的控制,其也能通过各种方式反抗数字资本主义对主体性的消解。当数字资本主义出现经济纠纷与利益冲突时,经济主体扮演着法律上层建筑参与者的角色,呼唤着法律上层建筑的革新。[2] 而作为一个封闭的自我生成系统,法律在功能分化的过程中始终参考其自身运作的结果以及系统未来运作的后果,因此,法律自身具有"创生性"。[3] 法律关于外部环境的认知是开放的、不断调整的,会以新规范解决新情况,或者以现有规则的革新适应新情况。[4] 当"生产性架构"与"自创生法律"相遇的时候,有时是架构的生产性呼吁着新的立法,如在数字封建体的形成阶段对知识产权的低标准保护需求,有时是在自创生的法律下,架构不得不作出合规性的调整与改变。当架构经历颠覆性的革新,资本主义生产方式必然对自我生产过程作出适应性调整,选择更有利于控制与生产的进路。在不远的将来,生产性的架构与自创生的法律将带领我们到一个什么样的世界,还需要我们的耐心等待。

---

[1] 〔德〕卡·马克思:《〈政治经济学批判〉序言》,载韦建桦主编:《马克思恩格斯选集》(第二卷),中共中央马克思恩格斯列宁斯大林著作编译局编译,人民出版社2012年版,第2页。

[2] 参见〔苏联〕帕舒卡尼斯:《法的一般理论与马克思主义》,姚远、丁文慧译,商务印书馆2022年版,第58—59页。

[3] See Niklas Luhmann, *Law as a Social System*, 83 Northwestern University Law Review 136 (1989).

[4] See Patrick Capps and Henrik Palmer Olsen, *Legal Autonomy and Reflexive Rationality in Complex Societies*, 11 Social & Legal Studies 547 (2022).

编辑手记

这是我第三次参与编辑以"法律与科技"为主题的《法律和社会科学》辑刊了。和前两次(第6卷和第15卷第1辑)比起来,这一辑在选题上更加扩展和深入,涵盖了诸多新颖的话题和领域:不仅涉及信息技术,也扩展至其他技术领域给法律带来的新问题;不仅涉及法律实体问题,也涵盖了诸多程序性问题;不仅有细致的具体研究,也有一定程度的方法论反思。

技术推动法律和制度变化的过程如何产生新知识?这是我在阅读本辑的过程中一直思考的问题。以信息技术为例,现在互联网已经变得如此复杂。法律或其他类型的规范也不断被嵌入整个技术的使用过程,论题就从初期的"代码就是法律"变成法律如何与控制/生产性技术共同演化。在过去二十年里主要的法律论题是互联网"非法兴起"的过程,目前这个论题已经尘埃落定。尽管当下还面临着生成式人工智能的挑战,但总体而言,新型生产关系趋于稳定,立法框架逐渐完善。本辑总体上尝试提供更多关注法律世界与技术世界互动的视角,进而推动知识生产的诸多可能性。

第一,大量学术讨论仍然集中在改进立法设计或教义规范的维度,较少聚焦在法律的运行过程。以至尽管相当多的知识看起来与时俱进,但实际上停留在纸面上,围绕概念在现实中寻找素材,而不是直接面对现实。本辑第一部分"科技的法律治理"集中于得到较少关注的一些领域及其法律问题,虽然较为分散,但都指向不同领域的技术应用给传统法律应对带来的变化。杨安卓、苏士龙的《数据津关:海底光缆及其法律治理》讨论了海底光缆的历史及相关法律演变,并进一步扩展讨论了由此而来的网络主权和信息安全问题,强调了其基础设施意义。陶鹏远的《气候治理中的司法角色——从德国气候裁定案切入》以德国案例为对象,发现在各类气候变化案中,不同法院运用不同的法学方法论工具,作出国家需要履行气候保护义务的裁判,使自治型司法的"安定性"遭到破坏而陷入司法困境。缪若冰的《证券市场去中心化技术环境的法律影响》发现,伴随技术环境的快速变迁,出现了去中心化的证券市场组织与组织新行为,能够将制度环境下由外及内代表他治的法律规范隔离在外,形成以去中心化为特征的技术治理,从而需要对法律进行调适。洪登光的《个体情境认知对规范落实的影响——以高校实验室安全监管为中心》通过对高校实验室的安全监管合规行为进行经验观察,对个体合规行为进行解释,主张情境性合规概念是被"发现"的,从而推进了对个体合规或守法原因的研究。

第二,无法面对现实的直接后果是,丧失了从现实追踪、提炼问题的能力,即缺乏将不同现象联系起来,看到共通问题的实质,进行跨专业甚至跨学科研究的能力。本辑第二部分"嵌入法律过程的技术"特别围绕数字司法和监管过程展开讨论,帮助深化我们对诸多法律现象的认识。蔡欣的《科学还是科幻——反思当下的司法科技应用》通过参与观察、科幻叙事与理性反思的"三层追问",发现一些宣称"未来已来"的司法科技效果可能短期内并不能达到,一些技术既可能被低估又可能被误用,并对将技术嵌入司法过程提出了自己的疑问。荀舒靖的《在线庭审率为什么偏低?——以需求满足为视角的实证研究》认为,在线庭审虽然满足了法官提高审判效率的需求,满足了当事人降低诉讼成本、追求实质公平正义的需求,但反而增加了法官的工作量,也给当事人与当事人之间的沟通、当事人与法官之间的沟通带来困难,因此造成在线庭审适用率偏低的现象。洪刚的《大数据证据质证的困境与出路》发现,现阶段大数据庭审质证从个案判断向类案算法延伸,存在压缩控辩双方的质证空间、妨碍算法运用的质证效果、加重庭审流程的质证负担、增加辩护律师的质证负担等困境,并提出了改进方案。谢可晟的《能动性的多重观念:以智慧法院建设为例》一文以智慧法院建设为例深入探讨了背后的三种人工智能观念,并分别讨论了各自的应用维度。李子硕的《人工智能是有思维的智能吗？——基于游戏 AI 实验的反思》试图基于游戏 AI 实验对当前人工智能的规制理念加以反思，认为后续的人工智能立法仍应着重强调人工智能当前应用的场景性与工具性，而对可能产生的"超级智能"持谨慎态度和发展的眼光再行审视。

第三，技术与法律研究中的法社科视角还比较少。转型过程中出现大量新型法律知识，但问题是为何会产生这种知识。这可能不是单纯依靠法典或既有规则得出的，而是由规则以外的各种动力推动的，进而决定了规则适用的方式和边界，因此需要理解这些动力的构成和变化逻辑。例如，网络法的历史一再说明，大量新问题不是由法律本身界定的，而是由生产方式导致或利益冲突界定的，新型生产方式需要在稳定过程中将传统法律问题包装成连续适用。本辑第三部分"信息技术应用的法律"接续既有研究的脉络，并在视角和发现上有所推进。陈楚的《信息技术如何缓解合同的不完备性？》认为，合同生命周期管理、区块链技术和自然语言处理这三种信息技术可以用于缓解合同的不完备性，提升交易的便利程度和安全水平。马欣佚的《自发声誉系统下个人信息的合理使用》讨论了作为数字时代的规范创生机制的"社会自发声誉系统"，认为其承担着信号反馈和规制补充的社会功能，个人信息保护制度应当适度允许这类声誉系统对个人信息的合理使用，并在边际上对引发私人诉讼的自发声誉系统进行实质审查。郝煜东的《大模型技术如何影响著作权？——一个生产方式的分析视角》从静态和动态角度讨论了技术对著作权制度造成影响时，不能脱离技术所嵌入的生产方式问题。许新冉的《信息科技领域的国际法规范变迁——从"国际"电信联盟到"区域"数字合作》追溯了信息科技领域的国际法规范逐渐发展出技术竞争、贸易竞争和社会价值竞争三个面向。

第四，当下数字法学已经成为新的二级学科，但其内在知识结构仍然是围绕着不同法律关系和规则展开和组合的，无法帮助理解变化的知识体系生成，以及如何在变化中寻求不变，围绕核心问题展开研究。本辑第四部分"法律与科技研究中的知识生产"围绕这个话题展开论述。张巍的《法律与科技怎样教?——基于"区块链与治理"课程的一些思考》结合作者在教学过程中的经验,将区块链与既有的金融规制制度结合起来,希望实现对知识进行纵向上的比较和跨法域的横向比较的双重目标。谭萱的《"法律与科技"研究在中国——兴起与泛化》更进一步梳理了这个知识变化的脉络,认为从知识社会学的角度分析,法学学科的封闭性、学科规训的约束、研究者的包装策略、学术产品供需关系的失衡,以及法学研究与实务操作之间的脱节,均是导致"法律与科技"研究泛化的关键因素。金上钧的《中国"法律与科技"研究的方法反思》对"法律与科技"研究进行了整体性反思,回溯了"公式化辩证法"等研究方法,并希望从经验研究等进路出发,精进"法律与科技"的方法论工具。

最后,法律与科技研究总体而言理论性讨论不令人满意,要么缺乏统一的解释框架和理论基础,要么和具体实践脱节,无法创设有解释力的标志性概念。这主要还是因为研究者无法从实践中把握知识的变化,只能将不同部门法知识堆积在一起。我自己新近出版的《数字架构与法律:互联网的控制与生产机制》一书就尝试对网络法基础理论进行推进,集中于"架构"和数字生产方式对法律的影响。本辑第五部分书评栏目中,贾开、陈天昊、陈颀、邱遥堃、徐斌、王淑瑶六位作者围绕该书进行了讨论,希望引发更多理论性学术讨论与回应,反思科技与法律研究的知识生成过程。

胡凌

2024 年 6 月 1 日